Kommerzielle
Nutzung
des
Internet

Springer
*Berlin
Heidelberg
New York
Barcelona
Budapest
Hongkong
London
Mailand
Paris
Singapur
Tokio*

Paul Alpar

Kommerzielle Nutzung des Internet

Unterstützung von Marketing, Produktion,
Logistik und Querschnittsfunktionen
durch Internet, Intranet
und kommerzielle Online-Dienste

Unter Mitarbeit von:
Steffen Leich und Michael Quest

Zweite, vollständig überarbeitete
und erweiterte Auflage

Springer

Paul Alpar

Institut für Wirtschaftsinformatik
Philipps-Universität Marburg
Universitätsstr. 24
D-35037 Marburg

Mitarbeiter:

Steffen Leich
Michael Quest

Mit 129 Abbildungen und 53 Tabellen

Die Deutsche Bibliothek – CIP-Einheitsaufnahme

Alpar, Paul:
Kommerzielle Nutzung des Internet: Unterstützung von Marketing,
Produktion, Logistik und Querschnittsfunktionen durch Internet,
Intranet und kommerzielle Online-Dienste/Paul Alpar. Unter Mitarb.
von S. Leich; M.Quest. - 2., vollst. überarb. und erw. Aufl. - Berlin; Heidelberg;
New York; Barcelona; Budapest, Hongkong; London; Mailand; Paris;
Singapur; Tokio: Springer,1998

ISBN-13: 978-3-540-64449-1   e-ISBN-13: 978-3-642-72213-4
DOI: 10.1007/978-3-642-72213-4

Umschlaggestaltung: Andreas Hemm (Plan B), Stuttgart
Illustration: Sabine Redlin

SPIN 10676332   33/3142 – 5 4 3 2 1 0 – Gedruckt auf säurefreiem Papier

Vorwort

Obwohl der Beginn vom Internet mindestens bis ins Jahr 1969 zurückverfolgt werden kann, ist es erst in den letzten Jahren zu großer Bekanntheit gelangt. Das hat mehrere, teilweise miteinander korrelierende Gründe. Die technischen Fortschritte im Bereich der Informations- und Kommunikationstechnologie haben die Vernetzung von Millionen von Computern ermöglicht. Die Politiker, insbesondere in den Vereinigten Staaten von Amerika, haben ihre Visionen von nationalen Datenautobahnen kundgetan, deren Infrastruktur das Internet darstellen kann. Die Öffnung des Internet für den Kommerz hat Tausende von Firmen und Millionen von Benutzern angelockt. Das Internet ist zu einem der wichtigsten Schlachtfelder der gewaltigen Computerindustrie geworden, sowohl für Software- als auch für Hardwarehersteller. Aus dem Tummelfeld der Forscher, Studenten und der Computerinteressierten ist ein Massenmedium geworden. Dazu verhelfen insbesondere die klassischen Medien, die zunehmend über das Internet berichten, im Internet für ihre Zuschauer, Zuhörer oder Leser „surfen" und sich selbst im Internet präsentieren. Das alles erfordert eine nüchterne und strukturierte Analyse der kommerziellen Nutzungsmöglichkeiten des Internet. Dieses Buch versucht, diese Forderung zu erfüllen.

Das Schreiben über ein solch dynamisches Medium ist nicht einfach. Neue Dienste werden ständig aus der Taufe gehoben, Daten über Benutzerzahlen, Benutzercharakteristiken oder Kosten ändern sich täglich. Deswegen sind überall, wo es möglich ist, internetinterne Quellen angegeben, wo man die aktuellsten Daten abrufen kann. Wir haben alle Quellen bis zur Manuskriptabgabe ständig geprüft, doch ist es möglich, daß seit der Drucklegung manche Quelle nicht mehr existiert oder die Lokation gewechselt hat. Wir werden die Quellen weiter aktualisieren und auf dem Server meiner Professur ablegen, wo man sie jederzeit abrufen kann (http://alpar. uni-marburg.de). Das hat den Vorteil, daß man die angegebenen Quellen schnell und einfach durch Anklicken besuchen kann. Auf dem Server werden auch manche der Tabellen aktualisiert. Die Angabe von konkreten Zahlen dient in vielen Fällen ohnehin nur dazu, daß man sich eine Vorstellung über die Größenordnungen machen kann. Was uns wichtiger erscheint, sind die Vorgehensweisen bei unserer Darstellung des Internet und insbesondere der Analyse seines Potentials für den Kommerz. Die Diskussion der Sachverhalte, die vielen Abbildungen und Tabellen sollen Lesern, die das Internet kommerziell nutzen wollen, bei der Planung und Umsetzung dieses Plans helfen.

Ich wurde bei der Entstehung dieses Buchs von vielen Personen unterstützt, denen ich an dieser Stelle herzlich und aufrichtig danken möchte. Namentlich möchte ich zunächst noch einmal meine Koautoren nennen, die Herren cand.rer.pol. Arndt Hoffmann, Dipl.-Kfm. Thomas Pfeiffer und Dipl.-Kfm. Michael Quest, die über das Schreiben ihrer Abschnitte mir auch bei Recherchen halfen. Weiterhin gebührt unser Dank Herrn cand.rer.pol. Sebastian Pickerodt, der uns bei der Manuskripterstellung und den Recherchen tatkräftig unterstützte. Schließlich haben auch meine Frau und Kinder einen wichtigen Anteil am Buch, das ohne ihren zeitweisen Verzicht auf mich in der Freizeit hätte nicht entstehen können. Während also zum Gelingen des Projekts viele Personen beigetragen haben, liegt die Verantwortung für eventuell verbliebene Fehler bei mir. Liebe Leser, Sie können mir diese über elektronische Post unter alpar@wiwi.uni-marburg.de berichten, wenn ich mich auch über Lob mehr freuen würde.

Marburg, Juni 1996   Paul Alpar

Vorwort zur zweiten Auflage

Die zweite Auflage dieses Buchs ist nicht nur aufgrund des Verkaufs der ersten Auflage, sondern insbesondere aufgrund der rasanten Entwicklung des Internet notwendig geworden. Darin ist nun ein eigenes Kapitel den Intranets gewidmet. Die Erklärung neuerer Dienste, z.B. Push-Dienste, ist aufgenommen worden, während die Beschreibung der Dienste, die an Bedeutung verloren haben, z.B. Gopher, gekürzt wurde. Das am Horizont erkennbare Internet2 wird kurz erklärt, die Profile der Benutzer und Informationsanbieter im Internet können nun genauer angegeben werden. Weitere Ansätze zur strategischen Planung des Interneteinsatzes werden besprochen, die Beschreibung der Sicherheitsmechanismen ist ausgebaut worden, die Landschaft der kommerziellen Online-Dienste ist neu skizziert worden. Eine Reihe weiterer Aktualisierungen und Ergänzungen sind vorgenommen worden. Wie bei der ersten Auflage werden alle Verweise auf Quellen im Internet auf dem Server meiner Professur (http://alpar.uni-marburg.de) kontinuierlich aktualisiert.

Mit der Reife des Buchs ist auch die Anzahl der Personen gewachsen, die an seiner Entstehung durch Tat oder Ratschlag mitgewirkt haben. Zunächst danke ich den Herren Dipl.-Kfm. Michael Quest und Dipl.-Kfm. Steffen Leich, die Teile des Manuskripts geschrieben haben. Danach gebührt der größte Dank den Herren cand. rer.pol. Sebastian Pickerodt und cand.rer.nat. Markus Pfuhl, die sich sowohl bei Recherchen als auch bei der Manuskripterstellung unermüdlich eingesetzt haben. Fr. ref.iur. Vera Novakovic und Fr. cand. rer.nat. Kristina Breitenstein unterstützten die Bucherstellung tatkräftig. Die Herren Dipl.-Kfm. Holger Rohde und Dipl.-Kfm. Oliver Reiss halfen mit wertvollen Hinweisen. Wie üblich, bleibe ich als Autor für alle Fehler verantwortlich.

Marburg, Mai 1998   Paul Alpar

Inhalt

TEIL I:
INTERNET, INTRANET UND SEINE DIENSTE

1 Einführung

Wer dieses Buch in die Hand nimmt, hat bestimmt schon etwas über das Internet gehört oder gelesen. Viele von Ihnen, liebe Leser, sind vielleicht schon gläubige Benutzer des Internet. Dennoch möchten wir zunächst unseren Enthusiasmus für das Internet erklären. Diese Begeisterung hat uns ja auch dazu bewogen, dieses Buch zu schreiben.

Wir können ohne Übertreibung sagen, daß das Internet unser Arbeitsleben entscheidend verändert und in den letzten Jahren beeinflußt hat. Eine Anzahl von Forschungsartikeln, die in angesehenen internationalen Fachzeitschriften erschienen sind, wären ohne die Kommunikationsmöglichkeiten des Internet praktisch nicht möglich gewesen. Gemeinsame Forschung zwischen Chicago (USA) und Vancouver (Kanada), Chicago und Tel-Aviv (Israel), Frankfurt und Chicago, Marburg und New York (USA), wo wir und unsere Kollegen arbeiteten oder noch arbeiten, wäre mit konventionellen Kommunikationsmitteln wie Telefon, Fax und Briefpost zu teuer und zu langsam gewesen. Es ist auch klar, daß so unterschiedliche Institutionen wie die Universitäten von Illinois, British Columbia, Tel-Aviv, Frankfurt und Marburg keine privaten Kommunikationsnetze für den gelegentlichen Austausch von Nachrichten oder Daten ihrer Forscher miteinander aufbauen würden, wie es manche Unternehmen untereinander tun. Natürlich standen am Anfang der Forschung persönliche Bekanntschaften, und es gab physische Treffen während der Arbeiten, aber der größte Teil der Arbeit wurde durch Fernkooperation erledigt unter Nutzung von elektronischer Post (E-Mail, siehe Abschn. 3.1), Dateitransfer (FTP, siehe Abschn. 3.3) und Fernnutzung von Computern (Telnet, siehe Abschn. 3.4). Heute, nachdem die Möglichkeiten des Internet explosiv gewachsen sind, im Sinne neuer Benutzer, neuer Dienste und besserer Zugangsmöglichkeiten, ist die tägliche Nutzung des Internet für uns selbstverständlich geworden. Wir verwenden es für berufliche Kommunikation und Information, zum Lernen und Lehren, zum Einkaufen, zum

Vorbereiten von Reisen und manchmal, wir geben es zu, auch zum Spielen.

Die Bedenken gegen das Internet und insbesondere seine kommerzielle Nutzung sind uns bekannt. Sie sind teilweise berechtigt, und wir wollen in dieser Einführung kurz auf einige eingehen. Die zur Zeit am häufigsten vorgebrachten Bedenken sind mangelnde Sicherheit hinsichtlich kommerzieller Transaktionen sowie die zu geringe Bandbreite der Kommunikationsleitungen. Zur Sicherheit ist erstens anzumerken, daß viele nützliche Kommunikationsvorgänge kein Sicherheitsrisiko beinhalten. Dazu gehören etwa Werbung oder Handbücher, die man zwar alle auf ihrem elektronischen Weg zum Empfänger irgendwie mutwillig verfälschen könnte, wobei der Aufwand für einen Hacker aber in keinem sinnvollen Verhältnis zum „Ertrag" steht. Zweitens gibt es eine Reihe von Sicherungsverfahren, die schon heute funktionieren und eingesetzt werden! Eine absolute Sicherheit gibt es nicht, aber manche dieser Verfahren machen Transaktionen im Internet mindestens genau so sicher wie andere elektronische oder nicht-elektronische Transaktionen. Die Transaktionssicherheit und der Schutz von Computerressourcen vor Attacken jeglicher Art sind natürlich ein wichtiges Thema, weswegen die wichtigsten Sicherheitsansätze im Kap. 7 erklärt werden.

Die Bedenken bezüglich mangelnder Bandbreite haben zwei Ausprägungen. In einer Ausprägung wird ein Katastrophenszenario entwickelt: die explosive Zunahme der Nutzung des Internet, sein Erfolg also, führt zu einer Verstopfung der Netze, die sich in einer inakzeptablen Antwortzeit für die Benutzer manifestiert. Dieses Szenario ist in ähnlichen Versionen schon mehrmals gesponnen worden, so z.B. im Jahr 1995, als sich die US-amerikanische National Science Foundation als Betreiber der Hauptleitungen (backbone) des Internet in USA zurückzog. Zu einer Katastrophe ist es aber bisher nicht gekommen, und dazu wird es auch in absehbarer Zukunft nicht kommen. Das liegt einerseits am technischen Fortschritt, der noch ansehnliche Erweiterungen der Bandbreiten zuläßt, an organisatorischen Vorkehrungen, die für einen geregelten Ablauf im Internet sorgen, und an hohen Investitionen, die öffentliche und private Institutionen bereits in das Internet getätigt haben. Fast alle Teile des Netzes werden ständig erweitert. Die Telefongesellschaft MCI, die Teile des Backbones in USA bereitstellt, hat in 1996 die Leitungskapazität verdreifacht. Die Bandbreite des Wissenschaftsnetzes WIN wurde in den Jahren 1996 und 1997 von zwei MBit/s (Millionen Bits pro Sekunde) auf 34 bzw. 155 MBit/s ausgebaut. Außerdem herrscht im Internet, entgegen einer weit verbreiteten Vorstellung, keine Anarchie, sondern es existieren sehr wohl Organisationen und

Regeln (siehe Abschn. 2.3), die sich um seinen Bestand und seine Weiterentwicklung kümmern.

Die zweite Ausprägung der Bedenken über die Bandbreite malt zwar kein Katastrophenszenario, beklagt aber die langsame Antwortzeit. Dies führe zu Frustration und Zeitvergeudung bei Benutzern. Außerdem mache dies das Medium für Konsumenten uninteressant, weil auf die Verwendung komplexer Graphiken und längerer Sequenzen von bewegten Bildern verzichtet werden müsse, wenn man nicht riskieren wolle, daß die Anwender die Datenübertragung vorzeitig abbrechen. Dieses Bedenken läßt sich zur Zeit in der Tat nicht so leicht entkräften, da viele Informationsempfänger noch über einen langsamen Zugang zum Internet verfügen (von 33.600 Bit/s und weniger) oder an ihrem Zugangsknoten zum Internet nicht genügend Kapazität bereitgestellt wird. Das ist aber schon heute mehr ein finanzielles als ein technisches Problem. Denn aufgrund der ausgezeichneten Verfügbarkeit von ISDN in Deutschland, kann fast jeder Benutzer einen ca. 64 Tausend Bit/s schnellen Zugang haben, z.B. über den Online-Dienst der Deutschen Telekom, T-Online (siehe Kap. 11). Neuere Verfahren (z.B. ADSL, siehe Abschnitt 2.2.8) erlauben noch höhere Übertragungskapazitäten über die Telefonleitungen. Die Verwendung des Kabelnetzes oder von Satelliten für das Internet ist ebenfalls möglich und schon im Einsatz, so daß auch auf diesem Weg höhere Bandbreiten bis zu einzelnen Haushalten zur Verfügung gestellt werden. Weiterhin sind Datenkomprimierungsverfahren in Erprobung, die effizienter als die heute verwendeten Algorithmen sind. Aufgrund dieser Entwicklungen werden Bedenken wegen langsamer Antwortzeiten mit der Zeit ebenfalls an Gewicht verlieren. Schließlich wird in USA schon am Internet2 gebaut, in dem mit noch höheren Datentransportkapazitäten gearbeitet wird und neue Anwendungen entwickelt werden (siehe Abschn. 2.3.5).

Es gibt eine Reihe weiterer Bedenken, die, oft aus Unwissenheit, gegen das Internet vorgebracht werden. Wir hoffen, diese Bedenken in den nachfolgenden Kapiteln zerstreuen zu können, auch wenn unsere Darlegungen an den Inhalten, die wir vermitteln wollen, und nicht an irgendwelchen Bedenken ausgerichtet sind. Eine Kategorie der Bedenken soll hier noch kurz aufgegriffen werden, die später auch indirekt nicht mehr behandelt wird, weil diese Aspekte nicht zum Gegenstand dieses Buches gehören: soziale und psychologische Bedenken. Ein Beispiel hierfür ist die Befürchtung, daß lange Verweilzeiten im Internet zu Entfremdung, Vereinsamung und eventuell Realitätsverlusten bei Benutzern führen könnten. Menschen könnten darin „virtuelle", aber keine realen Beziehungen knüpfen. Es ist aus unserer Sicht nicht einzusehen, warum die Beschäftigung im Internet zu mehr Entfremdung, Vereinsamung oder Realitätsverlust führen soll als Fernsehen, das Lesen von Büchern oder am Computer offline Arbeiten und Spielen. Im Gegenteil, die Möglichkeiten der Interaktivität erlauben, die Entfremdung und Vereinsamung geringer als in den genannten Beispielen zu halten. Die Beziehungen im Internet sind nicht virtuell, sondern genauso real wie Beziehungen, die bei physischen Treffen entstehen, wenn sie auch nicht so reich an Kommunikationsmöglichkeiten sind. Es ist wahrscheinlich richtig, daß es mehr direkte menschliche Kontakte ohne Fernsehen, Radio, Kino, Telefon, Bücher und Computer gäbe, aber können und sollen wir die Zeit zurückdrehen? Wohin würden wir gelangen, wenn wir es könnten?

Ein anderes Beispiel für soziale Bedenken ist die Furcht, daß die Vorteile, die sich für die an Kommunikationsnetze angeschlossenen Menschen ergeben, zu mehr Unterschieden gegenüber denen führen werden, die nicht angeschlossen sind und aufgrund ihres Wissens oder ihrer finanziellen Möglichkeiten nicht angeschlossen werden können. Bedroht seien also die sozial Schwachen aber auch die in neuen Technologien Nichtkundigen. Die letzteren findet man auch unter Gewerbetreibenden, Freiberuflern und Unternehmern, die zur Mittelklasse gehören. Es entstehe eine neue Mittelklasse, als Wissensklasse bezeichnet, deren Angehörige hauptsächlich im Dienstleistungssektor aufgrund von Informations- und Wissensvorsprüngen erfolgreich seien. Viele politische und wirtschaftliche Indikatoren bestätigen, daß große Bevölkerungsteile Zukunftsängste haben, die teilweise mit der fortschreitenden Technologisierung des Lebens im Zusammenhang stehen. Daraus darf aber keine (regionale) Strategie der Verlangsamung der Prozesse der Technologisierung im allgemeinen und computerbasierter Kommunikationsvernetzung im besonderen abgeleitet werden. Vielmehr sollten Ausbildung und kostengünstige Zugänge zu Kommunikationsnetzen stärker gefördert werden. Hier ist das Internet wiederum der erste Kandidat, weil es ein Netz ist, das keiner Person oder Organisation gehört.

Die Ausbildung in der Nutzung von Informations- und Kommunikationstechnologie, in diesem Fall das Internet, muß in der Schule anfangen. Einige Schulen verfügen bereits über einen freien Internetzugang, alle anderen sollten folgen (z.B. durch Anschluß an WIN, das öffentlich geförderte wissenschaftliche Netz für Universitäten und Forschungseinrichtungen). Verschiedene diesbezügliche Aktionen laufen (z.B. die Initiative „Schulen ans Netz"), aber sie sind nicht ausreichend. Der Umgang mit Computern und Kommunikationsnetzen muß im Schulunterricht so verankert sein, daß kein Schüler eine Schule, inklusive Hauptschulen, mit Abschluß verlassen kann, ohne grundlegende Kenntnisse auf diesem Gebiet erworben zu haben. Für Erwachsene müssen günstige Möglichkeiten der Nachschulung bereitgestellt werden. Bezüglich des Internetzugangs müssen eine Reihe von Maßnahmen für kostenlosen Zugang geschaffen werden. Zunächst sollte jede Bibliothek eines öffentlichen Trägers Computer aufstellen, an denen man im Internet kostenlos, auch ohne eigene persönliche Berechtigung, arbeiten kann. Das gleiche gilt für Städte und Gemeinden, die an öffentlichen Plätzen solche Zugangsmöglichkeiten schaffen sollten. Diese Geräte könnten ebenfalls für kommunale Dienstleistungen genutzt werden. Weiterhin sollten private Haushalte kostenlos persönliche Berechtigungen bzw. Konten (accounts) für einen Internetzugang erhalten können, die von Firmen finanziert werden könnten. Dafür könnten diese Firmen die Erlaubnis erhalten, bei den Haushalten über das Internet direkt und unaufgefordert zu werben. Dieses Konzept ist im Ansatz bei manchen Diensten schon realisiert. In Bayern hat die Landesregierung eine Initiative ins Leben gerufen, deren Ziel es ist, jedem Landesbürger einen kostenlosen Zugang zum Internet über Datenleitungen von „Bayern Online" zu gewähren. Leider können die Initiativen in Deutschland oder Europa mit denen in USA kaum verglichen werden. Dort werden in den kommenden Jahren Schulen und Bibliotheken sowie Gesundheitsorganisationen in außerstädtischen Gebieten mehr als 2 Milliarden US Dollar pro Jahr für ihren Internetanschluß erhalten. Die Gelder werden über die Regulierungsbehörde für Telekommunikation (FCC) von den Telekommunikationsgesellschaften als eine Art Sonderabgabe eingesammelt.

Die kurzen Ausführungen zu sozialen und psychologischen Bedenken stellen natürlich keine ausreichende Diskussion des Themas dar, weil es, wie bereits angemerkt, nicht Gegenstand dieses Buches ist. Wir wollten dennoch Ansätze erwähnen, mit denen man einigen berechtigten Bedenken in dieser Kategorie Rechnung tragen kann. Dabei erfordern diese Ansätze keine sehr hohen öffentlichen Investitionen, aber entschiedene öffentliche Aktionen.

Internet ist nicht das einzige Kommunikationsnetz, das Privatkunden mit Unternehmen und Unternehmen miteinander verbindet. Genau dies vollbringen schon seit längerer Zeit auch die kommerziellen Online-Dienste. Deswegen ist ein genauer Vergleich zwischen dem Internet und diesen Diensten bezüglich Teilnehmer, Informationsinhalten und Kosten für Informationsanbieter und -nachfrager notwendig. Dieser Vergleich und die Beurteilung der Vergleichsergebnisse erfolgen in den Kap. 11 und 12. Hier sollen nur einige globale Überlegungen angestellt werden. Die Öffnung des Internet für den Kommerz stellt einerseits eine klare Bedrohung für die kommerziellen Online-Dienste dar. Andererseits hat der Wirbel um das Internet und „Datenautobahnen" (information highways) auch die kommerziellen Online-Dienste ins Rampenlicht gebracht. Das hat wiederum zu einem Wachstum der Teilnehmerzahlen bei bestehenden Diensten und zum Eintritt neuer Wettbewerber in diesen Markt geführt. Was wird überwiegen, die Bedrohung oder die Chancen des allgemeinen Wachstums? Zunächst ist festzustellen, daß sich die Online-Dienste dem Sog des Internet nicht entziehen konnten. Alle wichtigen Dienste bieten ihren Kunden die Übergangsmöglichkeit zum Internet an. Die Qualität des Übergangs bezüglich Nutzungskomfort und Geschwindigkeit sowie die Kosten für den Internetzugang sind zu einem Wettbewerbsfaktor zwischen den Online-Diensten geworden. Außerdem haben die Online-Dienste sowohl ihre generellen Mitgliedskosten gesenkt, so daß sie mit anderen Internetzugangsanbietern konkurrieren können, als auch die Kosten für spezielle Kommunikations- und Informationsangebote. Sie haben sich somit zu wichtigen Anbietern von „Startrampen" ins Internet entwickelt. Damit haben sie faktisch das Internet als Primus anerkannt, aber auch die Möglichkeit entdeckt, durch das Internet Geld zu verdienen.

Ein weiterer Indikator für die Wichtigkeit, die kommerzielle Online-Dienste dem Internet beimessen, sind ihre strategischen Geschäftszüge. Sie haben Firmen ganz oder teilweise gekauft, die Software für und Dienste im Internet anbieten. Man kann den Trend gemeinsam mit den obigen Ausführungen so zusammenfassen: die kommerziellen Online-Dienste sind zu Internetzugangsmehrwertanbietern (Value-Added Internet Service Provider, VAISP) geworden. Manchen Online-Diensten war der erfolgreiche Einstieg in das Geschäft erst gar nicht gelungen. Ein Beispiel hierfür stellen die Schwierigkeiten von Europe Online dar. Der Dienst konnte trotz mächtiger Gesellschafter, wie dem Burda-Verlag, keinen Fuß im Markt fassen. Die mächtige Softwarefirma Microsoft gab ihre ursprünglichen Pläne auf, mit Microsoft Network gegen das Internet zu kämpfen, und entschied sich, ihr „Online-Glück" im Internet zu suchen.

Manche der kommerziellen Online-Dienste waren bisher Zuschußgeschäfte. Unternehmen, die bei den Online-Diensten Informationen anbieten und Kommerz betreiben, sind meist etablierte Firmen. Wie weit sich die Präsenz in den Diensten für sie lohnt, wird meist verschwiegen. Traumhafte Erfolgsgeschichten sind von dort jedenfalls nicht bekannt. Das Internet auf der anderen Seite hat schon einige sensationelle Erfolge hervorgebracht, die zeigen, daß Innovation und Risikobereitschaft sich auszahlen. Das gilt zunächst für Anbieter von Internetsoftware und -zusatzdiensten, aber auch schon für manche Unternehmen, die das Internet als Werbemedium, Vertriebsweg oder zu anderen kommerziellen Zwecken benutzen.

Einer der wichtigsten Gründe für den bisherigen und zukünftigen Erfolg von Internet ist seine Gesellschafts- und Wirtschaftsform. Internet ist Demokratie, Internet ist freie Marktwirtschaft. Dagegen haben Diktatur und Monopole keine Chance. Welche Firma, welches Land verfügt über Hunderttausende von hochtalentierten, hochmotivierten Systementwicklern? Internet hat sie. Wo werden neue Softwareprodukte fast ohne Kosten innerhalb von wenigen Tagen im Markt eingeführt? Nur im Internet; es genügt, eine Adresse, unter der man eine Probeversion frei abholen kann, an verschiedene Diskussionsgruppen (siehe Abschn. 3.2) zu versenden. Die Nachricht breitet sich wie ein Lauffeuer aus, und innerhalb von Tagen wird das Produkt von Tausenden weltweit getestet. Welches Produkt ein „Star" und welches ein Verlierer wird, stellt sich meist schnell heraus. Damit ist garantiert, daß im Internet immer die neueste und beste Technologie eingesetzt wird (außer in den seltenen Fällen, wo staatliche Stellen versuchen, dies zu verhindern, wie es im Zusammenhang mit Sicherheit teilweise geschieht). Aufgrund aller obengenannten Aspekte und Entwicklungen glauben wir, daß dem Internet die Zukunft der Kommunikationsnetze gehört, wahrscheinlich nicht ausschließlich, aber als klarem Führer und Trendsetter unter den Online-Netzen.

Schließlich verändert Internet zunehmend das Verständnis eines Computers im Sinne von Ressourcen und Funktionen, die man als Benutzer zur Verfügung hat. Zuerst stellte man sich unter einem Computer einen Großrechner vor. Nach einiger Zeit, in der man die Großrechner nur im Stapelbetrieb nutzen konnte, wurde es möglich, mit dem Computer über Bildschirme zu kommunizieren. Ein zweites Verständnis des Computers wurde durch Mikrocomputer und Arbeitsplatzrechner bestimmt. Man arbeitete weiterhin am Bildschirm, aber die Berechnungen wurden nun von einem Rechner auf dem Schreibtisch, darunter oder daneben, ausgeführt, den man selbst kontrollierte und verwaltete. Der persönliche Computer (PC) war zunächst auf sich allein gestellt oder er konnte bestenfalls als ein „dummes" Terminal für einen Großrechner dienen. Die nächste Welle brachte die Vernetzung der PCs mit sich, die eine gemeinsame Nutzung der im Netz vorhandenen Hardware, Software und Daten ermöglichte. Das lokale Netz (LAN) wurde zum Computer. Die neueste Welle macht weltweite Netze zum Computer. Der Internetbenutzer greift nicht nur auf Ressourcen seines PC, LAN oder Großrechners zu, sondern auf Hunderttausende von Rechnern, Programmen und Diensten und Milliarden von Megabytes an Daten, die weltweit zur Verfügung stehen. Mehrere Hardwarehersteller bieten Netzwerkcomputer (siehe Abschn. 4.4) an, die einfacher und billiger als die gängigen PCs sind. Manche Gurus der Computerbranche prophezeien, daß Software in der Zukunft nicht mehr gekauft werden würde, sondern nur bei Bedarf gegen Gebühr temporär über das Internet heruntergeladen würde. Unabhängig davon, ob sich diese Vision bewahrheitet oder nicht, eine Tatsache ist es, daß für viele Computeranwender, ganz bestimmt für uns, schon heute der Computer das Internet ist.

Wie aus dem Inhaltsverzeichnis zu ersehen ist, werden im ersten Teil des Buches zunächst die technologische und organisatorische Entwicklung des Internet beschrieben und die Profile seiner Benutzer gezeichnet. Diesen Ausführungen folgt die Erklärung der wichtigsten Internetdienste. Danach werden das Intranet, die unternehmensinterne Version des Internet, und das Extranet, als die internetbasierte Verknüpfung des Unternehmens mit ausgewählten Teilen der Außenwelt, erläutert. Wer mit dem Internet schon vertraut ist, kann diesen Teil überspringen. Aber auch die Leser, die noch keine Erfahrungen mit dem Internet haben, können nach dem zweiten Kapitel mit dem zweiten Teil fortfahren und dann nach Bedarf die Erklärung der Dienste und des Intranet nachholen.

Der zweite Teil beschäftigt sich mit der strategischen Planung des Interneteinsatzes und der Umsetzung eines solchen Plans. Als übergreifende Systematik für die Planung dient die Sicht eines Unternehmens als eine Wertschöpfungskette. Diese Sicht fordert, daß jede Aktivität eines Unternehmens darauf ausgerichtet sein sollte, zur Wertschöpfung des Unternehmens beizutragen. In diesem Teil wird auch die Sicherheit als ein wichtiger Aspekt des Interneteinsatzes erörtert. Sie ist bewußt nicht im mehr technischen Teil I plaziert, um ihre Bedeutung herauszustellen und auf ihre Berücksichtigung bereits im frühen Planungsstadium zu erinnern.

Der dritte Teil widmet sich der feineren Planung des Interneteinsatzes. Dort werden die Möglichkeiten der kommerziellen Nutzung des Internet systematisch untersucht. Die Hauptaktivitäten der im zweiten Teil eingeführten Wertschöpfungskette werden der jeweiligen betriebswirtschaftlichen Theorie folgend nach ihren Instrumenten oder Unteraktivitäten gegliedert, bevor die Analyse des potentiellen Internetbeitrags beginnt. Damit wird der Interneteinsatz in einem strukturierten Rahmen dargestellt, anstatt nur über Anekdoten und Fälle aus der Praxis vermittelt. Genaue Hinweise auf Praxisbeispiele werden jedoch überall gegeben.

Im vierten Teil wird schließlich ein detaillierter Vergleich mit kommerziellen Online-Diensten angestellt. Dieser Vergleich kann

als Entscheidungshilfe dienen, wenn man vor der Frage steht, bei
welchen Diensten man als Firma Informationen anbieten und erfragen soll.

Und wenn Sie uns nach der Lektüre des Buches noch immer nicht
glauben, daß das Internet ein großartiges Potential für den Kommerz
besitzt, vertrauen Sie Bill Gates, dem schon legendären Gründer und
Präsidenten von Microsoft, der die Meinung vertritt, daß das Internet
die wichtigste Neuerung im Computermarkt sei, seit IBM 1981 ihren
PC im Markt einführte.

2 Was ist Internet?

Zu Beginn einer Beschäftigung mit dem Internet ist die Frage nach dem „Was ist Internet?" in den Mittelpunkt zu stellen. Schlägt man bisher veröffentliche Meinungen dazu nach, so bieten diese eine breite Vielfalt an Begriffsbestimmungen und Definitionen an. Das Internet wird z.B. als „weltweites Netzwerk mit grenzenloser Informations- und Kommunikationsinfrastruktur", als „Netzwerk von Netzwerken (Metanetzwerk)" oder als „Konglomerat aus den verschiedensten lokalen Netzen, die durch den Einsatz eines gemeinsamen Protokolls jederzeit untereinander kommunizieren können" bezeichnet. Wir wollen dieser Auflistung keine weitere Definitionsvariante anfügen, sondern wir beschreiben in diesem Kapitel, wie sich das Internet entwickelt hat (Abschn. 2.1), wie es technisch funktioniert (Abschn. 2.2), wie es organisiert ist (Abschn. 2.3), und wer es benutzt (Abschn. 2.4).

2.1
Entwicklung

Beim Versuch, die historische Entwicklung des Internet zu beschreiben, stellt bereits die exakte Datierung des Entwicklungsbeginns ein nicht unerhebliches Problem dar. Dies fällt deshalb so schwer, da das Internet nicht zu einem fixen Zeitpunkt, einem Urknall ähnlich, entstand, sondern sich evolutorisch, über verschiedene Stadien hinweg entwickelte. Zahlreiche Autoren bezeichnen daher die Entwicklungsgeschichte als sehr komplex und widersprüchlich. Die folgenden Ausführungen zur Geschichte des Internet haben das Ziel, die Entwicklung chronologisch und in einer übersichtlichen Form darzustellen.

Die historische Zeit, in der die ersten Vorüberlegungen getroffen wurden, war geprägt durch den „Kalten Krieg" und insbesondere durch die Raumfahrterfolge der damaligen UdSSR (Ende der 50er Jahre). Die militärischen und wissenschaftlichen Erfolge der UdSSR veranlaßten die US-Regierung, verstärkt in Forschungsprogramme auf diesen Gebieten zu investieren. Ein Vorhaben dieser Art war die Gründung der Behörde „Advanced Research Projects Agency" (ARPA) durch das US-Verteidigungsministerium. Eine wesentliche Aufgabe von ARPA bestand darin, Methoden der zuverlässigen Datenübertragung zu erforschen und zu testen. Im Mittelpunkt des Interesses stand insbesondere die militärische Nutzung dieser Datenübertragungsmethoden. Man war bestrebt, ein Kommunikationsmedium zu entwickeln, das auch bei gewaltigen Zerstörungen, z. B. durch atomare Angriffe, den Betrieb aufrecht erhalten konnte. Die damals im Einsatz befindliche leitungsorientierte Datenübertragung konnte diesem Anspruch nicht gerecht werden.

Bei der Entwicklung neuer Übertragungsmethoden griff man auf ein von Baran (RAND Corporation) bereits 1962 präsentiertes Konzept zurück. Darin wurde die paketorientierte Datenübertragung vorgestellt, die zukünftig das gesamte Feld der Datenübertragung revolutionieren sollte (eine umfassende Beschäftigung mit der paketorientierten Datenübertragung erfolgt im Abschn. 2.2.2). Die von Baran gewonnenen, grundlegenden theoretischen Erkenntnisse wurden von Forschern aus dem militärischen Forschungsbereich aufgegriffen und weiterentwickelt. Daher wird dem Internet oftmals ein militärischer Ursprung zugewiesen.

Die erste praktische Umsetzung in Form eines Netzwerkes erfolgte 1969 durch die Firma Bolt, Beranek und Newman im Auftrag der ARPA. Das installierte Netzwerk, Arpanet genannt, bestand aus vier Knotenrechnern, die vier Universitäten bzw. Forschungseinrichtungen miteinander verbanden (University of California at Los Angeles, University of California at Santa Barbara, University of Utah, Stanford Research Institute). Mit der Inbetriebnahme des Arpanet, des ersten auf paketorientierter Datenübertragung basierenden Netzwerks, wurde der Grundstein für die Evolution des Internet gelegt. Das Jahr 1969 wird daher als der Beginn des Entwicklungsprozesses betrachtet. Der Prozeß wird in vier Phasen unterteilt, wobei die drei ersten Entwicklungsphasen in Anlehnung an Rutkowski (1994) abgegrenzt werden. Für jede dieser vier Phasen sind die für die Entwicklung bedeutendsten Ereignisse herauszustellen und zu kommentieren. Eine detaillierte Auflistung der Ereignisse mit Bezug zur Internet-Entwicklung bietet Hobbes' Internet Timeline v3.1 von Zakon (1997).

In der Abb. 2.1 sind die vier Entwicklungsphasen des Internet grafisch abgebildet. Zur Verdeutlichung der stetigen Ausdehnung des Internet während seiner historischen Entwicklung, wurde das phaseninterne Wachstum der Anzahl angeschlossener Hostrechner in Abhängigkeit von den Jahreszahlen in die Grafik integriert.

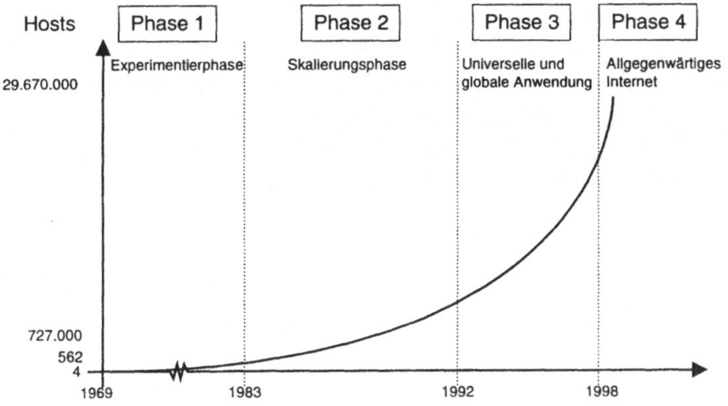

Abb. 2.1:
Entwicklungspha-
sen des Internet in
Anlehnung an
(Rutkowski 1994)

2.1.1
Experimentierphase

Die erste Phase begann mit der Inbetriebnahme des Arpanet, das sich in den folgenden Jahren kontinuierlich qualitativ und quantitativ weiterentwickelte. Weiterhin wurde diese Entwicklungsphase geprägt durch die Forschungsarbeit einer kleinen Anzahl von Netzwerkspezialisten, die nicht nur die Technologie (z.B. Protokolle), sondern auch kooperative Mechanismen und Institutionen als Grundlage für zukünftige Innovationen entwickelten.

Parallel zum Arpanet entstanden weitere öffentliche und private Netzwerke, deren Implementierungen allerdings sehr verschieden angelegt waren, insbesondere bedingt durch unterschiedliche Hardwarearchitekturen der Hersteller. Eine potentielle Verbindung zwischen diesen unterschiedlichen Netzwerken stellte den Untersuchungsgegenstand eines Forschungsprogramms der DARPA (ARPA wurde in DARPA, Defense Advanced Research Projects Agency, umbenannt) von 1973 dar. Die Projektbezeichnung „Internetting Project" verdeutlichte, daß hier der Grundgedanke der Verknüpfung heterogener Netze durch das Umgehen netzwerkspezifischer Werkzeuge im Vordergrund stand. Als Lösung dieses Problems kristallisierte sich die Verwendung eines gemeinsamen Protokolls heraus. Ein Protokoll wird als ein formaler Satz von Regeln bzw. Vereinbarungen definiert, der festlegt, wie Daten von einem Netzwerk zum anderen übertragen werden sollen. Die Entwicklung des TCP/IP-Protokolls (Transmission Control Protocol/Internet Protocol) von 1974 durch die Wissenschaftler Kahn und Cerf galt als entscheidender Durchbruch bei der Vernetzung unterschiedlicher paketorientierter Netzwerke (nähere Ausführungen zu TCP/IP folgen im

Abschn. 2.2.3). Es dauerte allerdings bis zum Jahre 1983, bis alle ARPANET-Knoten auf das TCP/IP-Protokoll umgestellt waren, und dieses somit quasi einen Standard für Übertragungsprotokolle darstellte. Dieses Datum ist als die eigentliche Geburtsstunde des Internet zu betrachten, da seit dieser Zeit der Begriff Internet für das auf TCP/IP basierende ARPANET sowie für die daran angeschlossenen Netzwerke geläufig ist.

Der Netzverkehr über das Arpanet war indessen so stark angestiegen, daß es nicht weiter als ein experimentelles Forschungsnetz betrieben werden konnte. Daher fand 1983 eine Aufteilung des Netzes in einen militärischen (MILNET) und einen forschungsorientierten Teil (ARPANET) statt. Wie bereits erwähnt, entstanden seit Beginn der 80er Jahre noch weitere unabhängige Weitverkehrsnetze (z.B. USENET, BITNET, CSNET). Durch den Aufbau eigener Netzwerke gelang es z.B. Universitäten oder privaten Unternehmen, der Zugangsbeschränkung und der Kontrolle durch das US-Verteidigungsministerium zu entgehen.

Da mit der Umstellung der Arpanet-Knoten auf TCP/IP ein Wendepunkt in der Internet-Historie erreicht wurde, scheint dieses Ereignis dazu geeignet, die erste Entwicklungsphase abzuschließen bzw. eine neue Phase einzuläuten.

2.1.2
Skalierungsphase

Einhergehend mit der raschen Verbreitung des Übertragungsprotokolls TCP/IP, auch begünstigt durch den weit verbreiteten Einsatz des Betriebssystems „UNIX" in offenen Umgebungen (TCP/IP wurde in das Betriebssystem UNIX integriert), nahm der netzübergreifende Datenverkehr in den USA stetig zu. Dadurch inspiriert, zeigte die amerikanische National Science Foundation (NSF) Interesse an einem umfassenden Kommunikationsaustausch zwischen den amerikanischen Wissenschaftlern. Deshalb gründete diese Organisation 1986 das NSFNET, ein Netzwerk, das als Protokoll TCP/IP verwendete und in Form eines Backbone-Netzes seine praktische Umsetzung fand. Dabei wurden zuerst nur die sechs Supercomputerzentren in den USA miteinander verbunden, die aber schon bald, zwecks Verbesserung der Infrastruktur, um regionale Netzwerke erweitert wurden.

Neben der NSFNET-Gründung fand im selben Jahr noch ein weiteres wichtiges Ereignis für die Entwicklung des Internet statt. 1986 war auch das Jahr der Einführung eines Domain-Adressen-Systems, das jedem Teilnehmer am Netzverkehr eine eindeutige

Adresse zuordnet. Die Funktionsweise dieses Adressen-Namen-Systems wird im Abschn. 2.2.5 näher erläutert. Für die Entwicklung des Internet war dabei entscheidend, daß ein sicheres, relativ offenes Adressierungssystem die Grundlage für weiteres quantitatives Wachstum darstellte.

Bei einer Umschreibung der zweiten Entwicklungsphase ist insbesondere die neue Qualität des Internet zu berücksichtigen. Dies bedeutete, daß das Internet sein Nischendasein der ersten Phase verließ und somit einer breiten Öffentlichkeit bekannt wurde. In diesem Zusammenhang nahm die Qualität der Anwendungen und der Nutzungsmöglichkeiten zu. Insgesamt bewegte sich das Internet von einer unteren Entwicklungsebene auf eine höhere Anwendungsebene. Aus diesem Grund soll die zweite Phase als *Phase der Skalierung* bezeichnet werden. Die Dauer dieser Phase ist allerdings nur sehr unscharf von der darauffolgenden abzugrenzen. Als Übergang zu einem dritten Abschnitt auf dem Entwicklungspfad des Internet wurden zwei Ereignisse aus dem Jahre 1992 ausgewählt, die Meilensteine der weiteren Entwicklung darstellen.

2.1.3
Universelle und globale Anwendung

Einen Meilenstein stellt die Entwicklung und Einführung eines neuen Dienstes dar. Dieser bisher komfortabelste und leistungsfähigste Dienst, das am Kernforschungszentrum CERN in Genf entwickelte World Wide Web (WWW), wurde erstmals 1992 implementiert. Das WWW zeichnet sich insbesondere durch seine Hypermediafähigkeiten und seine hohe Anwendungsfreundlichkeit aus (siehe Abschn. 3.6).

Die Gründung der Internet Society (ISOC) stellt ein weiteres, einschneidendes Ereignis dar. Bei der ISOC handelt es sich um eine Organisation, welche die bisher dezentrale Struktur des Internet zu koordinieren versucht. Weitere Ausführungen zur Organisationsstruktur befinden sich im Abschn. 2.3. Die Besonderheit der ISOC besteht in der internationalen Koordinationstätigkeit. Aus der bisherigen Schilderung wurde deutlich, daß die entscheidenden Anfangsjahre der Internet-Entwicklung geographisch auf die USA beschränkt waren. Dies bedeutet allerdings nicht, daß außerhalb der USA keine Netzwerke entstanden sind. Doch erst durch die ISOC-Initiative gelang es, über Ländergrenzen hinweg Standards zu setzen und Weiterentwicklungen zu koordinieren. Die „Netzwerkkarte" von Landweber (Abb. 2.2), in der Internet-Anschlüsse aller geogra-

phischen Regionen abgebildet sind, verdeutlicht die internationale
Ausbreitung des Netzwerkes.

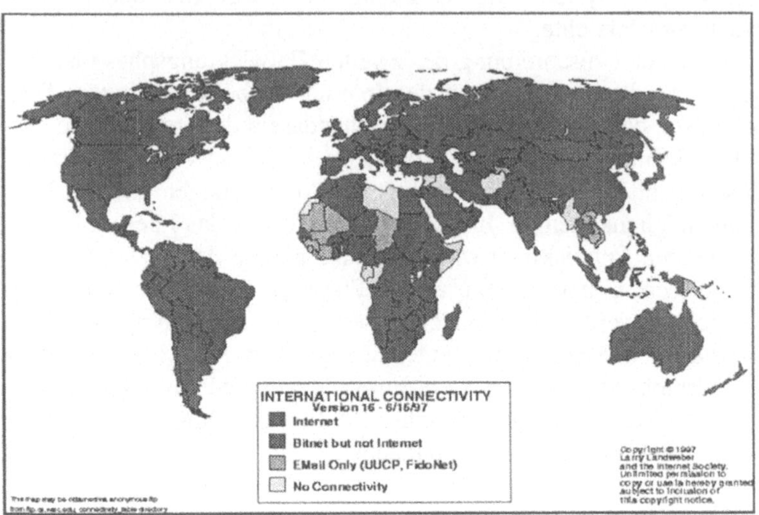

An dieser Stelle folgt ein kurzer Exkurs über die historische Ent-
wicklung des Internet in Europa, insbesondere in Deutschland. In
Europa begann der Aufbau von nationalen Netzwerken Anfang der
80er Jahre. Dabei handelte es sich um nationale Forschungsnetze
(EUNET, EARN, europäischer Teil des CSNET), die über einen
Gateway mit den amerikanischen Netzwerken verbunden waren.
Auffällig ist aber, daß in den 80er Jahren noch kein gemeinsames
Netzwerk in Europa existierte. Erst 1992 wurde mit dem Ebone-
Projekt ein zentraler europäischer Backbone geschaffen.

In Deutschland begann die Entwicklung 1984 mit der Gründung
eines nationalen Forschungsnetzes durch den „Verein zur Förderung
eines Deutschen Forschungsnetzes" (DFN). In Kooperation mit der
damaligen Deutschen Bundespost wurde das „Wissenschaftsnetz"
(WIN) aufgebaut. Bis 1992 war der Zugang zu diesem Netzwerk nur
Universitäten und Forschungseinrichtungen erlaubt. Erst das Auf-
kommen kommerzieller Anbieter, die Privatpersonen und Unternehmen gleichermaßen den Internetzugang ermöglichen, sorgte für
einen Aufschwung bei den Teilnehmerzahlen in Deutschland.

Als einen die Zukunft des Internet wesentlich beeinflussenden
Trend ist der in der dritten Phase stattfindende Wandel von einer
streng wissenschaftlich orientierten Anwendung hin zu einer kommerziellen Anwendung des Internet zu sehen. Ein Kommerzialisieren des Internet war unter den traditionellen Internet-Nutzern heftig
umstritten. Auf dem größten Hauptverkehrsweg in den USA, dem

NSF-Backbone, war die Übertragung kommerzieller Daten eine lange Zeit verboten. Das Jahr 1995 scheint hier einen Wendepunkt zu markieren, da sich der Staat als Betreiber des NSF-Backbones zurückzieht und dies privaten Investoren überläßt. Neben dem NSF-Backbone entstanden bereits seit einigen Jahren kleinere kommerzielle Netzwerke, gegründet von kommerziellen Unternehmen, die als Dienstleistung die Übertragung kommerziellen Datenverkehrs anbieten. Spricht man vom Kommerzialisieren des Internet, so versteht man darunter nicht nur das Entstehen kommerzieller Netzwerkanbieter, sondern in erster Linie auch die Anwendung des Internet in privaten Unternehmen.

Die Festlegung von Phasen in geschichtlichen Abläufen ist generell nicht einfach und eindeutig. Das gilt für aktuelle Entwicklungen, zu denen der eigentlich notwendige zeitliche Abstand noch fehlt, um so mehr. Deswegen ist die Bestimmung (des Anfangs) der nachfolgenden vierten Phase eher als eine Prognose anzusehen.

2.1.4
Allgegenwärtiges Internet

Wir setzen den Anfang der Phase des allgegenwärtigen (ubiquitous) Internet in das Jahr 1998. Das hat sowohl technische als auch organisatorische Gründe. Auf der technischen Seite sehen wir, daß eine Reihe von Entwicklungen im Bereich der Infrastruktur und der Anwendungen aus dem reinen Versuchsstadium in die tägliche Nutzung übergehen. Dazu gehören höhere Bandbreiten beim Anschluß der privaten Internetbenutzer (55.600 KBit/s und höher) sowie in Backbones (155 MBit/s und höher), Internettelefonie und die Absicherung von kommerziellen Transaktionen. Auf der organisatorischen Seite setzt sich, wenn auch zaghaft, der Trend zur weiteren Marktliberalisierung des Internet durch. Das wird durch die Einführung neuer Domänennamen (siehe Abschn. 2.2.5), die nicht länderspezifisch sind, und die neue Art ihrer Vergabe deutlich. Für Unternehmen, die noch keinen Anschluß an das Internet oder kein internetbasiertes Intranet haben, ist die Frage nicht mehr „ob" sondern nur noch „wann". Das gleiche gilt für öffentliche Institutionen. Die Diffusion der Internetnutzung wird zusätzlich durch die weitere, im Jahr 1998 eingetretene Liberalisierung der Telekommunikationsmärkte, insbesondere durch die Senkung der Kommunikationskosten, unterstützt. Mit allen diesen Entwicklungen sehen wir einen Prozeß initiiert, der bis zur Jahrtausendwende dazu führen wird, daß in allen entwickelten Industrieländern Internet fast überall und von

allen Bevölkerungsschichten genutzt wird (wenn auch nicht gleich-
mäßig intensiv von allen Gruppen).

2.1.5
Quantitative Entwicklung des Internet

Zur Verdeutlichung der historischen Entwicklung sowie zur Information über den Status Quo des Internet kann Datenmaterial aus Sekundärquellen dienen. Anhand der folgenden ausgewählten Kriteri-
en läßt sich das Internet quantitativ abbilden.

Ein wichtiges Kriterium für die Beschreibung des Internet stellt
die Anzahl der angeschlossenen Netzwerke dar. Die Abb. 2.3 verdeutlicht das exponentielle Wachstum dieser Netzwerke. Im Jahr
1994 wurde durchschnittlich alle 30 Minuten eine neue Netzwerkverbindung realisiert (The Internet Index 3 vom 17.09.94, http://
www.openmarket.com/info/internet-index). Eine weitere Fortschrei-
bung dieser Zahlen ist aufgrund von Änderungen in der Adressie-
rung (siehe Abschn. 2.2.5) nicht mehr sinnvoll möglich.

Abb. 2.3:
Anzahl der ange-
schlossenen
Netzwerke
(http://www.nw.
com/zone)

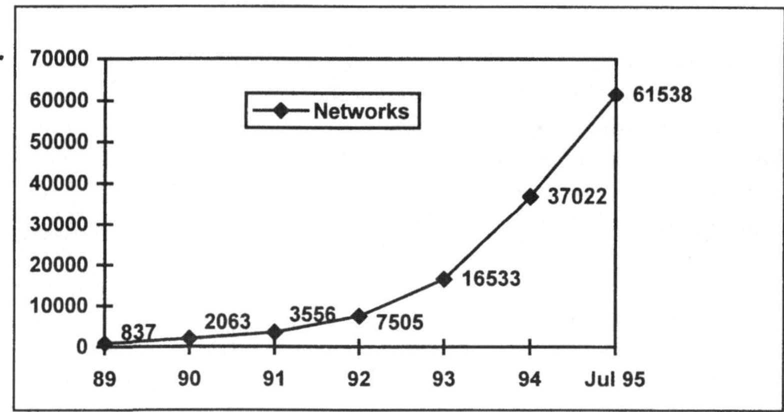

Die Anzahl der Netzwerke wirkt sich auf den Netzwerkverkehr aus,
der ebenso eine interessante Größe für die Beurteilung des Internet
darstellt. Statistisch wurde insbesondere der Verkehr erfaßt, der über
den NSFNET-Backbone abgewickelt wurde. Anhand des NSFNET-
Datenverkehrs läßt sich die Entwicklung des gesamten Datenverkehrs über das Internet repräsentativ darstellen. Dies ist der Abb. 2.4
zu entnehmen, allerdings mit der Einschränkung, daß aufgrund der
Auflösung bzw. Neustrukturierung des NSFNET-Backbones die sta-
tistischen Daten nur bis 1994 fortgeschrieben werden konnten.

Ein weiteres Kriterium bildet die Zahl der innerhalb der Netzwerke angeschlossenen Hosts. Die Zahl der angeschlossenen Hosts ist

besonders deshalb interessant, da von ihr Rückschlüsse auf die Gesamtzahl der Nutzer gezogen werden können. Es ist davon auszugehen, daß die Mehrzahl der Hosts von mehr als nur einem Teilnehmer als Internetzugang genutzt wird. Wird die durchschnittliche Benutzeranzahl je Host ermittelt, und multipliziert man diese mit der Gesamtzahl der Hosts, so läßt sich die Gesamtzahl der Teilnehmer des Internet schätzen. Bei den Ausgangsgrößen, Anzahl der Hosts und durchschnittliche Benutzerzahl, handelt es sich allerdings um Größen, die nicht exakt meßbar sind und somit immer nur Schätzungen sein können. Der Grund dafür ist in der dezentralen Organisationsstruktur des Internet zu suchen.

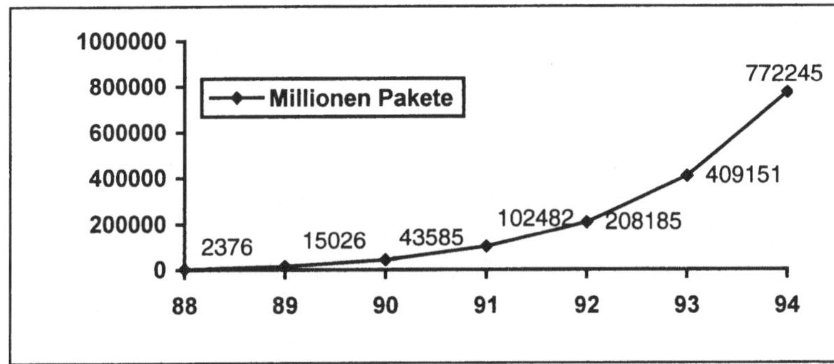

Abb. 2.4: NSFNET Datenverkehr (http:// nic.merit.edu/ nsfnet/statistics)

Den besten Eindruck von der Entwicklung der Anzahl der Internet-Hosts erhält man durch die Betrachtung von Lottors „Internet Domain Survey" (http://www.nw.com). Lottor liefert die einzige konsistente Zusammenstellung der Host-Zahlen über einen längeren Zeitraum. Abb. 2.5 stellt diese Ergebnisse, ergänzt um einige Zahlen für die Jahre vor dem Anfang seiner Zählungen, dar. Es ist anzumerken, daß der Erhebungsansatz von Lottor im Januar 1998 geändert wurde. Die Zahlen in der Abb. 2.5 sind entsprechend diesem neuen Ansatz bis Januar 1995 zurückgerechnet worden.

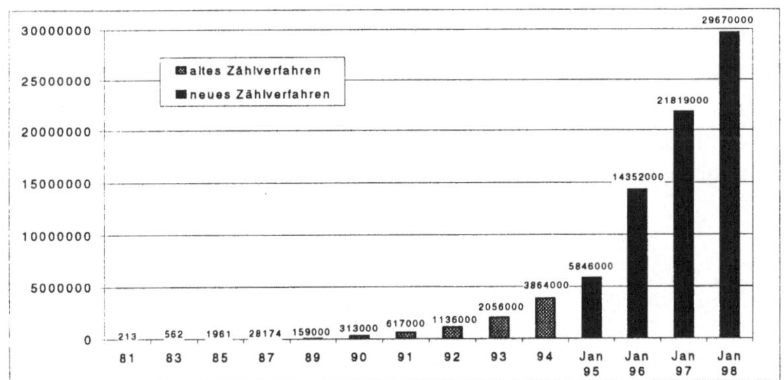

Abb. 2.5: Anzahl der Host-Rechner (http://www.nw.com/zone)

Die durchschnittliche Anzahl der Teilnehmer pro Host wird auf 3 bis 10 geschätzt. Das ist einer der Gründe für die stark schwankenden Schätzungen der Gesamtzahl der Internetnutzer. Tabelle 2.1 gibt einen Überblick über die verschiedenen Schätzungen.

Anzahl Hosts	Teilnehmer	in Millionen		
	Faktor 3	Faktor 5	Faktor 7,5	Faktor 10
29,67	89	148,35	222,53	296,7

Nach Lottors Erhebung gab es im Januar 1998 994.926 Rechner in der Domäne .de. Aktuelle Zahlen zum Stand der Rechnerentwicklung in Deutschland liefert auch das deutsche Network Information Center, DE-NIC. Im April 1998 wurden für Deutschland 1.235.925 angeschlossene Rechner gezählt (http://www.nic.de/Netcount /netStatOverview.html).

Auch bei einer eher vorsichtigen Kalkulation und Betrachtungsweise der Teilnehmerzahlen ist evident, daß das Internet ein herausragendes Kommunikationsinstrument darstellt. Hinsichtlich des kommerziellen Einsatzes des Internet ist aber nicht nur die Quantität, sondern auch die „Qualität" der Teilnehmer ein entscheidendes Kriterium. Eine genauere Untersuchung der Teilnehmerprofile erfolgt in Abschn. 2.4.

2.2
Technologische Grundlagen

Die folgenden Ausführungen zur grundlegenden Funktionsweise des Internet bewegen sich auf einer technischen Ebene. Im Vordergrund steht die Erläuterung der bereits im Abschnitt über die Internet-Entwicklung erwähnten kommunikationstechnischen Begriffe. Darüber hinaus werden die grundlegenden technischen Zusammenhänge im Überblick dargestellt, insofern sie für das weitere Verständnis der zu diskutierenden Anwendungsmöglichkeiten vorauszusetzen sind. Die folgenden Ausführungen beschränken sich daher auf das Basiswissen der Internet-Technologie. Für eine tiefergehende Beschäftigung mit den technischen Details wird auf entsprechende Fachliteratur verwiesen (siehe Literaturhinweise zu Kap. 2).

2.2.1
Client-Server-Architektur

Im Abschnitt über die Entwicklungsgeschichte wurde deutlich, daß sich das Internet aus einzelnen selbständigen Computernetzwerken entwickelt hat. Basierend auf der Internet-Technologie ist ein Konglomerat aus den verschiedensten, unabhängigen lokalen Datennetzen entstanden. Dadurch war der Datentransfer nicht mehr nur auf das eigene lokale Netz beschränkt, sondern konnte sich auch über Netzgrenzen hinweg auf weit entfernte Netzwerke erstrecken.

Die Architektur des Internet, d.h. der technische und logische Aufbau beruht auf dem Client-Server-Prinzip, das bereits in der betrieblichen Datenverarbeitung Anwendung findet. Dieses Prinzip läßt sich auf den weltweiten Rechnerverbund Internet übertragen. Demzufolge wird das Internet auch als die größte Client-Server-Installation der Welt bezeichnet. Dort findet wie in einem unternehmensinternen Rechnerverbund eine Rollenverteilung im Netzwerk statt, bei der ein Server einen Dienst bereitstellt, der von den Clients genutzt werden kann. Diese zur Verfügung gestellten Dienste werden Internet-Services genannt. Besitzt ein Rechner ein Multitasking-Betriebssystem, so kann dieser mehrere Dienste bereitstellen oder sowohl als Server als auch Client fungieren. Neben dem hier angesprochenen Konfigurationskonzept einer Client-Server-Architektur ist aber auch ein entsprechendes Softwarekonzept erforderlich. Dieses ist gemäß dem Architekturprinzip, der Aufteilung in die Funktionsteile Client und Server, aufgebaut (siehe Abb. 2.6). Die Realisierung von Server- und Client-Funktionen erfordert entsprechende Programme. Dabei stellt der Client-Teil eine Anwendung dar, welche die Verbindung zu einer Server-Anwendung aufbaut. Beispielhaft soll dieses Modell auf den Internet-Dienst E-Mail angewendet werden. Dabei wird dieser Dienst in einen Mail-Client und einen Mail-Server zerlegt. Der Mail-Client, der in Abschn. 3.1 erklärt wird, ist verantwortlich für die Erstellung, den Versand, den Empfang und die Ansicht einer Nachricht. Dem hingegen erfüllt der Mail-Server die Funktion der Speicherung, der Übertragung der Nachrichten auf andere Mail-Server und des Empfangs der Nachrichten von anderen Mail-Servern.

Die physikalische Verbindung innerhalb des Client-Server-Systems wird durch ein dichtes Netz von nationalen, internationalen und interkontinentalen Datenverbindungen mit unterschiedlicher Übertragungsbandbreite hergestellt. Dabei bilden permanente Datenleitungen (Standleitungen) mit einer hohen Übertragungsbreite den Kern der Infrastruktur. Die Übertragung von Daten ist aber nicht an ein einzelnes Medium und eine direkte Verbindung gebunden. So kann sich der Datenfluß zwischen Client und Server auch indirekt über Satellitenverbindungen, Richtfunk und Telefonleitungen (analog oder digital) erstrecken.

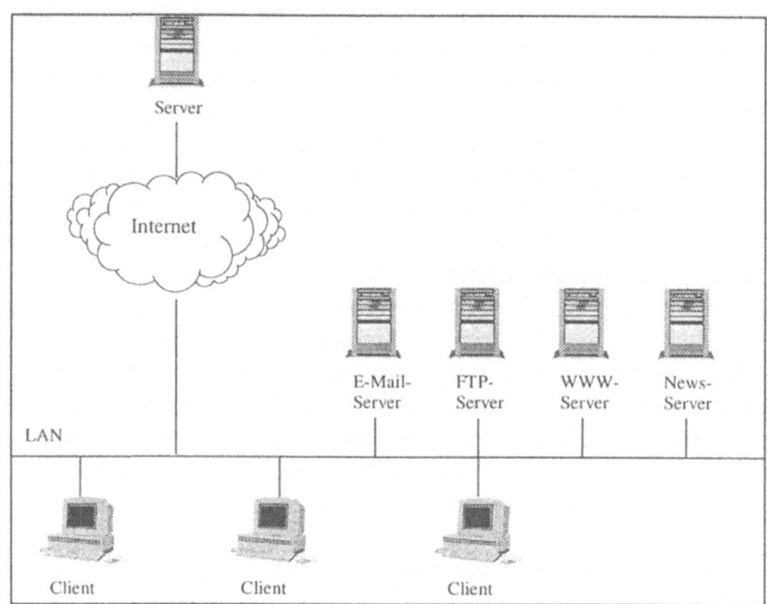

2.2.2
Arten der Datenübertragung

In diesem Abschnitt wird der tatsächliche Datentransfer zwischen Client und Server näher analysiert. Dazu ist ein Rückgriff auf die Entwicklungsgeschichte dienlich. Zu Beginn der Forschungsaktivitäten stand die Untersuchung von Methoden der zuverlässigen Datenübertragung im Mittelpunkt, da die bisherige leitungsorientierte Datenübertragung (circuit switching) als nicht robust genug gegenüber einer möglichen gewaltsamen Zerstörung eingeschätzt wurde. In Konkurrenz dazu wurde deshalb die paketorientierte Datenübertragung (packet switching) entwickelt. Diese beiden konträren Übertragungsmethoden werden im folgenden gegenübergestellt.

Die traditionelle, leitungsorientierte Übertragung erfordert den Aufbau einer physikalischen Verbindung zwischen Sender und Empfänger vor einer Datenübertragung und die Beibehaltung während derselben. Diese Übertragungsmethode liegt z.B. dem Datenaustausch über das Telefonnetz zugrunde. Wie bereits erwähnt, ist bei der Datenübertragung über das Internet keine direkte physikalische Verbindung zwischen Sender und Empfänger notwendig. Dies ist als ein entscheidender Vorteil der paketorientierten Datenübertragung zu betrachten. Die zu versendenden Daten werden in Datenpakete aufgeteilt und separat über das Netzwerk versandt (Modell der herkömmlichen Briefpost). Dabei können die Pakete, je nach Verfügbarkeit der Leitungen, Verkehrsbelastung und Übertragungszeit ganz unterschiedliche Übertragungswege zurücklegen. Voraussetzung dafür ist eine Beschriftung jedes einzelnen Datenpaketes mit den erforderlichen Adreßinformationen. Dazu gehören Sende-, Empfangsadresse und Sequenznummer. Diese Informationen garantieren, daß jedes Paket den richtigen Empfänger findet und dort in der richtigen Reihenfolge wieder zusammengesetzt werden kann.

2.2.3
Internet-Protokolle

Nachdem man sich für die Anwendung einer paketorientierten Datenübertragung entschieden hatte, stellte sich die Frage nach der Umsetzung dieser Methode. Der Schlüssel dazu liegt in der Verwendung eines allgemein bekannten Protokolls. Ein Protokoll wird als ein Satz von Vereinbarungen definiert, der festlegt, wie Daten von einem Programm zum anderen übertragen werden. Die Vereinbarungen stellen Vorschriften und Regeln dar, nach denen die Kommunikation zwischen Rechnersystemen abläuft. Ein solches Protokoll, das sich sehr bald als Standard für Internet-Anwendungen herausgebildet hat, ist TCP/IP. Bei der Entwicklung dieses Protokolls fanden insbesondere drei Prämissen Berücksichtigung. Erstens sollte die Unabhängigkeit vom Übertragungsmedium gewährleistet sein, um somit Kommunikation über unterschiedliche physikalische Medien zu ermöglichen. Zweitens sollten Netzwerke miteinander kommunizieren können, die von der Hardwaretechnologie unterschiedlich zusammengesetzt sind. Und drittens sollte das Protokoll eine Datenübertragung garantieren, die gegenüber Verbindungsstörungen sehr robust ist. Die erfolgreiche Umsetzung dieser Prämissen ist mit dem Protokoll TCP/IP gelungen, dessen Funktionsweise im folgenden näher erläutert werden soll.

Generell setzen sich Protokolle aus verschiedenen Schichten bzw. Ebenen zusammen, wobei jede Schicht ganz spezifische Aufgaben innerhalb des Kommunikationsprozesses zu erfüllen hat. Die International Standards Organisation (ISO) legte 1983 mit dem sog. OSI-Referenzmodell (Open System Interconnection) einen Standard für Kommunikationsprotokolle fest, Dabei wurde die Anzahl der Schichten auf sieben normiert, sowie deren Aufgaben definiert. Dieses Modell weist eine gewisse Ähnlichkeit zu dem bereits früher entwickelten Modell der Arpanet-Installation (Internet-Modell bzw. TCP/IP-Protokoll) auf, das sich allerdings auf nur vier verschiedene Schichten beschränkt. TCP/IP ist dabei eine gemeinsame Bezeichnung für eine ganze Reihe von sich ergänzenden Internet-Protokollen. Jedes dieser Protokolle läßt sich einer bestimmten Schicht innerhalb des Referenzmodells zuordnen, wie in Abb. 2.7 verdeutlicht wird, in der das ISO/OSI-Modell (OSI Schichten) und das Internet-Modell (DOD Schichten) gegenübergestellt sind.

<table>
<tr><td>OSI Schicht</td><td colspan="9"></td><td>DOD Schicht</td></tr>
<tr><td>Anwendung</td><td>File Transfer</td><td>Electronic Mail</td><td>Terminal Emulation</td><td>Usenet News</td><td>Gopher</td><td>WAIS</td><td>WWW</td><td>Domain Name Service</td><td>Archie</td><td rowspan="2">Prozeß / Applikation</td></tr>
<tr><td>Darstellung

Sitzung</td><td>File Transfer Protocol
(FTP)</td><td>Simple Mail Transfer Protocol
(SMTP)</td><td>Telnet Protocol
(Telnet)</td><td>Network News Transfer Protocol
(NNTP)</td><td>Internet Gopher Protocol</td><td>Z39.50</td><td>HyperText Transfer Protocol</td><td>Domain Name System
(DNS)</td><td>Prospero Protocol</td></tr>
<tr><td>Transport</td><td colspan="8">Transmission Control Protocol
(TCP)</td><td>User Datagram Protocol</td><td>Host-to-Host</td></tr>
<tr><td>Netzwerk</td><td>Address Resolution Protocol
(ARP)</td><td colspan="7">Internet Protocol
(IP)</td><td>Internet Control Message Protocol
(ICMP)</td><td>Internet</td></tr>
<tr><td>Sicherung</td><td colspan="9">Ethernet, Token Ring, DQDB, FDDI</td><td rowspan="2">lokales Netzwerk oder Netzzugriff</td></tr>
<tr><td>Bit-übertragung</td><td colspan="9">Übertragungsmedium
Doppelader, Koaxkabel, Lichtwellenleiter, drahtlose Übertragung</td></tr>
</table>

Die bekanntesten Internet-Protokolle sind allerdings „Transmission Control Protocol" (TCP) und „Internet Protocol" (IP). Die Aufgabe von TCP ist es, die zu übertragenden Daten in Datenpakete (Datagramme) aufzuteilen und diese zu numerieren, so daß beim Empfänger ein Zusammensetzen in der richtigen Reihenfolge möglich wird. Die Zerlegung von großen Datenmengen in kleine Datenpakete und deren Versendung über das Netz klingt recht plausibel. Unklar bleibt bisher aber, wie die Datenpakete auf ihrem Weg durch die einzelnen Netzwerke gesteuert werden, und wer dafür verantwortlich ist. Dies regelt ein weiteres Protokoll, das IP-Protokoll. Dazu werden die Pakete mit Adreßinformationen (Header) ausgestattet, die ein Auffinden des Empfängers der Datensendung garantieren (entspricht der Funktion eines mit der Empfängeradresse versehenen Briefumschlags). Diese Transportinformationen ermöglichen nicht nur das Adressieren sondern auch das Auffinden eines geeigneten Weges über die Netze. Dabei ist die Reiseroute aber nicht verbindlich festgelegt. Sollte es zu Störungen auf den Datentransportrouten kommen, ist eine flexible Weiterleitung der Datenpakete garantiert.

2.2.4
Gateways und Router

Die paketorientierte Übertragung erfordert eine geeignete Hardwarearchitektur, die den Übergang zwischen den Netzwerken sicherstellt. Es werden dafür spezielle Rechner eingesetzt, die die Informationen auf den Datenpaketen lesen und dann einen geeigneten Weg zum Zielnetzwerk auswählen können. Es liegt daher auch die Bezeichnung Schalt- oder Vermittlungsstation nahe. In der Internet-Architektur wird zwischen Router und Gateways unterschieden. Ein Router stellt eine protokollgebundene Verbindung zwischen zwei oder mehreren Netzwerken her. Voraussetzung für den Datenverkehr über einen Router ist die Verwendung desselben Protokolls durch die angeschlossenen Netzwerke. Wird dasselbe Protokoll (z.B. IP-Protokoll) verwendet, ist auch eine Verbindung zwischen verschiedenen Arten von Netzen problemlos möglich, z.B. zwischen einem lokalen Ethernet und einer Telefonleitung. Ein Gateway hingegen ermöglicht eine Verbindung über Protokollgrenzen hinweg. Er muß dazu die Daten aus einer Protokollfamilie in die andere umsetzen. Es sind mittlerweile auch Router auf dem Markt, die eine ganze Reihe von Protokollen verstehen und somit wie Gateways über Protokollgrenzen hinweg arbeiten. Oftmals werden daher die Begriffe Gateway und Router auch synonym zueinander verwendet. Eine Unterscheidung ist meistens nur softwareseitig zu treffen. Ein und derselbe Rechner kann je nach installierter Software als Router oder als Gateway eingesetzt werden.

2.2.5
Adressierungssystem

Wie oben bereits erwähnt, ist für die Weiterleitung von Datenpaketen erstens ein hardwaretechnischer Übergang zwischen den Netzwerken (Gateway oder Router) und zweitens ein eindeutiges Adressieren des Empfängers notwendig. Das für das Internet entwickelte Adressieren beruht auf der Vergabe von 32-bit-Internet-Adressen (IP-Adresse). Eine solche eindeutige und unverwechselbare IP-Adresse besteht aus vier durch Punkte getrennte Dezimalzahlen (z.B. 187.152.38.7). Darin ist eine Netz- und eine Rechneridentifikation verschlüsselt, die Angaben über den Rechner selbst, über den Ort des anzuwählenden Rechners und den Weg dorthin beinhalten. Zunächst waren IP-Adressen mit gleichem Adreßaufbau innerhalb der 32 bits zu Klassen zusammengefaßt worden. Es wurde zwischen

fünf verschiedenen IP-Adressen-Klassen unterschieden, von denen
aber nur drei praktische Relevanz besaßen (siehe Abb. 2.8).

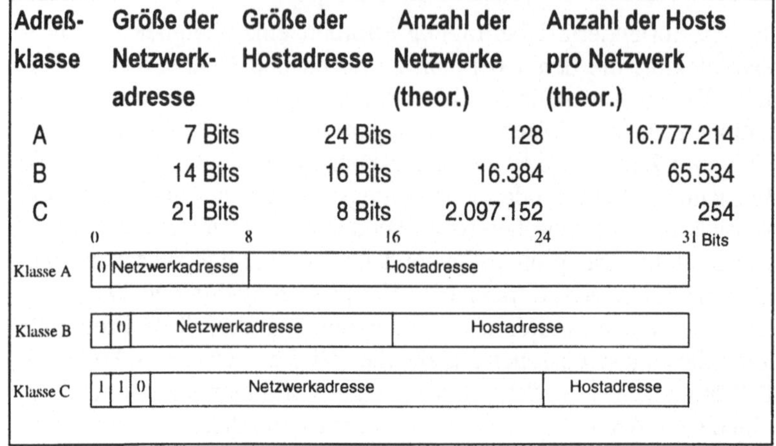

Dieses Adressierungssystem brachte Probleme mit sich. Die meisten
mittelgroßen Organisationen, die IP-Adressen beantragten, benötigten nämlich zumindest auf längere Sicht Netze mit mehr als den 254
in einem C-Netz adressierbaren Rechnern und entschieden sich daher für B-Netze, obwohl diese mit 65.534 möglichen Rechnern häufig überdimensioniert waren. Es kam zu einer äußerst ineffizienten
Allokation der vergleichsweise wenigen verfügbaren Klasse-B-
Netze, weil eine Adreßklasse fehlte, die der Größe solcher Organisationen besser angepaßt war. Eine Lösung ohne die Änderung bestehender Protokolle hätte darin bestanden, mittelgroßen Organisationen einfach mehrere C-Netze zuzuweisen. Das hätte aber eine zusätzliche Belastung der Router bedeutet, die Pakete an solche Organisationen weiterleiten. Darum entschied man sich, das System der
Klasse A-, B- und C-Netze zugunsten des sog. Classless Interdo-
main Routing (CIDR) aufzugeben. Dieses ermöglicht Netzwer-
kadressen von beliebiger Länge, woraus sich gleichzeitig eine feine-
re Abstufung der Netzwerkgrößen ergibt. Für einzelne Hosts innerhalb einer Organisation ändert sich durch die Einführung von CIDR
nichts, lediglich die Router tauschen Verbindungsinformationen untereinander unter Angabe eines zusätzlichen 32-Bit-Wertes aus, der
die Länge der Netzwerkadresse angibt und Netzwerkmaske genannt
wird. Abb. 2.9 zeigt ein Beispiel mit einer Netzwerkadresse von 20
Bit und einem Netz mit 4096 möglichen Hosts. Genaueres zu CIDR
enthält RFC 1519.

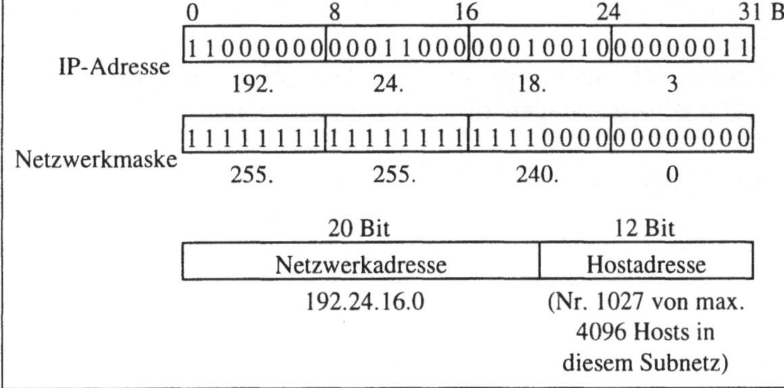

Abb. 2.9
Netzwerkadresse
und Hostadresse
bei Classless Inter-
domain Routing
(CIDR)

Die Adressierungssystematik beruht auch auf dem logischen Aufbau
des Internet, der als Ausschnittbetrachtung in Abb. 2.10 dargestellt
ist. Darin wird der hierarchische Aufbau der miteinander auf verschiedenen Ebenen verbundenen Netze deutlich. Dieser Hierarchie
folgend wurde das Adressierungssystem logisch ausgebaut.

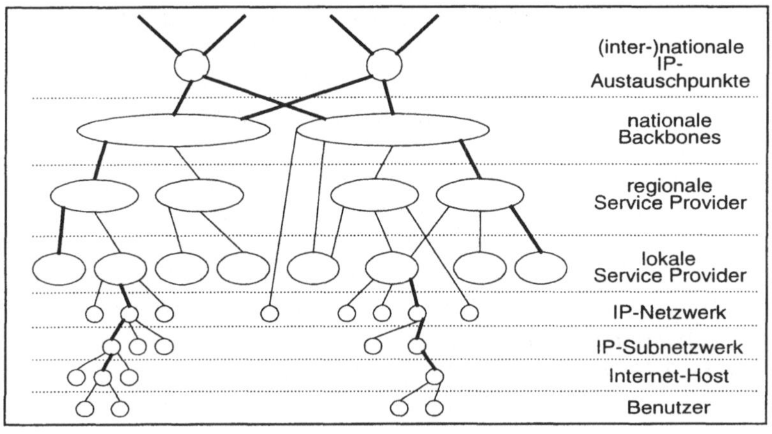

Abb. 2.10:
Logischer Aufbau
des Internet (Eidnes
1994)

Da die Dezimalzahlen-Systematik für den Benutzer nur schwer zu
durchschauen ist, wurde 1986 mit dem Domain Name System
(DNS), einer Methode der Namensverwaltung, das bisherige IP-
Adressensystem anwendungsfreundlicher gestaltet. An Stelle der
Dezimalzahlen können auch logische Domain-Namen verwendet
werden, die auf der oben erläuterten hierarchischen Struktur basieren. Alle an einen Rechner angeschlossenen Benutzer gehören einer
Domain an. Diese wiederum ist an andere Domains angeschlossen,
die ebenfalls mit höherrangigen Domains verbunden sind. Diese
Verkettung erfolgt von der untersten Hierarchieebene (Rechnerken-
nung) bis zur höchsten Domain, die als Top-Level-Domain bezeichnet wird. Innerhalb einer Domain-Adresse steigen die Hierarchien

von links nach rechts an, so daß die Top-Level-Domain auf der äußersten rechten Seite zu finden ist.

Ursprünglich unterschied man auf der höchsten Hierarchieebene sechs Domain-Kennungen, die im folgenden aufgelistet sind:

- edu   Bildungseinrichtungen
- com   Kommerzielle Organisationen
- gov   US-Regierungsstellen
- mil   Militärische Einrichtungen
- net   Netzwerkbetreiber
- org   Sonstige Organisationen

Ein Vorteil dieses Systems besteht darin, daß der Benutzer anhand des Domain-Namens erkennt, welcher Institution und somit welchem gesellschaftlichen Bereich ein Rechner und dessen Informationen zuzuordnen sind. Ein Domain-Name sagt auch etwas darüber aus, wer für die jeweilige Domain verantwortlich ist. Mit der Verbreitung des Internet über die USA hinaus wurden Länderkennungen vergeben (z.B. „de" für Deutschland), die verdeutlichen sollen, daß jedes Land die Hoheit über die Netzwerke und Rechner besitzt, die im eigenen Staatsgebiet liegen. Um den gesellschaftlichen Bereich, dem ein Rechner und sein Angebot zuzurechnen sind, auch außerhalb der USA über den Adreßnamen deutlich zu machen, werden in manchen Ländern (z.B. Australien, Großbritannien, Israel) entsprechende Domain-Namen direkt unter der TLD des jeweiligen Landes verwendet, z.B. co für kommerzielle Anbieter und ac für akademische Institutionen (z.B. lotuscars.co.uk oder tau.ac.il).

Abb. 2.11 zeigt die Verteilung der Hosts auf die Top-Level-Domains, wobei nur die Namen der TLDs mit der größten Anzahl von Hosts aufgelistet sind.

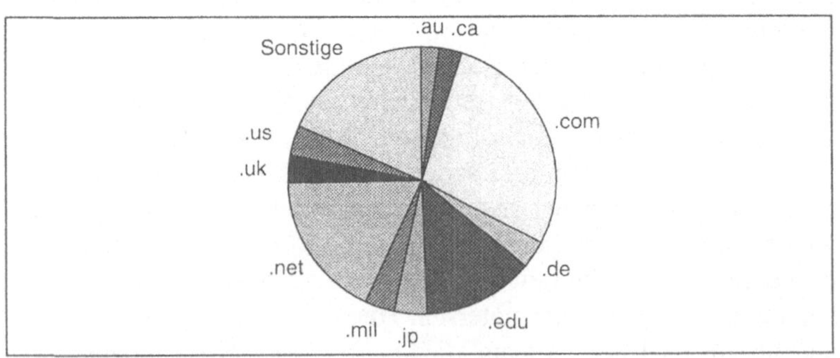

Abb. 2.11: Host-Verteilung nach der Top-Level-Domain (http://www.nw.com, Stand Januar 1998)

Da bereits viele einprägsame Namen in den Domänen com, net und org vergeben worden sind, werden 1998 weitere „generische" Top-Level-Domains (gTDL) eingeführt werden, die nicht länderspezifisch sind. Nach einem Vorschlag sollen das sein:

- firm   Firmen
- store   Verkaufsangebote
- rec   Unterhaltung
- art   Kultur
- info   Informationsangebote
- nom   Personen
- web   Angebote mit Bezug zum WWW

Am Beispiel der Adresse „wiwi.uni-marburg.de" wird der hierarchische Aufbau nochmals verdeutlicht (siehe Abb. 2.12).

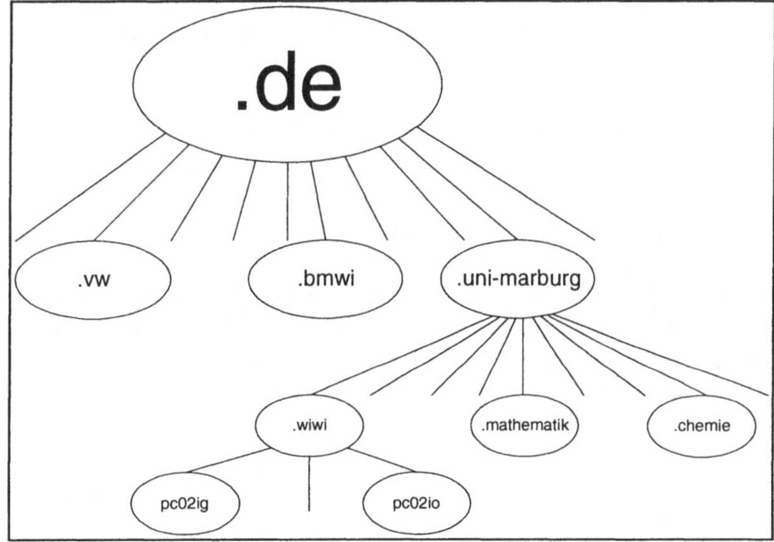

Abb. 2.12: Domain-Hierarchie

Der Top-Level-Domain „de" ist die Domäne „uni-marburg" der Universität Marburg als eine Domäne im Verantwortungsbereich Deutschland untergeordnet. Die Webpräsenzen der einzelnen Fachbereiche, die Organisationseinheiten der Universität darstellen, sind wiederum dieser Domäne als Subdomänen (subdomain) untergeordnet, so der Fachbereich Wirtschaftswissenschaften mit der Subdomäne „wiwi". In dieser Subdomäne gibt es viele Hosts mit Internetanschluß.

Zur eigentlichen Datenübertragung müssen die Domain-Namen wieder in den numerischen Code übersetzt werden. Dabei wird eine Domain-Adresse immer von rechts (Top-Level-Domain) nach links (unterste Hierarchieebene) aufgelöst. Angesichts der Vielzahl von Adressen, die unmöglich in jedem Rechner gespeichert sein können, existieren auf den Domain-Ebenen sog. Domain-Name-Server (DNS), die anhand von gespeicherten Tabellen eine Übersetzung vornehmen. Einzelheiten zur organisatorischen Adressenvergabe und -verwaltung folgen im Abschnitt über die Organisation des Internet (Abschn. 2.3).

Obwohl sich das derzeit praktizierte Adressierungssystem sehr gut bewährt hat, werden immer öfter auch kritische Stimmen laut. Bedingt durch das stetige Wachstum der angeschlossenen Netzwerke, erhöht sich auch der Bedarf an Internet-Adressen kontinuierlich. Da das bestehende Adressenangebot beschränkt ist, wird der verfügbare Adreßraum in Zukunft einen Engpaß darstellen. Die Entwicklung eines neuen Adressierungskonzepts wurde daher unumgänglich.

Als längerfristige Lösung wurde von den Internetgremien ein neues Internet-Protokoll entwickelt, IP Version 6 oder Next Generation, das das bisherige IP-Protokoll (Version 4) mit der Zeit ersetzen soll. Das neue Protokoll schafft sowohl den notwendigen Adreß-raum als auch Optionen für die Berücksichtigung von Sicherheitsbedürfnissen auf dieser Protokollebene. Für die Adresse steht in IPv6 die vierfache Bitanzahl von IPv4 zur Verfügung. Es wurde errechnet, daß selbst bei einer nicht optimalen Ausnutzung des theoretisch möglichen Adreßraums mit IPv6 für jeden Quadratmeter Erde 1600 IP-Nummern vergeben werden könnten. Trotz der längeren Adressen können die IPv6-Pakete aufgrund des einfacheren Aufbaus der Pakete schneller als IPv4-Pakete verarbeitet werden. Der Übergang zu IPv6 kann stufenweise vorgenommen werden, da beide Protokolle koexistieren können.

2.2.6
Mobile IP und Multicast

Eine weitere Herausforderung bei der Entwicklung neuer Protokolle stellt der Trend des mobilen Computings dar. Unter mobilem Computing soll die Benutzung von mobilen Rechnern, wie Notebooks oder Laptops, an variierenden Einsatzorten als Bestandteil variierender Netzwerke verstanden werden. Der Internetanschluß eines mobilen Rechners außerhalb des ursprünglichen Netzwerks führt derzeit noch zu erheblichen Adressierungs- und Routingproblemen. Das

IP-Protokoll setzt voraus, daß jeder Rechner an einem fixen Ort mit einer eindeutigen Adresse betrieben wird. Mobile Benutzer benötigen aber einen Rechner, der vom heimischen Netz abgekoppelt und an einem anderen Ort an ein fremdes Netz angeschlossen werden kann. Dazu sind Protokollerweiterungen erarbeitet worden, die als „mobile IP" bezeichnet werden. Diese Lösung sieht eine Verbindung zwischen einem mobilen Rechner und einem „home agent" vor. Der „home agent" wird über den Aufenthaltsort des mobilen Rechners informiert, so daß er die Verbindung zu diesem aufrechterhalten kann, indem er mobile IP-Pakete erstellt und versendet. Die mobile IP-Pakete Entstehen durch Einkapselung oder Umhüllung von ursprünglichen IP-Paketen mit Informationen über die neue Destination. Abb. 2.13 zeigt den Prozeß der Anmeldung eines mobilen Rechners am neuen Einsatzort.

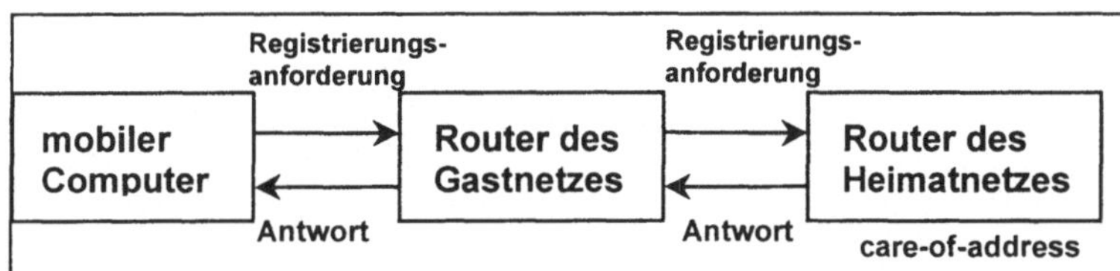

Abb. 2.13:
Mobile IP (in Anlehnung an Kalakota, Whinston, 1996)

Darüber hinaus wird das Internet-Protokoll mit der Forderung nach der Übertragung von Video- und Audiosignalen von einem einzelnen Rechner oder einer Gruppe von Rechnern auf eine große Anzahl weiterer Rechner konfrontiert. Ein solcher Bedarf entsteht zum Beispiel bei Videokonferenzen. Den benötigten Übertragungsmodus bezeichnet man als Multicast-Modus. Da das traditionelle IP-Protokoll im sog. Unicast-Modus arbeitet, d.h. die Übertragung erfolgt nur zwischen zwei Rechnern, bedeutet dies für eine Multicasting-Anwendung, daß dieselben Informationen mehrfach kopiert und den Empfängern einzeln zugeleitet werden müssen. Zur Erhöhung der Effizienz und zur Verringerung der Bandbreite wurde die Protokollerweiterung IP-multicast entwickelt. Für den Transport von IP-multicast-Paketen müssen diese umhüllt werden, so daß sie wie normale unicast-Datenpakete erscheinen. Diese Pakete können nur von Routern richtig interpretiert werden, die Multicasting unterstützen (M-Router). Die Pakete werden dabei an spezifischen Adreßmustern erkannt (Adreßklasse D). Um Multicasting besser erforschen zu können, wurde 1992 das Netz MBONE (Multicast Backbone) geschaffen (Eriksson 1994). Dies ist ein virtuelles Netz von Routern, die Multicasting verstehen, innerhalb des Internet. In Abb. 2.14 ist die Verbindung von drei M-Routern dargestellt. Die dicken Linien durch das Internet zeigen die präferierten Verbindungen, während die dünnere Linie eine Ausweichroute darstellt. Gewöhnliche Router

auf diesen Strecken leiten die Pakete einfach weiter, ohne sie richtig
interpretieren zu können.

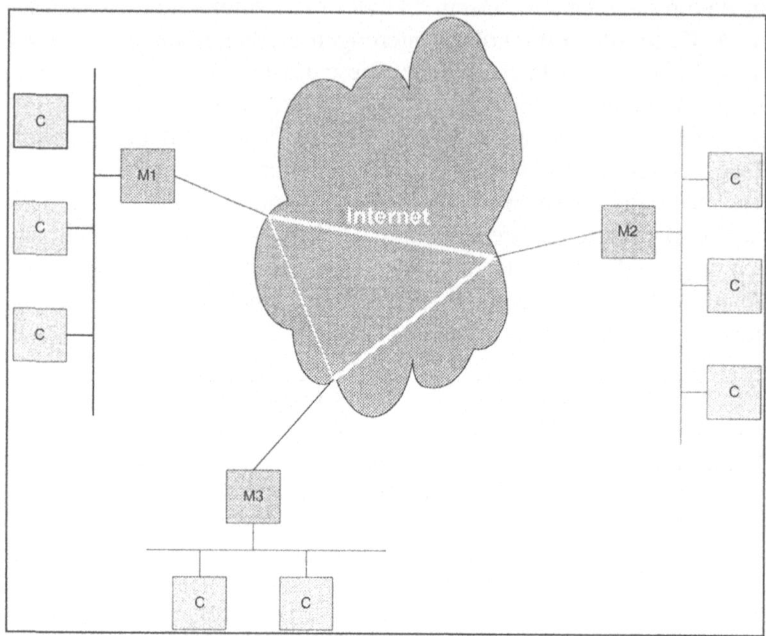

2.2.7
Prinzipielle Anbindungsalternativen

Unter einer Internet-Anbindung soll im weiteren der Zugang eines
Rechners zu den Diensten des Internet verstanden werden. Neben
der technischen ist insbesondere auch die softwareseitige Anbindung
von Interesse. Technisch gesehen ist für den Aufbau einer Internet-
Verbindung zumindest ein Modem bzw. für höhere Übertragungsge-
schwindigkeiten eine ISDN-Verbindung (ca. 64.000 Bit/s) erforderlich. Diese erscheinen als die praktikabelste Lösung für den privaten
Benutzer. Die Standleitung hingegen, die komfortabelste, aber auch
die teuerste Zugangsmöglichkeit, scheint nur für kommerzielle Anwender geeignet.

Neben den variierenden technischen Anbindungsformen existieren verschiedene Möglichkeiten der Softwarekopplung, von denen
die bedeutendsten beschrieben werden. Zu unterscheiden ist hier
zwischen einem eingeschränkten Internet-Offline-Zugang und einem
vollwertigen Internet-Online-Zugang. Dadurch ergeben sich für den
Benutzer differenzierte Zugriffsmöglichkeiten auf die Dienste des

Internet, die im folgenden für die einzelnen Anbindungsformen dargestellt werden.

Internet-Offline per UUCP (Unix-to-Unix-Copy)

Im Mittelpunkt dieser Datenübertragungsmethode steht das UUCP-Protokoll, das nicht mehr nur für UNIX-Rechner, sondern für alle gängigen Betriebssysteme erhältlich ist. Mit Hilfe dieses Protokolls lassen sich Daten von einem Netzserver auf den PC herunterladen, die dann nach Abbruch der Verbindung (also offline) bearbeitet werden können. Die Einschränkung besteht aber darin, daß nur E-Mail und News (siehe Abschn. 3.1 und 3.2) zwischen Netz und PC ausgetauscht werden können. Da das Internet darüber hinaus noch weitere, mit UUCP nicht (z.B. Telnet) oder nur sehr mühsam erreichbare Anwendungen (z.B. WWW) anbietet, spricht man auch von einer beschränkten bzw. unechten Internet-Anbindung.

Internet-Online per Terminalprogramm

Ein Terminalprogramm bzw. Terminalemulationsprogramm befähigt einen PC sich in einen bestehenden Internetknoten mit direktem Internetzugang (z.B. Hostrechner eines Providers) einzuloggen und die Dienste dieses Rechners online zu nutzen (Remote Login). Da alle Internetdienste (auch interaktive Anwendungen wie z.B. WWW) genutzt werden können, sofern auf dem einzuloggenden Rechner vorhanden, spricht man hier von einem Vollzugang. Es besteht die Möglichkeit zusätzlich ein UUCP-Protokoll zu installieren, das durch die offline-Bearbeitung der News und Mails die Übertragungskosten zu senken vermag.

Internet-Online per SLIP und PPP

Eine direkte TCP/IP-Verbindung (Zugang auf IP-Basis) des eigenen Rechners wird durch das SLIP und PPP-Protokoll ermöglicht. Dabei wird der Rechner als eigenständiger und vollwertiger Internet-Teilnehmer (mit eigener IP-Adresse) in das Netz eingebunden, in der Regel über eine Verbindung per Modem bzw. ISDN mit einem Provider. Dies entspricht zunächst einer seriellen und nicht der für das Internet standardisierten paketorientierten Verbindung. Die Nachbildung von Paketen auf der seriellen Leitung, die eine paketorientierte Datenübertragung als Voraussetzung für eine direkte Internet-Anbindung garantiert, ist Aufgabe der Protokolle SLIP oder PPP. Somit ermöglichen beide Protokolle eine TCP/IP-Verbindung über eine gewöhnliche Telefonleitung. Der Unterschied zwischen den beiden Protokollen besteht darin, daß PPP eine modernere und somit leistungsfähigere Variante darstellt. Dies drückt sich insbesondere durch eine höhere Sicherheit gegenüber unbefugten Benutzern aus. Im Unterschied zur Terminalanbindung ermöglicht ein IP-Zugang erstens die gleichzeitige Nutzung mehrerer Programme und zweitens die vollständige Nutzung des WWW (Graphik, Sound) bei Installation eines WWW-Browsers (siehe Abschn. 3.7) auf dem eigenen PC.

Permanente IP-Verbindung (Standleitung)

Die bereits erwähnte Zugangsmöglichkeit per Standleitung stellt eine permanente IP-Verbindung dar. Die Notwendigkeit des Verbindungsaufbaus per Modemanwahl (siehe SLIP/PPP) entfällt, da die Datenleitung permanent aktiv ist. Der softwareseitige Anschluß erfolgt über die Implementierung des Internet-Protokolls sowie über die Installation der entsprechenden Internet-Anwendungssoftware auf dem eigenen System. Eine Zwischenlösung stellt eine Quasi-Standleitung dar, die nur während des Datenverkehrs aktiv ist. Bei einer Übertragung von außen stellt der Service-Provider die Verbindung her, ansonsten wird sie durch den Benutzer aktiviert.

2.2.8
Breitbandige Anbindungsalternativen

Eine relativ neue Technologie, die ebenso wie ISDN die vorhandene Infrastruktur für Sprachübertragung über Kupferkabel nutzen kann, stellen die Digital Subscriber Line- (DSL) Verfahren dar. Wie bei ISDN sind gleichzeitige Datenübertragung und Telefonieren möglich, weil sie in separaten Kanälen ablaufen. Zur Nutzung der DSL-Verfahren benötigt der Teilnehmer ein entsprechendes Modem, während die Telekommunikationsgesellschaft, die den Dienst anbietet, entsprechende Geräte installieren muß. Das bisher verbreiteste Verfahren aus dieser Familie ist Asymmetric DSL, bei dem unterschiedliche Bandbreiten für den Datenempfang (downstream) und -versand (upstream) zur Verfügung stehen. Die Deutsche Telekom bietet den Dienst seit 1998 in bestimmten Regionen an. Tabelle 2.2 stellt einige Charakteristika der DSL-Verfahren vergleichend dar.

Eine andere Alternative für den breitbandigen Anschluß der Internetbenutzer stellt die Infrastruktur der Fernsehkabelnetze dar. Auch in diesem Fall sind zusätzliche Geräte beim Teilnehmer (Kabelmodems) und bei Diensteanbietern (z.B. Router) nötig. Die Kapazität der Netze der Anbieter muß hierfür ausgebaut werden, da nun nicht die gleichen Signale an Millionen von Haushalten verschickt werden, sondern viele unterschiedliche Daten verschickt werden müssen. Die derzeit maximalen Übertragungsraten betragen

30 MBit/s downstream und 768 KBit/s upstream. In USA bieten
schon einige Kabelgesellschaften Internet über Fernsehkabel an.

	ADSL	SDSL	HDSL	VDSL
Bedeutung	Asymetric DSL	Single Line DSL	High Data Rate DSL	Very High Data Rate DSL
Upstream-Datenrate	16–640 Kbit/s	1,544 bzw. 2,048 MBit/s	1,544 bzw. 2,048 MBit/s	1,5–2,3 MBit/s
Down-stream-Datenrate	64 KBit/s – 8,192 MBit/s	1,544 bzw. 2,048 MBit/s	1,544 bzw. 2,048 MBit/s	13–52 MBit/s
Überbrückbare Leitungslänge	2,7–5,5 km	2–3 km	3–4 km	0,3–1,5 km
Benötigte verdrillte Adernpaare	1	1	2 bei 1,544 bzw. 3 bei 2,048 MBit/s	1
Benutzte Frequenzbandbreite	Bis ca. 1 MHz	Ca. 240 KHz	Ca. 240 KHz	Bis ca. 30 MHz
Telefonieren analog oder ISDN in bisheriger Frequenz?	Ja, analog	Ja, analog	Nein	Ja, analog und ISDN
Einsatzmöglichkeiten	Schneller Internetzugang, interaktive Videodienste, Multimedia	T1/E1 – Dienste, WAN- und Serverzugänge	T1/E1 – Dienste, WAN- und Serverzugänge	Wie ADSL

Die dritte bereits im Einsatz befindliche Breitbandtechnologie für
den Internetzugang ist die drahtlose Übertragung, meistens über Satelliten. Bei einer dieser Lösungen, die auch schon in Deutschland
angeboten wird, DirecPC, empfängt der Teilnehmer Satellitensignale mit einer an seinen PC angeschlossenen Schüsselantenne. Der
Datenversand erfolgt über ein analoges Modem über die Telefonleitung zum Internetzugangsanbieter, der die angeforderten Daten
über eine Satellitenbodenstation an einen geosynchronen Satelliten

weiterleitet. Diese Art von Internetanschluß ist in Abb. 2.15 wiedergegeben.

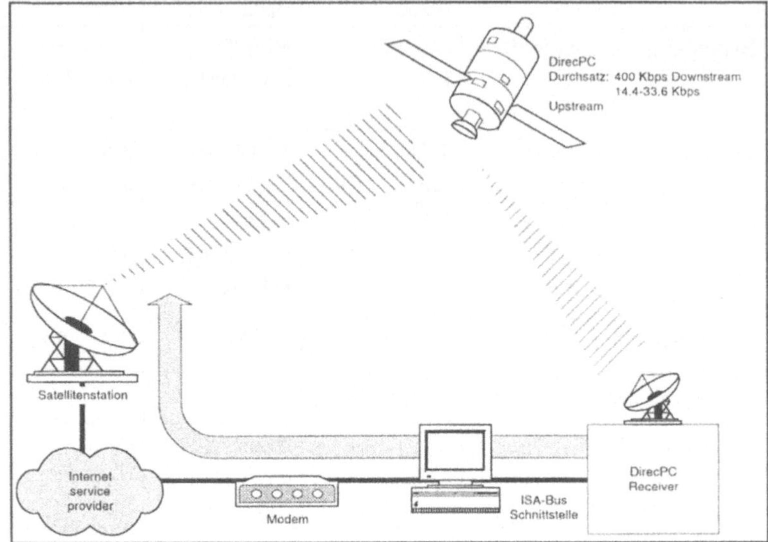

Tabelle 2.3 gibt schließlich eine Vorhersage über die weitere Verbreitung der Internet-Anschlußalternativen in Europa.

Zugangstech-nologien	1996	1997	1998	1999	2000
33,6kbit/s und geringer	2.760	4.900	7.134	7.184	5.620
56kbit/s	-	872	3.363	8.175	12.600
ISDN	240	638	1.353	2.241	2.880
Summe Schmalband	**3.000**	**6.410**	**11.850**	**17.600**	**21.100**
Kabelmodems	-	134	693	1.750	3.896
xDSL	-	100	627	1.531	2.997
Satellit/drahtlos (digital)	-	33	147	547	1.199
Andere Breit-band	-	33	133	372	808
Summe Breit-band	-	**300**	**1.600**	**4.200**	**8.900**
Alle Online Haushalte	3.000	6.710	13.450	21.800	30.000

2.3
Organisation

In diesem Abschnitt erfolgt die Diskussion der administrativen Grundlagen des Internet. Insbesondere stellen sich dazu Fragen nach dem Eigentümer, den beteiligten Institutionen, der Organisationsstruktur und der Finanzierung des Netzes. Als spezielle Aufgaben, die im Rahmen der Verwaltung auftreten, werden die Adressenverwaltung und die Standardisierung diskutiert.

2.3.1
Verwaltung und Finanzierung

Auf die Frage nach dem Eigentümer des Internet ist ein Rückblick auf die historische Entwicklung (Abschn. 2.1) hilfreich. Demnach liegt die Vermutung nahe, daß die US-Regierung bzw. das US-Verteidigungsministerium als Initiatoren des ersten Netzes (Arpanet) auch als Eigentümer anzusehen sind. Dem widerspricht jedoch die von den Initiatoren beabsichtigte dezentrale und offene Konzeption des Netzes. Das zunächst aus vier Universitäten bzw. Forschungseinrichtungen bestehende Arpanet wurde bald um weitere wissenschaftliche Einrichtungen ergänzt, die alle als ein Teil des Internet und somit auch als Teileigentümer zu betrachten sind. Aber nicht nur die wissenschaftlichen, sondern auch sämtliche über Gateways oder Router angeschlossenen lokalen Netzwerke sind somit als ein Teil des Internet zu betrachten. Demzufolge ist jeder mit dem Internet verbundene Teilnehmer ein Teileigentümer, nämlich als Eigner seines Gerätes oder Teilnetzes. Es existiert daher weder ein zentraler Eigentümer noch eine zentrale Leitung bzw. Verwaltung.

Der lokale Netzwerkbetreiber trägt die Verantwortung für die Verwaltung und die Finanzierung seines Netzes. Hinsichtlich der Finanzierung fallen Kosten für Hard- und Software des lokalen Netzes sowie für die Verbindung mit dem nächst höheren Netzwerk an, für die der lokale Betreiber selbst verantwortlich ist. Voraussetzung für eine Kopplung der Netzwerke untereinander sind einheitliche Standards. Die Ausrichtung an Standards und die Einhaltung von Vorschriften bei der Vernetzung bedeuten eine Einschränkung der Autonomie der Netze. Ein Problem, das einer zentralen Steuerung bedarf, ist die eindeutige Vergabe von Adressen, die im Abschn. 2.3.3. angesprochen wird. Die Notwendigkeit zentraler Instanzen erfordert finanzielle Mittel, die bisher überwiegend von der öffentlichen Hand getragen werden. Da auch die Einrichtung und Aufrechterhaltung der für die überregionale Kommunikation erforderlichen Hauptverkehrsstrecken (backbones) bisher fiskalisch unterstützt wurde, ist hinsichtlich der Finanzierung festzuhalten, daß ein bedeutender Teil des Internet mit öffentlichen Geldern subventioniert wird. Da der Staat zukünftig seine Anschubfinanzierung drosselt, müssen in gleichem Maße neue private Investoren gewonnen werden, die den Ausbau des Internet forcieren. So sind bereits seit 1995 die wichtigsten Knoten- und Zugangspunkte an fünf amerikanische Telefongesellschaften vergeben (Ameritech, Metropolitan Fiber Systems, MCI, Pacific Bell und Sprint).

Die Ausführungen ließen deutlich werden, daß eine Beschränkung der Verwaltungsprozeduren auf die lokalen Netzwerke nicht ausreichend ist. Ohne übergeordnete Organisationen, die den Betrieb aufrechterhalten und das Internet verwalten, ist eine störungsfreie Funktionsweise nicht garantiert. Der oft prophezeite Zusammenbruch des Internet scheint allerdings weit übertrieben. Die Aussage, das Internet strebe völlig anarchisch und somit führungslos dem Zusammenbruch entgegen, ist nicht haltbar. Das Internet wird viel eher vom Prinzip geleitet: „Soviel Autonomie wie möglich, soviel Zentralismus wie nötig". Grobe Verstöße gegen das Gemeinwohl, wie auch immer definiert, können geahndet werden (z.B. Kündigung von Accounts von Teilnehmern, die verbotene Inhalte ins Netz speisen oder der Ausschluß von IP-Hierarchien bei unvorhergesehener Nutzung von IRC). Die Organisationen, die mit der Verwaltung des Internet betraut sind, werden im folgenden Abschnitt vorgestellt.

2.3.2
Institutionen

Mit der Verwaltung und Weiterentwicklung des Internet beschäftigen sich eine Vielzahl von nationalen und internationalen Organisationen bzw. Interessenvertretungen. Es folgt eine Auswahl der bedeutsamsten Institutionen.

Die seit 1992 existierende Internet Society (ISOC, http://www.isoc.org) kann als die Dachorganisation des Internet umschrieben werden. Zahlreiche Organisationen aus verschiedenen Ländern haben diesen Dachverband gegründet, um das Internet länderübergreifend effektiv zu koordinieren. Es handelt sich um eine internationale, gemeinnützige Organisation mit Sitz in den USA, deren Mitgliederschaft aus Individuen, Unternehmen, Organisationen und staatlichen Stellen besteht. Hinsichtlich der Aufgabenstellung beschreibt sich die ISOC als eine Organisation, die „Hilfestellung und Unterstützung allen Gruppen und Organisationen anbietet, die sich mit dem Betrieb und der Weiterentwicklung des Internet beschäftigen.

Sie unterstützt weiterhin Gruppen, die technische und betriebsbe-
dingte Fragen diskutieren, und liefert Mechanismen, die es ermöglichen, sich über das Internet, seine Funktionen, seine Nutzung und
die Interessen seiner Gründer zu informieren" (http://info.isoc.org).
Im speziellen werden aus dieser Definition folgende Tätigkeitsge-
biete abgeleitet: Standardisierung (z.B. der Protokolle), Verwaltung
und Koordination des Netzbetriebs, Forschungskoordination und
Ausbildung und globale Kooperation zwischen regionalen, nationalen und anderen internationalen Körperschaften.

Dem Dachverband ISOC wurden weitere Organisationen einge-
gliedert, die bereits vor der ISOC existierten. Es handelt sich dabei
um Arbeitsgruppen, die sich mit speziellen Sachthemen beschäftigen. Zu nennen ist insbesondere das „Internet Architecture Board"
(IAB, http://www.iab.org/iab), das für die weitere technische Entwicklung des Internet verantwortlich ist. Hauptaufgabe ist dabei die
Entwicklung von Richtlinien bzw. Standards (der Standardisierungsprozeß wird in Abschn. 2.3.4 näher erläutert). Hierzu wurde
das IAB in weitere Arbeitsgruppen untergliedert. Die „Internet Engineering Task Force" (IETF, http://www.ietf.cnri.reston.va.us/
home.html), die sich mit der Lösung aktueller Problemfälle (neue
Adressierungsstrategien, neue Transporttechnologien zur Übermittlung von Daten) auseinandersetzt, währenddessen die „Internet Research Task Force" (IRTF) sich einer langfristigen Forschung zu-
wendet (z.B. Sicherheit, Geheimhaltung, Hilfsquellen). Der hierarchische Aufbau, der den Internet-Organisationen seit 1992 zugrun-
deliegt, ist in Abb.2.16 graphisch dargestellt.

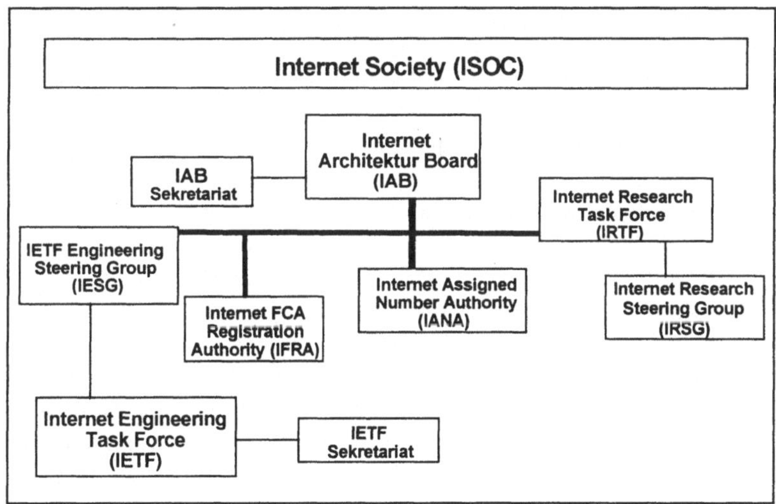

Abb. 2.16:
Ausgewählte Inter-
net-Organisationen
(http://info.isoc.org)

An dieser Stelle muß erwähnt werden, daß die obige Auflistung der Organisationen, die sich um Belange des Internet kümmern, längst keinen Anspruch auf Vollständigkeit besitzt. Weitere Institutionen, wie z.B. das CERT, welches sich mit Sicherheitsfragen beschäftigt, werden nach Bedarf in den folgenden Kapiteln dargestellt.

2.3.3
Adreßverwaltung

Für die zentrale Adreßverwaltung ist seit 1993 das Internet Network Information Center (InterNIC, http://www.internic.net) mit Sitz in den USA verantwortlich. Das InterNic wurde im Auftrag der NSF (National Science Foundation) von den Firmen AT&T (verantwortlich für die Datenbankverwaltung und die Vernetzung der „Wurzel"-DNS), Network Solutions Inc. (verantwortlich für die Namensregistrierung) und General Atomics (verantwortlich für den Betrieb von Computern) gegründet. Diese Organisation dient als Register für Domains und Netzwerknummern des Internet im allgemeinen und übernimmt somit die für den Netzbetrieb wichtige Aufgabe der Koordination von Adressenvergabe und -verwaltung. Eine Zentralisierung der Adressenvergabe garantiert, daß jede Adresse nur einmal verwendet und somit ein eindeutig geregelter Datenverkehr aufrechterhalten werden kann. In der praktischen Umsetzung delegiert die InterNIC die Adressenvergabe an regionale Institutionen. Der Zuständigkeitsbereich für Europa liegt bei der Internet-Registratur RIPE (Reseaux IP Europeens, http://www.ripe.net) in Amsterdam. In Deutschland wird dies vom Deutschen Network Information Center (DE-NIC, http://www.nic.de) an der Universität Karlsruhe übernommen. Dort wird der Primary-Nameserver für die Toplevel-Domain „de" betrieben und die Vergabe von Domains in Deutschland zentral verwaltet, zunächst wurde dort auch die Verteilung der Internetnummern koordiniert. Beim DE-NIC kann man Auskunft über jede deutsche Rechneradresse erhalten (http://www.nic.de/whois.html bzw. http://www.nic.de/Domains/reserved.html). Das DE-NIC wird von der DENIC Genossenschaft mit Sitz in Frankfurt a.M. unterstützt, der hauptsächlich Internet Service Provider (siehe Abschn. 6.2) angehören. Die DENIC-eG betreibt auch das Inkasso für das DE-NIC.

Die Abgabe und Registrierung von IP-Adressen und Domain-Namen war für die Antragsteller zunächst kostenfrei. Finanziert wurde dieser Verwaltungsaufwand überwiegend durch Steuergelder. Nach einer Vereinbarung zwischen NSF und Network Solutions Inc. wird seit September 1995 eine Gebühr sowohl für die Verwaltung bereits bestehender, als auch für die Vergabe neuer Adressen erhoben (http://rs.internic.net/announcements/index.html). Es wurden einmalig US-$ 100 für eine Neuregistrierung (Gültigkeit zwei Jahre) und danach bzw. für bereits vergebene Adressen US-$ 50 jährlich vereinbart. Diese Tarife beziehen sich nur auf Adressen unter den Toplevel-Domains com, org, gov, edu, net und us. In Deutschland (Toplevel-Domain „de") wird eine entsprechende Gebühr von DE-NIC erhoben. Die Einführung einer Gebühr für die Registrierung war ein weiteres Indiz dafür, daß sich die öffentliche Hand Schritt für Schritt aus der Subventionierung des Internet zurückziehen und das Feld privaten Investoren überlassen will.

Der Vertrag des NSF mit Network Solutions läuft in 1998 ab und wird nicht mehr verlängert, weil kein Monopol in diesem Bereich bestehen bleiben soll. Statt dessen werden verschiedene Firmen mit der Vergabe von Adressen beauftragt werden. Dieser Plan, sowie die bereits in Abschn. 2.2.5 erwähnte Einrichtung neuer Top-Level-Domains, wurde von einem Gremium der ISOC und einiger anderer internationaler Organisationen, dem Internet International Ad Hoc Committee (IAHC), ausgearbeitet. Die Implementierung des Plans, der auf Widerstand aus verschiedenen Ecken gestoßen ist, wird von einer weiteren Gruppe, dem interim Policy Oversight Committee (iPOC), vorangetrieben. Während die ersten Schritte der NSF den Trend zur Privatisierung wesentlicher Teile des Internet einleiteten, führt der Plan näher zu einer marktwirtschaftlichen Ordnung in Bereichen der Organisation des Internet, die bisher monopolistisch strukturiert waren.

2.3.4
Standardisierung

Eine der Hauptaufgaben der Internet-Organisationen, insbesondere der IAB und der IETF, ist die Standardisierung von technischen Neuerungen. Das Setzen von Standards ermöglicht allen Internet-Teilnehmern, auf der gleichen technischen Basis miteinander zu kommunizieren. Aber auch für Internet-Entwickler, die sich mit innovativen Techniken beschäftigen, stellt ein Standard ein grundlegendes Arbeitspapier dar.

Im Zusammenhang mit der Standardisierung werden sog. „Request for Comments" (RFC) von der IETF veröffentlicht. Ein RFC ist zunächst ein Papier, das Spezifikationen, Vorschläge, Ideen oder Richtlinien enthalten kann. Jedem Internet-Interessierten ist es möglich, einen RFC bei einem RFC-Editor einzureichen. Dieser ist für die Prüfung, Veröffentlichung und Verteilung der RFCs zuständig.

Ein Verfasser eines RFCs ist allerdings angehalten, bestimmte Vorschriften bei der Einsendung zu beachten. Diese sind ebenfalls in einem RFC (RFC 1543) abgelegt. Jeder RFC erhält eine Nummer, wobei diese grundsätzlich in der Reihenfolge der Veröffentlichung vergeben wird. Bis Ende Oktober 1995 sind 1864 verschiedene RFCs erschienen. Die Verbreitung der Papiere erfolgt über das Netz selbst, indem sie über zahlreiche FTP-Server (siehe Abschn. 3.3) in der ganzen Welt zur Verfügung gestellt werden (z.B. ftp://ftp.nic.de/pub/doc/rfc).

Der Großteil der RFCs beinhaltet lediglich technische Informationen, die nicht als Standard ausgewiesen sind. Damit eine technische Spezifikation zum Standard erhoben werden kann, muß ein geregelter, dreistufiger Standardisierungsprozeß durchlaufen werden. Am Beginn steht die Prüfung der Spezifikation und die Erklärung zum „proposed standard" durch die IETF. Existieren mindestens zwei unabhängige Implementationen, die reibungslos zusammenarbeiten, kann die Spezifikation nach frühestens sechs Monaten zum „draft standard" erhoben werden. Nach eventuellen geringfügigen Modifikationen und einer angemessenen Probezeit kann dann die Neuerung zum Internet-Standard erklärt werden. Dieser Standardisierungsprozeß ist in Abb. 2.17 graphisch dargestellt.

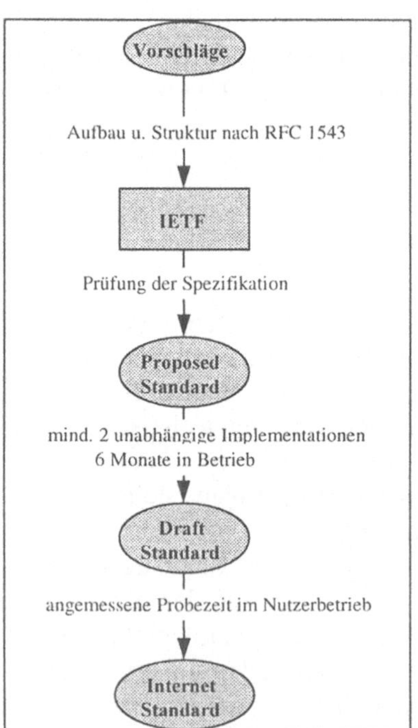

Die akzeptierten Standards werden als „Internet Official Protocol Standards" regelmäßig in aktualisierten RFCs (z.B. RFC 1800 vom 11.07.95) zusammengefaßt.

2.3.5
Die nächste Generation des Internet

Im Oktober 1996 trafen sich Vertreter von 34 US amerikanischen Universitäten in Chicago, um einen Plan für die Entwicklung eines Internet2 zu verabschieden, das nur Forschungseinrichtungen zur Verfügung stehen und erheblich leistungsfähiger als das bisherige Internet werden sollte (http://www.internet2.edu/). Organisatorisch wurde die Initiative in die University Corporation for Advanced Internet Development (UCAID) eingebracht, der im April 1998 bereits 120 US amerikanische Forschungsuniversitäten angehörten. Einige der Ziele von Internet2 sind die Entwicklung einer Infrastruktur für die verbesserte Versorgung mit Dienstleistungen wie Erziehung, Gesundheit und Umweltbeobachtung, die Entwicklung und Nutzung von Techniken für Kommunikation mit garantierten anwendungsspezifischen Leistungsqualitäten (Quality of Service), das Experimentieren mit neuen Kommunikationstechnologien und der Transfer der Technologien des Internet2 in das restliche Internet. Auf der technischen Seite sind u.a. geplant die Nutzung aller modernen Protokolle, Leitungen mit Kapazitäten von mindestens 622 MBit/s und Knotenpunkte, die Daten im Bereich von 1.000 MBit/s transferieren können (GigaPoPs). Die Netzinfrastruktur für Internet2 stellen das very high performance Backbone Network Service (vBNS), dessen Aufbau bereits in 1995 von MCI im Auftrag der NSF begonnen wurde, und Abilene, das im Auftrag von UCAID von den Firmen Qwest, Cisco Systems und Nortel im April 1998 gestartet wurde.

In seiner jährlichen Rede an die Nation, verkündete der Präsident der USA, daß die Regierung eine Next Generation Internet (NGI) Initiative gestartet habe (http://www.ccic.gov/ngi/). Er stellte eine zweite Generation des Internet in Aussicht, „so daß unsere führenden Universitäten und Forschungslabors mit Geschwindigkeiten tausendmal schneller als heute kommunizieren können". Konkret verfolgt die NGI-Initiative drei Ziele: Experimentelle Erforschung fortgeschrittener Netzwerktechnologien, die Schaffung einer Testumgebung für Hardware, Software, Protokolle, Sicherheitsmechanismen und Netzwerkmanagement, die schnelle Kommunikation ermöglichen, und „revolutionäre" Anwendungen (dabei wird u.a. an digitale Bibliotheken und entfernte Bedienung von medizinischen Instrumenten gedacht). Die Arbeit wird von DARPA und vier anderen US amerikanischen Behörden getragen, die ca. US $ 85 Mill. in 1998 und 110 Mill. in 1999 und 2000 an Forschungsgeldern erhalten sollen. Die NGI-Initiative wird auch von der Industrie unterstützt und arbeitet mit dem Projekt Internet2 eng zusammen.

2.4
Profile der Benutzer

Im Abschn. 2.1 wurde bereits die rasante Entwicklung der Internetnutzung beschrieben. Es wurden alternative Schätzungen der Gesamtzahl der Benutzer des Internet angegeben, die auf einer Multiplikation der Anzahl von Internethosts mit der durchschnittlichen Anzahl von Benutzern pro Host basieren. Diese Hochrechnungen sind jedoch sehr unsicher, so daß verläßlichere Zahlen über direkte Befragung der Internetbenutzer und Nichtbenutzer gesucht werden. Die Angabe der Benutzeranzahl reicht außerdem nicht aus, um beurteilen zu können, ob und für welche kommerzielle Nutzung sich das Internet eignet. Deswegen werden hier Ergebnisse von Umfragen dargestellt, die wesentliche demographische Eigenschaften und wichtige Gewohnheiten und Ansichten von Internetbenutzern, auch Internauten oder Internetsurfer genannt, erhoben haben.

Man kann die Umfragen nach der zugrunde gelegten Grundgesamtheit in zwei Klassen unterteilen: diejenigen, die an die Gesamtbevölkerung gerichtet sind („internetexterne" Umfragen), und diejenigen, die nur an die Internetbenutzer gerichtet sind und im Internet durchgeführt werden („internetinterne" Umfragen). Das wichtigste Problem der zweiten Gruppe von Umfragen ist, daß schwer zu beurteilen ist, wie repräsentativ diese sind und damit keine verläßlichen Schlüsse auf die Gesamtheit der Internauten gemacht werden können. Das liegt daran, daß bei der Befragung keine repräsentative Stichprobe gebildet wird, sondern die Befragten sich selbst für die Befragung auswählen. Trotzdem liefern manche dieser Umfragen interessante Ergebnisse, die nicht vernachlässigt werden sollten. Die erste Gruppe der Umfragen ist bisher viel kleiner, weil sie i.d.R. kostspieliger sind. Da man die wichtigsten Charakteristika der Gesamtbevölkerung relativ gut kennt, können diese Umfragen so gestaltet werden, daß sie für die Gesamtbevölkerung repräsentativ sind. Sie können helfen, die tatsächliche Zahl der Internetbenutzer und ihre Demographie zu ermitteln. Allerdings muß auch bei diesen Umfragen die methodische Vorgehensweise genau untersucht werden, bevor man deren Ergebnisse nutzt. Die Umfragen unterscheiden sich oft schon bei der Definition eines Internetbenutzers voneinander erheblich.

2.4.1
Internetexterne Befragungen

Die beste repräsentative Umfrageserie in der Bevölkerung Nordamerikas (USA und Kanada) wird von der renommierten Marktforschungsfirma Nielsen Media Research in Zusammenarbeit mit CommerceNet durchgeführt, einem Unternehmenskonsortium, das im Silicon-Valley zwecks Erforschung und Förderung der Kommerzialisierung des Internet gegründet wurde. Die Umfrage (http://www.nielsenmedia.com/interactive/commercenet/ bzw. http://www.commerce.net/stats/) wird seit August 1995 in unregelmäßigen Abständen per Telefon durchgeführt. Die Telefonnummer eines Haushalts und die im Haushalt zu befragende Person, die mindestens 16 Jahre alt sein muß, werden zufällig ausgewählt. Als „Internetbenutzer" wird eine Person angesehen, wenn sie Internet im letzten Monat vor dem Interview benutzt hat und noch immer einen Zugang zum Internet hat. Ein „Webbenutzer" ist jemand, der zusätzlich dazu das WWW mindestens einmal im letzten Monat vor dem Interview benutzt hat.

Die aufgrund der Umfrageergebnisse hochgerechneten und prognostizierten Zahlen von Benutzern in Nordamerika sind in der Abb. 2.18 wiedergegeben.

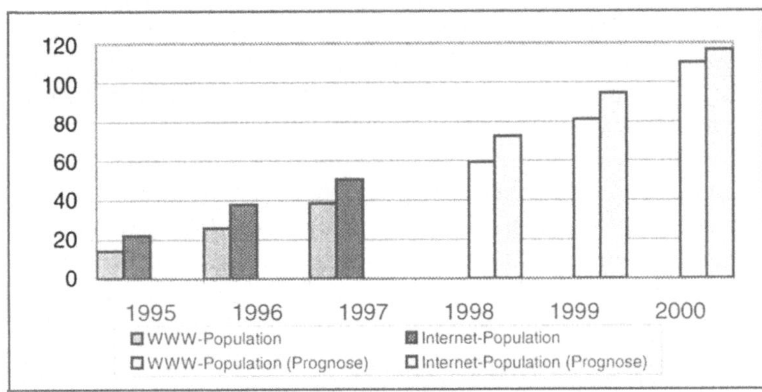

Abb. 2.18: Anzahl der Internet- und WWW-Benutzer in USA und Kanada (Nielsen/ Commerce/Net)

Im Winter 1996/1997 waren 42% der Internetbenutzer weiblich, 39% waren leitende Angestellte bzw. gut bezahlte Fachkräfte (professionals) im Vergleich zu 25% in der Gesamtbevölkerung.

Bei der Befragung im Herbst 1997 (in der Grafik sind für 1997 die Zahlen vom Winter 1996/1997 enthalten) waren bereits 58 Mil-

lionen Personen in Nordamerika Internetbenutzer und 48 Millionen
Webbenutzer. Diese Zahlen entsprechen 25,56% bzw. 21,15% der
Bevölkerung Nordamerikas im Alter ab 16 Jahren. Damit ist Internet
in Nordamerika eindeutig ein Massenmedium geworden. Schließlich
haben 10 Millionen Personen bzw. 4,4% schon Käufe über das
WWW getätigt. Als ein Hindernis für mehr Kauftätigkeit werden
mangelnde Kenntnisse über die bereits eingesetzten Sicherheitsmechanismen angesehen. Eine noch höhere Zahl von Webbenutzern hat
sich vor einem Kauf außerhalb des Internet im Internet informiert.

Wenn man diese Zahlen für Nordamerika mit den Hochrechnungen für die gesamte Welt auf der Basis der an das Internet angeschlossenen Rechner vergleicht (siehe Abschn. 2.1.4), erscheint ein
Multiplikator von knapp 3 der richtige zu sein. Auf der Basis der
Hostzählung von Lottor vom Januar 1998, die knapp 30 Millionen
Rechner ergab, wäre dann die Anzahl der Internetbenutzer auf der
gesamten Welt zu diesem Zeitpunkt ca. 80 bis 90 Millionen gewesen.

Bereits in 1995 wurde das Internet in Nordamerika im Durchschnitt viel mehr genutzt als kommerzielle Online-Dienste (außerhalb des Internet) und man „schaute" sich Internet in etwa gleich
viel wie ausgeliehene Videobänder „an". Zu Nielsen/CommerceNet
durchgeführte parallele WWW-basierte Befragungen zeigten, daß
die internetinterne Befragungsmethode die Nutzungszeit und Fähigkeiten der Nutzer überschätzt und den Anteil der Frauen unter-
schätzt.

Eine repräsentative Erhebung der „Online-Nutzer" in Deutschland hat die Nürnberger Gesellschaft für Konsumforschung unter der
Bezeichnung GfK-Online-Monitor in Zusammenarbeit mit mehreren
anderen Unternehmen zwischen dem 5.11.1997 und dem 23.01.98
durchgeführt. In Telefon-Interviews wurden ca. 10.000 Personen in
Privathaushalten im Alter von 14 bis 59 Jahren befragt. Als Online-
Nutzer werden Personen bezeichnet, die „über einen Access verfügen und gleichzeitig mindestens proprietäre Dienste eines Providers
bzw. und/oder das Internet über einen solchen Provider nutzen".
Was „nutzen" bedeutet, ist hier leider nicht präzise definiert worden,
so daß man die Ergebnisse mit anderen Studien, inklusive der oben
genannten Studien von Nielsen/CommerceNet, kaum vergleichen
kann. Die Altersbegrenzung bei 59 Jahren ist ebenfalls nicht besonders sinnvoll, da es verschiedene Initiativen gibt, auch „Senioren"
ins Internet zu bringen.

Nach dieser Erhebung und Analysen von Electronic Media Service des Verlags Gruner und Jahr gibt es 5,6 Millionen Online-
Nutzer, was einem Anteil von 12% an der betrachteten Gesamtbevölkerung entspricht. Davon benutzen 0,7 Millionen nur Online-

Dienste, so daß 4,9 Millionen oder 10,56% im Sinn der benutzten
Definition als Internetbenutzer betrachtet werden können. Davon
nutzten 46% oder 2,3 Millionen das Internet täglich! Der Anteil der
Frauen unter allen Online-Nutzern betrug 30%. Leitende Angestellte
waren mit 31% die am häufigsten genannte Stellung im Beruf der
Online-Nutzer. 22% der Online-Nutzer hatten ein Gehalt von DM
6.000,- und mehr. 62% der Internetbenutzer haben einen privaten
Internetzugang, während 58% auf Internet über Unternehmen, Universitäten oder andere Organisationen zugreifen. Die Schnittmenge
von 20% verfügt über beide Art von Zugängen. Abb. 2.19 gibt die
Nutzungsgewohnheiten der Internetbenutzer wieder.

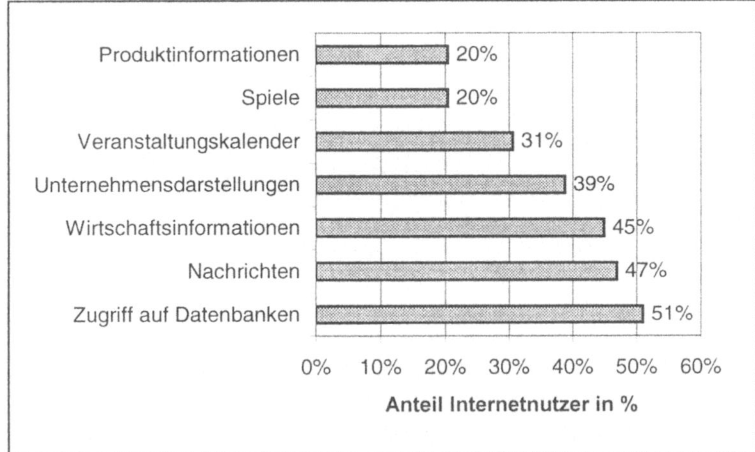

*Abb. 2.19:
Nutzungsgewohn-
heiten der Internet-
benutzer*

Schließlich wurde eine Typisierung von Internetbenutzern vorgenommen:

Die „News-Junkies" (24%) interessieren sich hauptsächlich für
Nachrichten, Unterhaltung, Informationen und Shopping. Die „Ga-
meboys" (16%) bevorzugen im Internet Spiele, Musik, Videos und
Chat-Foren. Die „Profis" (30%) nutzen das Internet, um sich mit
aktuellen Informationen zu versorgen. Für den Rest der Internetbenutzer konnte man kein klares Profil herausfiltern, weswegen man
sie in Anlehnung an manche Fernsehzuschauer als „Zapper" bezeichnet. Eine Segmentierung der Internetbenutzer ist für die kommerzielle Anwendung des Internet sicherlich wichtig. Ob die Trenn-
schärfe dieser Typisierung ausreichend ist, ist fraglich. Auch ihre
Korrektheit ist fraglich, da sie nicht auf tatsächlichem Verhalten basiert.

Die Akzeptanz des Internet bei deutschen Unternehmen wächst
ebenfalls schnell. Auf der Basis einer repräsentativen Umfrage bei
deutschen Unternehmen mit 10 und mehr Mitarbeitern wurde die

Zahl ihrer Präsentationen im Internet in 1997 auf etwa 107.000 geschätzt (Alpar 1997). Dabei zeigte sich, daß fast jedes zweite Unternehmen ab 500 Mitarbeiter sich bereits im Internet präsentiert, während kleinere Unternehmen noch einen großen Nachholbedarf haben. Abb. 2.20 zeigt die Verteilung der Online-Präsenzen nach Wirtschaftszweigen, wie sie in einer Umfrage im Auftrag der Zeitschrift Business-Online Mitte 1997 festgestellt wurde.

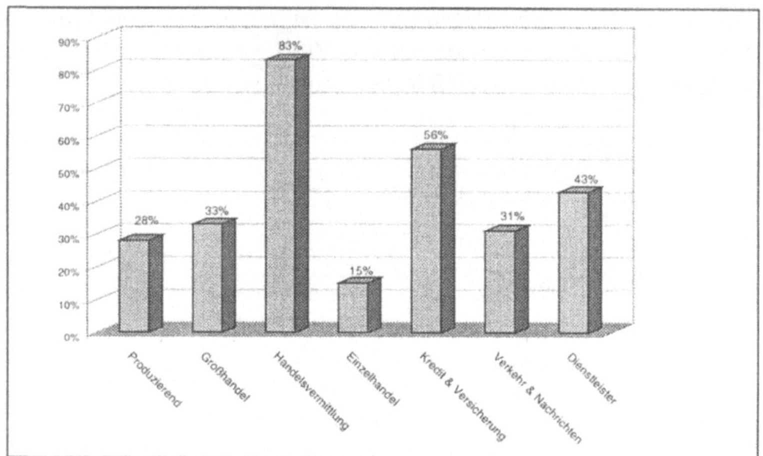

Abb. 2.20: Verteilung der Online-Präsenzen auf die Wirschaftszweige (http://www. business-online.de)

Das Bestehen einer Präsenz im Internet bedeutet noch nicht, daß die Potentiale des Internet intensiv genutzt werden. Ein weiterer Indikator für die Diffusion des Internet ist seine Verbreitung innerhalb der Unternehmen. Abb. 2.21 gibt darüber einen gewissen Aufschluß. Wie man ihr entnehmen kann, haben noch relativ wenige Mitarbeiter Anschluß ans Internet (im Durchschnitt nur ca. 11%).

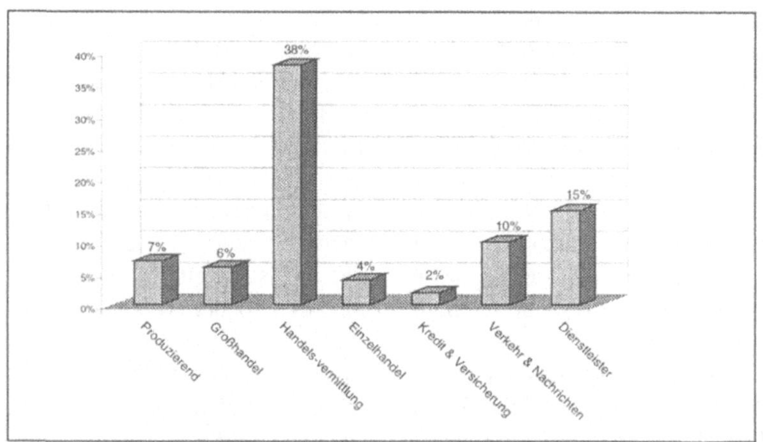

Abb. 2.21: Anteil internetfähiger Arbeitsplätze (http://www. business-online.de)

2 Was ist Internet?

2.4.2
Internetinterne Befragungen

Unter den verschiedenen internetinternen Umfragen halten wir diejenige des Graphic, Visualization and Usability (GVU) Center der Georgia Tech University, Atlanta, USA für die beste. Die Umfrage ist ausgezeichnet dokumentiert; Vorgehensweise, Fragebogen und Ergebnisse sind in Gänze veröffentlicht, so daß man alles genau nachprüfen kann. Ein weiterer Vorteil ist, daß es sich dabei um eine Serie von Umfragen handelt, die etwa jedes halbe Jahr (im April und im Oktober) stattfinden. Anfang 1998 lagen Ergebnisse von acht Umfragewellen vor, so daß sich auch gewisse Trends erkennen lassen können. Die Umfragen wurden vorwiegend von Benutzern aus Nordamerika beantwortet, aber auch eine große Gruppe von Europäern nahm teil. Tabelle 2.4 zeigt einige Ergebnisse der Umfrage vom Oktober 1997.

Variable	Gesamtstichprobe	USA	Europa
Durchschnittliches Alter in Jahren	35,71	36,53	30,19
Männer	61,51%	59,46%	78,04%
Verheiratet	40,20%	41,84%	26,26%
Befragte in Computerbranche oder Ausbildung	43,77%	40,82%	62,17%
Durchschnittliches Gehalt in US-$ 1000	53,30	54,04	48,50

Tabelle 2.4: Vergleich der Internetbenutzer in USA und Europa (8. GVU-Umfrage)

Man sieht also, daß das durchschnittliche Alter, der Männeranteil und der Anteil der Befragten in Computerbranche oder Ausbildung in USA den Werten der Gesamtbevölkerung näher sind als in Europa. Die meisten Unterschiede lassen sich dadurch erklären, daß in Europa der Anteil der Studenten (vorwiegend jung, alleinstehend, noch geringes Einkommen) größer ist als in Nordamerika. Besonders interessant ist die in Abb. 2.22 dargestellte Entwicklung einiger Kenngrößen über die Zeit.

Beim Verhältnis Männer zu Frauen ist ein ungebrochener Trend zur „Normalisierung" zu beobachten. Beim durchschnittlichen Alter und dem Anteil der Studenten, Schüler und Lehrenden ist es Ende 1995 zu einem Trendbruch gekommen. Das liegt hauptsächlich am Anschluß von Schulen ans Internet in USA. Dazu wird es auch in Deutschland kommen, leider wieder mit einem signifikanten Timelag.

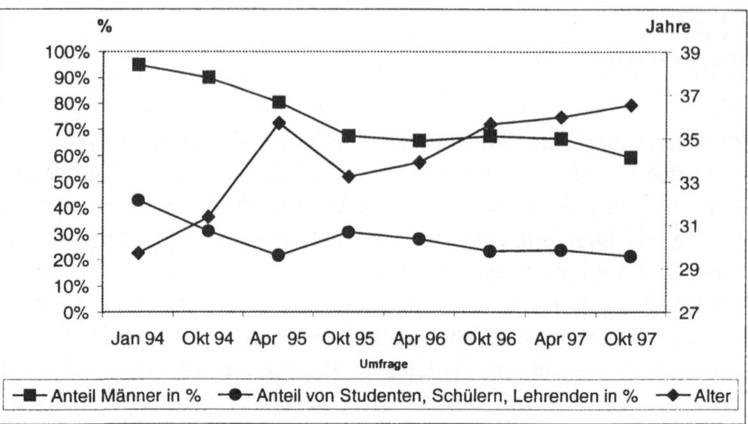

Ein Bestandteil der GVU-Umfrage, der an der University of Michigan, Ann Arbor, USA, entworfen und ausgewertet wird, beschäftigt sich mit Kaufgewohnheiten und -ansichten der Internauten. Man kann diese Ergebnisse so zusammenfassen: Internauten schauen viel, aber kaufen wenig (über Internet) ein. Allerdings wird Internet stark zur Informationsbeschaffung genutzt und eine Zunahme des Einkaufens ist beabsichtigt. Als Kaufhindernisse wurden meistens Unsicherheit bezüglich Transaktionsabwicklung und Zuverlässigkeit des Verkäufers genannt. Als Wunschlösung dieses Problems wurde die Einschaltung dritter Parteien, nämlich Kreditkartenorganisationen oder Banken, angegeben. Bisher wurden hauptsächlich Software, Hardware, Bücher, Musik, Fahrkarten und Urlaubsreisen gekauft.

Den manchmal fast euphorischen Charakterisierungen der Internauten als eine dynamische und einkommensstarke Gruppe muß allerdings ein Dämpfer aufgesetzt werden. Selbst wenn alle Angehörige dieser „upstream"-Bevölkerungsgruppe (http://future.sri.com/vals/vals-survey.results.html) zu Internetbenutzern würden, sie stellt eine (wenn auch wichtige) Minderheit dar. Firmen, deren Produkte und Dienste zu einem großen Teil auch von anderen Bevölkerungsgruppen bezogen werden, sind daran interessiert, daß auch diese Gruppen ins Internet gehen, damit über das Internet eine befriedigende Reichweite von Endabnehmern erzielt werden kann. Einige der Voraussetzungen dafür wurden in der Einführung genannt: Mehr Ausbildung in der Nutzung von Kommunikationsnetzen und preisgünstige Zugänge.

Die bekannteren internetinternen Umfragen in Deutschland basieren auf Antworten selbstselektierter Adressaten im Internet (z.B. W3B, http://www.w3b.de/) oder auf nicht hinreichend erklärten Umfragedesigns, was den Internetteil betrifft (z.B. MC Online-Monitor, http://win.bda.de/nat/target/glieder4.html). Die Ergebnisse können deswegen nicht als repräsentativ angesehen werden. Die Qualität dieser Umfragen läßt sich auch schwer beurteilen, weil sie im Gegensatz zu amerikanischen Umfragen Wissenschaftlern nicht zwecks Nachprüfung der Ergebnisse frei zur Verfügung gestellt werden. In der Abb. 2.23 sind einige Ergebnisse aus den W3B-Umfragen vom Herbst 1995 bis Herbst 1997 wiedergegeben. Es sei aber noch einmal darauf hingewiesen, daß nach Untersuchungen in den USA internetinterne Befragungen überproportional von Vielnutzern beantwortet werden.

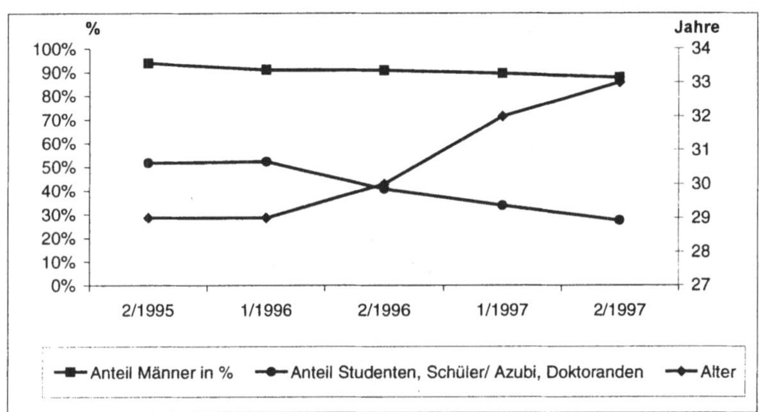

Abb. 2.23: Internetbenutzer in Deutschland (W3B-Umfragen)

Wenn man diese Zahlen mit den Ergebnissen der GVU-Studien vergleicht, kann man feststellen, daß die deutschen Internauten von dem Profil der Gesamtbevölkerung weiter entfernt sind als deren nordamerikanische Kollegen. Eine Übersicht über deutsche Benutzerumfragen findet man auf http://www.psychol.uni-giessen.de/~Batinic/survey/.

Literatur zu Kapitel 2

Adstead, S., Garvey, P.: Convergence in Europe. The new media value chain. Financial Times Media & Telecoms (Hrsg.), London 1977.

Alpar, P.: Nutzung des Internet bei deutschen Unternehmen, Nachrichten für Dokumentation (NfD), 48 (3), Mai-Juni 1997, 180–185.

Cerf, V. G.: Computer Networking: Global Infrastructure for the 21st Century, 1995, http://www.cs.washington.edu/homes/lazowska/cra.

Eidnes, H.: Network Adressing Using CIDR, in: Communications of the ACM, Vol. 37, Nr. 8, 1994, 46–53.

Eriksson, H.: MBONE: The Multicast Backbone, in: Communications of the ACM, Vol. 37, Nr. 8, 1994, 54–60.

Flohr, U.: Global Video Village, Byte, Sept. 1996, 137–144.

Gilster, P.: Der Internet-Navigator, München, Wien: Carl Hanser, 1994.

Kalakota, R. und Whinston A.B.. Frontiers of Electronic Commerce, Addison-Wesley, Reading, Mass. u.a., 1996

Krol, E.: The Whole Internet User`s Guide and Catalog, 2. Auflage, Sebastopol: O`Reilly & Associates, Inc., 1994.

Kyas, O.: Internet, Bergheim: Datacom, 1994.

Lottor, M.: Internet Growth (1981–1991), 29.01.1992, RFC 1296.

Lynch, D. C., Rose, M. T.: Internet System Handbook, Addison-Wesley, 1993.

RFC 1034: Mockapetris, P.: Domain names – concepts and facilities, 01.11.1987.

RFC 1160: Cerf, V.: The Internet Activities Board, 25.05.1990.

RFC 1462: Krol, E., Hoffman, E.: FYI on „What is the Internet?“, 27.05.1993.

RFC 1543: Postel, J.: Instructions to RFC Authors, 28.10.1993.

RFC 1591: Postel, J.: Domain Name System Structure and Delegation, 03.03.1994.

RFC 1601: Huitema, C.: Charter of the Internet Architecture Board (IAB), 22.03.1994.

RFC 1602: IAB, u.a.: The Internet Standards Process, 24.03.1994.

RFC 1661: Simpson, W.: The Point-to-Point Protocol (PPP), 21.07.1994.

RFC 1796: Huitema, C., Postel, J., Crocker, S.: Not all RFCs are Standards, 25.04.1995.

RFC 1800: Postel, J.: Internet Official Protocol Standards, 11.07.1995.

RFC 1817: Rekther, Y.: CIDR and Classful Routing, 04.08.1995.

RFC 791: Postel, J.: Internet Protocol, 09.01.1981.

RFC 793: Postel, J.: Transmission Control Protocol, 09.01.1981.

RFC 799: Mills, D. Internet name domains, 01.09.1981.

Rutkowski, A. M.: The Present and the Future of the Internet, Net-
world+Interop. Tokyo, 29.07.1994, http://info.isoc.org/interop-
tokyo.html.

Scheller, M., Boden, K.-P., Geenen, A., Kampermann, J.: Internet: Werkzeuge
und Dienste, Berlin, Heidelberg: Springer, 1995.

Swadley, R. K. (Hrsg.). The Internet Unleashed, Indianapolis: SAMS, 1994.

Tillmann, W.: Internet-Schnellbahn für jedermann. Highspeed-Technik fürs
Wohnzimmer, c´t, 11/1997, 324-330.

Tittel, E. und Robbins, M.: Internet access essentials, Academic Press, Inc:
1995.

Tolhurst, W. A.: Using the Internet, Special Edition, QUE, 1994.

Zakon, R. H.: Hobbes' Internet Timeline v3.1, 25.08.1997

3 Dienste im Internet

3.1
Elektronische Post

Elektronische Post (Electronic Mail, E-Mail) repräsentiert den wohl am häufigsten genutzten und verbreitetsten Dienst des Internet. Sie dient, wie ihre Bezeichnung schon vermuten läßt, der zeitversetzten Übermittlung von Informationen und Nachrichten zwischen zwei oder mehreren Kommunikationspartnern. Das prinzipielle Vorgehen entspricht dabei im wesentlichen dem Vorgehen bei herkömmlicher Briefpost: ein Absender entwirft eine Nachricht, versieht sie mit der Internet-Anschrift (= E-Mail-Adresse) des Empfängers und sendet diese sodann ab. Daraufhin wird die E-Mail an den Mail-Server, an den dieser Benutzer angeschlossen ist (ähnlich einem Postamt), übergeben und innerhalb von Minuten (z.T. auch nur Sekunden) über das Internet an den E-Mail-Server des Empfängers versandt. Dort wird sie solange aufbewahrt, bis der Empfänger sich einloggt und seine E-Mail-Software startet (im übertragenen Sinne in seinen Briefkasten schaut). Bevor nun auf Erweiterungen und zusätzliche Leistungsmerkmale, die E-Mail gegenüber herkömmlicher Briefpost aufweist, eingegangen wird, soll eine kurze Beschreibung der wichtigsten Bestandteile einer E-Mail erfolgen.

3.1.1
Bestandteile einer E-Mail

Ein Brief kann in zwei Teile mit unterschiedlichen Funktionen zerlegt werden. Es gibt den Nachrichtenteil, der den Inhalt des Briefs repräsentiert, und den Briefumschlag, der die für den Versand benötigten Informationen wie Name, Straße, Hausnummer, Postleitzahl, Ort und ggf. Land des Empfängers enthält. Ähnlich verhält es sich auch bei einer E-Mail, der Nachrichtenteil entspricht dort dem *Body* oder *Text* und der Umschlag dem *Header*.

Nach dem E-Mail Standard (RFC 822 „Standard For The Format of ARPA Internet Text Messages") sollte der Body nur den Standard ASCII-Code (American Standard Code of Information Interchange) enthalten, was für die deutsche Sprache einen entscheidenden Nachteil beinhaltet, da sie Zeichen verwendet (ä,ö,ü,ß), die in diesem Code nicht enthalten sind. Um trotzdem Umlaute versenden zu können, kodieren einige E-Mail Programme diese Zeichen als MIME Extensions (siehe Abschnitt 3.1.5). Voraussetzung ist natürlich, das die durch den Empfänger verwendete Software ebenfalls diesen Standard unterstützt, da diese Zeichen sonst nicht oder falsch umgesetzt werden (alle neueren Softwarepakete wie Internet Mail von Microsoft, Netscape Mail oder Pegasus Mail verstehen diesen Standard).

Im Header befinden sich Steuerinformationen oder Parameter, die für Versand und Empfang von E-Mail von Bedeutung sind. Die wichtigsten Parameter sind beispielhaft in Tabelle 3.1 aufgeführt.

<table>
<tr><td>Tabelle 3.1:
Ausgewählte
Bestandteile
eines E-Mail-
Headers</td><td>

Headerfeld	Erläuterung
cc	Carbon Copy: Kopie der E-Mail geht an die in diesem Feld eingetragenen Personen
date	enthält das Datum und Zeit des Absendens in der lokalen Zeit des Absenders (zumeist ist die Zeitzone mittels eines Kürzels oder der Abweichung von der Weltzeit = UTC angegeben)
from	E-Mail-Adresse und Name oder Pseudonym des Absenders
message-id	eindeutig zuordnbare Identifikationsnummer, die bspw. beim Zitieren der Referenz auf die entsprechende E-Mail dient: „In einer E-Mail vom [..] schrieb Hans Müller:"
recieved	enthält die Mail-Gateways, die die E-Mail während ihres Transports durch das Netz passiert hat
reply-to	enthält die E-Mail-Adressen an die eine Rückantwort gehen soll (falls an eine andere Adresse oder Person als die in from enthaltene geantwortet werden soll)
subject	„Titel" der E-Mail, ähnlich dem „Betrifft:" in Briefen (bei Beantwortung mit der Antworten/Reply-Funktion wird dem ursprünglichen subject ein „Re:" (Reply) automatisch vorangestellt)
to	enthält die E-Mail Adressen der Empfänger

</td></tr>
</table>

3.1.2
Adressenkonvention

Ebenso wie normale Post einen Standard für das richtige Empfangen (und in gewissen Fällen auch Absenden) eines Briefes benötigt, bedarf es auch im Internet einer Adressenkonvention. Dies geschieht über die sog. E-Mail-Adresse, über die jeder Internetbenutzer verfügen muß, wenn er diesen Dienst in Anspruch nehmen will. Sie lautet exemplarisch *benutzername@domain*. Der Benutzername spiegelt dabei zumeist den Login-Namen des Benutzers wieder, der „Klammeraffe" (engl. „at" im Sinne von bei/auf) verbindet diesen mit der Domain, also dem System (Rechner, Host, Mail-Gateway o.ä.), auf dem der Benutzer einen Rechnerzugang (account) besitzt. Bezüglich der Domain existieren einige weitestgehend eingehaltene Konventionen, mittels derer man erkennen kann, um was für ein System es sich dabei handelt (siehe Abschn. 2.2.5).

3.1.3
Transferprotokolle

Hinsichtlich der Übertragung von E-Mail über das Internet existieren eine Reihe von Transferprotokollen, deren Zusammenspiel schematisch in Abb. 3.1 wiedergegeben ist. Sie werden nachfolgend kurz erläutert.

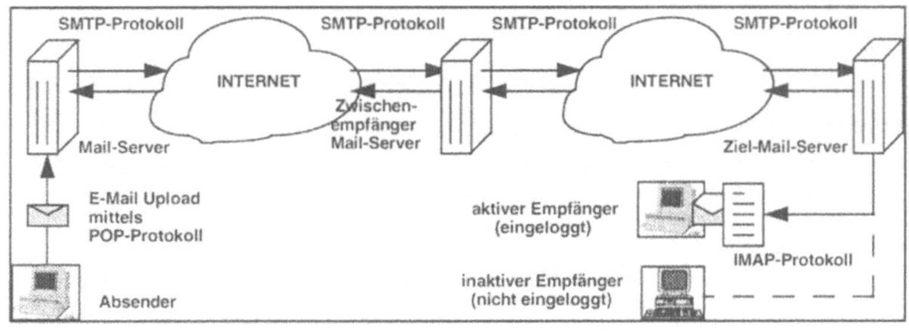

Abb. 3.1:
Zusammenspiel verschi
dener E-Mail Transfer-
protokolle

Simple Mail Transfer Protocol (SMTP)

Das 1982 durch J.B. Postel vorgeschlagene Simple Mail Transfer Protocol (SMTP) regelt als zugrundeliegender Transportmechanismus den Versand (fast) aller via Internet übermittelter E-Mail (RFC 821). Die Aufgabe von SMTP besteht in der zuverlässigen und effizienten Übermittlung von E-Mail unabhängig vom benutzten Netzwerkprotokoll (meist TCP). Es baut dazu eine bidirektionale Verbindung zwischen dem Sender und dem Empfänger einer E-Mail auf. Empfänger können dabei entweder der implizit in der E-Mail enthaltene Ziel-Mail-Server oder aber auf dem Weg zu diesem liegende Mail-Server sein. Letztere „reichen" die E-Mail lediglich an den nächsten, respektive an den Ziel-Mail-Server weiter. Während des Ablaufs einer SMTP-Sitzung führen Sender und Empfänger einen Dialog über verschiedene SMTP-Kommandos. Der Dialog wird durch eine Anforderung des Senders zum Verbindungsaufbau eröffnet. Wird diese beantwortet, so tauschen beide ihre „Namen" (IP) aus, und der Sender übermittelt die E-Mail. Nach erfolgreicher Übertragung verabschiedet sich der Sender, und der zuvor geöffnete Kommunikationskanal (meist TCP Port 25) wird durch den Empfänger wieder geschlossen.

Post Office Protocol (POP)

Von den zu POP existierenden Versionen finden derzeit POP2 (RFC 937) und POP3 (RFC 1725) die weltweit größte Verwendung. Das POP-Protokoll regelt die Handhabung von E-Mail für Benutzer, die nur zeitweilig über eine Einwählverbindung via PPP, SLIP, CSLIP o.ä. mit dem Internet und somit ihrem Mail-Server verbunden sind. Es übernimmt das Sammeln und Versenden empfangener E-Mail auf diesem Server und steuert den Down- bzw. Upload auf und von einer temporär eingeloggten Arbeitsstation, so daß der Benutzer seine E-Mail kostengünstig offline schreiben und lesen kann und sich nur für das Abliefern und Abholen von E-Mail ins Internet bzw. auf seinen Mail-Server einzuloggen braucht.

Interactive Mail Access Protocol (IMAP)

Eine durch POP nicht behandelte Situation ist die des Zugriffs auf dieselbe Information von verschiedenen Arbeitsplätzen aus, die durch das Vorhandensein mehrerer, u.U. nicht zeitgleich genutzter Arbeitsstationen entsteht (z.B. dem privaten Rechner und dem am Arbeitsplatz genutzten). Hier gewährleistet das IMAP-Protokoll den Zugriff auf dieselben E-Mail und Mail-Folder von verschiedenen Arbeitsplätzen aus. Weitere Informationen zu IMAP sind in RFC 1730 enthalten.

3.1.4
Gateways: E-Mail ohne Grenzen

Mittels E-Mail lassen sich auch Benutzer anderer an das Internet angeschlossenen Netze wie z.B. T-Online, CompuServe oder IBM Mail über sogenannte Mail-Gateways erreichen. Die Konventionen für das Transferieren von Nachrichten in spezielle an das Internet angeschlossene Netze lassen sich über den jeweiligen Netz-Anbieter ermitteln. Weitere Wege, um an Informationen zu diesem Thema zu gelangen, ist die Teilnahme an den Usenet-Diskussionsgruppen (siehe Abschnitt 3.2.3) *comp.mail.misc*, *alt.internet.services* und *alt. online-service*.

3.1.5
Übertragen binärer Daten

Neben der Übertragung von Informationen in Textform ermöglicht E-Mail auch das Versenden von Bildern, Sound- und Datendateien. Da diese Übertragung fast ausschließlich in binärer Form geschieht, muß sie mittels geeigneter Verfahren in ein durch E-Mail verarbeitbares Format umgesetzt werden. Nachfolgend seien daher die beiden dafür gebräuchlichsten Methoden vorgestellt.

UUENCODE und UUDECODE

Unter Verwendung von Binär-zu-ASCII-Konvertern ist es möglich, binäre Daten in das ASCII-Format umzuwandeln. Die wohl gebräuchlichste Methode ist die Benutzung von UUENCODE zum „Verschlüsseln" und UUDECODE zum „Entschlüsseln". Die binäre Datei wird dazu mittels UUENCODE vom 8-Bit Format in das E-Mail-ASCII-Format umgewandelt, via Internet versandt und schließlich vom Empfänger mittels UUDECODE in ihr ursprüngliches 8-Bit Format zurückversetzt. Bei großen Dateien (Ton oder Bilder) ab ca. 64 KByte ist es u.U. notwendig, die durch UUENCODE erzeugte Datei in mehrere kleinere Teile zu zerlegen (die wiederum jeweils zu einer gesonderten E-Mail führen), da einige Mail-Server eine maximale Größe der E-Mail von nur 64 KByte erlauben.

MIME

Eine wesentlich einfachere und standardisierte Lösung wird durch das MIME Protokoll (Multipurpose Internet Mail Extensions, RFC 1521) in Form einer Ausweitung des ursprünglichen E-Mail-Standards auf die Übermittlung von Audio-, Video- und Bilddaten sowie Applikationen vorgeschlagen. Mittels MIME wird ebenfalls die Problematik der Übertragung deutscher Umlaute gelöst. MIME zerlegt dazu u.U. den Body einer E-Mail in mehrere Parts (multipart messages), die wiederum die eigentlichen Daten enthalten, und erweitert unter Wahrung des RFC 822 Standards den ursprünglichen Header einer E-Mail um die in Tabelle 3.2 wiedergegeben zusätzlichen Felder.

Headerfeld	Erläuterung
mime-version	Versionsnummer
content-type	Art der Daten, die in der E-Mail übertragen werden
content-transfer-encoding	Art der verwendeten Konvertierung nach ASCII
content-id	Identifikation zur Beschreibung des Inhalts
content-description	textuelle Beschreibung des Inhalts

Eine Schlüsselstellung kommt den beiden Feldern content-type und content-transfer-encoding zu, da sie die Art der in der E-Mail enthaltenen Daten und das zur Konvertierung der binären Daten in US-ASCII verwendete Verfahren (z.B. BASE64) beinhalten. MIME erlaubt folgende über den content-type definierbare Datentypen:

- **Application** für alle Arten nicht näher spezifizierter binärer Daten (z.B. PostScript)

- **Image** (z.B. GIF, JPEG)

- **Message** für eine in einer MIME E-Mail eingeschlossene Nachricht (z.B. RFC822)

- **Multipart** zur Kennzeichnung der Art der in der MIME E-Mail enthaltenen Teile (z.B. MIXED)

- **Text** (z.B. PLAIN, RICHTEXT)

- **Video** (z.B. MPEG)

Zum Thema MIME existiert die Usenet Newsgruppe comp.mail.mime (siehe Abschnitt 3.2.3). Beispiele für um MIME erweiterte E-Mail-Dateien sind erhältlich via anonymen FTP auf ftp://thumper.bellcore.com/pub/nsb/samples/.

3.1.6
Funktionen

Neben dem Vorteil der schnellen Übertragung bietet E-Mail in Verbindung mit den meisten Softwarepaketen eine Reihe von Funktionen, die nachfolgend aufgezählt sind.

Filter- und Verarbeitungsregeln für eingehende E-Mail

Mittels dieser Funktionalität lassen sich Regeln für die Behandlung eingehender E-Mail definieren. So könnten bspw. alle Eingänge, die ganz bestimmte Schlüsselworte wie „Reklamation" o.ä. enthalten, automatisch einem fest definierten Sachbearbeiter zugeordnet werden, der diese E-Mail dann bearbeiten soll.

Selbstdarstellung durch Signature, Plan und Projekt

Die Signature wird heute zumeist in der E-Mail-Software angelegt und automatisch an jede zu versendende E-Mail angehängt. Sie dient, wie ihre Bezeichnung schon vermuten läßt, dem „Unterzeichnen" einer E-Mail. Hier stehen daher zumeist Absendername, Informationen zur Absenderorgansiation, E-Mail-Adresse(n), Adresse der WWW-Homepage (siehe Abschn. 3.6), konventionelle Kontaktmöglichkeiten und oftmals auch ein Zitat. Unter UNIX besteht des weiteren die Möglichkeit mittels der benutzererzeugten Textdateien .plan und .project weitere Informationen zum aktuellen Tätigkeitsbereich zu geben. Plan und Project sind immer dann von Interesse, wenn andere Benutzer mittels entsprechender Kommandos nach Personen suchen, die bestimmte Tätigkeiten ausüben, da sich in diesen Dateien Informationen darüber und den Besitzer einer E-Mail-Adresse festhalten lassen.

Adreßbücher und Verteilerlisten

Neben dem Führen von Adreßbüchern erlauben die meisten Softwarepakete auch die Zusammenfassung einzelner Personen zu Gruppen (bspw. Kunden, Buchhaltung, Marketing, usw.), was eine vereinfachte Bedienung ermöglicht, da die gleichzeitige Benachrichtigung von Gruppen durch lediglich eine E-Mail an die Gruppe erledigt werden kann.

Um- und Weiterleiten von E-Mail (Forwarding)

Sind Personen über verschiedene E-Mail Adressen (z.B. mehrere Accounts auf unterschiedlichen Systemen) im Internet vertreten, so läßt sich der E-Mail-Eingang an einzelnen Adressen an eine oder mehrere andere Adressen weiterleiten. Die Umleitung kann natürlich auch zwischen verschiedenen Personen vereinbart werden (z.B. bei Urlaubsvertretung).

Datenschutz und Dokumentenechtheit

Um entsprechenden Anforderungen nach Datenschutz und Dokumentenechtheit gerecht zu werden, lassen sich Nachrichtensendungen verschlüsseln (z.B. mittels PGP, siehe Kapitel 7) sowie gegen unberechtigtes Lesen, Abändern oder Versenden schützen.

Textverarbeitung und -archivierung

Die meisten E-Mail-Softwarepakete bieten neben einer integrierten Textverarbeitung die Möglichkeit zur Archivierung von ein- und ausgehender E-Mail in benutzerdefinierten Ordnern (Folder).

Empfangs- und Lesebestätigung

Mittels einer Empfangsbestätigung kann sich der Absender vergewissern, daß die versandte E-Mail durch den Empfänger entgegengenommen wurde (Confirm Delivery) . Desweiteren besitzen diverse Softwarepakete (bspw. Pegasus Mail) die Möglichkeit, sich eine Lesebestätigung (Confirm Reading) in Form einer automatisch von der E-Mail Software des Empfängers erzeugten Rückantwort geben zu lassen (Mail-Server muß dieses Feature unterstützen).

Unterstützung unterschiedlicher Benutzeridentitäten

Das Empfangen und Versenden von E-Mail unter verschiedenen Benutzeridentitäten ist ein wichtiges Feature, sobald mehrere Identitäten in Form von verschiedenen E-Mail-Adressen vorliegen. Soll bspw. auch am Arbeitsplatz zuhause neben der privaten Mail geschäftliche E-Mail empfangen und versendet werden, so ist es wichtig, daß die jeweils dem E-Mail-Kontakt entsprechende Adresse verwendet werden kann. Das Lesen und Bearbeiten von E-Mail-Nachrichten muß dabei von allen Identitäten aus möglich sein. Auf diese Weise kann Geschäftsmail mit der Firmen-E-Mail-Adresse und private Mail mit der privaten E-Mail-Adresse versehen werden.

3.1.7
E-Mail Clients

Für die Nutzung von E-Mail steht ein großes Softwareangebot zur Verfügung. So unterstützt bspw. Pegasus Mail für Microsoft Windows sämtliche in diesem Kapitel aufgeführten Eigenschaften. Die Abb. 3.2 zeigt eine zum Lesen geöffnete E-Mail.

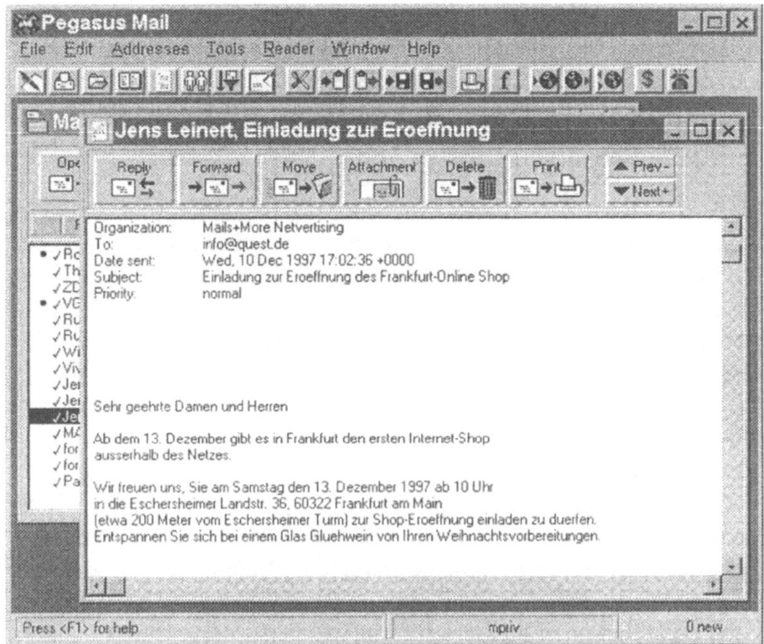

3.2
Diskussionsgruppen

Um gezielt an Informationen zu einer speziellen Thematik zu gelangen, ist es sinnvoll mit Personen zu kommunizieren, die sich mit dieser Thematik auseinandersetzen. Das große Problem besteht dabei, herauszubekommen, wer sich mit diesem Thema beschäftigt. Eine Lösung des Problems wird im Internet in Form der Diskussionsgruppen angeboten, in denen Informationen zu zahlreichen Themengebieten wie Forschung, Lehre, Freizeit, Recht, Wirtschaft, Soziales usw. ausgetauscht werden. Allen nachfolgend vorgestellten Arten von Diskussionsgruppen dient dabei E-Mail als Kommunikationsmedium.

3.2.1
E-Mail-Verteilerliste

Die einfachste Art eine auf E-Mail basierende Diskussionsgruppe ins Leben zu rufen, ist die Verwendung des bereits im Abschn. 3.1 vorgestellten E-Mail-Features der Um- und Weiterleitung von Nachrichten. Eine Diskussionsgruppe wird eingerichtet, indem eine gesonderte E-Mail-Adresse, die die besprochene Thematik repräsentiert, angelegt und eine Verteilerliste erzeugt wird, in der alle Diskussionsteilnehmer enthaltenen sind. Als Beispiel diene ein Unternehmen, in dem ein neues Informationssystem eingeführt wird und dessen EDV-Abteilung eine Diskussionsgruppe eröffnen möchte, in der das Feedback von Anwendern, Probleme und Updates besprochen werden können. Die EDV-Abteilung führt dazu eine neue E-Mail-Adresse namens *Neues_System@Unternehmen.de* ein und trägt alle Anwender und Entwickler in deren Verteilerliste ein (unter UNIX geschieht dies durch Erzeugen einer Datei namens *.forward*, die die E-Mail-Adressen aller Beteiligten enthält). Eine zu veröffentlichende Programmänderung wird nun einfach durch eine E-Mail des entsprechenden Entwicklers an diese E-Mail-Adresse versandt, von wo aus sie automatisch an die persönlichen E-Mail-Adressen aller Teilnehmer übermittelt wird.

Dem Vorteil der schnellen und unkomplizierten Erzeugung einer solchen Diskussionsgruppe stehen allerdings zwei grundsätzliche Nachteile gegenüber. Zum einen muß die Verteilerliste manuell gepflegt werden, d.h. neu hinzukommende Mitarbeiter müssen von Hand in den Verteiler aufgenommen werden und das Unternehmen verlassende Personen aus ihr entfernt werden. Zum anderen handelt es sich um eine nicht moderierte Diskussionsgruppe, d.h. alle an die Gruppe gesandten Nachrichten werden 1:1 an die Teilnehmer übermittelt. Sie erfahren keine vorherige „Sichtung" durch einen Moderator, der eine Diskussion lenken könnte. Die Einrichtung derartiger Diskussionsgruppen erscheint sinnvoll, wenn ein überschaubarer Personenkreis sich innerhalb einer klar umrissenen Thematik auseinandersetzen soll (z.B. bei der Durchführung unternehmensinterner Projekte), da sie auf eine bereits im Unternehmen vorhandene E-Mail-Lösung aufsetzen kann und somit keine zusätzlichen Kosten für Hard- oder Software erzeugt.

3.2.2
Listserver

Listserver-Diskussionsgruppen basierten ursprünglich auf den im obigen Abschnitt beschriebenen Standard-Verteilerlisten herkömmlicher E-Mail. Im Zuge der steigenden Nachfrage nach Diskussionsgruppen wurde die Verwaltung aber zusehends schwieriger, so daß der Bedarf nach einer besseren Lösung mit gesteigerter Funktionalität entstand. Durch die daraufhin entwickelten Softwarepakete (LISTSERV = list server und LISTPROC = list processor), die weiterhin auf dem Transportmedium E-Mail basieren, wurden diese Einschränkungen aufgehoben. Wichtige Funktionen wie automatische An- und Abmeldung durch einzelne Benutzer, eine Online-Hilfe, die Kommunikation über mehrere Listserver hinweg sowie der Abruf archivierter Beiträge wurden implementiert.

Nutzung von Listservern

Die Nutzung der Funktionen eines Listservers erfolgt durch Kommandos, die in standardisierten E-Mail-Nachrichten an eine besondere Listserver-E-Mail-Adresse, die i.d.R. dem Schema Listserv@ Domain entspricht, verschickt werden. Abb. 3.3 gibt das Format, dem eine solche Nachricht entsprechen sollte, wieder:

```
from:      Benutzername@Eigene_Domain
to:             Listserv@Listserver_Domain
subject:

LISTSERV-KOMMANDO PARAMETER1 PARAMETER2
```

Abb. 3.3:
E-Mail-Format eines Listserver-Kommandos

Die an den Listserver zu versendende E-Mail benötigt kein Subject und sollte keine weiteren Einträge außer einem Kommando mit seinen Parametern besitzen (keine Signature).

Eine Möglichkeit, sich einen Überblick über die aktiven Listserver-Diskussionsgruppen zu verschaffen, ist der Aufruf der WWW-Seite http://www.tile.net/tile/listserv/index.html, auf der alle angebotenen Diskussionsgruppen nach verschiedenen Ordnungskriterien (alphabetisch, nach Ländern, nach Organisationen und Anzahl der Teilnehmer) aufgeführt sind und auf der eine Stichwortsuche implementiert wurde, welche die zu einem eingegebenen Stichwort existierenden Diskussionsgruppen auflistet. Eine andere Möglichkeit ist das Abfragen eines Listservers selbst. Dazu muß an eine Listserv-E-Mail-Adresse das Kommando LIST verschickt werden. Eine deutsche Adresse ist bspw. Listserv@Listserv.GMD.de, der Listserver der Gesellschaft für Mathematik und Datenverarbeitung (GMD). Das Kommando LIST kann dabei mit den in Tabelle 3.3 aufgeführten Optionen versehen werden.

Kommando	Erläuterung
LIST	liefert eine Liste mit Titel und Kurzbeschreibung der lokal durch den angeschriebenen Listserver verwalteten Diskussionsgruppen
LIST GLOBAL	liefert die Liste aller weltweit existierenden Diskussionsgruppen
LIST /STICHWORT oder LIST GLOBAL /STICHWORT	liefert eine (weltweite) Liste aller Diskussionsgruppen, die zu dem eingegebenen Stichwort existieren

Tabelle 3.3:
LIST Kommando des Listservers

Nachdem das LIST-Kommando durch den Listserver empfangen wurde, bestätigt dieser zunächst das an ihn gesandte Kommando („File "LISTSERV LISTS" has been mailed to you under separate cover.").

Daraufhin wird durch den Listserver eine gesonderte E-Mail übersendet, welche die angeforderte Liste enthält. Nachfolgend ist in Abb. 3.4 die Antwort des Listervers der GMD auf das Kommando LIST GLOBAL /NEWS, also „Ermittle eine globale Liste aller Gruppen, auf die das Stichwort *News* zutrifft" wiedergegeben.

Network-wide ID	Full adress and	list description
AGNEWS	AGNEWS@VM.CC.PURDUE.EDU	News Service Agriculture News releases
AP-News	AP-NEWS@RZRI6A.GSI.DE	News Service für die Atomphysik
CHINA-ND	CHINA-ND @LISTSERV.KENT.EDU	China News Digest (US News)
COMPUNO-TES-L	COMPUNOTES-L @PEACH.EASE.LSOFT.COM	IBM Compatible Weekly Reviews, Interviews, and News-FREE!
DB2NEWS	DB2NEWS@UNLVM.UNL.EDU	DB2 News
DDN	DDN@LISTSERV.RC.COM	DEREGULATION DAILY NEWS
DE-News	DE-NEWS@LISTSERV.GMD.DE	Whats going on in Germany-a summary of daily news from Germany
NEWSLET-TER-HTML	NEWSLETTER-HTML @AVALON.GOLFWEB.COM	The Golfweb Insider Plus List
NNEWS	NNEWS @LISTSERV.NODAK.EDU	Network-News
VFN-L	VFN-L@LS.UNIVIE.AC.AT	Vienna Finance Newsletter

Die Liste enthält die netzwerkweite Bezeichnung der Gruppe, ihre E-Mail-Adresse sowie eine Kurzbeschreibung der in ihr diskutierten Thematik. Interessiert man sich nun für eine Gruppe, so kann man ihr beitreten, um die laufend an sie übermittelten Beiträge zu empfangen. Dies geschieht, indem das Kommando SUBSCRIBE an den die Gruppe verwaltenden Listserver (nicht die Adresse der Gruppe) verschickt wird. Es soll nun der Diskussionsgruppe GERMNEWS, in der Pressemeldungen in deutscher Sprache veröffentlicht werden (Oktober 1997 rund 10.000 Teilnehmer), beigetreten werden (Abb. 3.5):

```
from:        Benutzername@Eigene_Domain
to:          Listserv@Listserv.GMD.de
subject:


SUBSCRIBE GERMNEWS Vorname Nachname
```

Abb. 3.5:
E-Mail zum Beitritt in eine Listserver-Diskussionsgruppe

Der Listserver bestätigt daraufhin die Beitrittserklärung mit „Your subscription to the GERMNEWS list (German News) has been accepted" und gibt einen kurzen Überblick über einige wichtigte Funktionen (WELCOME). Sollte die Diskussionsgruppe nicht (oder nicht mehr) durch den angeschriebenen Listserver geführt werden, so reicht dieser die Anfrage an einen diese Gruppe verwaltenden Server weiter. Versucht man bspw. die Network News (NNEWS) über den GMD-Server zu abonnieren, so wird diese Anfrage automatisch an Listserv@VM1.NoDak.edu weitergereicht, da die GMD diese Gruppe nicht führt. Der GMD-Listserver informiert den Absender darüber mit der Meldung „Your request is being forwarded to LISTSERV@NDSUVM1".

Nachdem man einer Diskussionsgruppe beigetreten ist, empfiehlt es sich, den eigenen E-Mail-Client mit einem Filter zu versehen, so daß alle Nachrichten einer Gruppe in einem eigenen Ordner abgelegt werden. In Pegasus Mail für Windows geschieht dies mittels der Filterfunktion, die so eingestellt werden kann, daß sämtliche Nachrichten, die das Schlüsselwort „GERMNEWS" in einem der markierten Header-Felder enthalten, automatisch in den eigens dafür angelegten Ordner namens „German News" abgespeichert werden (Abb. 3.6).

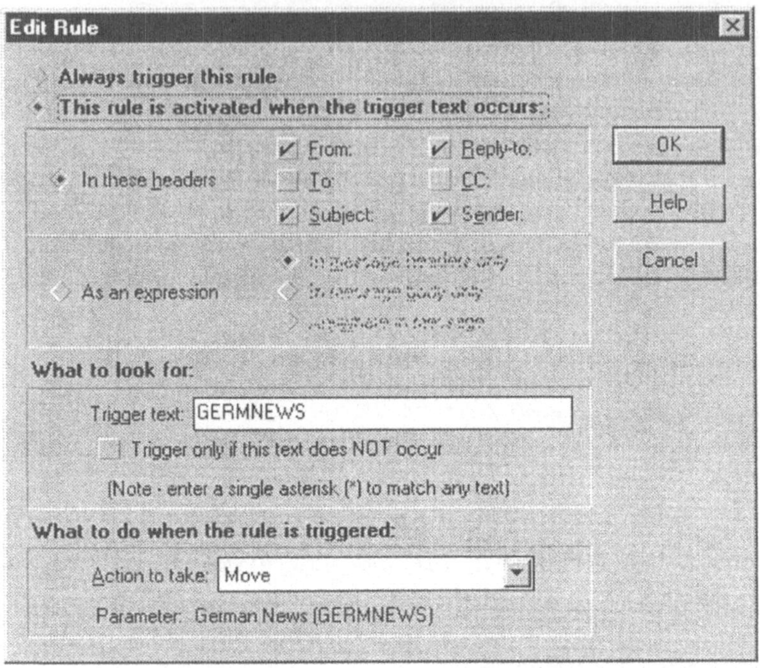

Listserver archivieren die in den einzelnen Gruppen veröffentlichten Beiträge. Diese Archive lassen sich abrufen (bei einigen Gruppen auch, ohne ein registrierter Teilnehmer zu sein), so daß man sich einen Überblick über die besprochene Thematik verschaffen kann. Um eine Archivdatei vom Listserver übermittelt zu bekommen, wird das Kommando GET DISKUSSIONSGRUPPE FILETYPE verwendet. Die Archivdatei der German News vom Monat September 1997 erhält man durch folgende E-Mail (Abb. 3.7):


```
from:      Benutzername@Eigene_Domain
to:        Listserv@Listserv.GMD.de
subject:


GET GERMNEWS LOG9709
```

Der Listserver überträgt daraufhin das angeforderte Archiv wiederum als E-Mail. Der Austritt aus einer Diskussionsgruppe geschieht mittels des Kommandos SIGNOFF DISKUSSIONSGRUPPE. Möchte man aus allen Diskussionsgruppen austreten, so ist anstatt der Gruppenbezeichnung ein „*" einzugeben. Eine ausführliche Beschreibung dieser und weiterer Kommandos erhält man über das Kommando INFO, desweiteren besteht die Möglichkeit ein allgemeines Hilfedokument mit dem Kommando HELP anzufordern. Tabelle 3.4 gibt einen Überblick über wichtige Funktionen des Listservers:

Kommando	Erläuterung
GET	Holen archivierter Beiträge
HELP	übersendet allgemeines Hilfedokument
INFO	Kurzbeschreibung der Kommandos
LIST	Ausgabe aller dem angeschrieben Listserver bekannten Diskussionsgruppen (GLOBAL für weltweit bekannte Gruppen und /STICHWORT für Ausgabe der nur auf das Stichwort bezogenen)
REVIEW	liefert Information zu einer Gruppe (z.B. Teilnehmer)
SIGNOFF	Abmelden aus einer Gruppe
STATS	Beitragsstatistik
SUBSCRIBE	Beitritt in eine Gruppe

Einrichten einer neuen Diskussionsgruppe

Eine neue Diskussionsgruppe ins Leben zu rufen, erfordert neben den technischen Fähigkeiten, auf die hier nicht eingegangen werden soll, einen Plan, nach dem der zukünftige Listenbesitzer (Listowner) vorgehen sollte:

1. Feststellen des Bedarfs für eine neue Diskussionsgruppe

Zunächst einmal sollte überprüft werden, inwieweit es sich bei der geplanten Diskussionsgruppe um eine *wirklich* neue Gruppe handelt, d.h nicht bereits zahlreiche andere zu diesem Thema existieren. Dies läßt sich erreichen, indem die bereits existierenden Gruppen auf bestimmte, das eigene Thema beschreibende Stichworte hin durchsucht werden (bspw. über eine Stichwortsuche in http://www.tile.net/tile/listserv/index.html). Existieren bereits solche Gruppen, ist zu überdenken, ob das Thema sich nicht u.U. variieren läßt.

2. Bestimmen des zeitlichen Aufwands zur Pflege der Liste

Die laufende Pflege der Diskussionsgruppe erfordert neben der Zeit zur Behebung von Fehlern (ca. 1–3 Std./Woche) weitere Arbeitszeit, wenn die Gruppe moderiert werden soll, d.h. alle eingehenden Beiträge zunächst einmal durchgelesen und ggf. aussortiert werden müßen, bevor sie an die anderen Teilnehmer weitergeleitet werden. Weitere Einflußgrößen sind Anzahl und Struktur der Gruppenteil-

nehmer (viel oder wenig Diskussionsbeiträge von viel oder wenig
Teilnehmern). Als Richtwert seien hier die Ergebnisse einer Befragung verschiedener Listenbesitzer, die Diane und Michael Kovacs
1995 durchgeführt haben, wiedergegeben (Tabelle 3.5).

Tätigkeit	Zeitaufwand
keine eigenen Beiträge, gelegentliches Überfliegen fremder Beiträge	1–5 Std./Woche
kurzes Überfliegen fremder Beiträge, gelegentliche eigene Beiträge	5–15 Std./Woche
regelmäßig eigene Beiträge (z.B. Firmenzeit-schrift)	bis 20 Std./Woche
Fehlerbehandlung	1–3 Std./Woche

3. Welcher Listserver soll die Diskussionsgruppe verwalten

Hier steht die Entscheidung an, ob die Diskussionsgruppe durch einen externen Listserver oder einen eigenen Rechner verwaltet werden soll. Soll die Diskussionsgruppe durch einen eigenen Rechner
zur Verfügung gestellt werden, ist die vorhandene Hard- und Software sowie die Netzanbindung bezüglich der Anforderungen der geplanten Listserver-Software zu überprüfen. Die ursprüngliche
Listserver-Software wurde durch Eric Thomas (Eric@SEARN. SU-
NET.SE) für IBM Mainframe Rechner mit dem Betriebssystem
VM/CMS entwickelt. Weiterhin existiert eine durch Anastasios Kot-
sikonas (TASOS@CS.BU.EDU) entwickelte Listserver-Variante,
die auf UNIX-Systemen arbeitet. Bei der Auswahl eines externen
Anbieters empfiehlt es sich, zunächst einmal die Listserver-Betreiber
in der eigenen Umgebung anzusprechen.

Um Hilfestellungen bei auftretenden Problemen während der Installation und des Testbetriebs zu erhalten, ist es sinnvoll, der Diskussionsgruppe LSTOWN-L über LISTSERV@SEARN.SUNET.SE
beizutreten, die sich speziell mit Problemen mit Listservern auseinandersetzt.

4. Bestimmen und Einrichten der Diskussionsgruppen-Parameter

Der zukünftige Listenbesitzer sollte sich hier die folgenden Fragen
stellen:

- Soll die Gruppe moderiert werden oder nicht?
- Sollen eigene Beiträge erscheinen (z.B. Firmen News, Kunden-
  zeitschrift)?

- Wie soll die genaue Bezeichnung der Gruppe lauten (Aussagekraft)?

- Was ist das Ziel der Diskussionsgruppe, welchem Zweck soll sie dienen?

- Welche Themen sollen besprochen werden, welche nicht?

- Welche Zielgruppe soll angesprochen werden?

- Soll der Gruppenbeitritt und austritt durch die Interessenten selbst erfolgen?

- Soll auch nicht beigetretenen Personen die Erlaubnis erteilt werden, Beiträge in die Gruppe zu senden und/oder aus der Gruppe zu lesen?

Die Listserver-Software ist daraufhin entsprechend zu konfigurieren. Ein weiterer wichtiger Punkt ist dabei der für den Listserver zur Verfügung gestellte aktuelle und zukünftige Speicherplatz.

5. Schreiben eines einführenden Dokuments

Jedem neu zu der Diskussionsgruppe hinzukommenden Teilnehmer kann nach der Übersendung seines SUBSCRIBE-Kommandos ein „Willkommensgruß" (WELCOME) übersandt werden, der neben den wichtigsten technischen Funktionen auch Informationen über Ziel und Zweck der Gruppe enthalten sollte. Hier ist darauf zu achten, daß dieses Dokument möglichst verständlich geschrieben ist, so daß auch (technisch) unerfahrene Benutzer dessen Inhalt verstehen.

6. Starten und Bekanntmachen der neuen Diskussionsgruppe

Mit dem Start der Diskussionsgruppe beginnt ebenfalls deren technische und redaktionelle Wartung, die mit entsprechenden Zuständigkeiten zu versehen ist. Eine Möglichkeit, die neue Gruppe bekanntzugeben, ist das Versenden einer E-Mail mit einer kurzen Gruppenbeschreibung an die eigens dafür eingerichtete Diskussionsgruppe NEW-LIST@VM1.NoDak.edu.

3.2.3
Usenet Newsgroups

Usenet News, auch NetNews, Newsgroups oder einfach News, dienen wie Listserver der zeitversetzten Diskussion zu verschiedensten Themenbereichen. Die wesentlichen Unterschiede zwischen beiden Diensten liegen im Charakter der Beiträge sowie in der Art und Weise, wie Benutzer auf diese zugreifen können. Anders als beim

Listserver muß sich der Benutzer nicht in eine Newsgroup eintragen, um an der Diskussion zu einem Thema teilzunehmen. Er erhält die Beiträge der einzelnen Gruppen, Artikel genannt, auch nicht automatisch, sondern ruft sie aktiv von einem Newsserver ab. Dies geschieht mittels eines Newsreaders, der es dem Benutzer ermöglicht, die ihn interessierenden Gruppen aus der Angebotsliste auszuwählen, die in ihnen enthaltenen Artikel zu lesen sowie eigene Beiträge an die Newsgroup zu versenden (post article). Der Informationsaustausch geschieht über eine zu diesem Zweck erweiterte Form von E-Mail.

Jeder Newsserver ist wiederum mit seinen „Nachbarn" verbunden, mit denen er die gespeicherten News periodisch abgleicht. So wird gewährleistet, daß ein Beitrag, den ein Benutzer auf seinem Server an eine bestimmte Newsgroup richtet, weltweit alle Newsserver erreicht, die diese Gruppe ebenfalls in ihrem Angebot haben. Derzeit existierten weltweit etwa 15.000 Newsgroups. Die Menge der an einem Tag im Zusammenhang mit Newsgroup Artikeln anfallenden Daten kann schnell mehrere Hundert Megabyte annehmen. Die meisten Newsserver sind daher nicht öffentlich, sondern erlauben nur einen auf das eigene Subnetz begrenzten Benutzerzugriff.

Hierarchie und Arten von Newsgroups

Die Anordnung der Newsgroups basiert auf keinem formalen Standard, hat sich aber im Laufe der Zeit in der Praxis zu einem Quasi-Standard entwickelt. Die einzelnen Themen der Newsgroups sind dabei hierarchisch in Haupt- und Subthemen angeordnet. In Abb. 3.8 ist ein Ausschnitt der unter dem Oberbegriff COMP (Computer) zusammengefaßten Newsgroups wiedergegeben.

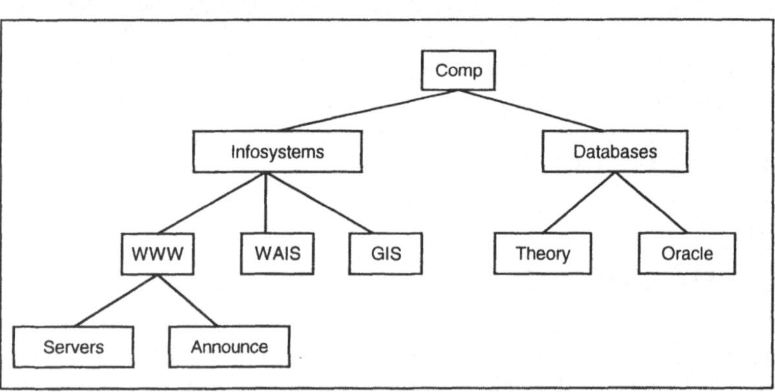

Abb. 3.8:
Hierarchie von Usenet Newsgroups (Ausschnitt)

Die Subthemen weiterer Hierarchieebenen werden gebildet, wenn die Diskussion in einem Themenkreis stark ansteigt und die Teilnehmer sich aufgrund der Informationsflut dazu entschließen, die

Diskussion in einer gesonderten Gruppe weiterzuführen. Eine Auswahl von Hauptthemen gibt Tabelle 3.6.

Hauptthema	Inhalt
comp	Computer
alt/misc	Sonstiges (alternative/miscellaneous)
sci	Naturwissenschaften (scientific)
soc	Soziales (social)
talk	Diskussion aller Art
news	im Zusammenhang mit Usenet News (neue Gruppen, Newsreader)
rec	Freizeitaktivitäten / Hobbys (recreational)
biz	Wirtschaft (business)
bit	Beiträge aus Listserver-Diskussionslisten (bitnet)
bionet	Biologie
de	deutschsprachige Newsgroups
fido	Diskussionsgruppen des Fidonet (Mailbox-Netz)
maus	Diskussionsgruppen des Maus-Net (Mailbox-Netz)

Ein großer Teil der Newsgroups befaßt sich mit Hilfestellungen zu Problemen technischer und anderer Natur. So existieren bspw. eine ganze Reihe von Gruppen, in denen Hard- und Softwareprobleme diskutiert werden. Sie enthalten typische Anfragen mit Inhalten wie „Habe Konfiguration X mit dem Problem Y" und die zugehörigen Antworten mit Lösungsvorschlägen. Einige Hard- und Softwarehersteller nehmen ständig an den Newsgroups teil, die ihre Produkte zum Thema haben. In regelmäßigen Abständen (meist monatlich) werden Artikel, die Antworten auf oft gestellte Fragen enthalten (FAQ, Frequently Asked Questions), an die Gruppe versandt.

In den Newsgroups sind ebenfalls die Gruppen eines Großteils der an das Internet angeschlossenen selbstständigen Netze (z.B. Bitnet) enthalten, was die Kommunikation mit Teilnehmern dieser Netze ermöglicht, auch wenn deren Nutzer keinen direkten Internetzugang haben, sondern lediglich über einen Account auf ihrem lokalen BBS-System (Bulletin Board System, auch Mailbox) verfügen. Ein BBS-System repräsentiert einen zumeist privat oder durch einen Verein betriebenen Rechner, in den sich Computernutzer einer Region per Telefon einloggen können, um miteinander zu kommunizieren sowie Daten und Programme zu tauschen. Einzelne Systeme wiederum tauschen ihre Informationen untereinander aus, so daß auf diese Weise ein Netzwerk entsteht. Bekannte deutsche Mailboxnetze sind bspw. MAUSNET und FIDONET.

Aufbau eines Newsgroup-Artikels

Die Struktur eines Newsgroup-Artikels ähnelt der einer E-Mail (siehe Abschn. 3.1), er enthält ebenfalls Header und Body. Um weltweit den Versand und die Verteilung eines Artikels zu kontrollieren, wurde im RFC 1036 ein Standard bezüglich des Austausches derartiger Nachrichten eingeführt. Dieser bedient sich des E-Mail-Formates, erweitert dieses aber um eine Reihe von Headerfeldern, deren wichtigste in Tabelle 3.7 wiedergegeben sind.

Headerfeld	Erläuterung
newsgroups	enthält die Newsgroup(s), an die der Artikel verschickt werden soll
lines	Anzahl der Zeilen, die der Artikel enthält
summary	Kurzbeschreibung des Artikelinhaltes
keywords	dient der Verschlagwortung des Artikelinhaltes
distribution	begrenzt den Bereich, innerhalb dessen der Artikel veröffentlicht wird (bspw. *de* für Deutschland und *fr* für Frankreich)

Newsreader

Um auf die Newsgroups zugreifen zu können, wird ein sogenannter Newsreader benötigt, der die auf einem Newsgroup-Server gelagerten einzelnen Gruppen mit ihren Nachrichten anzeigt, ggf. archiviert und das Schreiben sowie Versenden einzelner News erlaubt.

Newsreader existieren für alle Plattformen: die z.Zt. bekannteste und am meisten genutzte Software stellt der zeichenorientierte Newsreader TIN unter UNIX dar, da dieser von jedem System aus via Telnet-Zugang (siehe Abschn. 3.4) benutzbar ist. Für Windows existieren eine Reihe von verschiedenen Newsreadern: Free Agent, WinVN sowie Internet News, der Newsreader von Microsoft, um nur einige zu nennen. Hier soll kurz WinVN vorgestellt werden, da er einfach zu bedienen ist und wichtige Funktionen aufweist, wie z.B. das Dekodieren von Artikeln, die im Binärformat vorliegen. Der Bildschirmausdruck in Abb. 3.9 zeigt eine Artikelliste der Newsgroup Comp.Infosystems.WWW.Announce, in der neue WWW-Seiten bekanntgegeben werden können.

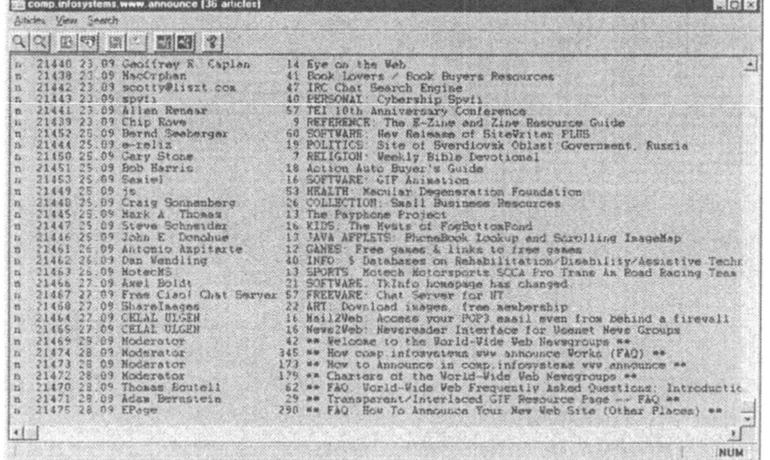

Abb. 3.9:
Artikelliste der Newsgroup Comp.Infosystems. WWW.Announce (Auszug)

Ein Verzeichnis von Usenet Newsgroups findet sich auf http://www.dejanews.com. Die Beiträge sämtlicher durch diesen Server gehaltenen Newsgroups (Ende 1997 ca. 15.000) können auf Stichworte hin durchsucht werden. Der Server listet daraufhin alle Newsgroups mit den Beiträgen, in denen der Suchtext aufgefunden wurde.

3.3
Dateitransfer (FTP)

FTP (File-Transfer-Protocol) dient als betriebssystemübergreifendes Protokoll der Übertragung von Text- und Binärdaten zwischen verschiedenen an das Internet angeschlossenen Rechnern. Grundsätzlich läßt sich hierbei zwischen dem der Übertragung von „privaten" Daten zwischen zwei Rechnern dienenden FTP und dem anonymen FTP unterscheiden, mit dem der Zugriff auf die zahlreichen, frei zugänglichen FTP-Server im Internet realisiert wird. Während im ersten Fall ein persönlicher Account auf beiden an der Übertragung beteiligten Systemen erforderlich ist, bedarf es beim anonymen FTP keines speziellen Accounts. Zumeist wird beim Verbindungsaufbau zu einem solchen Server vom Benutzer erwartet, den Usernamen *anonymous* und als Paßwort die eigene E-Mail-Adresse anzugeben, um dann Zugriff auf die dort liegenden Daten (Dokumente, Bilder, Audio- und Videosequenzen) und Programme zu erhalten. Als gute Praxis gilt, daß sich die frei zugänglichen Dateien eines FTP-Servers im Verzeichnis *pub* (public) des Hosts befinden. Dort existieren dann weitere Unterverzeichnisse, mittels derer betriebssystemspezifisch Programme, Bilder, Dokumente usw. aufgeteilt werden.

3.3.1
Architektur und Protokoll

Das File-Transfer-Protocol nach RFC 959 repräsentiert den benutzergesteuerten Datentransfer zwischen zwei Internet-Hosts auf der Basis einer TCP-Verbindung. Die bei FTP verwendete Architektur entspricht dem Client/Server-Prinzip und beinhaltet als wesentliches Merkmal die Trennung von Kontroll- und Datenverbindung (Abb. 3.10).

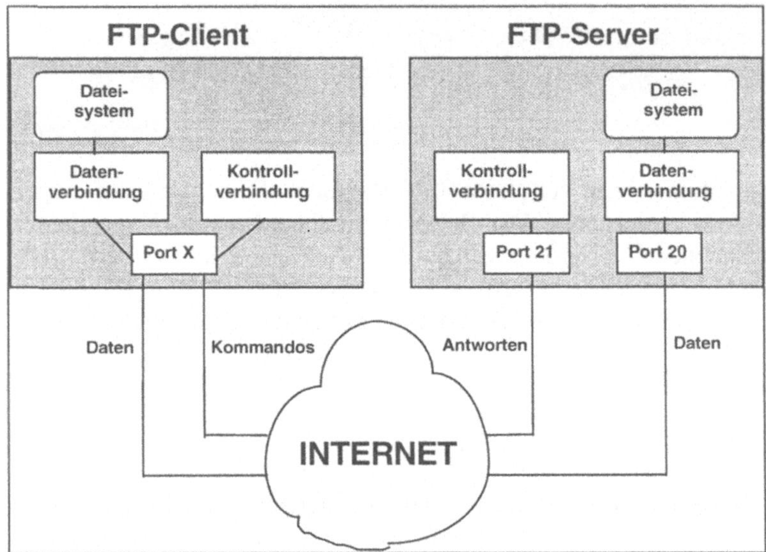

Während einer FTP-Sitzung wird die durch den Client eröffnete Kontrollverbindung (Standard: TCP Port 21) zum Austausch von Kommandos genutzt, die die Parameter für eine Datenübertragung, das Senden, Löschen oder Empfangen und das Bewegen durch die Verzeichnisstruktur des Servers beinhalten. Wird eine Datenübertragung ausgelöst, so findet diese über die Datenverbindung statt (Standard: TCP Port 20). Hinsichtlich der Übertragung beinhaltet das FTP-Protokoll eine Reihe von Vorkehrungen, die sich z.B. mit der Art der zu übertragenden Daten auseinandersetzen (Standard sind BINARY oder ASCII) sowie Art und Weise, wie Daten übertragen werden: z.B. als Datenstrom (STREAM), blockweise (BLOCK) oder komprimiert (COMPRESSED).

3.3.2
FTP per E-Mail

Eine Besonderheit stellt die Möglichkeit dar, mittels E-Mail das
Übertragen von Dateien „anzufordern". Dies ist sinnvoll, wenn auf
dem genutzten System kein FTP-Client vorhanden ist oder falls man
– im Falle einer Einwählsitzung per PPP, SLIP o.ä. – den Dateitrans-
fer „im Hintergrund" starten möchte, da z.B. die Verbindung zu dem
FTP-Host sehr träge ist. Die Art und Weise der Durchführung ist
allerdings stark von den Fähigkeiten des dazu benutzten Mailservers
(FTPmailer) abhängig, was eine exakte Darstellung aufgrund der
unterschiedlichen Kommandos verhindert. Den Ablauf und einzelne
Kommandos erhält man aber, indem man eine E-Mail mit der
Kommandozeile HELP im Body an die E-Mail-Adresse eines
FTPmailers sendet (z.B. an ftpmail@info2.rus.uni-stuttgart.de).

3.3.3
Ablauf einer FTP-Sitzung

Als Beispiel für den Ablauf einer FTP-Sitzung diene das Übertragen
eines RFC-Dokuments von einem anonymen FTP-Server auf den
eigenen Rechner. Neben den Clients mit graphischer Oberfläche existieren weiterhin Versionen, die durch die Eingabe von Kommandos
bedient werden. Das nachfolgende Beispiel wird anhand von Winsock FTP für Windows durchgeführt, da dieser – ebenso wie Clients
unter anderen graphischen Oberflächen – eine Reihe von zusätzlichen Fähigkeiten aufweist. So können hier bspw. die oft benutzten
FTP-Server mit ihren spezifischen Anwahlparametern erfaßt und für
spätere FTP-Sitzungen in einer Profildatenbank festgehalten werden
(Abb. 3.11).

Hier können neben den Benutzerdaten (Account und Passwort)
auch Host-Adresse und -Typ gespeichert werden. Darüber hinaus
können Verzeichnisse auf dem FTP-Server und dem eigenen Rechner angegeben werden, die zu Beginn der Sitzung geöffnet werden
sollen. Außerdem kann ein Profileintrag Informationen beinhalten,
die für den Umgang mit einer Firewall benötigt werden.

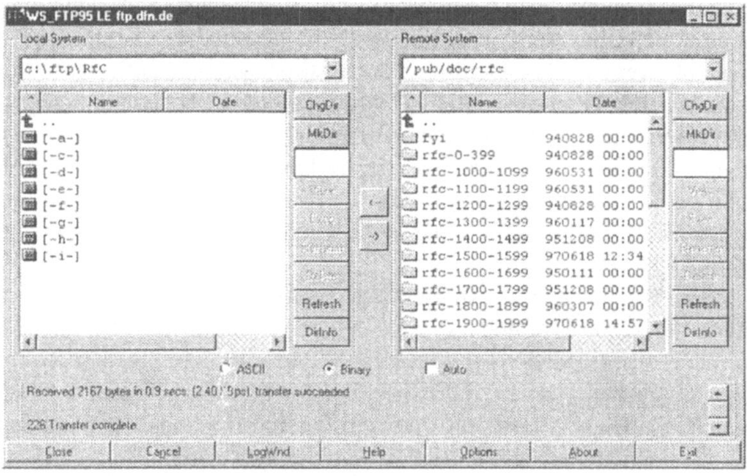

Nachdem die Kontrollverbindung zum FTP-Server aufgebaut wurde, präsentiert sich das entfernte Dateisystem des FTP-Servers im rechten und das lokale Dateisystem im linken Teil des Anwendungsfensters (Abb. 3.12).

Der Benutzer kann sich nun durch das Dateisystem des FTP-Servers bewegen und einzelne Dateien für den Dateitransfer markieren. Nach Auslösen des Transferkommandos werden alle markierten Dateien über die Datenverbindung übertragen. Der Fortschritt des Da-

teitransfers kann mittels des daraufhin erscheinenden Prozentbalkens
verfolgt werden (Abb. 3.13).

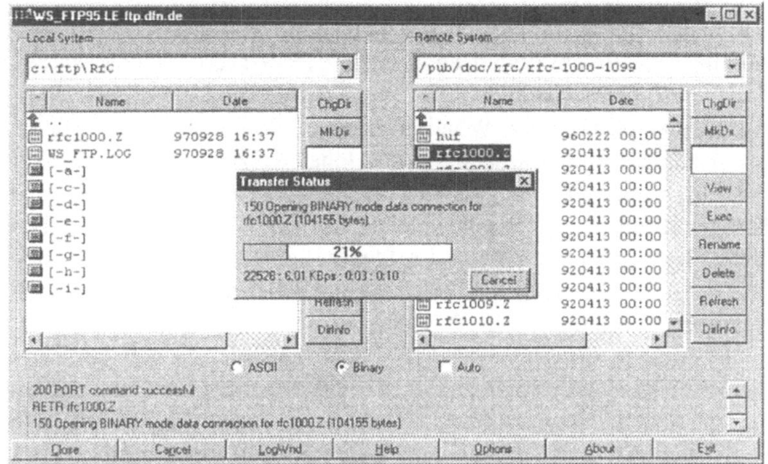

Abb. 3.13:
Übertragen eines
RFC-Dokuments

Sämtliche vom FTP-Server transferierte Dateien werden daraufhin
im linken Bereich des Anwendungsfensters aufgelistet. Die übertragenen Dateien sind, wie im Beispiel, oftmals komprimiert, was zumeist über die für ein Kompressionsverfahren charakteristische Da-
teiendung (Suffix) erkennbar ist. Einen Überblick über die verbreitetsten Verfahren und die durch die sie vergebenen Endungen gibt
Tabelle 3.8.

Dateiendung	Kompressionsverfahren / -software
.ARJ	ARJ
.LZH	LHARC
.TAR	TAR, UNTAR
.Z, .GZ	GZIP / GUNZIP
.ZIP	PKZIP / PKUNZIP
.ZOO	ZOO

Tabelle 3.8:
Kompressionsverfahren
und Dateiendungen

Daneben existieren eine Reihe weiterer Endungen, die über die Art
der Datei Auskunft geben. Eine Auswahl enthält Tabelle 3.9.

Dateiendung	Dateiart
.ASC, .DOC, .DOK, .RTF, .TXT	Textdokumente
.AU, .WAV	Audioformate
.AVI, .MPG, .MPEG	Videoformate
.BMP, .FIF, .GIF, .JPG, .JPEG, .PCX, .TIF	Graphikformate
.UUE	mit UUENCODE verschlüsselte Binärdatei

Tabelle 3.9:
Dateiendungen
spezieller Dateiar-
ten

3.3.4
Lokalisieren von Dateien mittels Archie

Archie ist ein Suchdienst zum Lokalisieren von Dateien und Verzeichnissen auf entfernten anonymen FTP-Servern. Archie enthält dazu zwei Datenbestände, die Filenames-Database und die Software-Description- oder Whatis-Database. Während in der Filenames-Database Informationen aus den Inhaltsverzeichnissen von FTP-Servern archiviert sind, enthält die Whatis-Database Namen und Kurzbeschreibungen zu einer Reihe von Softwarepaketen und Dateien. Somit gibt Archie also im Idealfall eine Antwort auf die beiden Fragen „Wie heißt die Software, die ich mit einem bestimmten Stichwort verbinde?" und „Wo finde ich sie?". Dabei ist die erste der beiden Fragen die schwieriger zu beantwortende, da hier verschiedene Benutzer u.U. unterschiedliche Vorstellungen über die mit einer speziellen Software verbundenen Schlagworte besitzen. Die in der Whatis-Database enthaltenen Informationen werden nicht automatisch generiert, sondern bspw. aus Newsgroup-Artikeln oder Autorenangaben gewonnen. Die Informationen in der Filenames-Database dagegen sind automatisch generierbar, da es sich hier „lediglich" um ein Zuordnungsproblem Dateiname $\rightarrow$ Verzeichnis $\rightarrow$ FTP-Server handelt. Der nachfolgende Abschnitt stellt die zu diesem Zweck in Archie implementierten Hauptkomponenten vor.

Komponenten des Archie Systems

1. Data Gathering Component (DGC)

Aufgabe der DGC ist die automatische Datenbeschaffung der in die Datenbasis aufzunehmenden Dateilisten (Raw Listing Files) einzelner FTP-Server. Diese Listen werden durch die DGC innerhalb bestimmter Zeitabstände (bspw. alle 24 Stunden) mittels FTP von den in der Site-Description-Database enthaltenen anonymen FTP-Servern abgeholt. Dabei wird jeweils nur ein Teilbereich der Site-Description-Database abgearbeitet, so daß sich die in der Filenames-Database enthaltene Information einzelner FTP-Server erst nach einer gewissen Periode (z.B. ein Monat) erneuert. Die Einstellungen der DGC bezüglich Zeitabstand zwischen den einzelnen Datenbeschaffungszugriffen sowie Anzahl der pro Zugriff abzuarbeitenden FTP-Server bestimmt im wesentlichen die Aktualität der in Archie gehaltenen Informationen.

2. Database Maintenance Component (DMC)

Nachdem die Dateilisten von den einzelnen FTP-Servern abgeholt wurden, ist es die Aufgabe der DMC, diese hinsichtlich ihrer Konsistenz zu überprüfen und in das Format der Filenames-Database zu konvertieren. Die Konsistenzprüfung geschieht über den Site Listings Filter (SLF), der eventuell aufgetretene Fehler während der Übertragung oder der Generierung der Inhaltsverzeichnisse erkennt und beseitigt. Nachdem alle Listings abgearbeitet sind, durchlaufen sie das Verify and Enter Program (VEAP), das die Verzeichnisstruktur rekonstruiert, um so die Konsistenz enthaltener Dateien in Verbindung mit den Verzeichnissen zu überprüfen. Im letzten Bearbeitungsschritt werden die Listen dann in die Filenames-Database überführt.

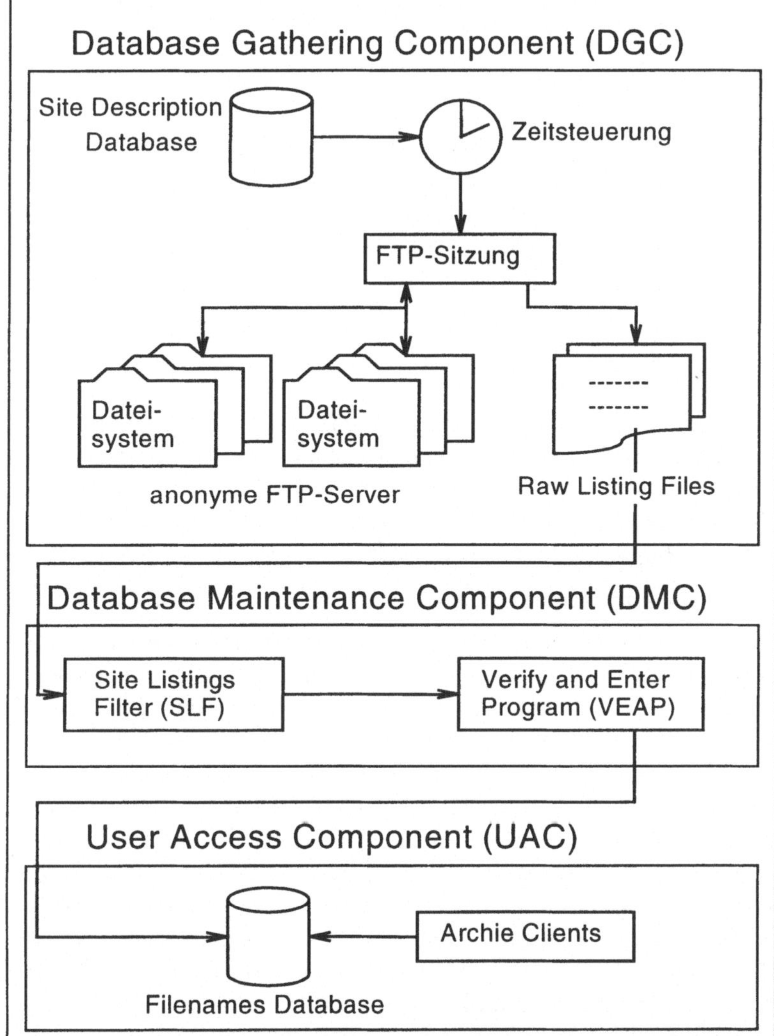

Abb. 3.14: Zusammenspiel einzelner Archie Komponenten (in Anlehnung an Scheller u.a., 1994)

3. User Access Component (UAC)

Aufgabe der User Access Component (UAC) ist das Bereitstellen von Benutzerschnittstellen für die entsprechenden Clients, die auf die in der Filenames-Database enthaltenen Informationen zugreifen. Das Zusammenspiel der drei Komponenten zeigt Abb. 3.14.

Zugriff auf die Archie Datenbasis

1. Suchmodi

Archies User Access Component erlaubt den Zugriff auf die Datenbasis über verschiedene Suchmodi mittels derer sich die Suchanfrage differenziert gestalten läßt (Tabelle 3.10).

Modus	Erläuterung
excat	zeige alle Dateien, die genau dem Suchbegriff entsprechen
sub	zeige alle Dateien, die den Suchbegriff als Teilzeichenkette enthalten
subcase	zeige alle Dateien, die den Suchbegriff unter Beachtung von Groß- und Kleinschreibung als Teilzeichenkette enthalten
regex	zeige alle Dateien, die den mit Platzhaltern versehenen Suchbegriff als Muster enthalten

Eine weitere Differenzierung der Suchanfrage wird über die Einschränkung des zu durchsuchenden Gebiets erreicht (Domainangaben). So spezifiziert man z.B. eine Suche, die sich nur auf in Deutschland, Großbritannien und Frankreich befindende Hosts beschränkt, durch Eingabe von *de:uk:fr*.

2. Abfragen mit Archie Clients

Auf die durch Archie bereitgestellte Informationen kann mittels unterschiedlicher Clients zugegriffen werden. Nachteilig an einer Reihe von Clients ist allerdings die Tatsache, daß sie nur den Zugriff auf die Filenames-Database beinhalten.

Eine Möglichkeit, die beide Datenbanken berücksichtigt, ist der interaktive Dialog mit der auf einigen Archie-Servern bereitgestellten Retrievalmaschine via Telnet (siehe nächsten Abschn.). Als Beispiel diene der Archie-Server der Technischen Universität Darmstadt (archie.tu-darmstadt.de), den man unter Verwendung des Login-Namens *archie* aufruft. Der Benutzer kann daraufhin über die Kommandos WHATIS *Suchbegriff*, FIND *Suchbegriff*, SET SEARCH *Suchstrategie* und SET MATCH_DOMAIN *Ländereingrenzung* die Suche in Whatis- und Filenames-Database beginnen (weitere Informationen und Kommandos über HELP).

Wesentlich einfacher zu bedienende Lösungen stellen eigens für Archieabfragen geeignete Clients mit graphischer Benutzeroberfläche (z.B. Winsock Archie) oder die WWW-Seite des Archieservers der Technischen Universität Darmstadt (http://archie.tu-darmstadt. de) dar, mittels derer sich Suchanfrage und -strategie bequem erfassen lassen.

In Abb. 3.15 ist der Zugriff auf die Filenames-Database über das WWW-Formular der TU Darmstadt wiedergegeben. Führt eine Suchanfrage zum gewünschten Ergebnis, wird eine Liste von Treffern ausgegeben, aus der wiederum per Mausklick die gewünschte Datei via FTP auf das eigene System übertragen werden kann.

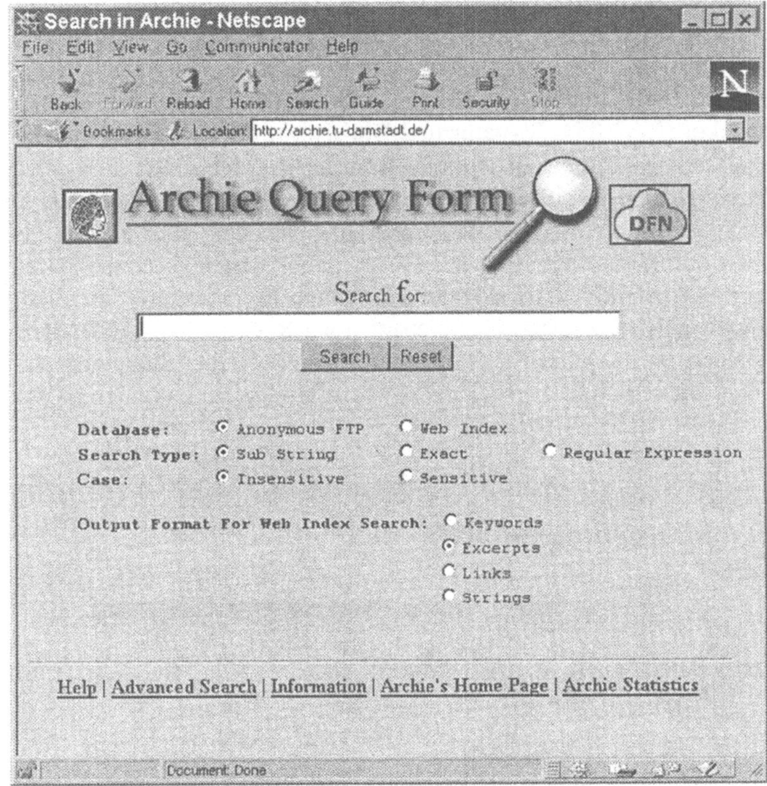

Abb. 3.15:
WWW-
Suchformular des
Archieservers der
TU Darmstadt

3. Abfragen per E-Mail

Archie läßt sich ebenfalls über den E-Mail-Dienst erschließen. Hierbei stehen die gleichen Kommandos wie bei dem oben erwähnten Telnet-Zugang zur Verfügung. Anfragen bezüglich der Whatis-Database erfolgen durch eine E-Mail mit dem Kommando WHATIS *Stichwort* in der ersten und dem Kommando QUIT in der zweiten (und letzten) Zeile des Body. Suchanfragen, die den Archivierungsort bestimmter Dateien betreffen, sind mit den drei Kommandozeilen SET SEARCH *Suchstrategie* FIND *Suchbegriff* und QUIT zu versehen. Weitere Informationen zu Kommandos sind durch eine E-Mail mit der Kommandozeile HELP im Body an archie@archie.tudarmstadt.de erhältlich.

3.4
Telnet: Nutzung entfernter Ressourcen

Telnet, das verwandte Remote Login (rlogin), welches speziell in der UNIX-Umgebung dem Verbinden zweier *trusted hosts* dient, und TN3270, das den Zugriff auf IBM-Hosts regelt, ermöglichen es dem Benutzer, auf entfernte Programme, Daten und Hardware zuzugreifen. Entfernt bedeutet hierbei, daß durch das spezielle Telnet-Protokol (RFC 854) Tastatur und Bildschirm (bzw. Telnet-Fenster) des Benutzers zum zeichenorientierten (nicht-graphischen) Terminal des entfernten Rechners werden. Im Internet werden zwei grundsätzliche Arten von Telnet-Sitzungen unterschieden: persönliche, die einen durch den Betreiber des Hosts authorisierten Account erfordern, und öffentliche (guest oder anonymous login), mittels derer der Zugriff auf frei zugängliche Dienste wie z.B. Datenbankrecherchen realisiert wird. Dabei ist es möglich, mehrere Telnet-Sitzungen auf einem Rechner oder verschiedenen Hosts parallel zu betreiben (Abb. 3.16).

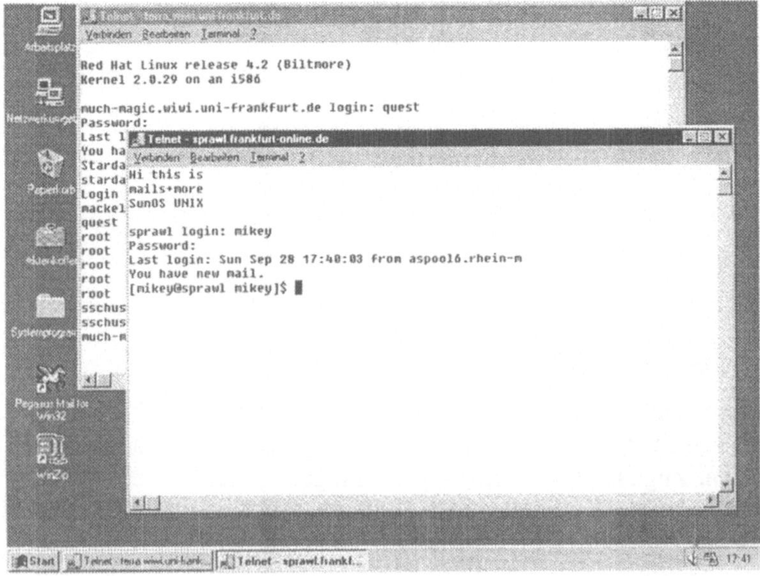

3.4.1
Das Telnet-Protokoll

RFC 854 enthält die Spezifikationen des Telnet-Protokolls, welches auf den nachfolgend dargestellten Grundüberlegungen basiert.

Das Network Virtual Terminal (NVT)

Das NVT löst die Verbindungs- und Emulationsproblematik der sich durch unterschiedlichste Charakteristika auszeichnenden Rechner des Internet (vom PC bis zum Mainframe), indem es eben diese Eigenschaften auf das NVT abbildet. Es repräsentiert ein bidirektionales, netzwerkweit standardisiertes, virtuelles Terminal, das User und Server die Kenntnis über spezielle lokale Eigenschaften der miteinander verbunden Kommunikationspartner erspart. Als User werden dabei das rufende Terminal, unabhängig ob es sich dabei um eine Person oder einen Prozeß handelt, und als Server der angerufene Rechner bezeichnet, der mittels Telnet-Dämon diesen Dienst bereitstellt.

Aushandelbare Optionen (Negotiated Options)

Das Prinzip der aushandelbaren Optionen trägt dem Umstand Rechnung, daß der Aufwand zu groß wäre, den die Implementation aller Fähigkeiten in das NVT erfordern würde, die ein physisches Terminal aufweisen kann. Es wird daher versucht, mittels der Negotiated Options den „größten gemeinsamen Nenner" zwischen zwei Kommunikationspartnern auszuhandeln.

3.4.2
Ablauf einer Telnet-Sitzung

Der Beginn einer Telnet-Sitzung ist, von der Bedienung einzelner Clients unterschiedlicher Plattformen abgesehen, immer gleich. Zunächst wird Telnet, eventuell unter Hinzufügen eines Hosts, mit dem eine Verbindung aufgebaut werden soll, als optionalem Parameter gestartet. Der fremde Host wird dabei entweder mittels seiner IP-Adresse (und eventuell Portnummer) oder seinem Rechnernamen bezeichnet. Wird keine Portnummer eingegeben, so findet der Verbindungsaufbau über den für eine Telnet-Sitzung als Standard festgelegten TCP Port 23 statt. Der angerufene Host meldet sich dann zumeist mit der Ausgabe seines vollständigen Namens, der Betreiberorganisation sowie Typ und Version der installierten Hardware und des Betriebssystems. Handelt es sich um einen Host, der frei zugängliche Dienste bereitstellt, so wird oftmals auch noch eine Hilfestellung zur Anmeldung (login) gegeben.

3.4.3
Telnet als Zugang zu anderen Diensten

Telnet kann grundsätzlich als Basis zur Durchführung aller anderen Internetdienste wie Teilnahme an Diskussionsgruppen, E-Mail, FTP, World Wide Web usw. herangezogen werden, da sich in einer Sitzung alle zeichenorientierten Clients, die für diese Dienste bereitstehen, ausführen lassen. Somit lassen sich wichtige Internetdienste auch im Falle eines langsamen Internetzugangs per Telnet-Sitzung nutzen. Im Zuge der steigenden Verbreitung graphischer Benutzeroberflächen verliert Telnet aber an Bedeutung bei der Nutzung dieser Dienste, da die Clients sämtlicher Dienste mit einer intuitiv zugänglichen, meist einfach zu bedienenden graphischen Oberfläche ausgestattet werden. Telnet besitzt aber weiterhin, außer zur Nutzung entfernter Ressourcen, einen hohen Stellenwert bei der Durchführung von Datenbankrecherchen, deren Anbieter erst allmählich auf die in Form von WWW-Seiten realisierten Abfrageformulare umstellen.

3.4.4
Telnet-Kommandos

Telnet beinhaltet eine Reihe von Kommandos, mittels derer Verbindungen auf- und abgebaut sowie einzelne Parameter einer Sitzung ausgegeben oder gesetzt werden können (Tabelle 3.11).

<table>
<tr><td colspan="2">Tabelle 3.11:</td></tr>
</table>

	Kommando	Erläuterung
Telnet-Kommandos	?	Auflistung untenstehender Kommandos
	Open	Öffnen einer neuen Telnet-Verbindung
	Close	Schließen einer aktiven Verbindung
	Mode	Festlegen der Übertragungsmodi eingegebener Zeichen (zeichen- oder zeilenweise)
	Quit	Telnet beenden
	Set	Treffen spezifischer Einstellungen (z.B. Festlegen des Abbruchsignals)
	toggle	Ein- und Ausschalten einzelner Parameter, z.B. der Behandlung von Echos oder Parameters options, um den Verhandlungsprozeß beim Verbindungsaufbau zu beobachten
	z	„Einfrieren" der aktiven Verbindung, um lokale Kommandos auszuführen

3.5
Zeitgleiche Kommunikation

Neben Diensten wie E-Mail und Diskussionsgruppen, die alle eine letztendlich zeitversetzte Kommunikation repräsentieren, bietet das Internet ebenfalls die Möglichkeit der zeitgleichen Kommunikation zwischen zwei oder mehr Benutzern. Dabei lassen sich die dazu angebotenen Dienste zunächst einmal hinsichtlich der durch sie unterstützten Kommunikationsart unterscheiden. Während der klassische Dienst Internet Relay Chat (IRC) nur textuelle Kommunikation erlaubt, unterstützen neuere Dienste wie Pretty Good Privacy Fone (PGPfone) oder das Internet Phone (IPhone) Audio-Kommunikation. Daneben existieren Mischformen wie Worlds Chat (Wchat), das die textuelle Art der Gesprächsführung aus IRC mit visuellen Aspekten kombiniert. Eine weitere Unterscheidung betrifft die Intention, die Benutzer in den einzelnen Diensten verfolgen. Tritt in den oben angeführten Diensten im wesentlichen das reine Gespräch (chat, engl. plaudern) in den Vordergrund, so dienen andere wie Multiple User Dungeon (MUD) dem Spiel mit- und gegeneinander. Bei den Spielen handelt es sich meist um Rollenspiele, in denen der Spieler in die Rolle eines „Fantasiewesens" schlüpft und verschiedene Aufgaben zu lösen versucht.

Die Architektur der einzelnen Dienste ist im wesentlichen dieselbe. In allen Fällen benutzt der Anwender einen Client, der sich in einen den spezifischen Dienst anbietenden Server einloggt. In den nachfolgenden Abschnitten werden IRC sowie eine Auswahl der auf der IRC-Idee aufbauenden Dienste beschrieben.

3.5.1
Internet Relay Chat (IRC)

IRC wurde im Jahre 1988 ursprünglich als Ersatz für das UNIX-Programm TALK konzeptioniert, mittels dessen zwei Benutzer zeitgleich miteinander in Kontakt treten können. Heute ist IRC zu einem Mehrbenutzerdialog-System entwickelt worden, in dem sich Menschen treffen, um miteinander zu kommunizieren. Es fand internationale Beachtung während der Golfkrise im Jahre 1991, als IRC-Benutzer aus aller Welt den Fortgang der Geschehnisse live auf einem speziellen Channel miterlebten. Ähnliches geschah im September 1993 während der Machtkrise in Rußland als IRC-Benutzer live Neuigkeiten und Lageberichte aus Moskau in alle Welt versandten.

Um an einer IRC-Kommunikation teilzunehmen, loggt sich der Benutzer mittels eines Clients in einen IRC-Server ein, wählt einen

Namen aus (Pseudonym oder richtigen Namen) und nimmt dort an einem der laufenden Gespräche teil oder eröffnet ein neues Gesprächsthema. Die Gespräche finden dazu in den sogenannten Channels statt, deren Bezeichnung zumeist auf die in ihnen diskutierten Inhalte schließen läßt. Derjenige, der einen Channel erzeugt, wird zum Channel-Operator (erkennbar am @ vor dem Nickname), was ihm die Kontrolle über die Teilnehmer „seines" Channels gibt. Er kann „ungebetene" Personen von der Diskussion ausschließen und das Gespräch moderieren. Weitere Möglichkeiten in IRC sind das Führen privater, für andere nicht mithörbare – sprich nicht sichtbare – Gespräche. Dies wird durch das direkte Senden einer Nachricht an einen bestimmten anderen Benutzer (Kommando: /msg Empfänger_ Nickname Nachrichtentext) oder das Führen von verschlüsselten Gesprächen (Kommando: /encrypt Empfänger_Nickname Schlüssel) ermöglicht. Ein IRC-Server läßt sich am besten mit einer gewaltigen Smalltalk-Party vergleichen, die fast rund um die Uhr stattfindet (die Benutzer stammen aus allen Zeitzonen der Welt). Wie im richtigen Leben finden sich auch hier unterschiedliche Personen zu Gruppen zusammen, um über ein bestimmtes Thema innerhalb eines Channel zu sprechen.

Weiterhin besteht die Möglichkeit, einzelne IRC-Kommandos (Liste mit /help) in Form von Skripten (Scripts), hier BOTS (Kurzform für Robots) genannt, zusammenzufassen, um gewisse immer wieder auftretende Tätigkeiten zu automatisieren. Da aber einige Benutzer diese Möglichkeit mißbrauchten, um verbale Kriege untereinander zu führen (WARBOTS), ist deren Benutzung auf einer Reihe von IRC-Servern untersagt, da sie deren Rechenleistung unnötig stark belasten und somit für alle normalen Benutzer „zur Plage" werden. Hält man sich nicht an diese Regel, droht der Betreiber bei Mißbrauch mit dem Sperren der gesamten Domain, aus der die BOTS stammen.

Neben der Möglichkeit miteinander zu kommunizieren, können sich einzelne Benutzer Dateien zusenden. Dies kann bspw. dem Übertragen von Photographien und Profilen dienen, in denen einzelne eine Selbstbeschreibung ihrer Person wiedergeben.

Abb. 3.17 zeigt die Anmeldung mittels des Client-Programms mIRC auf einen öffentlichen IRC-Server von DALnet, einem Verbund von IRC-Servern. Nachdem man sich unter einem Pseudonym angemeldet hat, gibt der Server im Messagebereich des Applikationsfensters Informationen zur aktuellen Anzahl eingeloggter Benutzer, Operator und Channel aus. Im oberen, rechten Teil des Anwendungsfensters ist ein Ausschnitt der Liste aktueller Channels, an denen man teilnehmen kann, eingeblendet. Entschließt man sich, an einem Gespräch teilzunehmen, so wird durch Doppelklick auf den

Channel ein neues Fenster geöffnet (rechter unterer Teil), welches
eine Liste aller Teilnehmer des Channels sowie den aktuellen Ge-
sprächsverlauf des Channels wiedergibt.

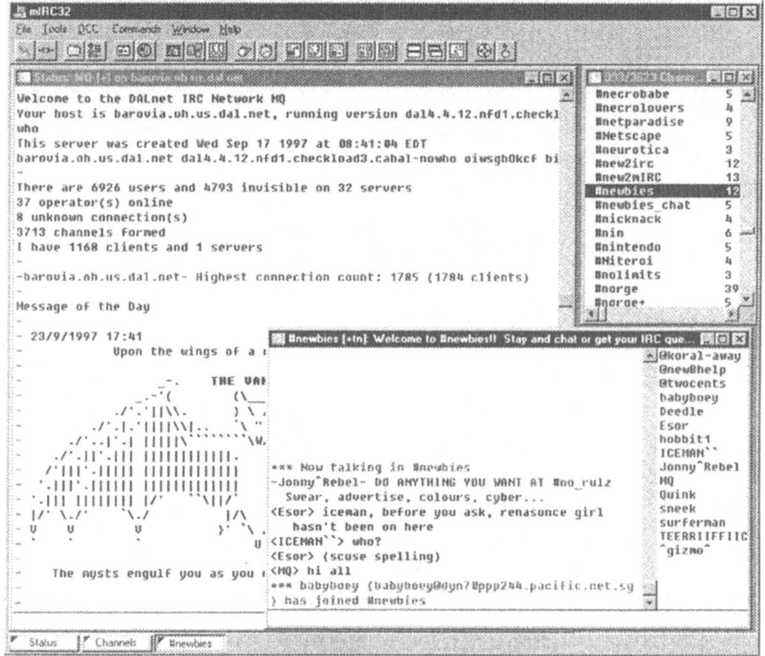

Abb. 3.17:
Benutzeroberfläche vor
mIRC

3.5.2
Internet Phone und Video

Internet Phone entspricht in seinen Funktionen grundsätzlich denen
des IRC. Die Kommunikation erfolgt hier, entsprechende Audio-
und Video-Hardware vorausgesetzt, wie bei einem (Bild-)Telefon
im Vollduplexbetrieb, d.h. gleichzeitiges Sprechen und Hören sowie
Sehen des Kommunikationspartners ist möglich. Iphone digitalisiert
dazu unter Einsatz eines Kompressionsverfahrens die Sprache und
das Videobild der Teilnehmer und versendet diese über das Netz.

Hat sich der Benutzer in einen Iphone-Server eingeloggt, so kann
er sich alle ebenfalls präsenten Benutzer anzeigen lassen (Abb. 3.18)
und ein Gespräch durch Anwahl (Call) eines anderen Teilnehmers
eröffnen. Einem normalen Telefonat entsprechend wird dann dieser
angerufen und das Gespräch kann, soweit die „Leitung nicht be-
setzt" ist, via Mikrofon und Lautsprecher der Audio-Hardware begonnen werden. Der Hauptvorteil gegenüber normalem Telefonieren
sind die weitaus günstigeren Verbindungsgebühren, da der Internet-

zugang sich oft im Nahbereich des Benutzers befindet. Nachteilig sind die (noch) geringe Verbindungsqualität gegenüber herkömmlichem (Bild-)Telefonieren und die trotz Kompression hohe Netzbelastung durch die Anwendung, was sich, insbesondere bei langsamen Verbindungen, in Form von Gesprächsaussetzern bemerkbar macht.

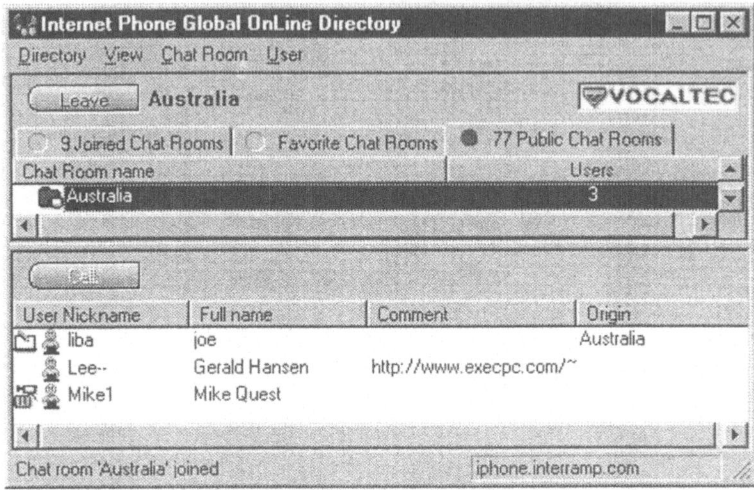

*Abb. 3.18:
Liste eingeloggter Benutzer im Channel „Australia"*

Bei vorhandener Hardware für Video ist auch „Bild-Telefonieren" möglich (Abb. 3.19).

*Abb. 3.19:
Bildtelefonieren mittels Internet Phone und Video*

Vocaltec, der Hersteller von Internet Phone, und die Deutsche Telekom AG entwickeln zusammen Software und Dienstleistungen für Internet-Telefone weiter. In diesem Projekt telefonieren 1000 ausgewählte Kunden mittels konventioneller Telefone über das Internet (http://www.vocaltec.com/pr_deutschetele082897.htm). Die breite Markteinführung ist für den Herbst 1998 geplant.

3.5.3
Teleconferencing

Im Gegensatz zu Punkt-zu-Punkt-Lösungen (Point-to-Point), in denen lediglich zwei Personen gleichzeitig miteinander über das Internet kommunizieren, werden für Teleconferencing und Teleteaching Lösungen benötigt, die es einer Vielzahl von Personen erlauben, gleichzeitig miteinander zu kommunizieren, bzw. dem Vortrag einer Person in Wort und Bild zu folgen. Diese Art der Konferenz wird als Multicast-Konferenz bezeichnet (siehe Abschnitt 2.2.6). Abb. 3.20 zeigt CDC32, eine Shareware-Software, die sowohl Punkt-zu-Punkt-Kommunikation als auch Konferenzen mit verschiedenen Personen gleichzeitig ermöglicht.

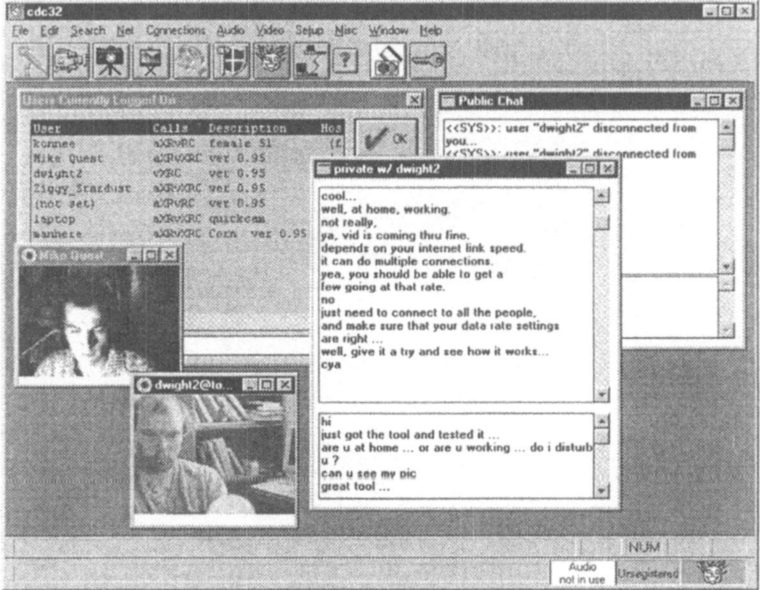

Abb. 3.20:
Video Konferenztool
CDC32
(http://www.dwyco.com

Dem Benutzer werden alle z.Zt. angemeldeten Konferenzteilnehmer angezeigt und er kann einzelne Personen in eine laufende Konferenz einbeziehen. Sämtliche Konferenzteilnehmer werden dann durch ihr Videobild vertreten. Die Kommunikation mit allen Teilnehmern erfolgt daraufhin wahlweise über eine Textbox oder über Audio.

3.5.4
Übertragung von Audio und Video über das Internet

Mittels weiterer Client-Software ist es möglich, daß Benutzer sich Filme und/oder Musik über das Internet ansehen bzw. anhören können. Die aktuellen Softwareprodukte ermöglichen unter Zuhilfenahme von Abspiel-, Server- und Autorensoftware, „streaming media" über ein TCP/IP-Netzwerk in Echtzeit zu übertragen, deren Qualität lediglich durch die Bandbreite der Netzwerkverbindung zwischen Client und Server begrenzt wird. So bietet RealNetworks auf ihrer Webseite (http://www.real.com) den wohl z.Zt. verbreitetsten Abspiel-Client für Audio und Video namens „RealPlayer" an. Mittels weiterer Produkte dieses Unternehmens ist es möglich, Dienste wie Pay-per-View oder das Einfügen von Werbung in Videoübertragungen zu realisieren. Abb. 3.21 zeigt einen Clip aus dem Real Video Showcase von RealNetworks über eine ISDN Leitung (max. 64 KBit/s).

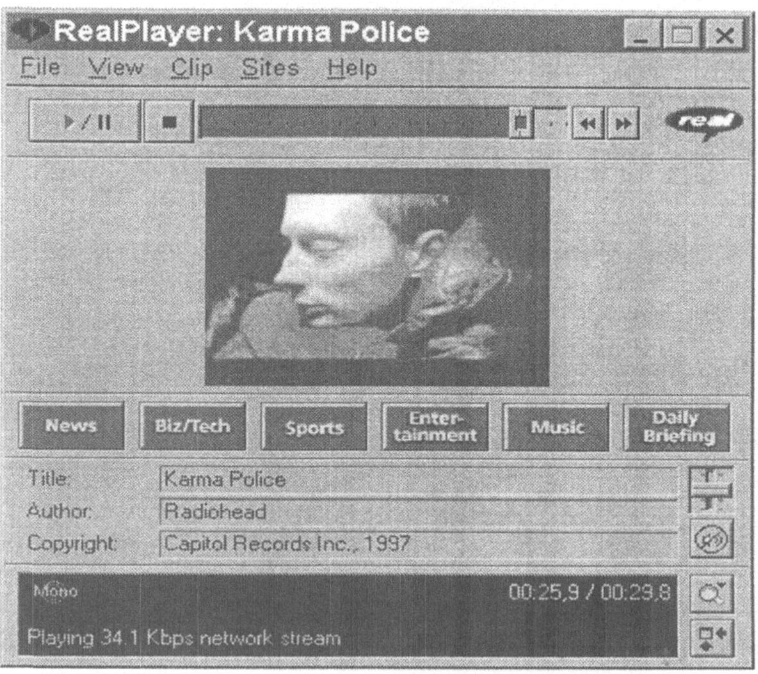

Abb. 3.21:
Wiedergabe eines
Clips mit Video-
RealPlayer

Als ein weiteres Beispiel für die Wiedergabe von Videodaten über das Internet seien die Beiträge der Tagesschau des Ersten Deutschen Fernsehens genannt (http://www.tagesschau.de). Eine Auswahl der Berichte ist neben der textuellen Fassung ebenfalls als Video abrufbar. Für die Wiedergabe wird hier die Abspielsoftware „VDO Video Player" eingesetzt, die auf den Seiten der Tagesschau oder direkt beim Hersteller (http://www.vdo.net) abrufbar ist (Abb. 3.22).

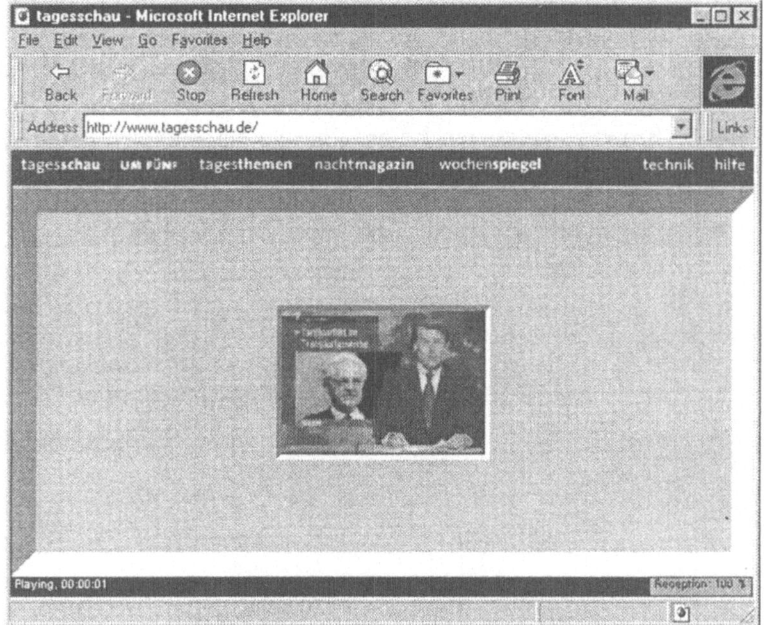

Abb. 3.22:
VDO Player Wiedergabe eines Tagesschau-Clips

Das Abrufen von Audio- und Videoübertragungen ist hinsichtlich Datenübertragung einer der anspruchsvollsten Dienste des Internet. Er ist insbesondere in der Kombination mit anderen Diensten, wie bspw. dem WWW, aufgrund der in dieses Medium integrierbaren Interaktivität mit dem Zuschauer interessant.

3.5.5
Virtuelle Realität

Die Virtuelle Realität (Virtual Reality, VR) stellt eine neue Variante der zeitgleichen Kommunikation dar. Die Idee der VR repräsentiert dabei die Projektion der eigenen „Person" in eine künstliche Wirklichkeit, in der sie entsprechend den dort implementierten Regeln agieren kann. So lassen sich reale Szenarien nachbilden oder völlig neue Erlebnisräume erschaffen.

Virtuelle Welten lassen sich im Internet mittels der Virtual Reality Modeling Language (VRML), einer standardisierten Beschreibungssprache für dreidimensionale Modelle, entwickeln. VRML ermöglicht dabei die Mehrbenutzervisualisierung, -interaktion und -kommunikation mit Hilfe dreidimensionaler Darsteller, den sog. Avataren. Der VRML-Server liefert dazu dem VRML-Client die notwendigen Informationen über die Welt (Aussehen und mögliche Aktionen), die Position des eigenen und anderer Avatare und verarbeitet die durch den Client initierten Aktionen wie Bewegen und Kommunizieren. Der Client ist entweder eine eigenständige Software oder ein Plug-In für einen WWW-Browser (siehe Abschn. 3.6.1).Als Plug-In werden Komponenten bezeichnet, die sich in die WWW-Browser integrieren lassen. Plug-Ins übernehmen dabei die Verarbeitung ganz bestimter Datenformate, wie bspw. VRML. Plug-Ins werden gesondert zum Browser hinzuinstalliert und sind i.d.R. für die weit verbreiteten Browser erhältlich. Für weitere Informationen zu VRML siehe das VRML Repository des San Diego Supercomputer Centers (http://www.sdsc.edu/vrml/). Nachfolgend werden zwei Beispiele für virtuelle Welten gegeben.

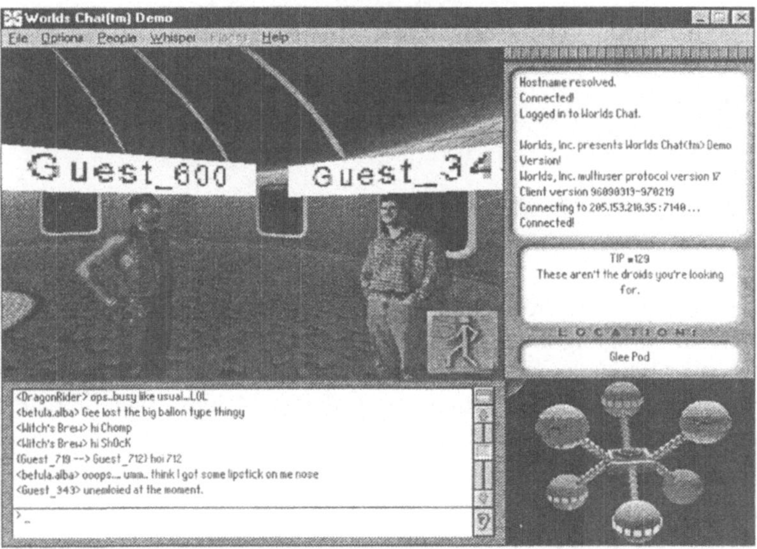

Worlds Chat ist eine virtuelle Chat-Welt von Worlds Inc. (http://www.worlds.net). Mittels eines eigenen Clients wählt der Benutzer zu Beginn einer Sitzung einen der durch Worlds Chat bereitgestellten Avatare aus. Ist ein Darsteller ausgewählt worden, nimmt der Client die Verbindung mit dem Worlds Chat Server auf und man erhält die Möglichkeit, sich durch die dort implementierte virtuelle

Realität zu bewegen. Abb. 3.23 zeigt die auf dem Server nachgebildete Raumstation, innerhalb derer man sich durch einzelne Sektionen bewegen und mit anderen Personen kommunizieren kann.

Darüber hinaus existieren zahlreiche weitere virtuelle Welten, die der Benutzer erforschen kann. Mit rund 110.000 „virtuellen Einwohnern" ist Alphaworld (http://www.activeworlds.com), ein Spin-Off von Worlds Inc., wohl eine der größten virtuellen Welten im Internet (Abb. 3.24). Im Unterschied zu Worlds Chat handelt es sich dabei um eine „echte virtuelle Stadt", die einen Bürgermeister, eine Einwanderungsbehörde, Geschäfte, eine eigene Zeitung sowie Wohnviertel besitzt. Benutzer können in Alphaworld „virtuelles Land" mieten, ihre eigenen Häuser einrichten und Geschäfte miteinander tätigen.

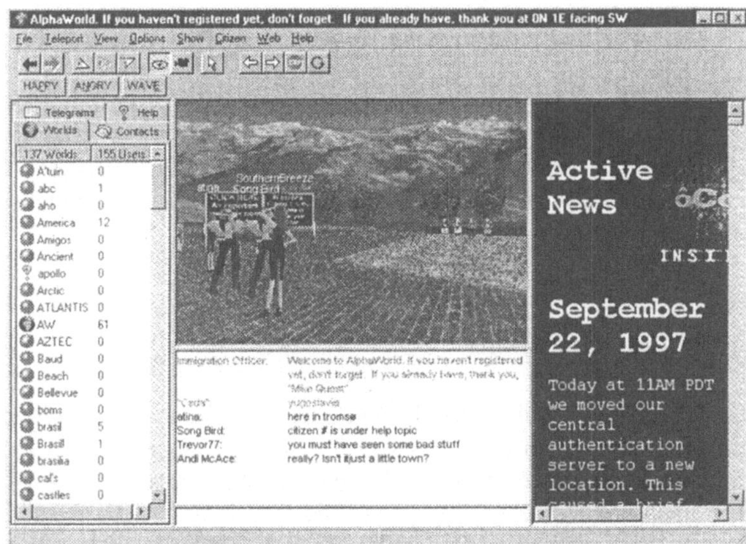

Abb. 3.24: Smalltalk in der virtuellen Realität von Alphaworld

3.5.6
Multiple User Dungeon (MUD)

MUD, dessen Abkürzung auch für Multiple User Dimension oder Multiple User Dialog stehen kann, ist ein Dienst mittels dessen sich Benutzer in eine auf dem MUD-Server existierende Fantasiewelt-Spielwelt begeben können. Innerhalb dieser Welt erhält jeder Spieler die Kontrolle über einen virtuellen Charakter, mittels dessen er sich umherbewegen, gegen Unholde kämpfen, Rätsel lösen sowie mit anderen kommunizieren kann. In der Regel geht es dabei um das Lösen von Rätseln. Je mehr Rätsel ein Spieler löst, desto höher wird der Status, den seine Spielfigur erhält. Den höchsten Status innerhalb eines MUD besitzen Gods (Götter, zumeist nur die Betreiber) und Wizards (Zauberer). Sie können, wie ihre Bezeichnung bereits vermuten läßt, neue Teilwelten erschaffen und andere Spieler verzaubern, bzw. mit Flüchen belegen.

Es existieren sehr unterschiedliche Kategorien von MUD, die sich bezüglich der implementierten Welten und der Art und Weise, wie in ihnen agiert wird, unterscheiden lassen:

- TinyMUD auch TeenyMUD

- Diese MUD-Art ist eher sozial orientiert und dient vorrangig der Begegnung und dem Gespräch.

- LPMUD, DikuMUD und AberMUD

Diese MUD-Kategorie entspricht hauptsächlich dem oben erwähnten Rollenspiel mit der Kampfvariante.

Zwischen den beiden Grundkategorien existieren weiterhin eine Reihe von Mischformen. Dem MUD-Interessierten obliegt es somit selbst, die ihn ansprechendste Ausgestaltung herauszufinden, denn eine Eigenschaft, die alle MUDs teilen, ist die in ihnen enthaltene Fantasiefülle und Vielgestaltigkeit.

3.6
Das World Wide Web

Das World Wide Web (WWW, Web oder W3) wurde ursprünglich am Kernforschungsinstitut CERN in der Schweiz unter der Leitung von Tim Berners-Lee mit dem Ziel entwickelt, anderen Physikern effizienten und einfachen Zugriff auf die Forschungsergebnisse des Instituts zu ermöglichen. Die anfänglichen Arbeiten im Jahre 1989 zielten auf die Definition eines neuen Kommunikationsprotokolls, den Aufbau eines Testservers und die Erstellung einer Programmbibliothek (wwwlib) ab. Als diese 1992 von CERN als Public-Domain-Interface der Internetgemeinde übergeben wurde, startete das World Wide Web seinen Siegeszug. Dutzende von Unternehmen und Internetnutzern in der ganzen Welt begannen mit der Entwicklung neuer Software. Inzwischen werden alle wichtigen Computerplattformen und Betriebssysteme unterstützt, und das WWW hat sich zu dem Internetdienst mit der größten Nutzungsintensität entwickelt. Die Gründe für diese Popularität sind vielfältig.

Erstens besticht das WWW durch seine einfache Benutzerführung. Lästige und schwer zu erlernende Unix-Befehlsketten gehören der Vergangenheit an, denn man navigiert im Web, genau wie beim

Gopher auch, durch einfachen Mausklick auf dem Bildschirm. Des weiteren bietet das WWW eine einzige, konsistente Benutzerschnittstelle, mit der man die vielen Dienste und Protokolle (FTP, NNTP, Telnet, E-Mail, usw.) nutzen kann, die zur Zeit im Internet zur Anwendung kommen. Vor allem aber basiert das WWW auf dem sog. Hypertext- bzw. Hypermediaprinzip. Damit bietet es die Möglichkeit, Informationen im Internet strukturiert anzubieten und die vorhandene Informationsfülle etwas übersichtlicher zu gestalten. Hypertextdokumente sind Textdateien, die über Schlüsselwörter (sog. „links") mit anderen Dokumenten verbunden sind. Wenn man genauere Informationen zu einem Thema haben möchte, muß nur die entsprechende Hyperlink aktiviert werden, um zu dem gewünschten Dokument zu gelangen. Des weiteren können die Verzweigungen nicht nur auf andere Textdateien zeigen, sondern auch zu Bild-, Ton- und Videodateien (Hypermedia).

Für ein besseres Verständnis der Arbeitsweise des WWW sollen diese Grundprinzipien im folgenden Abschnitt dargestellt werden.

3.6.1
Grundlegende WWW-Konzepte

Das WWW, so wie es heute von Millionen von Internetteilnehmern genutzt wird, ist kein isoliertes Programm, sondern ein umfassendes Konzept bestehend aus verschiedenen Komponenten.

Client/Server-Architektur

Wie bei vielen anderen Internetdiensten auch, basiert die Arbeitsweise des WWW auf dem Client/Server-Prinzip. Dieses Prinzip wurde zwar schon im Kap. 2 besprochen, soll aber hier noch einmal kurz im Zusammenhang mit dem WWW erläutert werden.

Ein WWW-Server, oder genauer gesagt die WWW-Server-Software, hält das Informationsangebot im WWW bereit. Er bearbeitet die Anfragen der WWW-Clients und schickt das entsprechende Resultat zu diesem zurück. Stellt ein WWW-Client z.B. die Anfrage nach einem bestimmten HTML-Dokument (HyperText Markup Language, siehe unten), so schickt der Server dieses zum Client und schließt danach wieder die Verbindung. Neben diesen einfachen Dokumentenabfragen können Webserver auch noch spezielle Programme abarbeiten, mit deren Hilfe sie als Schnittstelle zu anderen Informationsressourcen entweder auf dem eigenen System oder im Internet fungieren können (siehe Abschn. 3.6.3). Ein wichtiger Bestandteil vieler WWW-Server sind auch die sog. Access-Files. Mittels dieser Dateien läßt sich der Zugriff auf bestimmte Dokumente bzw. Directories auf einen vorher festgelegten Benutzerkreis beschränken.

In der Client/Server-Umgebung des WWW liegt die Kontrolle bei dem WWW-Client. Mittels eines Web-Browsers (Bezeichnung für die Client-Software im WWW) kann der Benutzer Webdokumente sichtbar machen und im WWW navigieren. Zusätzlich kann er auch Informationen anderer Internetdienste entweder direkt oder mittels spezieller Gateways nutzen. Abb. 3.25 zeigt das Zusammenspiel von Web-Browser und Web-Server bei der Abfrage eines HTML-Dokumentes. Der Benutzer fragt mit Hilfe seines Web-Browsers das HTML-Dokument *index.html* bei dem Server *www-welt.de* aus dem Verzeichnis */archiv* ab. Dieser sendet das entsprechende Dokument zurück. Der Browser interpretiert das HTML-Dokument und gibt es auf dem Bildschirm aus.

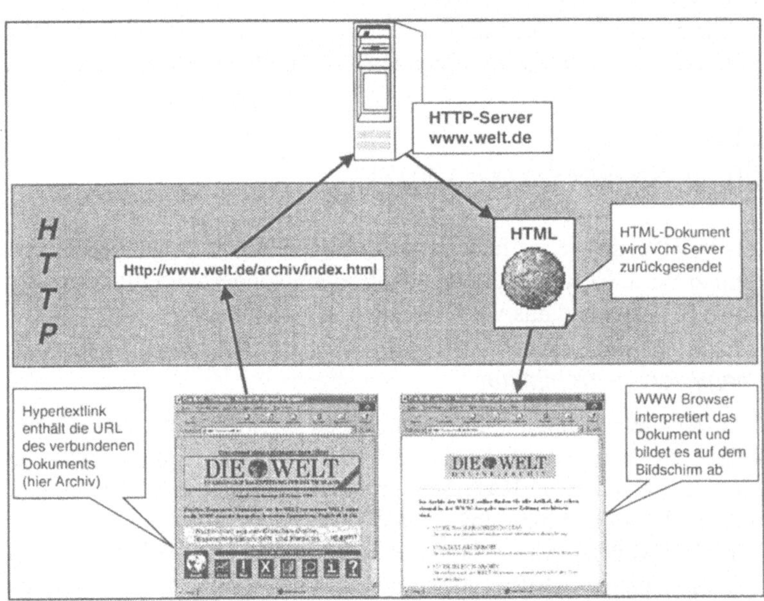

Durch den rasanten Anstieg der Nutzerzahlen im WWW boomt auch der Markt für Server- und Browser-Produkte. Inzwischen ist für alle gängigen Plattformen und Betriebssysteme Server- und Browser-Software erhältlich. Die Preisgestaltung bei der Software differiert sehr stark und erstreckt sich von kostenlos als Public-Domain erhältlich über Shareware mit geringem Beitrag (bis ca. 60 US$) bis hin zu hochpreisigen Produkten. Der Preis korreliert dabei nicht immer mit den Fähigkeiten. So ist der Apache WWW-Server, ein weit verbreiteter, mit sehr umfangreicher Funktionalität versehener WWW-Server kostenlos für eine Reihe von Plattformen erhältlich.

Eine Darstellung der im Internet am stärksten eingesetzten WWW-Serversysteme befindet sich auf *http://www.netcraft.co.uk/*. Neben der Möglichkeit, ganz bestimmte WWW-Server auf die eingesetzte Software abzufragen, existiert dort eine Seite mit Links zu allen wichtigen Serverherstellern. Einen guten Einstieg bezüglich Browser-Software bietet die Seite http://www.yahoo.com/Computers_and_Internet/ Software/Internet/World_Wide_Web/Browsers/.

Das HyperText Transfer Protokoll

Die Kommunikation zwischen Web-Browsern und Webservern wird durch das HyperText Transfer Protokoll (HTTP) geregelt. HTTP ist ein bewußt sehr einfach gehaltenes Protokoll. Durch diese Einfachheit ermöglicht es relativ kurze Antwortzeiten und belastet insbesondere die WWW-Server nur minimal, da für jede Anfrage eines Browsers an einen Server (z.B. die Anforderung eines HTML-Dokumentes) eine neue Verbindung aufgebaut wird. Die erste Version des Protokolls war HTTP/0.9. Es wurde 1996 durch HTTP/1.0 abgelöst, welches die Verhandlung von Datentypen zwischen Browser und Server erheblich verbesserte. Das Protokoll enthielt nun zusätzliche Metainformationen über die transferierten Daten in Form sog. MIME-Typ-Informationen (siehe unten), was eine erhebliche Verbesserung hinsichtlich der Wiedergabe von Informationen auf der Seite des Browsers bedeutete. So benutzt z.B. HTML den MIME-Typ *„Text"* und den Untertypen *„html"*. Es gibt noch viele andere Datentypen, die von Webservern und Web-Browsern unterstützt werden. Der Browser nutzt diese Informationen, um die erhaltene Datei zu interpretieren und auf dem Bildschirm auszugeben. Je nach MIME-Typ und Konfiguration des Browsers kann er diese direkt auf dem Bildschirm ausgeben (z.B. Text/HTML, Image/gif) oder sie an ein externes Programm (z.B. bei Image/JPEG an LVIEW in einer Windows-Umgebung) senden. Im Zuge der rasch ansteigenden Verbreitung und kommerziellen Nutzung des WWW wurden eine Reihe von neuen Anforderungen, die über das reine Abrufen von Dokumenten hinausgehen, an das HTTP-Protokoll gestellt, denen der neue Protokollstandard HTTP/1.1 entspricht. So erweitert HTTP/1.1 die Methoden GET, PUT und POST der Version 1.0 um OPTIONS, HEAD, DELETE und TRACE. Mit den neuen Methoden wird nun auf der Ebene des Protokolls die Möglichkeit geschaffen, von Seiten des Clients Informationen auf dem Server zu verändern.

Eine weitere Neuerung ist die Möglichkeit, zwischen Client und Server eine persistente Verbindung aufzubauen. Dies erlaubt eine effizientere Art der Datenübermittlung für die Dauer einer Session. In HTTP/1.0 wird bspw. für jede Grafik eines Dokumentes eine neue TCP/IP Verbindung eröffnet, was wiederum zu einem zusätzlichen Bedarf an Speicher und Rechenzeit auf Seiten des Clients als auch des Servers führt. Dies kann sich in einer scheinbar langsamen Übertragung äußern, obwohl die Verbindung zwischen Client und Server eigentlich nicht „verstopft" ist.

Der Ablauf einer HTTP-Operation ist sehr einfach gehalten und läßt sich, wie in Tabelle 3.12 dargestellt, in vier Schritte unterteilen:

Schritt	Funktion
Verbindungsaufbau	Der WWW-Client stellt eine TCP/IP-Verbindung zum Server her.
Anfrage (Request)	Der Client sendet seine Anfrage über die hergestellte Verbindung. Dies kann entweder die Aufforderung zur Übermittlung z.B. eines bestimmten Dokumentes sein (GET-Request), oder der Client überträgt mittels der Requestmethoden POST oder PUT selbst Daten zum Server. Des weiteren werden hier die MIME-Typen verhandelt, die sowohl Browser als auch Server verarbeiten können.
Antwort (Response)	Hier reagiert der Server auf die Anfrage, sendet also z.B. das angeforderte Dokument. Mittels eines Statuscodes teilt er mit, ob er die Anfrage bearbeiten konnte, oder ob Fehler aufgetreten sind.
Verbindungsabbau	Ist die Übertragung von Anfrage und Antwort abgeschlossen, wird die Verbindung wieder geschlossen.

Uniform Ressource Locator (URL)

Der Uniform Resource Locator (Einheitliche Ressourcenidentifikation, URL) stellt ein einheitliches Adressierungsschema für die verschiedenen Ressourcen im Internet zur Verfügung. Grundsätzlich kann jedes Objekt im Netz, sei es z.B.eine Datei oder ein News-Artikel, mittels eines Uniform Resource Locators eindeutig bestimmt werden. In diesem Punkt unterscheidet sich das WWW wesentlich von den anderen Internetdiensten. Es stellt keine erneute Insellösung dar, sondern schafft mit Hilfe des URL-Konzeptes eine einheitliche Benutzerschnittstelle, die den Zugriff auf die anderen Ressourcen im Internet ermöglicht. Ein WWW-Client kann folglich nicht nur via HTTP mit einem WWW-Server kommunizieren, sondern auch die verschiedenen anderen Internetprotokolle und ihre dazugehörigen Datentypen nutzen. In Abb. 3.26 wird diese Integration der „klassischen" Internetdienste in das WWW dargestellt.

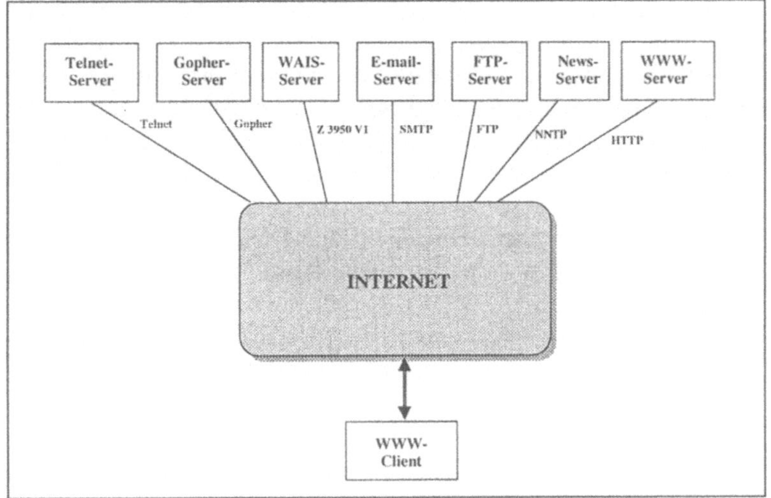

Abb. 3.26:
Integration „klassischer" Internetdienste in das WWW

So bietet z.B. die Seite der „W3 Search Engines" (*http://cuiwww.unige.ch/meta-index.html*), auf der eine Vielzahl unterschiedlicher über das World Wide Web erreichbarer Suchdienste zusammengefaßt wurde, u.a. auch Zugriff auf Archie (unter Archieplex, Abb. 3.27).

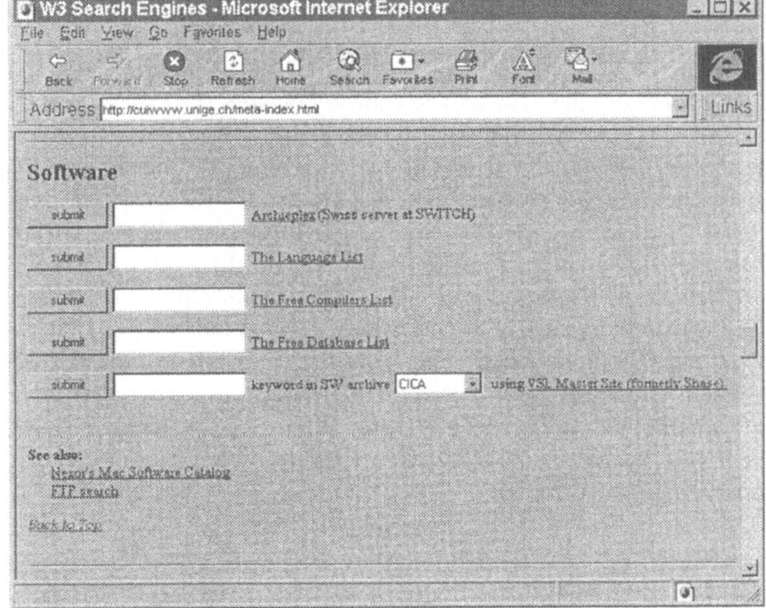

Abb. 3.27:
Archie via WWW

Das Format eines URL folgt, wie der Name bereits sagt, immer einem einheitlichen Schema. Im ersten Teil eines URL wird das Kommunikationsprotokoll spezifiziert, mit dem die Anfrage an den entsprechenden Server gerichtet wird. Darauf folgt die Angabe des Hosts (Servers) als Domain- bzw. IP-Adresse und eine Portnummer, sofern diese von der Standardportnummer des jeweiligen Protokolls abweicht (bei HTTP ist der TCP-Port 80 der Standard). Danach werden noch Pfadinformationen, Filename und gegebenenfalls Benutzernamen und Paßwort angegeben. Abb. 3.28 zeigt beispielhaft den Aufbau eines URL. Dieser URL gibt an, daß man via *HTTP* auf dem Server *www.commerce.net* in dem Verzeichnis *information* das HTML-Dokument *information.html* erreichen kann.

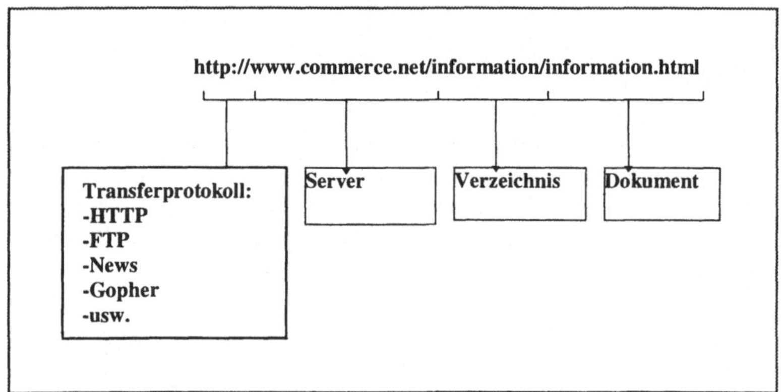

Die Bedeutung des Uniform Resource Locators für das WWW ist unbestritten, jedoch stößt auch dieses Konzept an Grenzen. Hauptkritikpunkt ist, daß der URL nur den Auffindungsort eines Objektes einheitlich beschreibt, nicht aber das Objekt selbst. Mit Hilfe eines neuen Namenschemas, dem sog. Uniform Resource Name (URN), soll dieses Problem in Zukunft gelöst werden. Ein URN beschreibt ein Objekt unabhängig von seinem Auffindungsort im Internet. Kennt man diesen URN, so kann man z.B. ein bestimmtes HTML-Dokument abrufen, ohne seine „physische" Lage im Internet zu kennen. Die Diskussion über ein neues Namenschema findet unter der Leitung der IETF (siehe Abschn. 2.3) statt. Der aktuelle Stand kann im Internet unter (*http://www.ietf.org/proceedings/directory. html*) eingesehen werden.

Die HyperText Markup Language

Die HyperText Markup Language (HTML) ist das Standarddokumentenformat im WWW und wurde speziell für diese Anwendung entwickelt. Insbesondere lassen sich darin Hypertextlinks definieren.

HTML entspricht dem 1988 von Charles F. Goldfarb entwickelten Standard SGML (Standard Generalized Markup Language) und legt damit genau wie dieser nur die logischen Strukturelemente eines Textes wie Überschriften, Absätze usw. fest. Layoutfragen hingegen werden nicht behandelt (auf den Punkt Layout wird später noch eingegangen). HTML legt die Document Type Definition (DTD) fest. Die Umsetzung der Dokumentenstruktur in ein Layout findet erst auf der Client-Seite mit Hilfe eines Web-Browsers statt. Daher hat der Autor von Webseiten auch nur eingeschränkt Einfluß auf die Erscheinungsform seiner Webseiten, da diese von den Fähigkeiten und Einstellungen des jeweiligen Web-Browsers abhängt. Beim Erstellen von Webseiten sollten daher nach Möglichkeit die Seiten mit verschiedenen Browsern aufgerufen werden.

Der aktuelle Standard HTML 4.0 bietet eine ganze Reihe von Möglichkeiten der Darstellung. So lassen sich Frames (Rahmen) definieren, in denen spezielle Seiten gehalten werden (z.B. Menü und Inhalt). Des weiteren ist die Darstellung von Tabellen, mathematischen Formeln und von mit Text umgebenen Bildern möglich. HTML 4.0 ist darüber hinaus kompatibel zu früheren Versionen; das heißt die in früheren HTML-Versionen (1.0, 2.0, 3.0 und 3.2) erstellten Dokumente sind nach wie vor lesbar.

Neben der Weiterentwicklung dieser Sprache, die den normalen Standardisierungsprozeß im Internet durchlaufen hat (siehe Abschn. 2.3.4), existieren Erweiterungen des HTML-Standards durch die beiden großen Browser-Hersteller Netscape Communications und Microsoft, die jeweils nur durch den Browser des eigenen Hauses unterstützt werden.

HTML benutzt sogenannte Markup-Tags, um dem Browser mitzuteilen, wie er den Text darstellen soll. Diese Tags treten normalerweise als Paar auf. So umschließt man z.B. den Text, den man als Überschrift der Ebene 1 darstellen will, mit den Tags *<H1> </H1>*. Doch auch hier gibt es Ausnahmen. Für den Paragraphen-Tag *<p>* gibt es z.B. keinen korrespondierenden End-Tag. HTML ist nicht case-sensitive, *<h1>* und *<H1>* ergeben dasselbe Ergebnis. Eine sehr ausführliche Beschreibung der einzelnen Elemente von HTML inkl. Beispielen im WWW wurde unter (*http://youngculture.ch/ selfhtml/selfhtml.html*) zusammengestellt.

Mit der Kommerzialisierung des Internet werden auch neue Anforderungen an die grafische Gestaltung einer HTML-Seite laut. Nachteilig an HTML ist allerdings, daß diese Sprache, wie eingangs bereits erwähnt, einst nicht als Layoutsprache, sondern als Seitenbeschreibungssprache für wissenschaftliche Publikationen entwickelt wurde. Das haben vor allem Grafiker gespürt, die ihre speziellen Layouts in HTML nicht so realisieren konnten, wie sie es gerne getan hätten. Deswegen entstand manches WWW-Angebot in Form einer umfangreichen Grafik, die den grafischen Ansprüchen zwar gerecht wurde, aber sich für Indexierung zwecks späterer Suche nicht eignete und deren Ladezeiten für die meisten Benutzer zu lang waren. Abhilfe sollen die vom W3-Konsortium entwickelten Cascading Style Sheets (CSS) schaffen, mittels derer sich Layout, Schriftart, Farbe usw. genau bestimmen lassen. Sie ermöglichen weiterhin die Trennung von Inhalt und Formatierungsanweisungen eines Dokumentes sowie die absolute Positionierung von Elementen. Ein Wermutstropfen bleibt allerdings: zwar unterstützen die beiden führenden WWW-Browser ab ihren Version 4.0 CSS sie, stellen aber ein- und dieselbe Seite u.U. unterschiedlich dar.

HTML-Dokumente werden im ASCII-Textformat verfaßt und können demnach mit jedem beliebigen Texteditor erstellt werden. Zur Vereinfachung werden spezielle HTML-Editoren angeboten, welche die Arbeit beim Erstellen von HTML-Dokumenten erleichtern sollen, indem sie dem Autor die benötigten HTML-Tags in Menüs oder Dialogboxen zur Verfügung stellen. Diese Tools arbeiten zumeist nach dem WYSIWYG-Prinzip (What you see is what you get). Tabelle 3.13 gibt eine kleine Auswahl verschiedener WYSI-WYG-Editoren wieder:

	Composer	Frontpage	HoTMetaL	PageMill
WWW des Herstellers	www.netscape.com	www.microsoft.com	www.softquad.co.uk	www.adobe.com
Preview	über Browser	ja	über Browser	ja
Drag & Drop	ja	ja	ja	ja
Frames		ja	ja	ja
Tabellen	ja	ja	ja	ja
Forms		ja	ja	ja

In der aktuellen Version des Microsoft Office Pakets sind eine Reihe von Assistenten enthalten, die eine einfache Generierung von HTML-Seiten aus Word-, Excel-, Access- sowie Powerpoint-Dokumenten ermöglichen. Des weiteren existieren HTML-Konverter, die Dateien anderer Formate in HTML-Dokumente umwandeln können (siehe *http://www.w3.org/Tools/* und *http://www.yahoo.com/ Computers_and_Internet/Software/Internet/World_Wide_Web/ HTML_Converters/*).

3.6.2
Suchwerkzeuge im WWW

Am Informationsangebot mangelt es im Internet nicht. Mit einem Zugang zum Internet erhält man Zugriff auf Informationen von Unternehmen, Universitäten, Bibliotheken, Organisationen usw. auf der ganzen Welt. Das Internet gibt dem Benutzer die Zugriffsmöglichkeit, sagt ihm aber nicht, wo die Informationen, die er benötigt, zu finden sind. Suchwerkzeuge können bei diesem Problem helfen, entweder durch das Anbieten von katalogisierten Links oder durch komplexe und umfassende Suche. Im ersten Fall spricht man von Katalogen und im letzteren von Suchmaschinen (Search Machines bzw. Search Engines). Kataloge bieten zumeist handselektierte Links, die nach Themen und innerhalb der Themen hierarchisch geordnet sind. Durch die manuelle Erstellung der Kataloge haben diese mit der Aktualität zu kämpfen. Suchmaschinen sind komplexe Suchsysteme, die sich ihre Informationen quasi selbst beschaffen. Dazu benutzen sie Spiders (auch Robots genannt), welche die Seiten des Internet vollautomatisch nach Titel, Inhalt, URL durchsuchen und indexieren (verschlagworten). Im folgenden werden vier Suchwerkzeuge im WWW vorgestellt.

AltaVista

AltaVista zählt zu den mächtigsten Suchmaschinen im Internet. Ihre Entwickler, eine in Palo Alto, Kalifornien, ansässige Forschungsabteilung der Firma Digital Equipment (DEC), behaupten, daß sie das gesamte WWW sowie alle Usenet Newsgroups Artikel mit Alta Vista verschlagworten. Alta Vista wird kostenlos auf einem WWW-System zur Verfügung gestellt, das aus einem Netzwerk von 16 DEC AlphaServern mit jeweils 8 GigaByte Arbeitsspeicher besteht, die über eine 100 MegaBit Leitung an das Internet angeschlossen sind. AltaVista verfügt neben einer einfachen Suche (Simple Search) über eine erweiterte Suche (Advanced Search), in der auch komplexe Abfragen erfaßt werden können. Bei der gewaltigen Anzahl an WWW-Seiten lassen sich erst so Dokumente auffinden, die wirklich die Themen beinhalten, nach denen man sucht. AltaVista (siehe Abb. 3.29) unterstützt dabei u.a.:

- Suche nach der Sprache des Dokumentes

- Phrasen („To be or not to be" als ein Suchbegriff)

- Boolsche Operatoren (AND, NOT, OR)

- Suche über die Domain (de, uk usw)

- Suche über den Titel einer Seite

- Suche nach Bildern, Links und anderen Objekten (z.B. JavaApplets)

Die Informationen in AltaVista werden durch Scooter, einen Web-Spider zusammengetragen. Scooter durchwandert das Netz und sammelt dabei durchschnittlich 6 Mio. Webseiten pro Tag. Er übergibt diese daraufhin an eine spezielle Software, welche jedes Wort aus jeder der gesammelten Seiten indexiert. AltaVista besitzt einen deutschen Zugang über *http://altavista.telia.com.*

Abb. 3.29:
Die Suchmaschine
Alta Vista

Fireball

Fireball ist die zur Zeit wohl umfangreichste und schnellste deutsche Suchmaschine. Sie repräsentiert die Weiterentwicklung von Flipper, der ersten deutschsprachigen Internet-Suchmaschine, die 1996 am Fachbereich Informatik der technischen Universität Berlin entstand und später in Kitty umbenannt wurde. Durch ein Projekt des Verlagshauses Gruner + Jahr in Zusammenarbeit mit der Projektgruppe KIT der technischen Universität Berlin wurde der Suchdienst weiterentwickelt und ging ab Juni 1997 unter dem Namen Fireball ans Netz. Die durch Fireball verwendete Information Retrieval Software stammt von AltaVista. Ihr Inhalt wird ebenfalls durch Suchroboter zusammengestellt. Als Besonderheit gewährt Fireball Einblick in die Top 100 der meistgesuchten Begriffe und erlaubt dem Benutzer, über den Menüpunkt Live Suche anderen Benutzern bei der Suche

„zuzusehen". Auch Fireball wartet mit einer einfachen Suche (Express Suche) und einer erweiterten Suche (Detail Suche) auf (siehe Abb. 3.30). Weitere Besonderheiten sind der Surf Guide, eine Sammlung von interessanten Links zu verschiedenen Themen und ein Gästebuch.

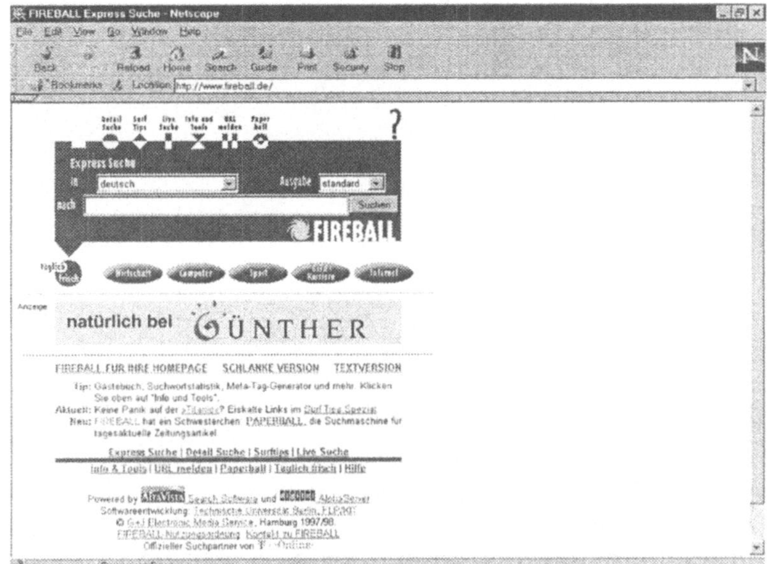

Abb. 3.30:
Die Suchmaschine
Fireball

Yahoo!

Yahoo ist ein hierarchischer und inhaltsorientierter Führer durch das WWW und Internet. Er kategorisiert Webseiten nach verschiedenen Themengebieten wie z.B. Wirtschaft und Freizeit (siehe Abb. 3.31). Damit gehört er innerhalb der Suchwerkzeuge zu der Gruppe der Kataloge. Es werden nur Links bereitgestellt, der ursprüngliche Inhalt wird nicht angeboten. Der Katalog besitzt unter dem Namen Yahoo!Deutschland (*http://www.yahoo.de*) mittlerweile ein deutschsprachiges Angebot, das allerdings nicht so umfangreich ist, wie das seines amerikanischen Bruders. Yahoo! erhält seine Links durch Übermittlung durch Internetbenutzer, die ihr Internetangebot bekannt machen wollen, und mittels automatischer Suchrobots, die das Internet nach neuen Angeboten durchsuchen.

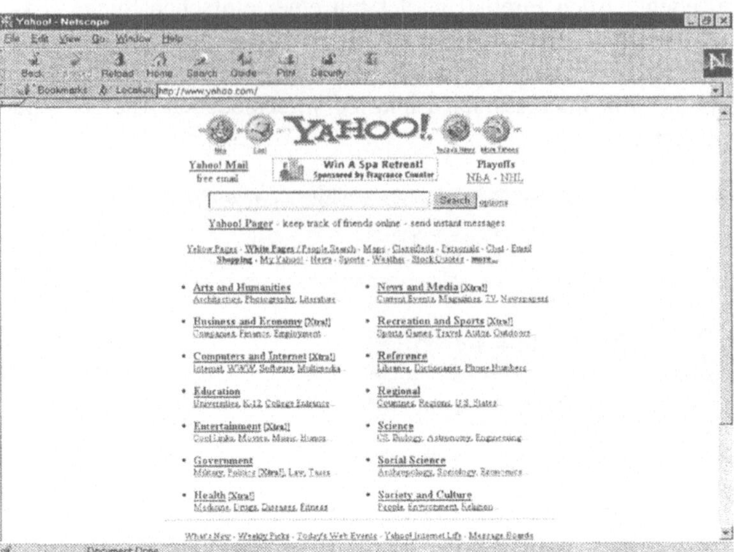

WEB.DE

WEB.DE ist wie Yahoo! ein Katalog von Internet-Links. Er enthält vor allem eine große Zahl deutscher Unternehmen sowie Links mit Bezug Wirtschaft. Interessante Features sind SurfGuide, eine Zusammenstellung von ausgewählten Links, sowie die Nachrichtenseite, in der Tagesmeldungen mit Bildberichten abgerufen werden können. Über den Punkt Neuzugänge kann der Benutzer nachlesen, welche WWW-Angebote ganz neu hinzugekommen sind.

Vergleich

Welcher dieser Dienste ist für die Suche nach Informationen im Internet am besten geeignet? Diese Frage läßt sich nicht objektiv beantworten. Die Angaben der Anbieter dieser Suchdienste lassen sich nicht überprüfen und sind daher für einen Vergleich nur eingeschränkt zu gebrauchen. Um die Auswahl eines Suchdienstes zu erleichtern, werden die drei verschiedenen Suchdienste anhand folgender Kriterien untersucht:

- wieviele Treffer erzielen die Suchdienste bei Eingabe bestimmter Schlüsselwörter,

- wie gut läßt sich die Anfrage differenzieren,

- wie werden die Ergebnisse präsentiert.

Zum Vergleich der Trefferanzahl auf bestimmte Suchanfragen wurden bei den vier oben beschriebenen Suchdiensten Suchanfragen aus verschiedenen Themenbereichen mittels des entsprechenden Suchformulars gestellt. Tabelle 3.14 zeigt die Ergebnisse:

Suchbegriff	AltaVista	Fireball	Yahoo!	WEB.DE
Bundesregierung	70.680	103.862	16	10
EDIFACT	69.280	4.006	1	19
Firewall	243.310	15.721	44	72
Kostenrechnung	6.897	12.970	12	26
Reengineering	96.480	5.913	11	17
SAP	428.110	59.985	82	192
Shareholder Value	2.269	1.206	0	0
Spice Girls	51.280	2.018	16	30

Tabelle 3.14: Trefferanzahl einiger Suchdienste auf unterschiedliche Suchanfragen (Durchführung 19.03.1998)

Die Anwort auf eine Suchanfrage kann offensichtlich sehr umfangreich sein. Daher ist ein weiteres wichtiges Kriterium für die Qualität eines Suchwerkzeuges, inwieweit Möglichkeiten bestehen, den Ergebnisraum durch entsprechende Einschränkungen zu verkleinern. Die vier ausgewählten Suchwerkzeuge unterscheiden sich in dieser Hinsicht kaum. Alle ermöglichen eine Kombination von Suchbegriffen über die logischen Operatoren AND und OR und erlauben die Suche nach direkt aufeinanderfolgenden Begriffen, sog. Phrases. Lediglich Benutzer des Kataloges WEB.DE! müssen auf den logischen Operator NOT und die Einschränkung der Anzahl direkt angezeigter Fundstellen verzichten, die von allen übrigen Diensten zusätzlich geboten werden.

Suchmaschinen	
AltaVista (international)	*http://altavista.digital.com*
AltaVista (deutsch)	*http://altavista.telia.com*
Excite (international)	*http://www.excite.com*
Excite (deutsch)	*http://www.excite.de*
Fireball (deutsch)	*http://www.fireball.de*
Focus Netguide (deutsch)	*http://www.netguide.de*
Infoseek (international)	*http://www.infoseek.com*
HotBot (international)	*http://www.hotbot.com*
Lycos (international)	*Http://www.lycos.com*
Lycos (deutsch)	*http://www.lycos.de*
Metasuchmaschinen	
fassen Suchergebnisse anderer Suchmaschinen zusammen	
MetaCrawler (international)	*Http://www.metacrawler.com*
MetaGer (deutsch)	*http:// meta.rrzn.uni-hannover.de*
Suchkataloge	
Dino (deutsch)	*http://www.dino-online.de*
Yahoo! (international)	*http://www.yahoo.com*
Yahoo!Deutschland (deutsch)	*http://www.yahoo.de*
WEB.DE (deutsch)	*http://www.web.de*

Ein weiteres wichtiges Kriterium bei der Beurteilung der Suchdienste stellt die Art der Ergebnispräsentation dar. Je nach Genauigkeit der Beschreibung der Fundstellen kann dem Suchenden die Auswahl der für ihn geeigneten Ergebnisse erheblich erleichtert werden. WEB.DE und Yahoo! geben als Ergebnis nur die entsprechenden Links und eine kurze stichwortartige Beschreibung aus. Bei AltaVista und Fireball hingegen werden Teile des Inhalts einer gefundenen Seite ausgegeben. Diese sind allerdings teilweise nicht unbedingt repräsentativ für den restlichen Inhalt des Dokumentes.

Es gibt auch Metasuchmaschinen, die eine Anfrage an mehrere Suchmaschinen weitergeben und die Ergebnisse mehr oder weniger gut zusammengefaßt zurückgeben. Die oben stehende Tabelle 3.15 beinhaltet eine Auswahl unterschiedlicher Suchwerkzeuge.

3.6.3
Statische und dynamische Seiten

Wie in Abschn. 3.6.1 beschrieben, bieten heutige WWW-Browser direkten Zugriff auf eine große Anzahl Seiten verschiedenster Informationsressourcen im Internet. Der Webserver auf den ein WWW-Browser zugreift, kann dabei drei Arten von Seiten liefern:

- statische Seiten, die vor dem Aufruf bereits fest definiert wurden und sich nicht ändern (z.B. ein Gesetzestext)

- Verzeichnislistenseiten mit ebenfalls vorgegebener Struktur, deren Inhalt sich aber von Aufruf zu Aufruf ändern kann (z.B. ein Up- und Downloadverzeichnis mit Dateien)

- dynamische Seiten, die vor dem Aufruf nur hinsichtlich ihrer späteren Struktur definiert wurden, sich aber bezüglich ihres Inhaltes von Aufruf zu Aufruf ändern können (z.B. Abfrage einer Datenbank)

Die erste Seitenart repräsentiert die „klassische" HTML-Seite, wie sie bereits oben vorgestellt wurde. Die Verzeichnislistenseite wird durch die Serversoftware selbständig generiert und soll daher nicht weiter betrachtet werden.

Dynamische Seiten werden als Reaktion auf Benutzeranfragen erstellt. Dabei sammelt der Browser i.d.R. zunächst Informationen in Form von Formularen und übergibt diese, wenn der Benutzer auf einen entsprechenden Button klickt, an den Server. Der Webserver verarbeitet diese dann unter Zuhilfenahme bestimmter Mechanismen und gibt das Ergebnis der Anfrage wieder an den Browser zurück.

Formulare

HTML Formulare erlauben den Entwicklern von Webseiten eine Reihe von Gestaltungsmöglichkeiten. So lassen sich wie bei herkömmlichen Applikationen

- Ein- und mehrzeilige Eingabefelder,

- Paßwortfelder,

- Markierungsfelder (Radiobutton und Checkbox),

- Auswahllisten und

- Push-Buttons (Reset/Submit)

definieren (Abb. 3.33).

Die Gestaltung von Formularen birgt keine großen Schwierigkeiten, doch wollen die Betreiber von Webservern auch die Daten weiterverarbeiten, die von Benutzern eingetragen werden. Nachfolgend werden nun die Mechanismen vorgestellt, mittels derer ein Webserver die an ihn per Formular versandten Informationen weiterverarbeiten kann.

Abb. 3.33:
Formulare im WWW

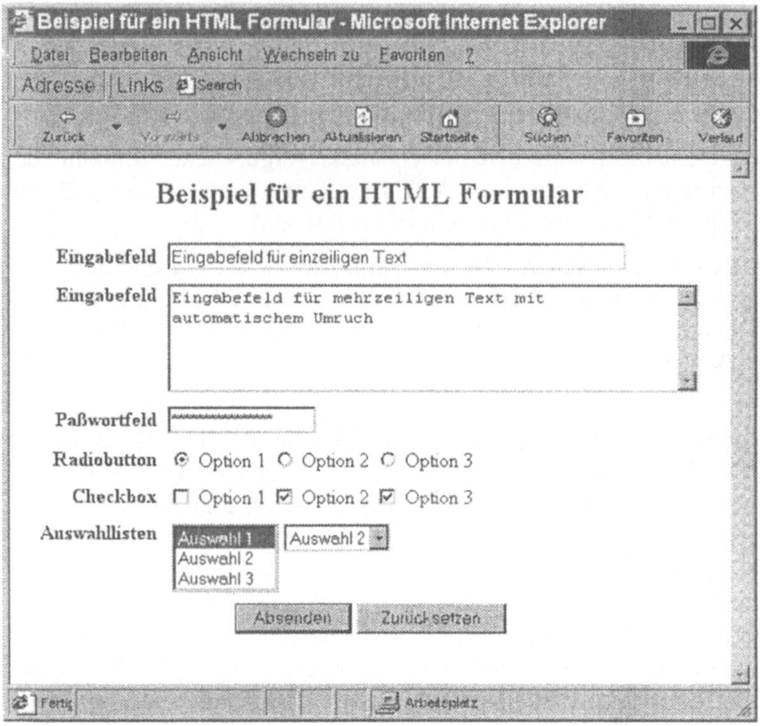

Common Gateway Interface (CGI)

Das Common Gateway Interface ist eine Schnittstelle, welche die Kommunikation zwischen einem Webserver und anderen Anwendungen ermöglicht. Mittels CGI wird auf diese Weise die Funktionalität des Servers über das Ausliefern von HTML-Dokumenten hinaus erweitert. Dabei fungieren sog. CGI-Scripte als Mittler zwischen Webserver und Anwendung, wie bspw. einem Datenbankmanagementsystem, auf der anderen Seite. Ein CGI-Programm wird ebenso wie ein HTML-Dokument über eine URL aufgerufen. In der Regel werden dabei beim Aufruf Informationen (z.B. aus einem Formular) mitgeliefert. Der Server empfängt die Anfrage, erkennt, daß es sich um einen Aufruf des CGI handelt, und reicht die Anfrage an das entsprechende Script weiter.

CGI-Scripts können in jeder Sprache geschrieben werden, die eine ausführbare Datei erzeugen kann. Unter anderem werden C/C++, PERL, TCL, Visual Basic (WinCGI), die Bourne Shell und die C Shell häufig für die Programmierung verwandt. Im Internet findet man bereits eine große Anzahl fertiger Gateways, wie z.B. für den Zugriff auf Archie oder IRC. Auch Schnittstellen zu verschiedenen Datenbankmanagementsystemen werden angeboten. So bietet z.B.

ORACLE (http://www.oracle.com) das sog. World-Wide Web Interface Kit an, mit dessen Hilfe auf Daten eines ORACLE-Servers über das WWW zugegriffen werden kann.

Internet Server Application Programming Interface (ISAPI)

ISAPI ist eine neuere Schnittstelle, die von Microsoft zusammen mit anderen Anbietern von HTTP-Servern entwickelt wurde. Auch sie dient der Erweiterung der Funktionalität eines Webservers. ISAPI läßt sich wiederum unterteilen in ISAPI-Anwendungen und ISAPI-Filter.

Die mit CGI vergleichbaren ISAPI-Anwendungen werden in den Server in Form von in C++ entwickelten Dynamic Link Libraries (DLL) integriert. Die DLL werden im Zusammenhang mit dem Webserver ausgeführt. Einmal in den Speicher des Servers geladen, stehen sie dann ressourcensparend allen aufrufenden Anwendungen zur Verfügung. Beispiele für derartige ISAPI-Anwendungen sind der PERL-Interpreter von Hip (*http://www.activestate.com*) sowie der mit Microsofts Internet Information Server (IIS) ausgelieferte Internet Database Connector (IDC). Eine gute Informationsquelle für ISAPI-Anwendungen ist die von Genusa betreute ISAPI Developer Site auf *http://www.genusa.com/isapi/*.

ISAPI-Filter stellen eine weitere Möglichkeit dar, die Funktionalität eines Webservers zu erweitern. Sie werden im Webserver registriert und werden, nachdem ein Fall, für den ein Filter definiert wurde, eintritt, an der Stelle des Webservers aktiv. Mit ihnen lassen sich bspw. die Authentifizierung von Benutzern oder die Erweiterung der Log-Mechnismen des IIS realisieren (zu Log-Mechanismen siehe unten). Weitere Informationen zu ISAPI sind erhältlich auf der Seite *http://www.microsoft.com/win32dev/apiext/isapimrg.htm*.

Microsofts ActivePlatform

Des weiteren sind die Komponenten der ActivePlatform (oft wird ActiveX synonym verwendet), die das Microsoft Modell für das Internet umfassen, zu nennen. Hier kann nur ganz kurz auf ihre wesentlichen Aspekte eingegangen werden. Hinter dem Wort „Active" stehen eine ganze Reihe von Technologien, die der Erstellung und Einbindung dynamischer Seiten dienen. Es lassen sich unterscheiden:

- ActiveDesktop (Erweiterung des klassischen Windows Desktops um Internetfunktionalität)

- ActiveX Controls (Komponenten die ähnlich JAVA Applets auf den Client geladen und ausgeführt werden)

- ActiveX Documents (Dokumente, die sich innerhalb des Internet Explorer ausführen lassen, bspw. ein Word Dokument)

- ActiveX Conferencing (gemeinsamer Zugriff auf Dokumente, Bsp: Microsofts NetMeeting)

- ActiveServer (basiert auf Internet Information Server ab Version 3.0, der durch Active Server Pages das Ausführen von Scripts auf dem Server ermöglicht)

- ActiveScripting (Möglichkeit der Einbindung von Scripts in WWW-Browser, z.B. Visual Basic Script oder JavaScript)

Beispiel einer Anbindung von Datenbanken an das Internet

Das Beispiel in Abb. 3.34 zeigt die Anbindung einer Literaturdatenbank an das Internet. Dargestellt ist die Suche in der über das WWW abfragbaren Bibliothek des DEG-Sonderforschungsbereichs 403 an der Goethe-Universität Frankfurt/Main (*http://www.vernetzung.de*).

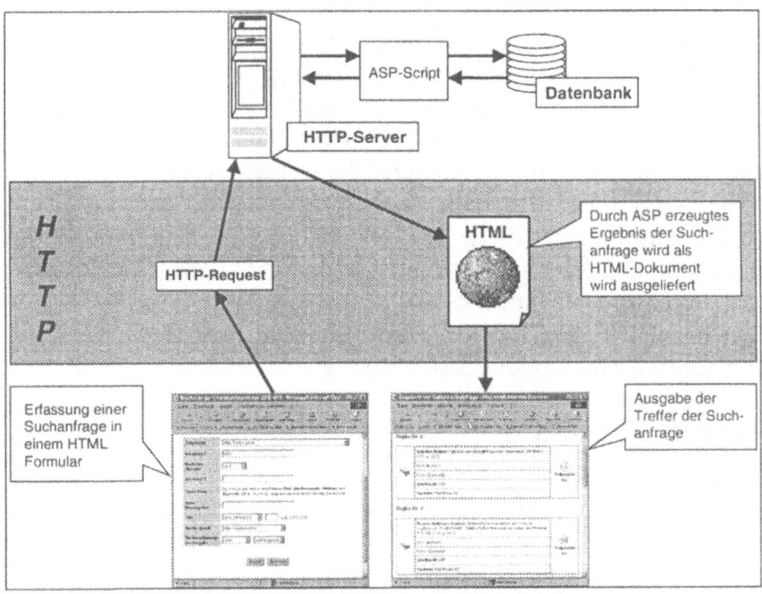

Abb. 3.34: Beispiel für die Verarbeitung von Formulardaten

Der Literatursuchende erfaßt Recherchekriterien wie Stichwort, Autor, Jahr der Veröffentlichung usw. in einem HTML Formular und sendet diese per Klick auf den Submit-Button an den HTTP-Server. Der Server reicht wiederum die Anfrage an die für die Ermittlung und Darstellung zuständigen Scripte weiter und liefert deren Ausgaben dann als HTML Dokumente zurück an den WWW-Browser. Die Scripte sind in diesem Fall mit der Scriptsprache Active Server Page geschrieben. Das Ergebnis einer Recherche kann ebenfalls in Form eines HTML-Formulars ausgegeben werden, was dann sinnvoll ist, wenn eine Weiterbearbeitung der empfangenen Daten möglich sein soll.

JAVA

Vergleichbar mit der Einführung des WWW im Jahr 1992 sorgt Java von Sun Microsystems zur Zeit für große Euphorie und Aufregung in der Internetgemeinde. Eigentlich wurde Java für ganz andere Anwendungen entwickelt. 1991 stellte Sun Microsystems eine Arbeitsgruppe zusammen, die Steuerungssoftware für vernetzte Hardware und elektronische Geräte für den Endbenutzerbereich entwickeln sollte. So sollte es z.B. möglich sein, kleine Programme über die Kabelkanäle in die Haushalte zu übertragen, die dort mittels geeigneter Hardware das Fernsehen interaktiv und attraktiv gestalten sollten. Oberste Maxime bei der Entwicklung war die Portabilität und damit die Unabhängigkeit von Betriebssystem und Hardware auf der Client-Seite. Mit der rasanten Entwicklung des WWW erkannte Sun bald, daß sich ihre neue Programmiersprache Java auch für dieses Transportmedium sehr gut eignet.

Die Intention von Java ist einfach und wird am besten an einem Beispiel deutlich. Möchte ein Autor im WWW heute eine Animation wie z.B. einen QuickTime-Movie auf seiner Site anbieten, so ereicht er damit nur diejenigen Internetnutzer, die einen bestimmten Viewer für dieses Format auf ihrem Rechner installiert haben. Mit Hilfe kleiner Java-Programme, der sog. Java-Applets, kann dieses Problem umgangen werden. Ein applet-fähiger Browser könnte in diesem Fall einfach den nötigen Code (Applet) für die Darstellung der Animation von dem Server des Informationsanbieters auf seinen lokalen Rechner laden. Soll ein neues Datenformat angeboten werden, so installiert der Anbieter einfach ein entsprechendes Applet auf seinem Server. Zudem muß sich der Informationsanbieter aufgrund der Portabilität von Java keine Sorgen mehr über die Betriebssystem- und Hardwareausstattung auf der Client-Seite machen. Der Web-Browser wird somit zu einer universellen und plattformunabhängigen Schnittstelle für die verschiedensten Anwendungen. Die Visionen, die mit Java verbunden sind, klingen heute vielleicht noch futuristisch, aber mit genügend dimensionierten Netzanbindungen könnten sie bald wahr werden. Ein Anwender könnte mittels eines Java-fähigen Browsers bei Bedarf die benötigten Applikationen herunterladen und den Anbieter dieser Software z.B. mit digitalem Geld für die zeitweise Nutzung entlohnen. So sind schon heute von mehreren Anbietern spezielle Java-Rechner geplant, die mit einer minimalen Hard- und Softwareaustattung geliefert werden.

JavaScript und Visual Basic Script

Von der Programmiersprache Java und den damit realisierbaren
Applets muß man die Scriptsprache JavaScript (auch JScript) streng
trennen. Sie wurde ursprünglich von Netscape unter dem Namen Li-
veScript entwickelt und nach einer Vereinbarung mit Sun Microsystems in JavaScript umbenannt. Im Gegensatz zu Java-Applets, die
in kompilierter Form extern bezogen werden, können die interpre-
tierbaren JavaScript-Programme direkt in die HTML-Dokumente
eingebettet werden. Damit kann man nun auf Client-Seite Funktionen ausführen, die bisher CGI-Scripten vorbehalten waren. Der
Netzverkehr wird deutlich verringert. So können z.B. Formulardaten
bei Eingabe auf ihre Richtigkeit überprüft werden, ohne daß eine
Verbindung mit dem Server hergestellt werden muß. Das gleiche
Ziel verfolgt Visual Basic Script (auch VBScript), bei der es sich um
eine „abgespeckte" Version von Microsoft Visual Basic handelt. Im
Gegensatz zu JavaScript ist sie in ihrer Syntax leicht verständlich,
besitzt aber nicht die gleiche Leistungsfähigkeit wie JavaScript.

3.6.4
Serverstatistiken

Dieses Thema ist insbesondere im Zusammenhang mit der kommerziellen Nutzung des WWW interessant. Nachdem ein Unternehmen
eine eigene WWW-Präsenz aufgebaut hat, sollen natürlich auch entsprechende Informationen zurückfließen, wer das Angebot, wie stark
und zu welchem Zweck genutzt hat. Diese Daten können unter anderem wichtige Hinweise für zukünftige Web-Projekte und für die
Marktforschung beinhalten. Zugriffsdaten werden auf WWW-Servern in sog. Logfiles gespeichert. Jedes Mal, wenn ein Internetteil-
nehmer auf eine Ressource des Webservers zugreift, werden in dieser Datei Informationen über die entsprechende Transaktion gespeichert.

Fast jeder WWW-Server hat mittlerweile sein eigenes Format, in
dem er die Zugriffsinformationen ablegt. Allen gemeinsam ist aber
das sog. Common Log Format (CLF), das i.d.R. in Form einer Teil-
menge der gespeicherten Daten enthalten ist. Das CLF besitzt die
folgende Struktur:

host	rfc931	authuser	date-time	request	status	bytes

Die Bedeutung der einzelnen Einträge ist in Tabelle 3.16 dargestellt.

Eintrag	Bedeutung
host:	Hostname des Anfragers, liegt als IP-Adresse vor, falls das für das Logging zuständige Modul des Servers nicht den Domain Name des Anfragers ermittelt (sog. Domain Name Server Reverse Lookup).
rfc931:	Hier wird der RFC931 Username eingetragen. Ein Eintrag erfolgt nur, wenn der Server den IdentityCheck aktiviert hat und der Client auf seinem System einen Identity-Dämon installiert hat. Dies ist nur sehr selten der Fall, wenn nicht erscheint ein (-).
authuser:	Normalerweise (-), außer wenn der Zugriff auf die entsprechende Datei bzw. Directory im Access-File beschränkt wurde. Dann findet sich hier der authentifizierte Username, der für den Zugriff benutzt wurde.
date-time:	Datum, lokale Zeit der Anfrage, mit der Abweichung von der Greenwich - Meantime (GMT) am Ende.
request:	Anfrage, wie sie vom Client gestellt wurde.
status:	HTTP 1.0 Statuscode.
bytes:	Anzahl der Bytes, die während der Transaktion übertragen wurde.

Abb. 3.35 zeigt einen Auszug aus einem Logfile in CLF.

```
www.server.de - - [06/Mar/1998:17:40:27 -0400]
"GET/cgi-win/hardbestellung HTTP/1.0" 200 1436


www.server.de - - [06/Mar/1998:17:45:07 -0400]
"POST/cgi-win/shop.exe/bestellung HTTP/1.0" 200 112


www.server.de - - [06/Mar/1998:16:36:58 -0400]
"GET/images/atwork.gif HTTP/1.0" 304 150


www.server.de - - [06/Mar/1998:16:37:01 -0400]
                "GET/mitarbeiter.html HTTP/1.0" 304 150
```


Bei der Auswertung sind darüber hinaus noch eine Reihe von weiteren Informationen interessant. So kann z.B. über den sog. Referer ausgewertet werden, von welcher Seite ein Besucher kommt. Weiterhin ist die Auswertung des durch einen Besucher benutzten Browsers (User Agent) möglich. Diese beiden Informationen werden allerdings nicht von allen WWW-Serern geloggt.

Die Betreiber von Browserwatch gewähren einen Einblick in ihre Logfiles. Die Auswertung der Zugriffe unterschiedlicher User Agents auf ihre Domain ist frei zugänglich auf der Seite *http:// browserwatch.internet.com/stats.htm* hinterlegt.

User Agent und Referer werden allerdings nicht durch jeden WWW-Server ausgewertet. Auf *http://www.maximized.com/ flashstats/docs/chap9.htm* wird ein Überblick über die durch unterschiedliche Server generierten Logfiles gegeben. Die in Form eines Logfiles erzeugten Daten lassen sich mit entsprechender Analyse-Software auswerten. Laut der GVU-Umfrage (siehe Abschn. 2.4) vom Herbst 1997 verwenden von den befragten Webadministratoren

- 17,26%   keine Statistiktools,
- 31,71%   Eigenentwicklungen und
- 51,03 %   Standardsoftware.

Nachfolgend werden drei Standardtools vorgestellt:

Webtrends Log Analyzer:

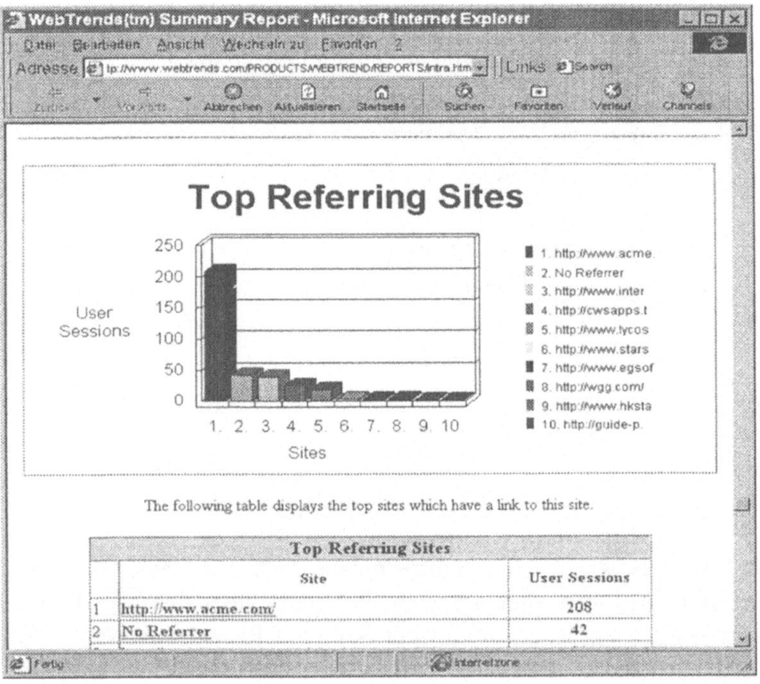

Top Referring Sites		
	Site	User Sessions
1	http://www.acme.com/	208
2	No Referrer	42

Abb. 3.36: Auswertung in Webtrends Log Analyser

Webtrends Log Analyzer ist ein kommerzielles Analysetool, mittels welchem sehr umfangreiche Auswertungen erzeugt werden können. Die Software analysiert neben den schon obligatorischen Zugriffen je Seite (Hit) und Zugriffen aus Regionen (.de, .uk usw.) bspw. die Einstiegsseiten (erster Kontakt eines Nutzers mit dem WWW-Server), die Ausstiegsseiten (letzter Kontakt eines Nutzers mit dem WWW-Server), eventuell auftretende Fehler auf Seiten von Client und Server (über Statuscode), die am häufigsten heruntergeladenen Dateien und deren Typ, die Referer, die durch Besucher benutzte Browsersoftware u.v.m. und bereitet die Ergebnisse grafisch anspruchsvoll auf (siehe Abb. 3.36). Die Software verfügt über einen Assistenten, mit dem auch der ungeübte Benutzer schnell und bequem eine Auswertung seine Serverlogs durchführen kann. Eine ausführliche Beschreibung der Software inkl. einer Demoauswertung ist auf *http://www.webtrends.com* erhältlich.

AccessWatch:

Das Perl Script *AccessWatch* von G. Maher (*maher@netpresence. com*) ist ein kostengünstiges Standardauswertungstool für WWW-Server, die über einen Perl Interpreter verfügen. Es generiert tägliche Statistiken und analysiert dabei die Zugriffe nach der Tageszeit, die am häufigsten abgerufenen Seiten, die Top-Level Domain der Besucher sowie die durch Benutzer verwendete Browsersoftware. Da *AccessWatch* als Perl Script vorliegt, besteht die Möglichkeit das Programm an die eigenen Vorstellungen anzupassen, bzw. um weitere Auswertungen zu erweitern. Die Software ist beziehbar über *http://www.accesswatch.com*.

Analog:

Analog wurde von Turner (sret1@cam.ac.uk) entwickelt und ist die laut der genannten GVU-Studie die am meisten verwendete Standardsoftware (20,9% aller Befragten). Die Software ist für viele Plattformen frei verfügbar und generiert, unter Berücksichtigung von über 180 Optionen, 17 verschiedene Berichte in 14 verschiedenen Sprachen. Die Analysesoftware ist damit sehr flexibel auf unterschiedlichste Anforderungen zuschneidbar. Eine Ausführliche Beschreibung inkl. Beispielen der generierten Berichte befindet sich auf *http://www.statslab.cam.ac.uk/~sret1/analog/*.

3.7
Weitere Dienste

3.7.1
Push-Dienste

Diese noch sehr junge Technologie, Pointcast war Anfang 1996 der Pionier, dreht nach eigener Definition das herkömmliche Prinzip der Informationsnutzung im Internet um. Die Inhalte sollen nicht mehr vom Benutzer für jede einzelne Ansicht geholt („pull"), sondern vom jeweiligen Anbieter der Inhalte nach vorher vereinbarten Regeln auf den Bildschirm bzw. die Festplatte des Benutzers gebracht („push") werden. Die eigentliche Technik läßt sich jedoch eher als organisierter Pull verstehen, da die sog. „Push-Software" i.d.R. über Scheduler gesteuerte Anfragen nach Änderungen an den WWW-Seiten oder anderen Formaten beim Anbieter der Inhalte stellt und bei positiver Antwort die Seiten dem Benutzer anzeigt.

Das Angebot an Inhalten umfaßt dabei neben reinen Texten, die in Form von HTML-Seiten mit eingebetteten Grafiken dargestellt werden, Börsen-Ticker, Datanbank-Inhalte, E-Mail, Software (Programme) und Updates für Software, wie z.B. aktualisierte Virenscanner-Datenbanken oder die neuesten Hardware-Treiber.

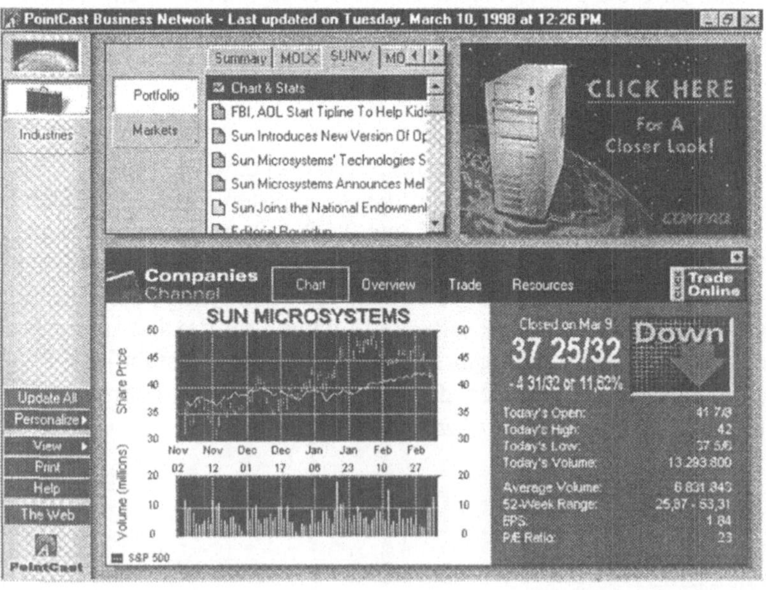

Abb. 3.37:
Benutzeroberfläche
von Pointcast

Diese Inhalte können in verschiedenen Formen auf dem Bildschirm des Benutzers dargestellt werden. Zum einen werden für die Anzeige von Texten spezielle Dokumentfenster der Push-Clients benutzt oder die Daten einem herkömmlichen WWW-Browser überreicht. Daneben lassen sie sich jedoch auch als Screensaver, als dynamisches oder statisches Hintergrundbild, in speziellen Popup-Dialogen (sog. Infoflashes) oder der Titelzeile des gerade benutzten Programmes darstellen. Abb. 3.37 zeigt die Benutzeroberfläche von Pointcast als ein Beispiel.

Als wesentliche Unterscheidungskriterien für Push-Software lassen sich v.a. die Quelle des Inhalts, also die verwendeten Anbieter von Inhalten, die Anzahl der Kanäle, die sich oft ändert, und deren Sortierung festmachen.

Als Standard-Spezifikation für „pushbare" Inhalte bzw. Channels hat sich das Channel Definition Format (CDF), das von Microsoft entwickelt und vom WWW-Konsortium verabschiedet wurde, durchgesetzt. CDF ist eine Anwendung der neuen Textsatzsprache XML (Extensible Markup Language), welche einmal, wenn nicht HTML ablösen, so doch neben HTML treten wird. In CDF sind im wesentlichen die Kernelemente aus der Tabelle 3.17 zur Definition eines Channels enthalten.

Element	Erläuterung	
Channel	Definition des Channels.	*Tabelle 3.17:*
Item	Inhalt, der über den Channel erhältlich ist.	*Elemente des*
Schedule	Definition der Zeitsteuerung.	*Channel Definition*
Logo	Grafische Repräsentation des Channels.	*Format*
CategoryDef	Definition der Kategorie des Channels (evtl. Sub-Kategorie einer anderen Kategorie).	

Neben der reinen Anzeige von Daten können die Push-Clients noch weitere Funktionen erfüllen. Als vorteilhaft erweisen sich z.B. Filterfunktionen. So lassen sich mit einigen Push-Clients die dargestellten Informationsinhalte bei der Anzeige von evtl. lästigen Werbegrafiken bereinigen. Zusätzlich lassen die Informationsinhalte sich auf bestimmte Stichworte hin durchsehen, woraufhin dem Benutzer ein Hinweis gegeben oder eine Seite für eine spätere Recherche abgespeichert werden kann.

Die Push-Technologie hat den Ruf, z.T. unnötige Netzlast zu verursachen. Die meisten der Produkte wirken dem jedoch entgegen, indem zunächst lediglich Überschriften oder entsprechende Zusammenfassungen der Dokumente geliefert werden, statt sofort der gesamten Inhalte. Um die Netz- bzw. CPU-Last des jeweiligen Arbeitsplatzrechners zu schonen bietet z.B. Backweb die Möglichkeit, nur in Leerlaufzeiten des Rechners aktiv zu werden. Bei der Nutzung der Technologie in Unternehmen oder sonstigen Organisationen kann ein Proxy-Server zum Einsatz kommen, der als einziger eine direkte Verbindung zum eigentlichen Informationsanbieter aufnimmt. Von diesem Proxy-Server lassen sich dann von einzelnen Stellen im Unternehmen die Informationskanäle abrufen. Zusätzlich ließe sich durch den Proxy der Zugriff der Mitarbeiter auf externe Informationsquellen regulieren bzw. unterbinden.

Aus der Sicht der Benutzer evtl. nachteilig, jedoch im Wesen der Push-Technologie liegend, ist, daß genauso wie die eigentlichen Inhalte ohne weitere Interaktion des Benutzers auf den Bildschirm gebracht werden, natürlich auch Werbung, die in die betrachteten WWW-Seiten eingebettet ist oder gesondert zur Finanzierung der Dienst-Provider mitgeliefert wird, dem Benutzer unaufgefordert präsentiert wird.

<table>
<tr><td>Tabelle 3.18:
Übersicht über einige Produkte von Pushdiensten</td><td>

Produkt	Preis	Sonstiges
Backweb	21000 DM bis 25 Benutzer	Für Inter- und Intranet-Einsatz geeignet
Pointcast	Frei	Für Inter- und intranet-Einsatz geeignet
Marimba Castanet	1000-25000 $ je nach Anzahl der Benutzer	Lädt auch (v.a. in JAVA geschriebene) Anwendungen
Netscape Netcaster	Im freien Browser integriert	Basiert auf JavaScript.
Microsoft Active Desktop	Im freien Browser integriert	Benötigt XML-formatierte Seiten

</td></tr>
</table>

3.7.2
Gopher

Der Dienst Gopher wurde 1991 im Fachbereich Informatik der Universität von Minnesota entwickelt und diente dort zunächst als ein campusweites Informationssystem (CWIS). Das System ermöglichte es, die über das gesamte Universitätsgelände, also den Campus, verteilten Textdokumente der einzelnen Institute und Verwaltungen über eine standardisierte Schnittstelle zu erschließen. Die Bezeichnung Gopher (aus dem Amerikanischen: Erdeichhörnchen, Beutelratte) wird auf zwei mögliche Ursprünge zurückgeführt: auf den Zuruf „Go for it!" hin beschaffen Büroboten in Amerika bestimmte Informationen oder das Tier Gopher, das Maskottchen der Universität von Minnesota. Der Dienst repräsentiert heute ein weltweit verteiltes, hierarchisch aufgebautes Informationssystem, in dem der Benutzer mittels eines Gopher-Clients „auf die Suche" geht. Der Benutzer beginnt seine Recherche dabei an einem Einstiegspunkt in den Suchraum (Gopherspace). Einen solchen Einstiegspunkt stellt z.B. das Gophermenü des voreingestellten Gopher-Home-Servers, von wo aus weitere Verknüpfungen (Links) zu anderen Gopher-Servern bereitstehen. Die Intention von Gopher ist es, einem Benutzer den Zugang zu einer weltweit verteilten Menge von Informationen über eine standardisierte Schnittstelle anzubieten, in welcher sich dieser frei bewegen kann. Mit dem Erscheinen von WWW hat Gopher an Popularität verloren, da WWW bei ähnlichen Intentionen eine wesentlich erweiterte Funktionalität zur Verfügung stellt. Man kann feststellen, daß Gopher einen Schritt in die richtige Richtung darstellt, der heute jedoch nur noch eine „historische" Bedeutung hat.

3.7.3
WAIS

WAIS steht für „Wide Area Information Server" und bezeichnet ein System, das die Volltextsuche in weltweit verteilten Datenbanken ermöglicht. Über WAIS werden sowohl reine Textdokumente in den unterschiedlichsten Dokumentenformaten als auch zunehmend multimediale Dokumente (mit Ton, Bildern, Video) der Internetgemeinde zugänglich gemacht. Volltextsuche bedeutet, daß diese Dokumente vollständig nach einem Suchbegriff durchsucht werden. WAIS unterscheidet sich damit wesentlich von manchen Suchdiensten, wo nur Titel, Stichworte oder Dateinamen für die Ergebnisgenerierung genutzt werden.

Mittlerweile stehen weltweit mehr als 500 WAIS-Server zur Verfügung. Das Informationsangebot ist breit gefächert und reicht von Dokumenten zu Themen wie Biologie, Chemie, Computerhardware- und software über literarische Texte bis zu Dokumenten öffentlicher Verwaltungen. Als eigenständiges Clientprogramm ist WAIS allerdings bereits wieder im Begriff von der Bildfläche zu verschwinden, da WAIS-Abfragen zunehmend in anderen Internetdiensten, insbesondere WWW, implementiert werden.

Die Entwicklung von WAIS begann 1989 mit einem Gemeinschaftsprojekt von Thinking Machines Corporation, Apple Computer und Dow Jones & Co. und wurde im Frühjahr 1991 der Internetgemeinde übergeben. Mittlerweile wird WAIS nicht mehr von diesen Unternehmen unterstützt. 1992 wurde die WAIS Inc. als unabhängige Organisation gegründet, um den von kommerzieller Seite gestiegenen Ansprüchen gerecht zu werden. Für die Weiterentwicklung von WAIS im frei zugänglichen Bereich (Public Domain) zeichnet seit 1992 die von der NSF gegründete CNIDR (Clearinghouse for Networked Information Discovery and Retrieval) verantwortlich. Zur Unterscheidung wird WAIS in der Public Domain unter dem Namen *freeWAIS* geführt.

WAIS arbeitet auf der Basis des sog. Vektorraum-Modells. Sowohl die Anfrage des Benutzers als auch die Dokumente in der Datenbank werden auf „Feature-Vektoren" abgebildet, die meist mit dem Vorkommen eines Wortes im Text korrespondieren. Die Ähnlichkeit wird dann durch das Skalarprodukt von Anfrage-Vektor und Dokumenten-Vektor errechnet. Da in den Dokumenten-Vektoren auch die Häufigkeit des Vorkommens einzelner Worte gespeichert wird, fällt das Produkt um so höher aus, je öfter das gesuchte Wort in einem Dokument vorkommt. Als Ergebnis der Suche werden kurze Dokumentenbeschreibungen nach abnehmender Ähnlichkeit mit der Anfrage ausgegeben (Ranking). Dabei wird eine Normierung vorgenommen, bei der das „ähnlichste" Dokument stets den Wert 1000 erhält. Wenn mehrere Suchbegriffe angegeben sind, werden sie implizit mit dem logischen UND verknüpft. Andere logische Operatoren sind nicht zulässig, es sei denn, der entsprechende WAIS-Server wurde dafür konfiguriert.

Bevor mit der Arbeit mit WAIS begonnen werden kann, müssen vom Benutzer ein oder mehrere Datenbanken ausgewählt werden. Dazu stellt WAIS eine Liste aller verfügbaren Datenbanken, die sog. Directory-of-Servers, zur Verfügung. Mittels dieser Datei kann ermittelt werden, welche Datenbanken zu einem bestimmten Thema verfügbar sind. Die Datei Directory-of-Servers ist unter anderem via anonymes FTP (siehe Abschn. 3.3.) unter *ftp.wais.com* erhältlich *(Verzeichnis: /pub/directory-of-servers, Datei: wais-sources.tar.Z)*.

Es gibt viele frei erhältliche WAIS-Clientprogramme für verschiedene Betriebssysteme und Plattformen. Ebenfalls kann WAIS auch über verschiedene andere Internetdienste genutzt werden. Das Benutzerinterface differiert je nach Zugang, doch erfolgt die Suche immer nach dem gleichen Schema:

- Auswahl einer oder mehrerer Datenbanken durch den Benutzer.

- Formulierung der Suche durch Eingabe von Schlüsselwörtern.

- Start der Suche (WAIS durchsucht die ausgewählten Datenbanken).

- Darstellung der Dokumentenüberschriften in der Reihenfolge der Übereinstimmung mit der Suchanfrage.

■ Vom Benutzer getroffene Auswahl aus der Liste des zur Anzeige bestimmten Dokuments. Beschaffung des Dokuments durch den WAIS-Client und Anzeige auf dem Bildschirm.

Abb. 3.38 zeigt das Ergebnis einer WAIS-Abfrage mit Hilfe des Shareware-Programms EInet WAIS für Windows. Bei dieser Suche wurde die Datenbank *CERT-ADV.SRC* nach den Begriffen *risks* und *security* durchsucht. Passend zu dieser Suchanfrage wurden 132 Dokumente gefunden, deren Titel nach Genauigkeit der Übereinstimmung mit der Abfrage *(score)* aufgelistet werden.

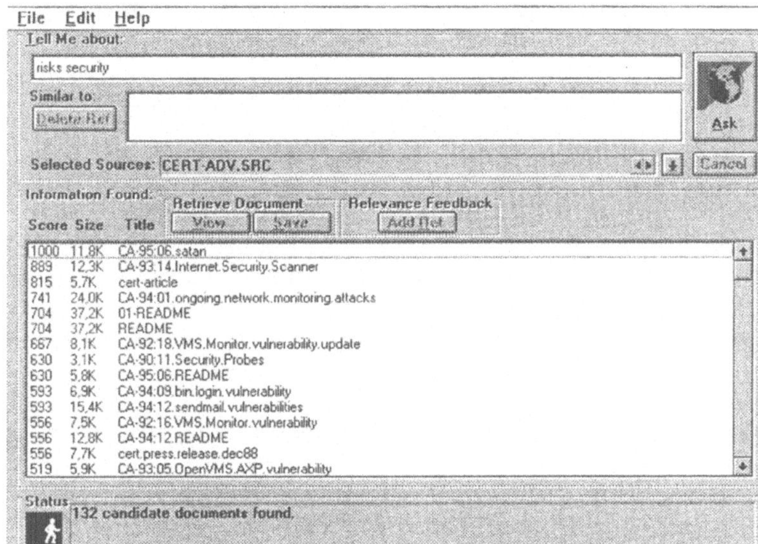

Abb. 3.38:
Suchergebnis einer
WAIS-Abfrage

Wenn keine Möglichkeit zur Nutzung eines eigenen Client-Programms besteht, kann die Informationssuche auch auf öffentlichen WAIS-Clients durchgeführt werden. Via Telnet kann z.B. eine Verbindung zu *sunsite.unc.edu* aufgebaut werden (Login: swais). Dort steht dem Benutzer der einfache Unix-WAIS-Client *swais* (Screen WAIS) für Suchanfragen zur Verfügung. Nach dem Login werden die verfügbaren Datenbanken auf dem Bildschirm angezeigt.

Literatur zu Kapitel 3

Back, S.: Heißer Kaffee – Programmieren mit Java, in: c't Heft 2, 1996, S. 138–142.

Baczewski, P.: Archie: An Archive of Archives, in: Swadley, R. K. (Hrsg.): The Internet Unleashed, 2nd edition, Indianapolis 1995.

Barren, K. D.: FTP: Fetching Files from Everywhere, in: Swadley, R. K. (Hrsg.): The Internet Unleashed, 2nd edition, Indianapolis 1995.

Barrie, F.: Searching Gopherspace with Veronica, in: Swadley, R. K. (Hrsg.): The Internet Unleashed, 2nd edition, Indianapolis 1995.

Behme, Henning: Böse Buben – Inkompatibel: CSS bei Netscape und Microsoft, in: iX, Nr. 9, 1997, S. 130 - 135.

Browne, S.: The Internet via Mosaic and World Wide Web, Emeryville, CA: Ziff Davis Press, 1994.

CDF-Spezifikation bei W3C: http://www.w3.org/TR/NOTE-CDFsubmit.html

Cricket L., J. Peek, R. Jones, B. Buus, A. Nye: Managing Internet Information Services, Sebastopol: O'Reilly & Associates, 1994.

Dern, D. P.: The Internet Guide for New Users, New York u.a. 1994.

Dippold, R.: Internet E-Mail: An Overview, in: Swadley, R. K. (Hrsg.): The Internet Unleashed, 2nd edition, Indianapolis 1995.

Dippold, R.: Internet E-Mail: Gateways, in: Swadley, R. K. (Hrsg.): The Internet Unleashed, 2nd edition, Indianapolis 1995.

Eager, B.: Using the World Wide Web, Indianapolis, Indiana: Que Corporation; 1994.

Educational VR (MUD): http://tecfa.unige.ch/edu-comp/WWW-VL/eduVR-page.html.

Engst, A. C., Corwin S. Low und Simon, M. A.: Internet Starter Kit for Windows for Windows, Indianapolis 1994.

Graham, I. S.: The HTML Sourcebook, New York u.a.: Wiley, 1995.

Hüskes, Ralf: Schnittmuster für Web-Schneider – Was Style Sheets vermögen und wo die Browser versagen, in: c't, Heft. 12, 1997, S. 240–245.

Internet Phone Homepage: http://www.vocaltec.com/.

IRC Primer: http://134.83.112.57:8080/~cs93jtl/irc_primer.txt.

Jones, R., Nye, A.: HTML und das World Wide Web: selbst publizieren im
    WWW, Bonn: O'Reilly, Internat. Thomson-Verlag., 1995.

Kovacs, D. und Kovacs, M.: Creating and Administrating Mailing Lists, in:
    Swadley, R. K. (Hrsg.): The Internet Unleashed, 2nd edition, Indiana-
    polis 1995.

Kuppinger, Martin: Der Microsoft Internet Information Server, Unterschleiß-
    heim 1996

Liebe, A.: Archie-Server: Wer suchet, ..., in: iX Multiuser Multitasking Maga-
    zin, Heft 3, März 1995, S. 168–175.

Lindner, P. und Iacovou, D.: Using and Finding Gophers, in: Swadley, R. K.
    (Hrsg.): The Internet Unleashed, 2nd edition, Indianapolis 1995.

Maier, G. und Wildberger, A.: In 8 Sekunden um die Welt, New York u.a. 1993.

Mintert, Stefan: Annäherungsversuche – JavaScript, in: iX Nr. 2, 1995, S. 134 –
    139.

Mintert, Stefan: Der Weg der Tugend - Style Sheets: Make-up für WWW-
    Dokumente, in: iX, Nr. 3, 1997, S. 130–137.

Monadjemi, Perter: ActiveX, in: Chip, Nr. 3, 1997, S. 240–243.

MUD FAQ: ftp://ftp.math.okstate.edu/pub/muds/misc/mud-faq.

Nilsson, B. A.; Robb, JoAnne: Invasion of the Webcasters, in PC WORLD,
    September 1997, S. 205–216.

Nolden, M.: Das World Wide Web im Internet, Frankfurt a. M.[u.a.]: Ullstein,
    1995.

o.V.: WYSIWIG HTML editors, in internet magazine, November 1997,
    S. 68–76.

Parker, T.: Reading and Posting the News: using Usenet, in: Swadley, R. K.
    (Hrsg.): The Internet Unleashed, 2nd edition, Indianapolis 1995.

Paxton, P.: Joining Discussions: Using Listservs and Mailing Lists, in: Swadley,
    R. K. (Hrsg.): The Internet Unleashed, 2nd edition, Indianapolis 1995.

PGPhone Homepage: http://web.mit.edu/network/pgpfone/.

Pushing Push: Advancing the Features of Channel Communications, White Paper der Intermind. Corp., präsentiert auf W3C Push Workshop, 8. September 1997.

Push-Technology, Intel developer relations group: http://www2.intel.com/drg/hybrid_author/cookbooks/push/

RFC 1036: Horton, M. R.: Standard for Interchange of USENET Messages, Dezember 1987 (Vorläufer RFC: 850).

RFC 1521: Borenstein, N. und Freed, N.: MIME (Multipurpose Internet Mail Extensions) Part One: Mechanisms for Specifying and Describing the Format of Internet Message Bodies, September 1993.

RFC 1725: Myers, J. und Rose, M.: Post Office Protocol – Version 3, November1994.

RFC 1730: Crispin, M.: Interactive Mail Access Protocol – Version 4, Dezember 1994.

RFC 1945: Berners-Lee, T., u. a.: Hypertext Transfer Protocol – HTTP/1.0, Mai 1996.

RFC 2068: Fielding, R., u. a.: Hypertext Transfer Protocol – HTTP/1.1, Januar 1997.

RFC 821: Postel, J. B.: Simple Mail Transfer Protocol, August 1982.

RFC 822: Crocker, D. H.: Standard For The Format Of ARPA Internet Text Messages, August 1982.

RFC 854: Postel, J. und Reynolds, J.: Telnet Protocol Specification, Mai 1983.

RFC 937: Butler, M., u.a.: Post Office Protocol – Version 2, Februar 1985.

RFC 959: Postel, J. und Reynolds, J.: File Transfer Protocol (FTP), Oktober 1985.

RFC 977: Kantor, B. und Lapsley, P.: Network News Transfer Protocol, Februar 1968.

Scheller, M., Boden, K.-P., Geenen, A., Kampermann, J.:Internet: Werkzeuge und Dienste, Berlin u.a. 1994.

Thompson, B.: Here is the news, in: .net – the internet magazine, Heft 2, Januar 1995, S. 20-21.

VRML Homepage der Gesellschaft für Mathematik und Datenverarbeitung
(GMD): http://wintermute.gmd.de:8000 /vrml/VRML+:
http://www.worlds.net/products/vrmlplus /index.html.

Wah Ooi, L.: Live Conversations: Internet Relay Chat and Other Methods, in:
Swadley, R. K. (Hrsg.): The Internet Unleashed, 2nd edition, Indianapolis 1995.

Wai Ooi, L.: Logging in to other Computer with Telnet and Rlogin, in: Swadley,
R. K. (Hrsg.): The Internet Unleashed, 2nd edition, Indianapolis 1995.

Wchat Homepage: http://www.worlds.net/products/wchat /readme.html.

Wilson, S.: World Wide Web design guide, Indianapolis, In: Hayden, 1995.

4 Intranet

4.1
Die Architektur eines Intranet

Ein Intranet ist ein unternehmensinternes Kommunikationsnetz, in dem Daten auf der Basis der Protokollfamilie TCP/IP übertragen werden. Der Grund für die Nutzung der Internettechnologien innerhalb eines Unternehmens ist der Wunsch nach noch besserer Informationsversorgung der Mitarbeiter bei gleichzeitig vereinfachter Infrastruktur der Informationsversorgung. Die Vereinfachung soll sich aus dem Einsatz von formal oder de facto standardisierten Internetprotokollen und -diensten ergeben. Da in Märkten für Produkte, die auf Standards basieren, i.d.R. starke Konkurrenz herrscht, kann man beim Einsatz standardisierter Produkte auch Kostenersparnisse erwarten. In diesem Kapitel werden nur spezifische technologische Aspekte des Einsatzes von Intranets betrachtet. Auf die Anwendung von Intranets wird bei der Analyse einzelner betriebswirtschaftlicher Funktionen eingegangen.

Während zur Teilnahme am Internet kein eigenes Kommunikationsnetz erforderlich ist, benötigt man für das Intranet mindestens ein lokales Netzwerk (LAN). Da LANs mit einer höheren Bandbreite arbeiten als die üblichen Anschlüsse an das Internet, kann man im Intranet die datenintensiven Internetdienste (z.B. Teleconferencing) noch besser als im Internet nutzen. Auch das Konzept eines „Thin Client" oder „Network Computer" (NC), der seine Software vom Netz bezieht, läßt sich in Intranets viel eher verwirklichen. Die meisten Firmen besitzen LANs schon seit Jahren, so daß dies keine Einstiegsbarriere darstellt. Während die Anwendungen und der Datenaustausch in diesen Netzen oft auf proprietären Protokollen für die höheren Schichten des ISO-OSI-Referenzmodells (siehe Abb. 2.8) basieren, werden auf der ersten und zweiten Ebene Standardtechnologien, wie z.B. Ethernet, eingesetzt. Da TCP/IP erst oberhalb der zweiten ISO-OSI-Schicht ansetzt, stellt die Implementierung dieser

Protokollfamilie in den meisten bestehenden LANs deshalb theoretisch kein Problem dar. In der Praxis können sich jedoch Schwierigkeiten ergeben, wenn man von einer bestehenden proprietären Lösung zu einer TCP/IP-Lösung migrieren muß, insbesondere wenn beide Lösungen gleichzeitig genutzt werden müssen.

Entsprechend den im Abschnitt 2.2.5 beschriebenen Konventionen des Internet muß auch jeder an das Intranet angeschlossene Rechner im Prinzip eine eindeutige Adresse in der Form einer IP-Nummer haben. Um dies zu realisieren, gibt es einige Alternativen. Man kann den Rechnern IP-Nummern aus dem Vorrat der der Firma zugeordneten IP-Nummern aus dem Internet vergeben. Eine andere Alternative ist die Vergabe von sog. privaten IP-Nummern. Das sind bestimmte IP-Nummern (siehe RFC 1597), die im Internet nicht vergeben werden, so daß sie von jeder Organisation intern beliebig genutzt werden. Eine weitere Alternative ist die Benutzung eines Rechners, der IP-Adressen in Adressen anderer Protokolle übersetzt (address translation). In diesem Fall braucht auf den einzelnen Rechnern TCP/IP nicht implementiert zu sein.

Sofern weiter entfernte Teile eines Unternehmens in das Intranet einbezogen werden sollen, müssen gemietete Standleitungen oder von vielen Teilnehmern genutzte (früher „öffentliche") Netze in Anspruch genommen werden. Auch die Nutzung des Internet zur Verknüpfung entfernter Unternehmensteile wird verstärkt in Betracht gezogen. Um Unbefugte nicht in das unternehmensinterne Netz gelangen zu lassen, werden drei Wege eingeschlagen.

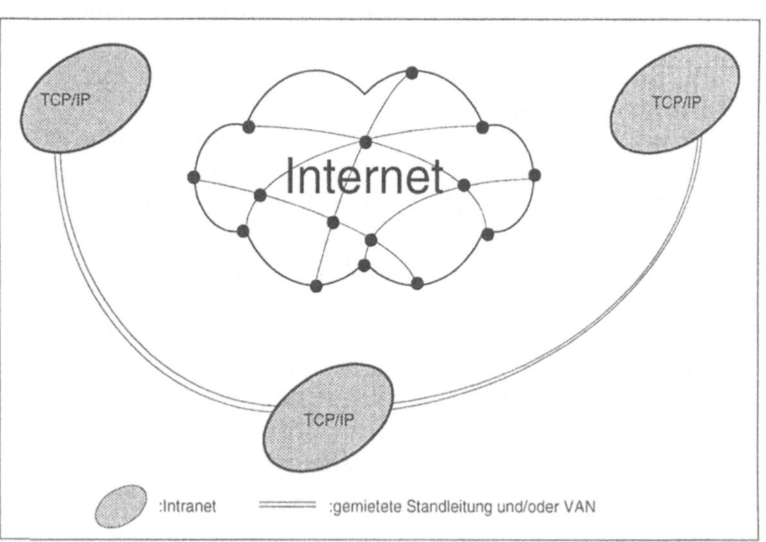

Der eine Weg ist, ein internes vom Internet ganz unabhängiges TCP/IP-Netz aufzubauen. Die entfernten Lokationen des Unternehmens werden dabei über gemietete Standleitungen verknüpft. Oft werden auch die Dienste eines Anbieters von Mehrwertnetzen (Value Added Network, VAN) in Anspruch genommen. In diesem Fall besteht in jedem Land eine Standleitung zum nationalen Knotenpunkt des VAN, während der internationale Datenverkehr über die Infrastruktur des VAN abgewickelt wird. In größeren Ländern besitzen VANs auch mehrere Knotenpunkte und eine nationale Netzinfrastruktur. Es handelt sich hier um die übliche Realisierung eines unternehmensinternen WAN (Wide Area Network), nun allerdings auf der Basis von TCP/IP. Ein solches Netz ist sicher und meist sehr zuverlässig, aber wegen hoher Kommunikationskosten auch teuer. Mit Zuverlässigkeit ist hier nicht nur die Ausfallsicherheit, sondern auch die Garantie des gewünschten Durchsatzes gemeint. Abb. 4.1 stellt diese Lösung grafisch dar.

Die Nutzung des Internet zur Verknüpfung entfernter Unternehmensteile verspricht Kostenvorteile. Zur Sicherung des Intranet wird an jedem Eingang zu ihm den Außenstehenden der Zutritt durch Firewalls (siehe Kap. 7) verwehrt. Ein solches Intranet gibt den Benutzern sehr viel Flexibilität, und es ist relativ preiswert, da für die Fernverbindungen die Infrastruktur des Internet genutzt wird. Leider ist diese Lösung nicht sicher genug, weil die Daten auf ihrer Reise durch das Internet angegriffen werden können. Diese Lösung ist in Abb. 4.2 abgebildet.

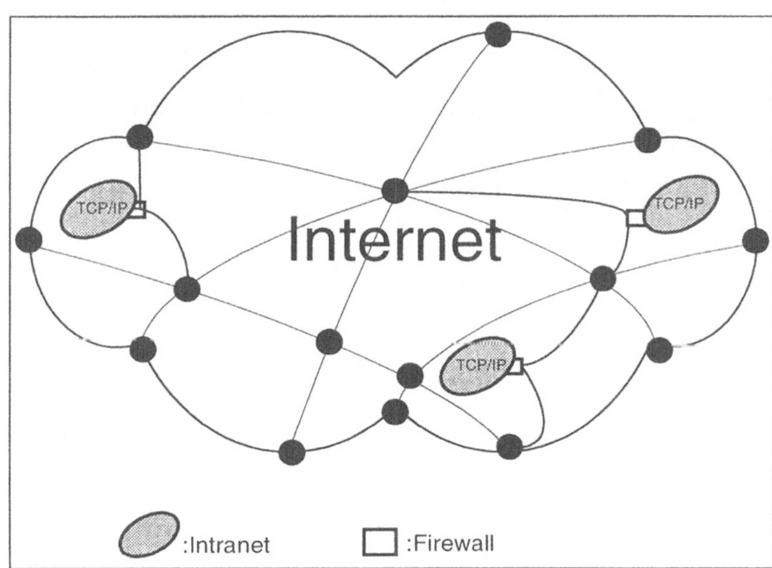

Abb. 4.2:
Ein Intranet im Internet, durch Firewalls abgesichert

Der dritte Weg besteht darin, im Internet ein virtuelles privates Netz (VPN) aufzubauen, das zwar die Leitungen mit allen Internetteilnehmern teilt, aber in dem Daten immer nur verschlüsselt weitergeleitet werden. Man verwendet für den Datentransport in einem VPN von einem Teil des Intranet zu einem anderen die Metapher eines Tunnels. Die durch den Tunnel transportierten Daten sind auf ihrem Weg vom Sender zum Empfänger für Dritte nicht „sichtbar". Die Verwendung der Tunnels ist im Prinzip unabhängig von der Verwendung von Firewalls, aber es ist sinnvoll, beide Techniken gleichzeitig einzusetzen. Abb. 4.3 zeigt das Intranet als ein VPN.

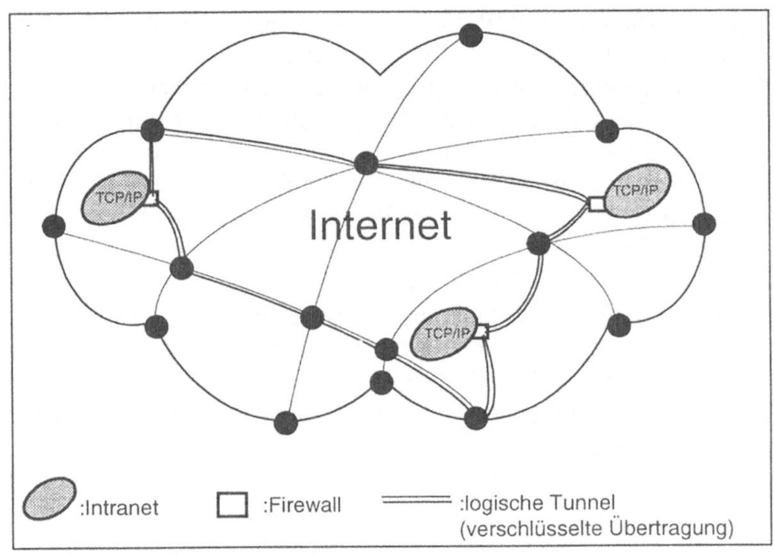

Die beiden letzten Lösungen haben derzeit den Nachteil, daß sie noch nicht für zeitkritische Anwendungen in Frage kommen, weil im Internet meist keine Durchsatzgarantien gegeben werden (können). Allerdings gibt es hier schon Lösungsansätze, so daß manche der großen Internet Service Provider (siehe Kap. 6), z.B. Performance Systems International in USA, Serviceniveaus in Form von vereinbarten Übertragungsraten (committed information rates) garantieren.

Auf jeden Fall haben dank Internet die VANs ihre Preise im Bereich der Leistungen für WANs gesenkt und Internetleistungen in ihr Angebot aufgenommen. In der Tabelle 4.1 werden die drei diskutierten Lösungen miteinander verglichen.

Realisierung eines lokationsübergreifenden Intranet			
Kriterium	internet- unabhängig	im Internet, mit Firewalls	im Internet, mit Firewalls und Tunnels
Kosten	hoch	niedrig	niedrig
Sicherheit	hoch	beschränkt	hoch
Flexibilität	niedrig	hoch	hoch
Zuverlässigkeit	hoch	mittel	mittel

Tabelle 4.1: Vergleich von Lösungen für die Realisierung eines Intranet

4.2 Werkzeuge zur Unterstützung von Gruppenarbeit

Gruppenarbeit wird nicht nur in Intranets, sondern auch im Internet unterstützt. Die Darstellung der für das Internet und Intranets geeigneten Werkzeuge erfolgt an dieser Stelle, weil Gruppenarbeit zunächst hauptsächlich als eine unternehmensinterne Aufgabe angesehen wurde. Das entspricht zwar nicht mehr der heutigen Realität und den Erwartungen für die Zukunft, aber die Diskussion dieser Werkzeuge findet noch immer meist im Kontext von Intranets statt. Es wird sogar oft die Frage „Intranet oder Groupware?" gestellt. Diese Fragestellung ist jedoch falsch, weil, wie unten gezeigt wird, die gleichzeitige Anwendung beider Technologien möglich ist und sinnvoll sein kann.

Software für Gruppenarbeit (Groupware) beinhaltet im Idealfall die Funktionsbereiche

- Nachrichtenaustausch (Email oder Messaging),

- gemeinsame Dokumentbearbeitung und -verwaltung,

- Diskussionen und Konferenzen,

- Unterstützung arbeitsteiliger Prozesse (Workflowmanagement) und

- gemeinsame Termin- und Projektverwaltung.

In jedem Funktionsbereich gibt es eine Anzahl von wünschenswerten Funktionen. Im Bereich Dokumentbearbeitung und -verwaltung sind das z.B. Volltextrecherche, Kategorisierung und Versionierung von Dokumenten, Zugriff auf Dokumente auf mehreren Servern usw. Zusätzlich zu diesen benutzerorientierten Funktionen sollte es weitere Funktionen zur Unterstützung der Administration des Systems geben, die für die korrekte und effektive Anwendung der benutzerorientierten Funktionen sehr wichtig sind. Dazu gehören u.a.

- Mechanismen für Sicherheit und Zugriffskontrolle,

- Werkzeuge für den Systemadministrator und

- Replikation.

Replikation bedeutet, daß Änderungen in einer Datenbank auf Kopien dieser Datenbank (automatisch) übertragen werden.

Die Software, die für Gruppenarbeit in TCP/IP-Netzen eingesetzt wird, kann man in drei Klassen einteilen:

1. Software für Internetdienste (z.B. WWW und Newsgroups),

2. Speziell für die Zusammenarbeit im Internet entwickelte Software (internetbasierte Groupware) und

3. Software, die nachträglich internettauglich gemacht wurde (internetfähige Groupware).

Die Arbeitsweise und Funktionalität der Software der Klasse 1 ist im Kapitel 3 erläutert werden. Der Reiz dieser Software, insbesondere von WWW, besteht darin, daß man damit den Benutzern eine standardisierte, leicht benutzbare und relativ billige Schnittstelle zu Daten und Anwendungen zur Verfügung stellt. Die Funktionalität der Internetdienste deckt aber nicht alle oben angegebenen Funktionsbereiche ab. Deswegen wird an Werkzeugen gearbeitet, die unter Ausnutzung des WWW zusätzliche Funktionen anbieten. Das ist die Software der obigen Gruppe 2.

Als ein Beispiel aus der Gruppe 2 wird das System BSCW (Basic Support System for Cooperative Work), das von der Gesellschaft für Mathematik und Datenverarbeitung (GMD) entwickelt wurde, kurz vorgestellt. BSCW ermöglicht eine Kooperation über gemeinsame Arbeitsbereiche, auf die die Mitglieder entsprechend ihren Berechtigungen jederzeit und von jedem Ort zugreifen und darin Daten und Dokumente verändern können (Bentley et al. 1997). Ein WWW-Server stellt dabei die Schnittstelle zum BSCW-Server dar. In neueren Versionen des BSCW kann darauf auch mit anderen Internetdiensten bzw. -protokollen zugegriffen werden (z.B. mit SMTP). Zusätzlich zur Möglichkeit der Arbeit an den eigentlichen Dokumenten können die Mitglieder ihre Arbeit mit Hilfe der Informationen über die Dokumente koordinieren. BSCW ermöglicht ihnen z.B., in Erfahrung zu bringen, wer, wann, was verändert hat. Abb. 4.4 zeigt den Zugang zu einem gemeinsamen Arbeitsbereich in BSCW mit Hilfe eines WWW-Browsers.

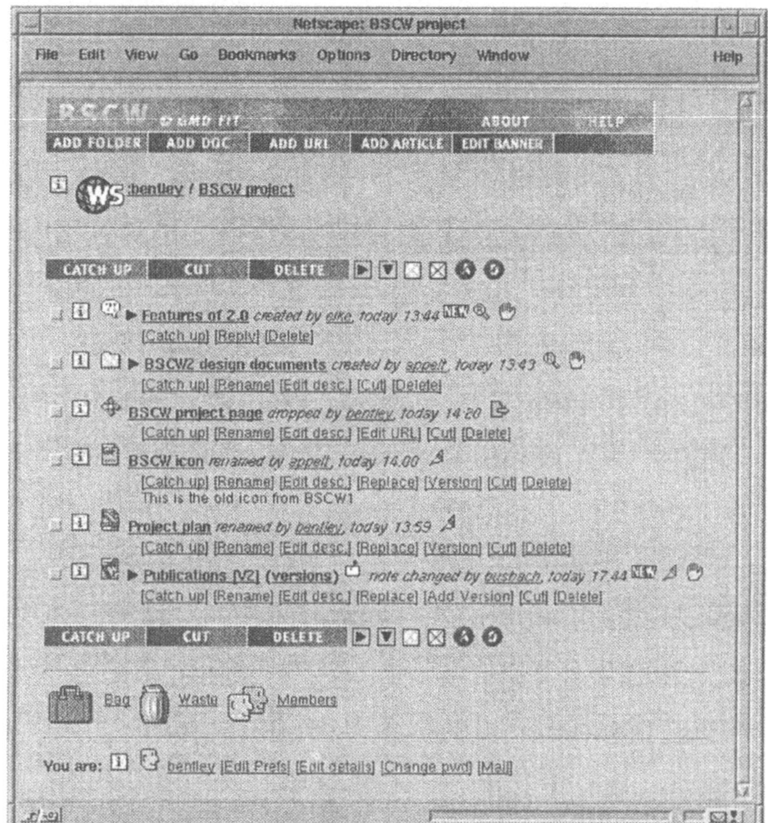

Abb. 4.4:
BSCW, ein Kooperationswerkzeug (Bentley et al. 1997)

Ein anderes Beispiel aus dieser Gruppe ist das System TCBWorks, das an der University of Georgia entwickelt wurde (http://ginger. mgmt.uga.edu:8001/) und inzwischen kommerziell vertrieben wird. Damit können Gruppen über WWW an gemeinsamen „Projekten" mitarbeiten, die den Arbeitsbereichen des BSCW ähneln, aber nicht über so viel Funktionalität verfügen. Außerdem kann man mit TCBWorks über Fragen oder Themen abstimmen (Dennis et al. 1997).

Das wichtigste Werkzeug in der dritten Softwaregruppe ist Lotus Notes/Domino. Der eindeutige Spitzenreiter bei der Software für Gruppenarbeit ist durch das Internet, Intranets und WWW zunächst stark in Bedrängnis geraten. Viele Firmen sehen WWW als eine billigere und einfacher zu nutzende Alternative zu Notes, insbesondere, wenn man die volle Funktionalität von Notes nicht ausschöpft. Lotus hat ab der Version 4.0 auf die Herausforderung geantwortet, indem Notes internetfähig gemacht wurde und die Preise, insbesondere für

Clients, drastisch gesenkt wurden. Ob damit Notes für Firmen, die es noch nicht einsetzen, wirklich eine interessante Alternative zu Internetdiensten und -werkzeugen geworden wäre, ist fraglich. Sie würden den Lernaufwand nach wie vor in eine proprietäre Architektur investieren. Lotus hat diese Problematik erkannt und die neueren Produkte auf die Internet-Standards ausgerichtet. Den Kern dieser neuen Strategie stellt das Produkt Domino dar (Abb. 4.5).

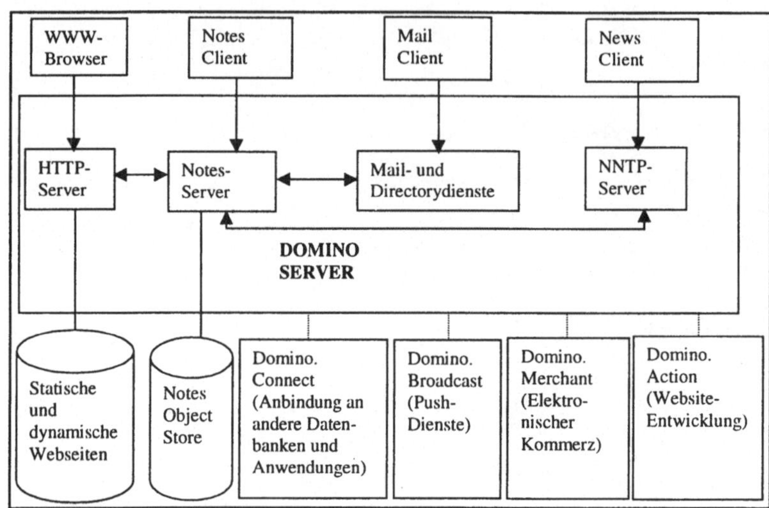

Domino/Notes ist zunächst eine Anwendungs- und Entwicklungsumgebung für Gruppenarbeit. Es beinhaltet also Anwendungen wie Messaging, Adressenverwaltung, gemeinsame Dokumententwicklung, Terminverwaltung usw. und man kann damit auch individuelle Anwendungen, z.B. zur Workflowunterstützung, entwickeln. Domino ist aber auch gleichzeitig ein Webserver und die Basis für fertige Lösungen von Lotus im Bereich Internet/Intranet. Der Domino-Server beinhaltet sowohl einen Notes- als auch einen Webserver, die ihre jeweiligen Clients mit Daten und Dokumenten versorgen. Die Daten und Dokumente können sowohl in Notes-Formaten als auch in HTML oder anderen Internet-Formaten vorliegen. Sie werden bei Bedarf dynamisch für den anfragenden Client umgewandelt. Auf diese Weise hat eine Organisation die Möglichkeit, aufgabenbezogen zu entscheiden, auf welchen Arbeitsplätzen Webbrowser und auf welchen Notes-Clients eingesetzt werden sollen. Wie Notes beinhaltet Domino eine Reihe von Funktionen zur Administration und Sicherung der Anwendungen. Der Administrator einer Notes-Datenbank hat z.B. die Möglichkeit, mit Hilfe von Agenten das Publizieren der in der Datenbank enthaltenen Dokumente bzw. die Aufnahme von Webseiten in die Datenbank zu automatisieren. Die

Erstellung einfacher Agenten ist ohne Programmierung über Formulareingaben möglich. So kann man z.B. einen Agenten regelmäßig die für eine Firma wichtigen Websites aufsuchen und die geänderten Seiten herunterladen lassen. Die Mitarbeiter der Firma können dann auf diese Seiten lokal zugreifen. Abb. 4.5 zeigt die grobe Architektur von Domino. Über zusätzliche Komponenten und Anwendungen wird die Funktionalität von Domino erweitert. Diese optionalen Pakete sind in der Abbildung durch gestrichelte Linien mit dem Kern von Domino verbunden.

Domino.Broadcast beinhaltet Technologien für Push-Dienste (siehe Abschn. 3.7). Domino.Merchant ist die Lösung von Lotus für elektronische Geschäftsabwicklung. Domino.Doc dient der Verwaltung und Archivierung von Dokumenten. Domino.Action ist ein Paket zum schnellen und einfachen Aufbau einer Webpräsenz Domino.Connect dient der Anbindung von alten Großrechneranwendungssystemen, Standardsoftware wie SAP R/3 und Datenbanken.

Der Notes-Client ist zu einem WWW-Browser mit erweiterten Fähigkeiten geworden. Das gilt sowohl für sein Aussehen und die Nutzung als auch für die innewohnende Technik, da er auch direkt auf andere Webserver als Domino zugreifen kann. Zu den im Vergleich zu anderen Web-Browsern erweiterten Fähigkeiten gehört z.B. die alte Notes-Fähigkeit der Replikation. Konkurrenten von Notes/Domino aus dem Bereich Groupware, z.B. Microsoft Exchange und Novell Groupwise, besitzen bei einzelnen Funktionen oder in bestimmten Systemumgebungen Vorteile, sie haben aber insgesamt die Funktionalität und Flexibilität von Notes/Domino bisher nicht erreichen können.

In 1996 wurde prophezeit, daß internetbasierte Groupwareprodukte in 1998 die Funktionalität von Notes einholen und 1999 gar überholen werden (INPUT 1996). Diese Voraussage hat sich nicht bewahrheitet und wird sich auch kaum in nächster Zukunft bewahrheiten. Im Gegenteil, Lotus scheint es zu gelingen, die Flexibiltät und Offenheit von internetbasierten Produkten einzuholen. Dennoch hat internetbasierte Groupware dort eine gute Chance, wo nicht die volle Funktionalität von Domino benötigt wird oder keine humanen Ressourcen für die Verwaltung so komplexer Software vorhanden sind.

Andere Programme werden ebenfalls internetfähig (internet-aware) gemacht. Die Hamburger Firma StarDivision hat als einer der ersten Anbieter von Office-Paketen ihr Produkt StarOffice mit Internetintegration in allen Komponenten ausgestattet. Aus der Textverarbeitung kann man ins WWW springen und von dort Webseiten in die Textverarbeitung importieren, verarbeiten und, wenn man dazu berechtigt ist, auf den Server zurückschreiben. Mit dem Tabellenkalkulationsprogramm erstellte Arbeitsblätter lassen sich ebenso einfach ins WWW exportieren. Marktführer wie Microsoft, Corel und Lotus haben mit ihren Office-Paketen inzwischen nachgezogen. Nischensoftware wird ebenso auf das Internet ausgerichtet. Terminplanungssoftware von Campbell Services (OnTime Web Server) oder Microsystems Software (CaLANdar) kann im Internet so genutzt werden, daß auf Terminpläne über WWW-Browser zugegriffen werden kann. GoldMine von Elan Software kann Datenbanken mit Informationen zu Kundenkontakten über das Internet synchronisieren. Das entspricht im Ansatz der Fähigkeit von Lotus Domino/Notes, Daten zu replizieren.

Es ist heute also möglich, fast alle wichtigen Softwarepakete aus den Bereichen Groupware und Office, ohne große Probleme in Intranets zu verwenden. Der zusätzliche Vorteil ihres Einsatzes in einem Intranet ist die Kombinationsmöglichkeit mit Internetdiensten in allen TCP/IP-basierten Netzen.

Wenn man Zusammenarbeit sehr weit auffaßt, auf jeden Fall über Groupware hinaus, kann man zur dritten Werkzeuggruppe auch Software zählen, die den Zugriff auf Data Warehouses und OLAP-Server (Online Analytical Processing) über WWW ermöglichen (z.B. DSS Web von Micro Strategy). Auf diese Weise kann eine noch größere Gruppe von Benutzern computergestützte Entscheidungsunterstützung erhalten, weil der Zugang zu dort zur Verfügung gestellten Daten und Anwendungsmethoden noch einfacher und billiger wird.

Tabelle 4.2 stellt den Vergleich zwischen den drei Softwaregruppen zusammenfassend und vereinfacht dar.

<table>
<tr><td rowspan="11">

Tabelle 4..2: Vergleich von Software für Gruppenarbeit

</td><td>Eigenschaft</td><td>Standard-
Internet-
dienste</td><td>Internet-
basierte Group-
ware</td><td>Internetfähige
Groupware</td></tr>
<tr><td>Funktionalität ˊ</td><td>partiell ausrei-
chend</td><td>partiell gut</td><td>hoch</td></tr>
<tr><td>Offenheit</td><td>hoch</td><td>hoch</td><td>eingeschränkt</td></tr>
<tr><td>Eingebaute
Unterstützung
für Sicherheit
und Admini-
stration</td><td>wenig</td><td>mittel</td><td>hoch</td></tr>
<tr><td>Integration der
Kooperations-
funktionen</td><td>niedrig</td><td>mittel</td><td>hoch</td></tr>
<tr><td>Komplexität</td><td>niedrig</td><td>mittel</td><td>hoch</td></tr>
<tr><td>Preis</td><td>niedrig</td><td>mittel</td><td>hoch</td></tr>
</table>

4.3
Extranet

Ein Extranet ist ein Kommunikationsnetz, das eine Firma mit einer geschlossenen Gruppe von Geschäftspartnern verbindet und in dem Daten auf der Basis der Protokollfamilie TCP/IP übertragen werden. Die Geschäftspartner können sowohl (potentielle) Kunden als auch (potentielle) Lieferanten sein. Technologisch läßt sich ein Extranet vom Internet oder einem Intranet mit Einwahlmöglichkeit nicht unterscheiden. Bei seiner Realisierung kommen die gleichen Werkzeuge und Sicherheitsmechanismen zum Einsatz, die man auch im Internet und Intranets verwendet.

4.4
Network Computer

Trotz der ständigen Verbesserungen des Preis/Leistung- Verhältnisses bei PCs sind die Gesamtkosten der Nutzung von PCs noch immer sehr hoch. Bei der Betrachtung der Gesamtkosten werden außer den Anschaffungskosten auch die anfallenden Kosten für die technische Unterstützung, für die Administration und den Betrieb des PCs und zwar sowohl am Arbeitsplatz als auch im LAN, an das der PC angeschlossen ist, berücksichtigt. Für diese Betrachtungsweise hat sich der Begriff Total Cost of Ownership (TCO) eingebürgert. Verschiedene Marktforscher haben unterschiedliche durchschnittliche TCO eines PC errechnet (die Gartner Group gibt die TCO eines PC mit einem Intel-Chip und dem Betriebssystem Windows95 mit knapp $10.000 pro Jahr an), doch in allen Berechnungen überwiegen die Unterstützungskosten die Anschaffungskosten um ein Mehrfaches. Aus diesem Grund wurde die Idee geboren, Rechner zu entwickeln, deren Unterstützung im Netzwerk viel einfacher und günstiger als bei gewöhnlichen PCs ist.

Ein solcher Rechner soll seine Software vom Netz beziehen und zentral unterstützt werden können, weswegen man ihn zunächst Network Computer (NC) genannt hat. Inzwischen gibt es eine Reihe von Namen für solche Computer, die oft herstellerspezifisch sind, z.B. Network Station, Java Station, NetPC. Hinter den unterschiedlichen Namen verbergen sich manchmal auch ganz unterschiedliche Architekturen, so daß eine eindeutige Charakterisierung eines NC nicht möglich ist. Manchmal wird ein NC als Internetterminal oder als ein PC ohne Harddisk beschrieben. Eine substantielle Beschreibung ist, daß der Zustand der Verarbeitung eines NC nicht im NC, sondern auf dem Server gespeichert wird, doch auch dieses Prinzip trifft nicht auf alle oben genannte NCs zu. Schließlich gibt es auch Lösungen, bei denen bestehende PCs durch geeignete Software als NCs genutzt werden. Damit können Unternehmen ihre veralteten PCs, die sich für den Betrieb neuer Betriebssysteme nicht mehr eignen, noch länger nutzen. Die Gartner Group schätzt, je nach NC-Konzept, die Einsparungsmöglichkeiten gegenüber einem oben beschriebenen PC mit 26 bis 39% ein (Gartner Group 1997).

Eine gemeinsame Bezeichnung für NCs ist „Thin Client", mit der ausgedrückt werden soll, das im Gegensatz zu herkömmlichen PCs („Fat Client") diese Rechner mit weniger Software und Hardware auskommen. Sie sind deswegen auch günstiger in der Anschaffung. Doch die bisherige (geringe) Erfahrung zeigt, daß die größten Einsparungen sich tatsächlich in der Unterstützung einstellen. Einige große Unternehmen berichten von jährlichen Einsparungen in Millionenhöhe (z.B. Hewlett-Packard oder CSX Corp., eine Eisenbahn- und Transportgesellschaft). Abb. 4.6 zeigt einen Vergleich verschiedener Eigenschaften von einem PC, NC und Terminal beim Betrieb in einem Netzwerk. Höhere Zahlenwerte in der Grafik stellen bei allen Kriterien eine bessere Bewertung dar.

Abb. 4.6: Hardware-Clients im Vergleich (Giga Information Group 1997)

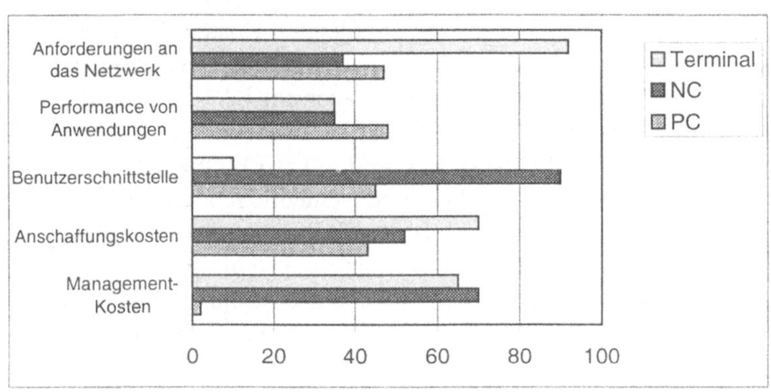

Wie man der Abbildung entnehmen kann, dominiert keine Art von Hardware-Client die anderen in allen Kategorien, so daß für jeden Arbeitsplatz der Client anwendungsspezifisch ausgewählt werden muß.

Literatur zu Kapitel 4

Bentley, R., Appelt, U., Busbach, U., Hinrichs, E., Kerr, D., Sikkel, K. Trevor, J., Woetzel, G.: Basic Support for Cooperative Work on the World Wide Web, International Journal of Human-Computer Studies, June 1997, 827–846.

Dennis, A.R., Pootheri, S.K., Natarajan, V.: TCBWorks: A First Generation
Web-Groupware System, Proceedings of the Hawaii International
Conference on System Sciences, 1997.

Gartner Group nach Simpson, D.: Will NCs save you a bundle?, Datamation,
May 1997, 100–105.

Giga Information Group nach Information Week, Nr. 4, 19.02.1998, 12.

INPUT: Notes' Survival in the Intranet-Enabled Corporation, Slough, Berkshire,
UK, 1996.

RFC 1597 Rekhter,Y., Moskowitz, B., Karrenberg, D., de Groot, G.: Address
Allocation for Private Internets, March 1994.

TEIL II:
PLANUNG DES INTERNETEINSATZES

5 Strategische Planung

Die Planung des Interneteinsatzes ist komplex, weil sie viele miteinander eng verknüpfte betriebswirtschaftliche und technische Aspekte enthält. Viele Unternehmen entgehen scheinbar der Komplexität, indem sie den „trial-and-error"-Ansatz verfolgen. Sie schaffen zuerst eine minimale Internetpräsenz und dann loten sie durch Versuche oder nachträgliche Überlegungen aus, was und wie sie es im Internet machen wollen. Das ist kein guter Ansatz, weil schlechte Präsentationen und instabile Informationsangebote sehr schnell von vielen Adressaten bemerkt werden und somit imageschädigend statt imagefördernd wirken. Die erste Werbung für Afri-Cola im WWW, als Beispiel, war relativ einfach und enthielt viele Interpunktionsfehler (siehe Abb. 5.1); die WWW-Site war nach einiger Zeit nicht mehr ansprechbar. Diese Präsentation kann dem Image des Produktes nicht viel geholfen haben, insbesondere nicht gegenüber dem Wettbewerber Coca-Cola, bei dem die WWW-Werbung auch bewegte Bilder und Sounds enthielt und der Werbung im Fernsehen glich. Ohne gute Planung könnten außerdem die Kosten schnell den vorgesehenen Rahmen sprengen oder hohe Sicherheitsrisiken auftreten. Bei diesem Ansatz fängt man praktisch mit dem „Wie" (Implementierung) an, bevor man sich für das „Was" (d.h., welche Informationen und Funktionen soll man anbieten) entschieden hat.

Eine andere „Planung" geht so vor sich, daß man selbst gar nichts tut, sondern auf die Konkurrenz wartet und sie dann kopiert. Diese Strategie scheint sicher zu sein, weil man aus den Erfahrungen anderer lernt. Ein Problem ist dabei, daß man durch Beobachtung nicht alles lernen kann. Das andere Problem ist, daß der Vorsprung der Konkurrenz vielleicht nicht mehr eingeholt werden kann, oder daß man durch Warten zumindest viel mehr Geschäft verloren als Kosten durch Imitation gespart hat. Der Vorsprung, den die Deutsche Bank mit ihrer WWW-Site gegenüber anderen Großbanken erzielt hat (http://www.deutsche-bank.de/), wird von diesen, wenn überhaupt, nur nach vielen Monaten einholbar sein. Dieser Vorsprung ist schwer zu quantifizieren, insbesondere von Außenseitern, aber er ist ohne Zweifel da. Er manifestiert sich unter anderem in monatlich Hunderttausenden von Besuchen der WWW-Site der Deutschen Bank und in der schnell realisierten und effektvollen Internetpräsenz ihrer Tochterunternehmen, wie Bank24 (Direktbank, http://www.bank24.de/) oder DWS (Fondsgesellschaft, http://www.dws.de/).

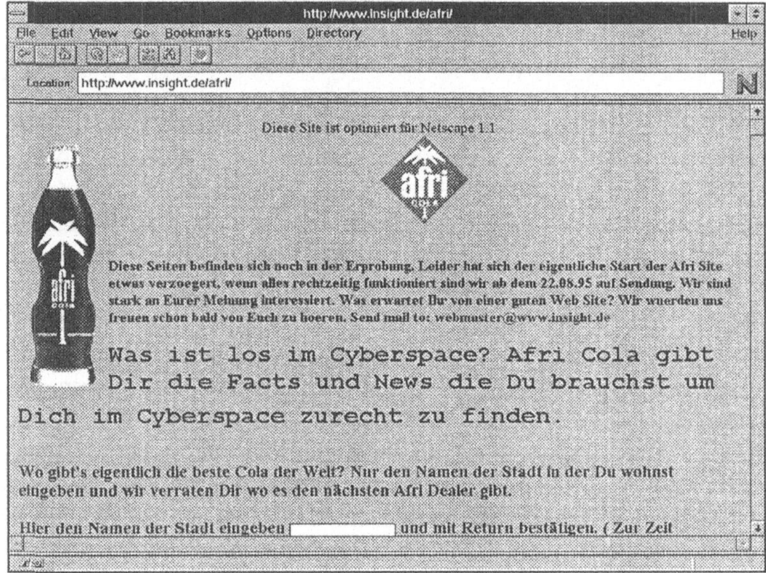

Aus diesen Gründen plädieren wir für einen möglichst frühen aber sorgfältig geplanten Interneteinsatz. Dabei muß und kann nicht jedes Detail im voraus geplant werden, denn der optimale Einsatz des Internet hängt wesentlich von den Bedürfnissen der Kunden ab. Und Internet dient unter anderem genau dazu, diese Bedürfnisse noch besser als bisher zu erfahren. Das ist ein weiterer Grund, warum man selbst im Internet präsent sein muß und nicht allein auf den Erfahrungen anderer bauen kann. Deswegen muß man das Medium aktiv nutzen, auch wenn noch nicht alle Probleme des Einsatzes definitiv gelöst sind (z.B. rechtliche oder sicherer Zahlung).

Eine mögliche Vorgehensweise ist in Abb. 5.2 wiedergegeben Dem Schritt der Planausführung ist Kap. 6 gewidmet, während alle anderen Schritte in diesem Kapitel diskutiert werden.

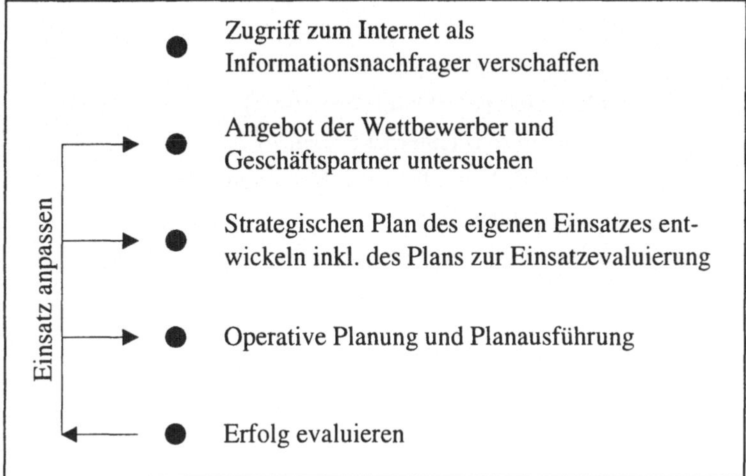

Abb.5.2:
Schritte zum Interneteinsatz

5.1
Das Internet kennenlernen

Der *Zugriff zum Internet* kann über einen direkten Zugang (siehe Abschn. 2.2.7) oder über einen der kommerzielen Online-Dienste (siehe Kap. 11 und 12) realisiert werden. Dabei geht es zunächst nur um den Zugang als Informationsnachfrager, um die gebotene Informationsvielfalt kennenzulernen. Die *Untersuchung des Angebots der Wettbewerber und Geschäftspartner* erfolgt vornehmlich mit Hilfe der Dienste WWW und der darin enthaltenen Suchdienste (z.B. Lycos und Yahoo), FTP und Diskussionsgruppen. Dieser Schritt ist hilfreich, um das „Gefühl" für das Medium zu entwickeln. Er sollte aber das Denken über den eigenen Einsatz des Internet nicht einschränken. Dieses sollte von den Überlegungen über die eigenen Kunden und die firmenspezifischen Wertaktivitäten geprägt sein.

5.2
Internetstrategie

Eine Möglichkeit, über den *eigenen Interneteinsatz* nachzudenken, ist der Ansatz von (Hoffman u.a. 1995), bei dem kommerzielle Websites in „funktionale Kategorien" unterteilt werden. Diese Klassifizierung ist in Abb. 5.3 dargestellt.

Die sog. Zielplätze stellen Webseiten dar, auf denen Anbieter ihre Waren und Dienste anpreisen, verkaufen und eventuell ausliefern. In einem Online-Geschäft werden Produkte zum Verkauf angeboten und eventuell Aufträge entgegengenommen. Bei der Internetpräsenz geht es „nur" darum, Besucher des Webplatzes zu informieren. Die einfachste Form stellt „flache Werbung" dar, bei der keine Verzweigungen zu weiteren Inhalten geboten werden. Die Webplätze zur Imageunterstützung haben weniger den Zweck, detaillierte Informationen anzubieten, als Emotionen zu wecken. Solche Plätze werden meist von Anbietern einfacher Konsumgüter unterhalten (z.B. alkoholfreie Getränke). Bei komplexeren Produkten werden möglichst gut aufbereitete Informationen angeboten (z.B. Autos, Unternehmensberatung, anspruchsvolle Reisen). Webplätze, an denen die Produkte (Inhalte) selbst geliefert werden, kann man danach unterscheiden, wer für die Produkte bezahlt. Bei gebührenpflichtigen Inhalten bezahlen Konsumenten für Inhalte, die der Anbieter herstellt oder einkauft. Bei gesponsorten Inhalten bezahlen Konsumenten keine Gebühren. Der Anbieter finanziert sich über Anzeigen der Sponsoren. Wie bei Printmedien findet man auch im WWW oft Mischformen dieser beiden Modelle (z.B. Sportdienste wie ESPNET SportsZone, http://ESPNET.SportsZone.com). Bei „suchbaren Datenbanken" bezahlen die gelisteten Personen oder Organisationen für die Aufnahme in eine Datenbank, die einem bestimmten Thema dediziert ist, während die Benutzer dieser Datenbank in der Regel keine Gebühren zahlen.

Webseiten, die der Verkehrssteuerung dienen, haben die Aufgabe, die WWW-Benutzer zu den Zielplätzen zu lenken. Ein Einkaufszentrum enthält viele Online-Geschäfte. Man kann ihm insofern Verkehrssteuerungsfunktion zuordnen, als die Besucher primär das Zentrum besuchen, um dort verschiedene Geschäfte zu besuchen und verschiedene Einkäufe zu tätigen. Diese Sicht gilt jedoch nicht in allen Fällen, da bestimmte Geschäfte so starke Anziehungskraft haben, daß viele Kunden nur wegen ihnen in ein Einkaufszentrum kommen. Für diese Geschäfte spielt die Steuerungsfunktion des Zentrums eine untergeordnete Rolle. Anreizplätze sind solche Webseiten, wo Besuchern bestimmte Dienste kostenlos angeboten werden, in der Hoffnung, daß die Besucher dann auch die kommerziellen Seiten abrufen, die hinter diesen Diensten stehen. Ein Beispiel ist die Website der Firma Metzger Associates (http://www.metzger.com/soap/), wo unterhaltsame Fortsetzungsgeschichten (soap operas) zu finden sind. Die Geschichten werden von Autoren dieser Agentur geschrieben, die Beratung im Bereich Unternehmenskommunikation anbietet. Suchagenten sind schließlich Dienste wie Alta Vista oder Infoseek, die helfen, sich im Dschungel des WWW zurechtzufinden (siehe Abschn. 3.6).

Ein Anbieter sollte beide Arten von Webplätzen berücksichtigen, um ein integriertes Marketing zu realisieren. Wenn man jedoch über die Webplätze im Sinne von Geschäftsmodellen nachdenkt und das Web beobachtet, stellt man fest, daß die meisten Firmen entweder Zielplätze oder Plätze zur Verkehrssteuerung betreiben. Das beschriebene Modell hilft, unterschiedliche Geschäftsmöglichkeiten im WWW herauszukristallisieren. Wir haben jedoch einige formale und inhaltliche Kritikpunkte. Ein formales Problem betrifft die Schwierigkeit, zwischen manchen Kategorien und Subkategorien zu unterscheiden. Wann sind Suchhilfen Inhalte in Form suchbarer Datenbanken (hier ist auch die Bezeichnung unglücklich, da eine Datenbank immer suchbar sein sollte) und wann Verkehrssteuerung in Form von Suchagenten? Ab wann geht es bei einem Webplatz nicht nur um Image sondern auch um Information? Wichtiger für die Praxis ist die inhaltliche Kritik. Erstens, das Modell berücksichtigt nur WWW. Dies war von den Autoren zwar beabsichtigt, aber es ist nicht sachlich gerechtfertigt. Selbst wenn Benutzer auf andere Dienste über WWW zugreifen, Anbieter müssen diese Dienste (z.B. FTP) entsprechend den dienstspezifischen Anforderungen realisieren. Eine Einschränkung auf WWW bei der Planung des Interneteinsatzes würde viele Möglichkeiten auslassen. Zweitens, die Kategorisierung läßt interessante Geschäftsmodelle aus, z.B. diejenigen, die sich aus der Unterstützung der Transaktionsabwicklung ergeben. Dazu gehören die Aktivitäten des Zahlungsvorgangs (siehe Abschn. 8.3) oder des elektronischen Austausches von Daten, EDI (siehe Abschn. 10.1).

Wir ziehen die folgende primäre Unterteilung vor, die für den Einsatz aller Internetdienste gilt:

1. Aktivitäten, die der Unterstützung internetunabhängiger Geschäftsfelder dienen, und

2. Aktivitäten, die der Erschließung von Geschäftsfeldern mit Bezug zu Internetdiensten dienen.

Als „internetunabhängig" bezeichnen wir die Geschäftsfelder, deren Existenz in keiner Weise vom Internet abhängt. Sie werden durch Internet nur unterstützt. Die zweite Gruppe beinhaltet Geschäftsfelder, die nur aufgrund der Existenz des Internet (oder ähnlicher Kommunikationsnetze) entstehen. Man kann die beiden Gruppen von Aktivitäten auch so vereinfacht beschreiben: „Internet als Mittel zum Zweck" und „Internet als Zweck". Der ultimative Zweck sind natürlich Unternehmensziele wie Gewinn, Umsatz oder ähnliches. Die bewußte Entscheidung für eine oder beide Arten von Aktivitäten sollte die erste Entscheidung bei der strategischen Planung des eigentlichen Interneteinsatzes sein. Die oben als Zielplätze bezeichneten Ansätze dienen meistens der Unterstützung internetunabhängiger Geschäftsfelder, während die Webplätze zur Verkehrssteuerung meistens neue Geschäftsfelder mit Bezug zu Internet darstellen. Zuerst war es so, daß diese neuen Geschäftsfelder vornehmlich von neuen Firmen wahrgenommen wurden. Das hat sich aber inzwischen geändert. So betreibt z.B. die Telefongesellschaft MCI ein Einkaufszentrum im WWW. Mischstrategien sind auch hier möglich; ein Unternehmen, das ein virtuelles Geschäft betreiben will, kann sich entscheiden, auch anderen Firmen virtuelle Ladenfläche anzubieten, um aus dem Geschäft ein Einkaufszentrum zu machen (wie z.B. Karstadt mit http://www.my-world.de). Auf diese Weise kann man vielleicht noch mehr Besucher locken und zusätzliche Einnahmen erzielen. Manchmal ist es auch schwierig zu entscheiden, ob eine Tätigkeit strategisch als ein neues Geschäftsfeld angesehen werden soll: Das Audit Bureau of Circulations (ABC) in Schaumburg, IL überprüft für den Werbemarkt seit über 80 Jahren die Zirkulationsangaben von Printmedien in USA. Mitte 1996 wurde diese Tätigkeit auf das WWW ausgedehnt (http://www.accessabc.com/webaudit/). Ohne Internet und WWW gäbe es den Bedarf nach dieser Aktivität nicht, aber die Verifikation von Zirkulationsdaten der Werbemedien war schon immer die Aufgabe von ABC.

Es erscheint plausibel, daß der Interneteinsatz einer Firma mit anderen Aktivitäten der Firma abgestimmt werden sollte, also strategisch geplant werden sollte. Von uns durchgeführte Umfragen (http://alpar.uni-marburg.de) zeigen, daß deutsche Anbieter von Inhalten im WWW den Bedarf nach eine Strategie für ihren Interneteinsatz zunehmend erkennen. Kontrollfragen deuten jedoch darauf hin, daß tatsächlich oft noch keine umfassende Strategie vorliegen kann. Während dieser Mangel an strategischer Planung des Interneteinsatzes zu beklagen ist, sind die Antworten nach dem Anstoß zur Präsenz im Internet positiv zu bewerten. In den meisten Fällen kam der Anstoß von der Geschäftsleitung oder aus funktionalen Abteilungen. Nur selten war der Sprung ins Internet nicht nachfrageinduziert, sondern er wurde von der EDV vorangetrieben.

5.2.1
Unterstützung internetunabhängiger Geschäftsfelder

Wenn man sich für diese Art des Interneteinsatzes entschieden hat, sollte sich die zweite Entscheidung darauf beziehen, welche Wertaktivitäten unterstützt werden sollen. Dabei kann man z.B. Porters Konzept von Wertschöpfungsketten als ein Strukturierungsschema verwenden (Porter 1986). Abb. 5.4 zeigt eine mögliche Wertschöpfungskette eines Unternehmens.

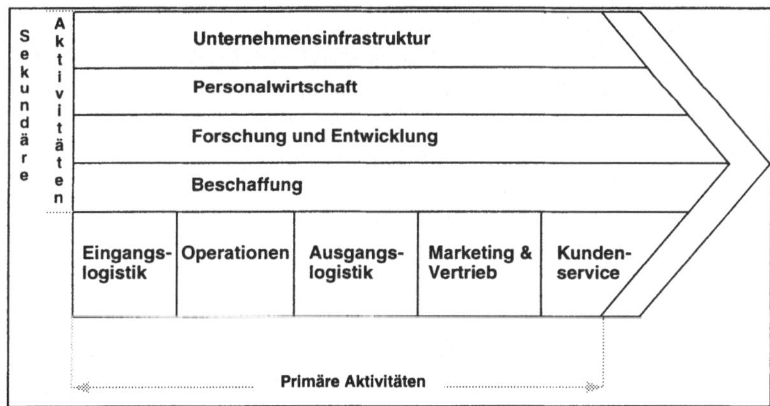

Abb. 5.4: Wertschöpfungskette der Unternehmung (Porter 1986)

Ausgangslogistik, Marketing und Vertrieb und Kundenservice werden als „ausgehende Aktivitäten" bezeichnet. Sie richten sich an die Kunden der Firma. Eingangslogistik bezieht sich als eine „eingehende Aktivität" auf die Lieferanten. Operationen, womit Porter hauptsächlich an Produktion denkt, werden als eine „interne Aktivität" bezeichnet. Diese primären Aktivitäten werden durch die sekundären Aktivitäten unterstützt, die man deutsch auch als Querschnittsfunktionen bezeichnet. Das bedeutet, daß Beschaffung z.B. in jeder der primären Funktionen anfällt. Das muß allerdings nicht heißen, daß die sekundären Aktivitäten im Unternehmen immer zentral organisiert sind. Jedes Unternehmen muß seine typische Wertschöpfungskette definieren, die von der in Abb. 5.4 abweichen kann. Eine Firma kann manche der obigen Aktivitäten als für sie weniger wichtig auslassen und Unteraktivitäten mancher dargestellten primären Aktivitäten als besonders wichtig herausstellen. Die Wertkette einer Firma reiht sich an die Wertketten ihrer Geschäftspartner an. So stellen die ausgehenden Aktivitäten einer Firma eingehende Aktivitäten für ihre Kunden.

Wenn ein Unternehmen seine spezifische Wertkette definiert hat, kann es sie danach untersuchen, ob und wo ein Interneteinsatz sinnvoll ist. Kapitel 8 bis 10 zeigen, wie eine solche Analyse für die einzelnen Aktivitäten vorgenommen werden kann bzw. wie die einzelnen Aktivitäten durch Internet unterstützt werden können. Sie geben also Hilfen zu einer weiteren, detaillierteren Planung. Wir wählen diesen, inzwischen klassischen Ansatz, weil er sich noch immer gut dafür eignet, die Analyse der einzelnen Aktivitäten zu strukturieren. Die nachfolgenden Ansätze eröffnen jedoch einen weiteren Denkhorizont bei der strategischen Planung.

Eine explizite Anpassung des Konzepts der Wertschöpfungskette an interaktive Online-Medien nehmen Rayport und Sviokla (1995) vor. Wenn Firmen Vorgänge aus dem „Marktplatz" (marketplace) durch Informationen nahtlos abbilden und durch sie Mehrwert erzeugen, entsteht eine „virtuelle Wertschöpfungskette" im „Marktraum" (marketspace). Durch die Anwendung „generischer" wertschöpfender Informationsverarbeitungsfunktionen Sammeln, Organisieren, Auswählen, Zusammensetzen und Verteilen entstehen neue Märkte und neue Kundenbeziehungen. Aus der koordinierten Nutzung der physischen und der virtuellen Wertkette entsteht eine „Wertmatrix" (Abb. 5.5).

Diese Sicht verdeutlicht, daß Unternehmen bei ihrer Strategie für den Interneteinsatz über die Ausführung bestehender Prozesse hinaus nachdenken sollten. Auf der anderen Seite entspricht diese Sicht noch immer einer tayloristischen Prozeßorientierung, von der man heute kaum noch radikale Verbesserungen erwarten kann (vgl. Normann und Ramirez 1993). Sie ist auch noch zu stark an die physische Wertschöpfungskette gebunden.

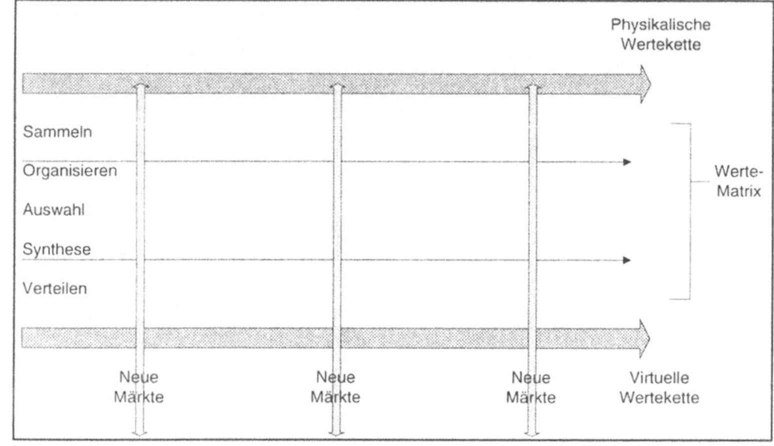

Abb. 5.5:
Entstehen von
Mehrwert durch fünf
generische
Informations-
funktionen (Rayport/
Sviokla 1995)

Ein davon unabhängiger Ansatz ist die Ausrichtung an Gruppen mit gleichen Interessen (community of interest, COI), deren Mitglieder hauptsächlich über interaktive Online-Medien interagieren, weswegen sie manche Autoren als „virtual communities" bezeichnen (Hagel und Armstrong 1997). Die Idee hierbei ist es, die Entstehung und Entwicklung solcher Gruppen aktiv zu steuern. Das ist eigentlich nicht neu, denn solche Gruppen gibt es seit fast 30 Jahren in Online-Diensten wie CompuServe (siehe Abschn. 12.1) und den Diskussionsgruppen des Internet. Neu ist jedoch die angestrebte (stärkere) kommerzielle Ausrichtung solcher Gruppen. Es wird empfohlen solche Gemeinschaften zu organisieren, um Einnahmen aus Werbung, Provisionen aus Kaufabschlüssen und dem Handel mit Mitgliederprofilen zu erzielen. Die Mitglieder der Community und die Anbieter von Waren und Diensten sowie die Werbetreibenden sind ebenfalls Gewinner in diesem Szenario, weil die Mitglieder u.a. durch Interaktion miteinander ihre Kundenmacht vergrößern und am Verkauf ihrer Profile beteiligt sind und die Anbieter gezielter werben und verkaufen können. Je größer die Mitgliederzahl und –aktivität in der Community, um so stärker wachsen die Erträge aller Beteiligten. Hagel und Armstrong nennen das „das Gesetz zunehmender Erträge". Abb. 5.6 stellt die sich gegenseitig verstärkenden Effekte graphisch dar.

In der Volkswirtschaftstheorie ist dieses Phänomen, daß der Wert eines Netzwerks für seine Mitglieder mit der Mitgliederzahl überproportional wächst, schon lange unter dem Begriff der Netzwerkexternalität bekannt. Der Wert der Herausstellung dieses Phänomens im Zusammenhang mit interaktiven Online-Netzen besteht darin, daß er Firmen auf Geschäftsmöglichkeiten aufmerksam macht, die nicht unbedingt aus ihren bestehenden Geschäftsfeldern und Prozessen abgeleitet werden können. Der Organisator einer Community kann, aber muß nicht auch Anbieter von Produkten oder Diensten sein, die den Fokus der COI darstellen.

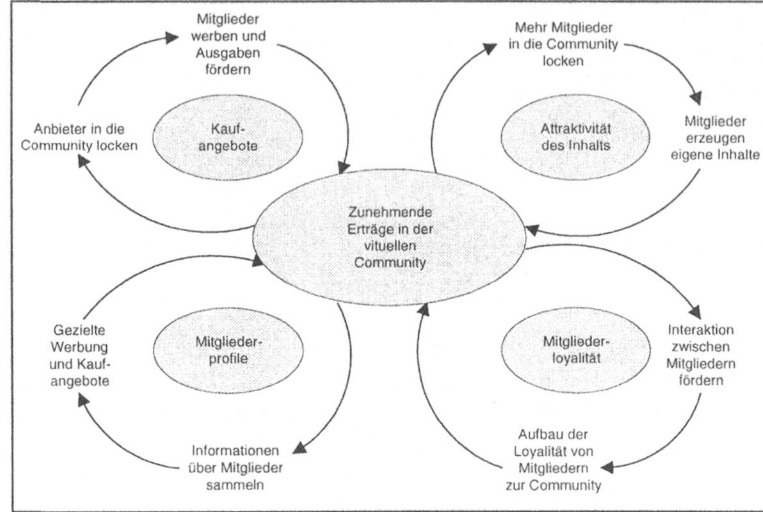

Ein Beispiel für eine sinnvolle Internetstrategie liefert das mittelständische Unternehmen Zipperling Kessler & Co (http://www. zipperling.de). Es beliefert Firmen, die Kunststoffe herstellen und verarbeiten, mit Produkten, die diesen Kunststoffen gewünschte Eigenschaften verleihen (z.B. Flammschutz für das Polypropylen-Gewebe, mit dem Christo den Reichstag in Berlin verhüllte). Die meisten Kunden des Unternehmens sind noch keine Internetbenutzer. Die Unterstützung von Verkaufsaktivitäten war für Zipperling deswegen uninteressant. Statt dessen wollte man Wissenschaftler, Techniker, Studenten und insbesondere Innovatoren ansprechen, um sie mit den Produkten und der Forschung der Firma vertraut zu machen. Die Internetstrategie folgt der allgemeinen Strategie des Unternehmens: „Machen Sie Ihre Innovation zu unserer Aufgabe" (Weßling 1996).

5.2.2
Internet als neues Geschäftsfeld

Wenn man sich entschließt, das Internet als ein neues Geschäftsfeld zu betrachten, muß man sich die Frage stellen, welche Internetdienste man anbieten möchte. Dabei kann die Wertkette der Internetdienste helfen (siehe Abb. 5.7).

<table>
<tr><td rowspan="2">Sekundäre Leistungen</td><td colspan="6">Beratung</td></tr>
<tr><td colspan="6">Systemintegration
Outsourcing
Verpackung primärer Leistungen</td></tr>
<tr><td rowspan="2">Primäre Leistungen</td><td>ServerHW, TK-Equipment</td><td>ServerSW, EntwicklungsSW, Firewalls</td><td>Distributionskanäle (Leitungen, Einwählpunkte, Abrechnung)</td><td>Endgeräte (PC, NC, TV, Telefon, Modem, ISDN-Karte, Set-Top-Box)</td><td>Client-SW (Browser, Player)</td><td>Inhalte, Produkte, Dienste, Internetzusatzdienste</td></tr>
<tr><td>SUN, DEC, IBM, SGI, HP, ... Cisco, Ascend</td><td>Netscape, Microsoft, O'Reilly, Oracle, Sun, HP ...</td><td>TK- und Kabelgesellschaften, ISP, POP, KOD, Hersteller von TK Equipment</td><td>Hersteller der entsprechenden Endgeräte</td><td>Netscape, Microsoft</td><td>Medien, Dienstleister, Industrie, Non-Profit-Sektor</td></tr>
<tr><td>Anbieter</td><td colspan="6"></td></tr>
</table>

Abb. 5.7:
Wertkette der Internetdienste

Die meisten der „primären Aktivitäten" werden hauptsächlich von Telekommunikationsfirmen und Unternehmen aus der Hardware- und Softwareindustrie wahrgenommen. Internetzusatzdienste und Beratung als eine „sekundäre Aktivität" werden auch von Firmen angeboten, die primär anderen Branchen zuzuordnen sind. Insbesondere die Zusatzdienste bieten vielen Firmen interessante Möglichkeiten für neue Geschäftsfelder und Chancen für Unternehmensneugründungen. Wenn eine Firma in diesem Bereich aktiv werden will, stellt sich auch hier als zweite Frage: Welche Wertschöpfungsaktivität soll unterstützt werden? Deswegen werden ausführlichere Beispiele und Analysen zu dieser strategischen Ausrichtung ebenfalls in den Kap. 8 bis 10 besprochen. Hier seien nur zwei Beispiele kurz angedeutet, um die Sichtweise besser zu erklären.

Die Offenheit des Internet stellt für viele Anwendungen ein großes Problem dar. Das gilt besonders für Einkaufen und Zahlen im Internet. Es gibt viele Lösungsansätze (siehe z.B. die Auflistung unter http://nii.isi.edu/info/netcheque/related.html), von welchen einige bereits intensiv genutzt werden. Hinter manchen Ansätzen stehen Firmen wie Kreditkartenorganisationen, deren Geschäftsfeld Abwicklung von Zahlungstransaktionen ist. Die Mehrheit der Ansätze stammt jedoch von (meistens jungen) Firmen, die Zahlungsvermittlung im Internet als ein neues Geschäftsfeld betreiben. Als Beispiel kann man die First Virtual Holdings Inc. aus USA nennen (siehe Abschn. 8.3), die seit Oktober 1994 Einkaufen im Internet unterstützt und nach weniger als zwei Jahren bereits mehrere Hunderttausend Kunden hatte. Das System von First Virtual ist nicht ideal, aber es funktioniert und zwar ohne Enkryption und besondere Software oder Hardware. Bemerkenswert ist auch, daß es hier einem bis dahin unbekannten Vermittler gelungen ist, sich zwischen Käufer, Verkäufer und Kreditkartenorganisationen dazwischenzuschieben. Um wieviel leichter müßte es dann bekannten Firmen fallen, sich als Transaktionsvermittler zu etablieren, auch wenn man primär kein Finanzdienstleister ist? Wenn man Prognosen der Marktforscher (Dataquest) glaubt, daß zur Jahrtausendwende Geldströme von 200 Milliarden Dollar jährlich auf der „Infobahn" fließen werden, dann sollte das Zahlungsvermittlungsgeschäft nicht vernachlässigt werden.

Eines der Probleme beim Marketing im Internet ist die schwierige Messung und Nachprüfbarkeit der Kundenkontakte. Wie kann eine Firma beurteilen, ob es sich lohnt, für das Plazieren eines Banners bei einem Suchdienst (siehe Abschn. 8.1.1) oder einem elektronischen Magazin 25.000 Dollar pro Monat zu bezahlen. Die leicht meßbaren Zahlen der „Hits" oder Seitenansichten sind nicht aussagekräftig. Deswegen bieten die Firmen Nielsen Media Research und Internet Profiles verschiedene Dienste und Programme zur besseren Erfassung und Nachprüfung der WWW-Seitenabrufe an. Sie analysieren und verifizieren als unabhängige Partei die Zugriffslogs ihrer Kunden und nehmen auch die Registrierung von Besuchern der Websites ihrer Kunden vor. Die Registrierung durch eine dritte Partei bietet den Internetbenutzern die Möglichkeit, registrierungspflichtige Inhalte abzurufen, ohne ihre Identität preisgeben zu müssen. Der Content-Provider erhält wiederum demographische und andere Daten über die Besucher seiner Site und deren Verhalten bezüglich Nutzung angebotener Inhalte. Das Beispiel zeigt, wie man durch Verständnis der Internettechnologie und der Bedürfnisse der Internetbenutzer völlig neuartige Geschäftschancen wahrnehmen kann.

5.3
Plan der Einsatzevaluierung

Die ersten Schritte im Internet sollten zunächst als ein Forschungs- und Entwicklungsprojekt durchgeführt werden, damit man sich nicht zu kurzfristigem Erfolgsdruck aussetzt. Doch sobald ein signifikantes Projekt angegangen wird, sollte die Evaluierung des Interneteinsatzes schon vor dem Einsatz geplant werden. Sie ist Bestandteil der strategischen Planung, weil die richtigen Erfolgsmaße direkt von den strategischen Zielen abhängen. Die Erfolgsmaße können dabei die konventionellen finanziellen Größen (z.B. Umsatzsteigerung), Maße für Ziele, die indirekt zu besseren Finanzergebnissen führen (z.B. Imageverbesserung), oder spezielle Kennzahlen mit Bezug zum Internet sein.

Publizierte Beispiele für die erste Gruppe betreffen Kosteneinsparungen und Umsatzrealisierungen. Federal Express behauptet, durch die Möglichkeit der Paketverfolgung seitens der Kunden über das Internet (siehe Abschn. 9.1) zwei Millionen Dollar jährlich im Kundenservice eingespart zu haben. Die Akademische Software Kooperation (ASK) in Karlsruhe hat im Jahre 1995 20.000 Sofwarelizenzen an Hochschulen und öffentliche Forschungseinrichtungen über das Internet verkauft und geliefert (http://www.ask.uni-karlsruhe. de). Dank dieser Distributionsform konnten die Kunden bis zu 70% billiger gegenüber üblichen Hochschulpreisen einkaufen, was zu einer Gesamtersparnis in Millionenhöhe führte. Cisco Systems, einer der wichtigsten Hersteller von Netzwerkhardware und zugehöriger Software, setzte im Geschäftsjahr 1996/1997 zwei Milliarden US $ oder ca. 40% des Gesamtumsatzes über das Internet um. Dadurch wurden ca. 300 Millionen US $ eingespart (siehe auch Abschn. 10.4.2).

Die Messung der Zielerreichung bei Zielen wie Imageverbesserung, Erreichung von Wettbewerbsvorteilen oder Erhöhung des Bekanntheitsgrades einer Marke ist generell nicht trivial. Dazu muß i.d.R. Marktforschung betrieben werden, weil zur Beantwortung Daten erforderlich sind, die nicht automatisch im Unternehmen anfallen. Diese Forschung muß außerdem i.d.R. außerhalb des Internet erfolgen, wenn die Ergebnisse repräsentativ und zuverlässig sein sollen.

Beispiele für internetspezifische Maße sind Anzahl der Seitenabrufe, Anzahl der Besuche der Website, Plätze auf Internethitlisten oder Quantität und Qualität der Hinweise auf die eigene Website. Für das oben erwähnte Unternehmen Zipperling Kessler & Co ist letzteres eines der wichtigen Erfolgsmaße ihrer Internetpräsenz. Das Unternehmen hat z.B. ein eigenes Stockwerk mit Informationen zu seinen Produkten und Hinweisen auf ihre Website im virtuellen Hochhaus eines Fachbereichs Chemie einer amerikanischen Universität erhalten. Die Bank J.P. Morgan mißt den Erfolg ihres Internetangebots u.a. durch die Anzahl der Downloads ihres Programms RiskMetrics (siehe Abschn. 10.4.1).

Unsere Umfragen bei Unternehmen, die sich im Internet präsentieren (Alpar 1997), zeigen, daß Unternehmen am häufigsten Imageunterstützung, Erreichen von Wettbewerbsvorteilen und Vermeidung von Wettbewerbsnachteilen als Gründe für ihren Interneteinsatz angeben. Der Erfolg wird bisher jedoch meistens nur mit internetspezifischen Maßen evaluiert. Das ist nicht zufriedenstellend, denn abgesehen von der Problematik der Messung der Besuchsintensität einer Website (siehe Abschn. 3.6 und 8.1), gibt es keine nachgewiesene Beziehung zwischen diesen Maßen und den genannten Zielen des Interneteinsatzes. Die Auswertung der Logfiles kann auch nur begrenzt die Weiterentwicklung einer Website unterstützen. Die kontinuierliche Messung der Benutzerzufriedenheit mit einer Website mit geeigneten Instrumenten und im Vergleich zur Konkurrenz (siehe http://alpar.uni-marburg.de) kann hier wertvolle Hinweise liefern.

Schließlich sollte der Ertrag des Interneteinsatzes auch in Beziehung zu den Kosten gesetzt werden, die durchaus hoch sein können, wie im nächsten Kapitel gezeigt wird.

Literatur zu Kapitel 5

Alpar, P.: Nutzung des Internet bei deutschen Unternehmen, Nachrichten für Dokumentation (NfD), 48 (3), Mai-Juni 1997, 180–185.

Hagel, J., Armstrong, A.G.: Net Gain – Profit im Netz, Gabler Wiesbaden 1997.

Hoffman, D., Novak, Th. P. und Chatterjee, P.: Commercial Scenarios for the Web: Opportunities and Challenges in Journal of Computer-Mediated Communication, Vol. 1, Nr. 3, December 1995, auch erhältlich unter http://www.ogsm.vanderbilt.edu/jcmc.commercial.scenarios.

Normann, R., Ramirez, R.: From Value Chain to Value Constellation: Designing Interactive Strategy, Harvard Business Revue, Jul-Aug 1993, 65–77.

Porter, M.: Wettbewerbsvorteile, Campus Verlag, Frankfurt/Main 1986.

Rayport, J.E., Sviokla, J.J.: Exploiting the Virtual Value Chain, Harvard Business Revue, Nov-Dec 1995, 75–85.

Weßling, B.: Ein mittelständiges Produktions-Unternehmen ist präsent im Internet (http://www.zipperling.de), Vortrag am 6.02.1996, EUROFORUM Internet-Kongreß '96, Berlin.

6 Planausführung

Die Planausführung kann in die in Abb. 6.1 aufgelisteten Schritte unterteilt werden. Dabei muß nicht unbedingt die vorgegebene Reihenfolge befolgt werden.

<table>
<tr><td>

o   Auswählen des Projektteams

o   Auswählen des Internetzugangsanbieters

o   Anmelden der Internetpräsenz

o   Auswählen der Software

o   Auswählen der Hardware

o   Erstellen des Informationsangebots

o   Realisieren der Sicherheitsanforderungen

o   Bekanntmachen des Informationsangebots

</td></tr>
</table>

Abb. 6.1:
Schritte der Planausführung

Die angegebenen Schritte werden in den folgenden Abschnitten erläutert.

6.1
Auswählen eines Projektteams

Sämtliche im Zusammenhang mit dem Internet stehende Aktivitäten können von Dritten bezogen werden, d.h., ausgelagert werden. Es sollte aber zumindest einen internen Projektleiter geben, der auf die richtige Zusammensetzung des Teams achtet und bei Erfolg des Projekts die Institutionalisierung der Internetaktivitäten vorantreibt. Je nach definierten Zielen des Interneteinsatzes muß das Team firmeninterne oder -externe Mitglieder enthalten, die Kenntnisse auf den Gebieten Netzwerkadministration, Betriebssysteme, Programmierung, Betriebswirtschaft und kreative Gestaltung besitzen. Die Mitglieder mit betriebswirtschaftlichen Kenntnissen helfen bei der inhaltlichen Umsetzung der Internetstrategie. Mitglieder, die sich mit Betriebssystemen und Netzwerken auskennen, implementieren und konfigurieren die Software zur Anbindung an das Internet und zur Nutzung der Internetdienste. Programmierer entwickeln Webseiten und die Anbindung an firmeninterne Datenbanken. Die kreative Gestaltung der Kommunikation kann von Graphikdesignern oder Werbetextern unterstützt werden.

Sofern Tätigkeiten ausgelagert werden sollen, kann die Auswahl von Beratern nach gleichen Kriterien erfolgen, wie es bei anderen Tätigkeiten üblich ist, so daß hier darauf nicht weiter eingegangen wird. In unserer Umfrage bei deutschen Firmen, die im Internet präsent sind (siehe vorhergehendes Kapitel), war die Erstellung von Programmen für interaktive Webseiten die am häufigsten genannte Art von Beratung, derer sich Unternehmen bedienten.

6.2
Auswählen eines Internetzugangsanbieters

Da nur wenige Organisationen eigene Internet-Backbones sowie Verbindungen zu anderen Backbones haben (in der Regel sind das die Internetzugangsanbieter), stellt sich praktisch für jedes Unternehmen die wichtige Frage nach der Auswahl eines Internetzugangsanbieters (internet access provider, IAP). Da die meisten Internetzugangsanbieter weitere Dienste anbieten, werden sie auch Internetdiensteanbieter (internet service provider, ISP) genannt, was auch nachfolgend getan wird. Die ISP benutzen wiederum Leitungen der Anbieter von Kommunikationsnetzen (carrier). Eine Trennung zwischen diesen beiden Unternehmensgruppen ist manchmal schwierig, weil viele Carrier auch (direkte) ISP sind (z.B. AT&T oder die Deutsche Telekom). Tabelle 6.1 enthält Namen und Anschriften einiger wichtiger ISPs in Deutschland.

Firma	Anmerkungen	Kontakt
Deutsche Telekom	verkauft Kapazitäten anderen ISPs, bietet Internetzugang über T-Online (Privatkunden) und T-InterConnect (Geschäftskunden) an	http://www.dtag.de
DFN-Verein/ Wissenschaftsnetz	bietet inzwischen auch Privatpersonen und Organisationen außerhalb des wiss. Bereichs Zugang an	Tel: 0 30 / 88 42 99-23 http://www.dfn.de
DPN Deutsches Provider Network	Verbund deutscher Internetprovider	0203 / 3093 101 http://www.dpn.de
ECRC (European Computer-Industry Research Centre GmbH)	Standort eines deutschen CIX, Eigner sind Bull, ICL und Siemens	Tel: 0 89 / 9 26 99-104 http://www.ecrc.de
IS Internet Services (vormals MAZ)	Haupteigner ist Thyssen Telekom	Tel: 0 40 / 7 66 29-16 23 http://www.maz.net
Nacamar Data Communications GmbH	unabhängig	Tel: 0 61 03 / 9 93-0 http://www.nacamar.de
NTG/Xlink (Netzwerk und Telematic GmbH)	Tochter der Bull AG	Tel: 07 21 / 96 52-0 http://www.xlink.de
UUnet Deutschland GmbH	früher Eunet Deutschland, Eigner ist die amerikanische UUnet-Gruppe, die WorldCom gehört	Tel: 0231 / 9 72-00 http://www.uunet.de

Die wichtigsten Kriterien für die Auswahl eines ISP sind in Abb. 6.2 dargestellt.

Der Wunsch nach *Netzwerkzuverlässigkeit* bedeutet, daß das Netz des ISP möglichst die ganze Zeit störungsfrei laufen sollte. Ob dies für das Netz eines ISP gilt, kann man zunächst beim Anbieter, bei seinen Kunden oder bei sich selbst erfahren, indem man den Anbieter zunächst nur als Informationsnachfrager benutzt. Schließlich kann man versuchen, sich die gewünschte Störungsfreiheit vertraglich zusichern zu lassen.

Abb. 6.2: Auswahlkriterien für einen Internetzugangsanbieter

- Netzwerkzuverlässigkeit
- Netzwerkdurchsatz
- Sicherheit
- Benutzungsrestriktionen
- lokaler Anschluß
- Kundenunterstützung und -dienst
- Kosten
- Reputation und Zukunftspläne

Sicherheit bezieht sich auf die im Kap. 7 dargelegten Probleme und Lösungen. Man sollte vom ISP erwarten können, daß er die gängigen Produkte und Maßnahmen zur Absicherung des Datenverkehrs auf seinem Teil des Internet einsetzt. Ergänzend sollte man ähnliche Sicherheitsvorkehrungen im firmeninternen Bereich treffen. *Benutzungsrestriktionen* werden hauptsächlich privaten Nutzern auferlegt, die dafür einen kostengünstigeren Zugang erhalten. So werden manchmal die Nutzungszeit (z.B. keine Nutzung werktags von 9 bis 16 Uhr) und die Nutzungsdauer (z.B. maximal 20 h pro Monat) eingeschränkt. Weitere Einschränkungen können sich auf die angebotenen Internetdienste (z.B. kein IRC) oder Benutzerinhalte beziehen. Ein Beispiel für inhaltliche Einschränkungen stellen die Internetzugangsregeln von MCI dar, die ein Überfluten von Diskussionsgruppen mit Angeboten verbieten. *Lokaler Anschluß* deutet die Möglichkeit an, sich durch einen lokalen Anruf beim ISP ins Internet einwählen zu können. Für Unternehmen mit vielen Zweigniederlassungen oder Mitarbeitern, die geographisch verstreut arbeiten, bedeutet das, daß der in diesem Zusammenhang ideale ISP möglichst dort Zugangsknoten besitzen sollte, wo sich diese Lokationen befinden.

Guter *Netzwerkdurchsatz* ist sehr wichtig, damit die Informationsnachfrager nicht zu lange auf die Informationen warten müssen oder gar auf den Stoppknopf klicken, bevor die gewünschten Informationen bei ihnen angekommen sind. Für die firmeninternen Benutzer, die im Internet arbeiten, ist ein guter Netzdurchsatz ebenso angenehm. Es ist allerdings nicht trivial vorauszubestimmen, welcher ISP den geforderten Durchsatz anbieten kann. Der Durchsatz hängt zuerst von der Bandbreite der Leitungen zum ISP ab. Diese sollte mindestens die ISDN-Bandbreite von 64 Kbit/s aufweisen. Weiter hängt der Durchsatz von der Bandbreite ab, mit der der ISP mit den verschiedenen Teilen des Internet verbunden ist. Hier kann man oft Unerwartetes erfahren. So ist es noch möglich, daß zwei deutsche oder europäische ISPs den Übergang zwischen ihren Netzen in USA haben. Die Bandbreite dieser Übergänge ist natürlich auch wichtig. Die meisten großen deutschen Anbieter haben inzwischen Übergänge in Deutschland in einer der beiden deutschen kommerziellen Internetschaltstellen (Commercial Internet Exchange, abgekürzt CIX) in München (INXS) oder Frankfurt a.M. (DE-CIX). Ein weit entfernter Übergang hat nicht nur Zeitnachteile, sondern noch den Nachteil höherer Kosten, da die Reiseentfernung der Daten, wie noch unten gezeigt wird, oft eine Komponente der Gebührenberechnung ist. Die Tabelle 6.2 zeigt die Verbindungen einiger wichtiger deutscher ISPs untereinander, in die USA und zu dem europäischen Backbone Ebone. Im Dreieck rechts oben wird der Austauschpunkt zwischen zwei Providern angegeben, wobei „DFN-IX" für den Anfang 1998 neu geschaffenen gemeinsamen Austauschpunkt kommerzieller deutscher Provider mit dem Deutschen Forschungsnetz (DFN) und „direkt" für einen privaten Austauschpunkt zwischen den Netzen steht, soweit dieser bekannt ist. Sind zwei Provider sowohl an DE-CIX wie auch an INXS angeschlossen, wurde die Verbindung mit der größeren Bandbreite aufgenommen. Im unteren linken Dreieck werden die jeweiligen Verbindungskapazitäten in Mbit/s Anfang 1998 angegeben. Neben den hier aufgelisteten Verbindungen können evtl. weitere private Austauschpunkte bestehen. Beispielsweise sieht man in der Tabelle, daß Xlink und UUnet Daten im DE-CIX mit einer Bandbreite von 10Mbit/s austauschen.

	DFN	ECRC	IS	Nacamar	Xlink	UUnet	T-Inter-Connect
DFN		DFN-IX	DFN-IX	DFN-IX	DFN-IX	DFN-IX	direkt
ECRC	34		k.A.	k.A.	INXS	k.A.	direkt
IS	34	34		DE-CIX	DE-CIX	DE-CIX	direkt
Nacamar	155	k.A.	34		DE-CIX	DE-CIX	direkt
Xlink	34	10	10	10		DE-CIX	INXS
UUnet	34	k.A.	10	10	10		direkt
T-Inter-Connect	14	2	2	4	10	6	
USA	90	insges. 90	insges. 74	45	k.A.	34	insges. 135
Ebone	-	34	2	2-45	k.A.	k.A.	k.A.

Tabelle 6.2: Einige Internetzugangsanbieter in Deutschland und ihre Verknüpfungen (nach Providerangaben im WWW)

Die *Kosten* des Internetzugangs sind bei intensiver Nutzung des Internet ein ebenfalls wichtiges aber schwer zu kalkulierendes Auswahlkriterium. Das liegt an vielen Komponenten, die in die Preisgestaltung der Anbieter eingehen und an Tarifen, die sich am Verkehrsvolumen orientieren. Da das Verkehrsvolumen zum großen Teil von der Nutzungsintensität des Firmenangebots durch die Internetbenutzer abhängt, ist es schwer, dieses im voraus zu kalkulieren. Abb. 6.3 gibt einige Kostenkomponenten und Differenzierungskriterien an, die Internetanbieter bei ihrer Preisgestaltung verwenden.

Verwendete Kostenkomponenten und Differenzierungskriterien	
Benutzer:	Privat oder geschäftlich
Anschluß:	Analog oder ISDN
Anschlußgebühr:	einmalig
Grundgebühr:	monatlich
Nutzungsdauer:	Gebühr pro Minute
Verkehrsvolumen:	Gebühr pro MB, evtl. auch abhängig vom Internetdienst
Speichervolumen:	Gebühr pro MB
Bandbreite:	garantiert oder effektiv genutzt
Server bei Provider:	Monatliche Aufstellungsgebühr

Wenn ein Unternehmen nach einiger Zeit seinen Internetbedarf bezüglich Volumen, Dienste, Nutzungszeiten und anderer in Abb. 6.3 genannten Kriterien gut einschätzen kann, sollte es einen ISP wählen, der ein Preisschema anbietet, das diesen Bedürfnissen entspricht, vorausgesetzt, daß der ISP auch nach anderen Auswahlkriterien zufriedenstellend abschneidet. Um ein Gefühl für die Größenordnungen zu vermitteln, sind einige konkrete Preise in der Tabelle 6.3 wiedergegeben. Es handelt sich hier um Beispiele, die keine Empfehlung für die genannten Anbieter bedeuten.

Tarif / Beschreibung	Leistung	Gebühren
UUnet Deutschland GmbH, Dortmund		
Personal Connect	einmalige Anschlußgebühr	35,00 DM
Anschluß für ein Einzelplatz-	monatliche Grundgebühr	29,00 DM
system beinhaltet:		
-eine Mailadresse		
-Zugang über einen beliebi-	Freistunden pro Monat	10
gen dt. Einwählpunkt	Gebühr pro Minute bei Mo-	
-evtl. Bereitstellung	dem-Zugang	
von Zugangssoftware	Mo.-Fr. 07.00 bis 20.00 Uhr	0,10 DM
-Uunet Mail, UUnet News	- sonstige Zeit	0,05 DM
–persönl. Webpage (1MB)		
Interactive Networx GmbH, Berlin		
IP-A	monatliche Grundgebühr	100,00 DM
Zugang über ISDN	Volumengeb. pro MB natio-	
Beinhaltet	naler Traffic	DM/MB
-bidirektionale Wählverbin-	0000 MB – 0050 MB	3,00 DM
dung	0051 MB – 0100 MB usw.	2,50 DM
-Bezug von Usenet-News	Volumengeb. pro MB interna-	
ohne Weitergabebeschrän-	tionaler Traffic	DM/MB
kung	0000 MB – 0050 MB	5,59 DM
	0051 MB – 0100 MB usw.	4,76 DM
Nutzung von Serverplatz	einmalige Einrichtungsgebühr	200,00 DM
auf http://www.inx.de/firma	Verweise auf eigene Seite	
	Benutzerkennung auf Server	
Nutzung von	monatl. für 1 MB	100,00 DM
Festplattenplatz	monatl. für 5 MB	150,00 DM
Serverzugang zur Wartung	monatl. für 10 MB usw.	250,00 DM
virtueller WWW-Server	einmalige Einrichtungsgebühr	500 DM
auf vorhandenem Rechner	Servereinrichtung	
des Providers unter eigener	Beantragung der Domain	
Adresse:	Einrichtung von Verweisen	
http://www.ihre_firma.de/	monatliche Gebühr für Ange-	
	botsumfang	
	bis zu 5 MB	200 DM
	bis zu 10 MB usw.	500 DM
separater WWW-Server	monatl. Gebühr für Server	4.000 DM
beim Provider, Angebots-	Einrichtungsgebühr einmalig	2.000 DM
umfang bis 500 MB	+ wie bei virtuellem Server	

Bei von uns befragten deutschen Content-Providern wurde die Internetpräsenz fast in allen Fällen auf einem eigenen Server realisiert.

Dabei wurde der Server allerdings in ca. 20% der Fälle beim Zugangsprovider aufgestellt. Zusätzlich zum grundlegenden Internetzugang sollte man von einem ISP auch gute *Kundenunterstützung und -dienst* erwarten können, auch außerhalb der gewöhnlichen Arbeitszeiten. Manche ISP bieten diesen Kundenservice an, wie auch andere Dienstleistungen, die den Zugang bezüglich Durchsatz oder Kosten verbessern helfen. Tabelle 6.4 gibt einige Beispiele solcher Leistungen und ihre Kosten an.

Dienstleistung	Beschreibung	Anbieter	Preis
Betrieb eines „primary" Nameservers	Server, der Namen in IP-Adressen umwandelt	Interactive Networx GmbH, Berlin	50.00 DM/ Monat
Reservierter Port	exklusive Bereitstellung eines ISDN-B-Kanals zum Einwählen	wie oben	75,00 DM/ Monat
Erweiterte Rufbereitschaft	Telefonische Rufbereitschaft außerhalb der normalen Geschäftszeiten	wie oben	190,00 DM/ Monat

Vor der Entscheidung für einen ISP sollte man sich über die *Reputation* bei seinen Kunden informieren. Zusätzlich zu konventionellen Kommunikationswegen kann man hierzu auch in die geeigneten Diskussionsgruppen „hineinhören". Schließlich sollte man den ISP über seine *Zukunftspläne* befragen, denn bei weiter rasant wachsendem Datenverkehr können nur diejenigen ISPs adäquate Leistungen liefern, die ihre Leitungskapazitäten und Zugänge zu anderen Teilen des Internet ständig ausbauen.

Obwohl die Anzahl der ISPs und insbesondere der lokalen Zugangsanbieter (point-of-presence, POP), die mit größeren ISPs zusammenarbeiten, in letzter Zeit gestiegen ist, ist eine Konzentration der Anbieter zu erwarten, wenn die großen Telekommunikationsgesellschaften aggressiver in den Markt einsteigen. Als Folge davon werden auch die Zugangspreise sinken, der Wettbewerb der ISPs wird sich (noch) mehr auf zusätzliche Dienstleistungen verlagern.

6.3
Anmelden der Internetpräsenz

Wenn eine Firma im Internet nur Informationen erfragen oder ihr Informationsangebot auf gemieteter „Fläche" anbieten will, braucht sie keine eigene Internetdomäne (siehe Abschn. 2.2.5). Die meisten

Firmen sollten dennoch eine solche Domäne registrieren und aktivieren lassen, selbst wenn sie ein eigenes Internetangebot erst für die Zukunft planen. Diese Domäne ist zunächst nichts anderes als ein Name, der nun für diese Firma weltweit reserviert wurde. Andernfalls kann es passieren, daß der gewünschte Name schon vergeben ist. So passierte es z.B. Siemens Nixdorf Informationssysteme, deren gewünschte Domäne in USA nur wenige Tage vor ihrem Antrag vergeben wurde. Die Firma, der nun diese Domäne gehört, wollte sich den Namen auch für Geld nicht abkaufen lassen. Als Bestandteil des Domänennamens wählt man den Namen der Firma, den Namenskürzel oder die Namen eigener Produkte. Die gleiche IP-Adresse (siehe Abschn. 2.2.5) kann auch über mehrere Domänennamen angesprochen werden. Dadurch ist es möglich, auch „virtuelle" Server zu unterhalten (siehe auch oben Tabelle 6.4).

Wenn man eine Domäne unter der Topdomäne „de" registrieren lassen möchte, muß man sich an einen ISP oder die Inkassostelle des deutschen Network Information Center (DE-NIC: http://www.nic.de; Inkassostelle: http://www.denic.de/Inkasso) wenden. Tabelle 6.5 zeigt beispielhaft einige Leistungen und ihre Kosten.

Leistung	Kosten
Registrierung eines Mailexchange-Eintrags im 1. Jahr (MX) (inkl. 1 Jahr Pflegegebühr i. H. von DM 230.-)	DM 460,-
Registrierung eines Nameservereintrags im 1. Jahr (inkl. 1 Jahr Pflegegebühr i. H. von DM 230.-)	DM 690,-
Providerwechsel einer Domain im 1. Jahr (PW) (inkl. 1 Jahr Pflegegebühr i. H. von DM 230.-)	DM 460,-
Pflege/Verlängerung eines Mailexchange-Eintrags (MX)	DM 230,-
Pflege/Verlängerung eines Nameservereintrags (NS)	DM 230,-
Bestellwert	Rabatt
ab DM 2.300,-	10,0%
ab DM 4.600,-	17,5%
ab DM 9.200,-	25,0%

Tabelle 6.5: Leistungen des DE-NIC und ihre Preise, Stand Februar 1998

Die ISP berechnen i.d.R. einen höheren Preis, der ihre Bemühungen beinhaltet.

6.4
Auswählen der Software

Hier denkt man vielleicht zuerst an die Auswahl der Software, die die in Kap. 3 beschriebenen Dienste implementiert. Dieser Schritt geht jedoch darüber hinaus. Es sind ein Betriebssystem, unter dem die Internetdienste angeboten werden sollen, die Werkzeuge zur Entwicklung des Informationsangebots (z.B. Webseiten und Skripte) und die Sicherheitssoftware auszuwählen.

Die erste Entscheidung sollte sich auf die gewünschte Betriebssystemumgebung beziehen. Internet wurde größtenteils unter UNIX entwickelt, aber es gibt heute sowohl auf der Server- als auch auf der Client-Seite sinnvolle Alternativen dazu. Auf der Serverseite sind es Windows NT und Mac OS. Auf der Client-Seite sind es alle Versionen von Windows und Mac OS. Umfragen (http://www.netcraft.com/ Survey und http://alpar.uni-marburg.de) deuten an, daß bei Servern UNIX und seine Derivate nach wie vor ihre Vormachtstellung halten, aber bei Browsern fällt die erste Wahl inzwischen auf die Windows-Umgebung (http://internet.browserwatch.com/stats/stats.html). Für Unternehmen, die sich mit UNIX bereits auskennen oder über Ressourcen verfügen, sich die notwendigen Kenntnisse anzueignen, stellt es, insbesondere aufgrund seiner ausgereiften Multitaskingfähigkeiten, nach wie vor die beste Alternative für den Internetbetrieb dar. Für kleinere Organisationen oder diejenigen, in deren Systemlandschaft UNIX aus irgendwelchen Gründen nicht paßt, stellt Windows NT eine interessante Alternative dar, auch weil ein WWW-Server schon enthalten ist. Einen aktuellen Vergleich von WWW-Servern findet man unter http://www.webcompare.com.

Bei WWW-Browsern führt derzeit nach der Browserwatch-Statistik Netscape Navigator knapp vor Microsoft Internet-Explorer, während nach der Netcraft-Statistik WWW-Server von Apache, Microsoft und Netscape die größten Marktanteile besitzen. Die Werkzeuge zur Erstellung des Informationsangebots sind dienstabhängig. Wenn man Dokumente für FTP entwickelt, kommen alle Texteditoren in Frage. Wenn man Webseiten entwickelt, gibt es spezielle Werkzeuge, die bestehende Dokumente in HTML-Seiten konvertieren, und solche, die das Schreiben ganz neuer Seiten unterstützen. Für die Erstellung von Skripten für interaktive Webseiten und Datenbankzugriffe eignen sich C und seine Derivate, UNIX-Shells, spezielle Skriptsprachen wie Perl und Tcl, Visual-Basic unter Windows oder JavaScript. Auf die Software zur Implementierung der Sicherheitsanforderungen wird im nächsten Kapitel eingegangen.

Viel Software für das Internet wird kostenlos (Freeware) oder für einen relativ kleinen Betrag (Shareware) angeboten. Während diese Software für Privatanwender oft ausreicht, sollten kommerzielle Anwender lieber im Handel erhältliche Versionen kaufen, die i.d.R. unter strengeren Bedingungen getestet und weiter entwickelt werden und für die es Kundendienst gibt. Um wieder einen Eindruck für Größenordnungen zu vermitteln, gibt Tabelle 6.6 beispielhaft Preise für Browser und Server von Netscape.

Netscape Communicator 4.0	Communicator 4.0 Standard Edition	Communicatior 4.0 Professional
Einzellizenz	frei	US$ 29,00
Jahresabonnement (inkl. Updates)	US$ 19.95	–
Netscape Server	FastTrack Server	Enterprise Server
Nutzungslizenz	US$ 295,00	US$ 1295,00
Support für Unternehmens-Helpdesk	ab US$ 1495,00	ab US$ 1495,00
Support für Endnutzer im Unternehmen	zwischen US$ 395,00 und US$ 1095,00	zwischen US$ 395,00 und US$ 1095,00
Updates für 1 Jahr		US$ 495,00

6.5
Auswählen der Hardware

Wenn man nicht alle Serverdienste auslagert, benötigt man mehrere Rechner mit verschiedenen Funktionen, um im Internet sinnvoll als Informationsnachfrager und -anbieter zu agieren. Man braucht z.B. Router oder Gateways für den Datenverkehr (siehe Abschn. 2.2.4), Server für das Informationsangebot und Firewallrechner (siehe Kap. 7) für die Sicherheit. Wir konzentrieren uns hier auf Rechner, die als Webserver dienen können. Während fast jeder Computer zu diesem Zweck eingesetzt werden kann, empfiehlt sich für eine Firma der Einsatz von mindestens einer RISC-basierten Workstation oder einem mit einem Pentium-Chip oder ähnlich leistungsfähigen Chip ausgerüsteten Rechner. Trotz sinkender Preise, die man bei Computerhardware gewohnt ist, müssen hier für eine leistungsfähige Konfiguration DM 15.000 und mehr ausgegeben werden. Wenn eine sehr starke Abrufintensität des Webangebots erwartet wird, sollten mehrere Rechner das Angebot zur Verfügung stellen. Diese Rechner könnten eventuell auch bei verschiedenen ISP aufgestellt werden, um gute Antwortzeiten für Informationsnachfrager zu erzielen, unabhängig davon, welchen ISP sie verwenden. Das Magazin „Der Spiegel", als ein Beispiel, verfolgt eine solche Strategie.

6.6
Erstellen des Informationsangebots

Die Erstellung des Informationsangebots hängt vom Internetdienst ab, über den die Informationen bereitgestellt werden sollen. Wenn man bestehende Dokumente oder Programme über FTP zur Verfügung stellen will, bedarf es so gut wie keiner zusätzlichen Anstrengung. Wenn ein Mail-Autoresponder oder WAIS-Suchdienst (siehe Abschn. 3.7) eingerichtet werden soll, bedarf es etwas mehr Arbeit, die fast ausschließlich programmiertechnischer Art ist. Die Situation stellt sich anders dar, wenn ein Angebot für das WWW erstellt werden soll. Dann kommen zu Programmieraspekten Fragen des grafischen Designs, der Corporate Identity, der Benutzerfreundlichkeit und andere dazu. Eine detaillierte Erörterung aller dieser Fragen gehört nicht zum Hauptanliegen dieses Buchs. Deswegen werden hier nur einige kurze Hinweise für die Erstellung einzelner WWW-Seiten gegeben (Abb. 6.4).

o   Nur kleine Informationseinheiten anbieten
o   Übersichtliche Grafiken einstellen
o   Links zu wichtigen Webknoten innerhalb
    des eigenen Angebots (z.B. Homepage) einfügen
o   Mit verschiedenen Browsern testen
o   Auf „tote" Links testen
o   Nur-Textversionen alternativ anbieten
o   Versionen ohne neueste Features anbieten
o   Evtl. anderssprachige Versionen anbieten

Die Befolgung dieser Hinweise soll bewirken, daß die Leser der Seiten nicht zu lange auf den Seitenaufbau warten müssen (sonst schalten sie ab), daß sie das Angebot schnell verstehen und darin leicht navigieren können. Weiterhin sollten auch Leser, die mit älteren Browserversionen oder gar mit zeichenorientierten Browsern arbeiten, erreicht werden können. Firmen, die global operieren (wollen), sollten ihre Informationen ebenfalls in anderen Sprachen, zumindest Englisch, anbieten. Der Anschluß der Webseiten an Datenbanken und andere Anwendungsprogramme erfordert das Entwikkeln von Skripten (siehe Abschn. 3.6.3), worauf hier jedoch nicht weiter eingegangen werden kann. Für diesen Bereich wird zunehmend Software angeboten, die diese Aufgabe automatisiert bzw. erheblich erleichtert.

6.7
Realisieren der Sicherheitsanforderungen

Die Anforderungen an die Sicherheit hängen von der geplanten Internetnutzung ab. Da die Sicherheit der über Internet übertragenen Informationen und der an Internet angeschlossenen Ressourcen eine große Bedeutung haben, ist dieser Problematik ein eigenständiges Kapitel gewidmet. Es ist auch möglich der Sicherheitsproblematik, so weit wie möglich, aus dem Weg zu gehen, indem keine sicherheitssensitiven Transaktionen abgewickelt werden. Damit verzichtet man aber auf große Potentiale, wie in den Kapiteln 8 bis 10 noch gezeigt wird.

Wenn die notwendigen Sicherheitsvorkehrungen getroffen worden sind, können die Informationen der ganzen Welt zur Verfügung gestellt werden. Nur, wie erfährt die Welt von diesem Angebot? Das erklärt der nächste Abschnitt.

6.8
Bekanntmachen des Informationsangebots

Wer sich für eine Firma und ihre Produkte interessiert, wird sich wahrscheinlich der WWW-Suchprogramme bedienen (siehe Abschn. 3.6). Um die Firma bzw. deren Website zu finden, kann man z.B. WebCrawler nutzen, indem man den Firmennamen als Suchkriterium angibt. Bei großen Unternehmen, die ihre eigenen Websites betreiben, kann man die Homepage auch erraten; sie haben meistens den Aufbau http://www.firmenname.com, wenn der Name in USA registriert wurde, oder http://www.firmenname.de bei einer Registrierung in Deutschland. Auch kleinere Firmen, deren Website bei einem Anbieter von Internetdiensten steht, könnten eine solche Adresse haben, wenn es sich um eine virtuelle Adresse handelt. Eine solche Adresse hat den Vorteil, daß man sie nicht ändern muß, wenn man den Anbieter wechselt oder den Dienst ins Haus holt. Unternehmen sollten bestrebt sein, bei möglichst vielen Suchdiensten mit ihren Informationen verzeichnet zu sein oder zumindest ihre Website dort eintragen zu lassen. Eine Liste deutscher kommerziellen Websites führen z.B. die Firmen Cinetic (http://www.web.de) und Hurra! Deutschland (http://www.hurra.de/de/branchenbuch), in die man sich einfach selbst eintragen kann. Eine weitere Alternative, Internauten auf die eigene Website aufmerksam zu machen, besteht darin, Werbung für die eigene Firma und Website bei anderen Websites unterzubringen. Darauf wird im Abschn. 8.1.1 im Detail eingegangen.

Schließlich kann man die Adresse der Homepage auch in der Werbung in klassischen Medien unterbringen. Man sieht diese Adressen in Anzeigen in Druckmedien, man hört sie im Radio oder die URL wird in Fernsehspots eingeblendet. Abb. 6.5 zeigt eine Anzeige, die die URL erhält.

Aktuelle Informationen sind die Basis für Ihren Anlageerfolg. Und die Online-Dienste sind in puncto Aktualität nun mal nicht zu überbieten. Deshalb sind wir in Btx und ab sofort auch im Internet vertreten. Wenn Sie also das weltweite Internet als Online-Medium nutzen, können Sie auch dort alles Wichtige über die DWS und ihre Fonds erfahren. Und das umfassend und besonders anwenderfreundlich. Besuchen Sie uns doch einfach mal im Internet: "http://www.dws.de". Weitere Informationen und Verkaufsprospekte bekommen Sie von der DWS, Postfach 10 06 20, 60006 Frankfurt am Main, Telefon 069/7 10 02. Fax: 069/7 19 09-169. in Btx über *DWS* oder eben über http://www.dws.de.

 Investmentfonds
Investmentgruppe Deutsche Bank

6.9
Kosten

Wir haben oben schon beispielhaft Kosten für den Internetzugang und damit zusammenhängende Dienste, die Registrierung der Internetpräsenz und WWW-Browser und -Server angegeben. In der Tabelle 6.7 sind weitere Kosten genannt, die anfallen können, wenn man sich bei der Anmeldung der Internetpräsenz, der Erstellung des Informationsangebots und dem Bekanntmachen dieses Angebots der Dienste Dritter bedient. Die Angabe konkreter Anbieter bedeutet wiederum keine Empfehlung für sie, sondern dient der Nachprüfbarkeit.

Diestleistung	Anbieter	Beschreibung	Preis o. MwSt.
Basisdienste	marks & walter sparbier, Mannheim	HTML-Seiten	49,00 DM
		CGI-Formular	80,00 DM
		Java/Javascript/CGI-Programmierung	130,00 DM
Erstellung von HTML-Seiten	MagnNet.com, Hamburg	-	DM 100-250/Seite
Erstellung von HTML-Seiten	Virtuell.com, Frankfurt	-	DM 60.-/Stunde

Tabelle 6.7:
Preisbeispiele für diverse Internetdienstleistungen, Stand Februar 1998

Wie man aus allen Preisangaben in diesem Kapitel sehen kann, ist die Planung des Budgets für die Einführung des Internet in einem Unternehmen und für den späteren Betrieb keine triviale Aufgabe. Im Internet findet man elektronische Arbeitsblätter, die die Gesamtkosten in viele Kostenpositionen aufgliedern und so die Aufgabe vielleicht etwas erleichtern (http://www.ctg.albany.edu/projects/inettb/cost/). In der Literatur findet man manchmal auch die Kosten für bestimmte Einsatzszenarien (z.B. „virtueller Webserver beim ISP" oder „Webserver im eigenen Unternehmen"), doch ihre Verwendbarkeit ist dadurch begrenzt, daß die im Szenario angenommene Funktionalität oft nicht deutlich wird (Fank und Beerbaum 1997). Als ein zusammenhängendes Kostenbeispiel wird hier der Fall der Deutschen Messe AG (DMAG) aus Hannover betrachtet.

Die DMAG bietet im Internet Informationen über die aktuellen Messen in Hannover an (siehe Abb. 6.6) und erlaubt ihren Mitarbeitern Zugriff auf Informationen im Internet. Um diese Dienstleistung anbieten zu können, wurde folgende Hardware zu einem Gesamtpreis von DM 120.000 in 1996 angeschafft:

- 1 Workstation als WWW-Server,

- 1 ISDN-Router/Datex-M,

- 2 Firewall-PCs,

- 4 PCs für die WWW-Redaktion.

Die monatlichen Kosten betrugen im ersten Jahr des Betriebs der Internetpräsenz ca. DM 47.500. Sie setzten sich aus folgenden Positionen zusammen:

- 5 Mitarbeiter: technische Redakteure, Grafiker, Wirtschaftsinformatiker (vorwiegend studentische Hilfskräfte)

- ISP-Kosten

- Verbindungskosten

- Lizenzgebühren für Software

- Wartung von Hardware und Software.

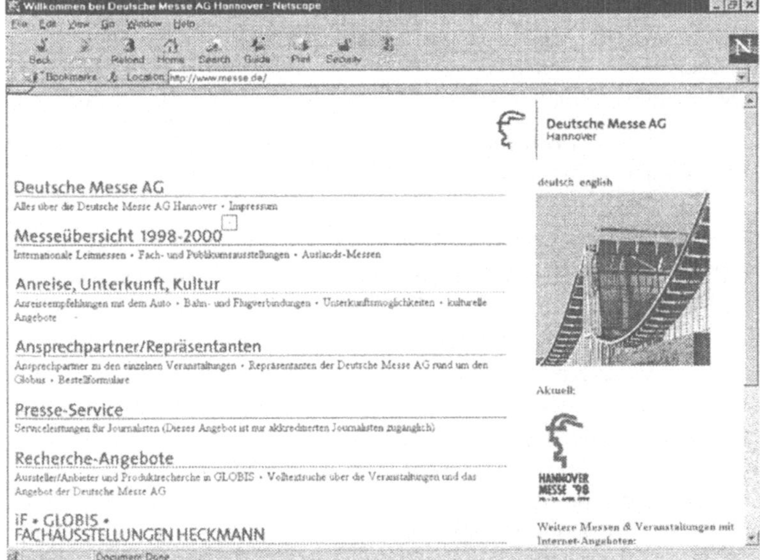

Abb. 6.6:
Das Internetangebot der Deutschen Messe AG

6.10
Rechtliche Aspekte des Interneteinsatzes

Lange Zeit wurde das Internet von manchen Beobachtern als ein rechtsfreier Raum betrachtet. Das war wohl nie wirklich der Fall, auch wenn es in konkreten Fällen manchmal nicht einfach war, festzustellen, welche Rechtsvorschriften, sowohl im inhaltlichen als auch im geographischen Sinn, anzuwenden waren. Noch immer bestehen diesbezüglich manche Unklarheiten, doch die Situation ist mit dem Inkrafttreten des Informations- und Kommunikationsdienste-Gesetzes (IuKDG) am 1.08.1997 besser geworden. Die rechtlichen Aspekte gehören, wie bereits in der Einführung erwähnt, nicht zum Gegenstand dieses Buchs, deswegen sei auf die Literatur zu dieser Problematik hingewiesen (z.B. Lehmann 1997 und Widmer und Bähler 1997).

Literatur zu Kapitel 6

Bade, A.: Positionierung des elektronischen Mediums Internet im Unternehmen, Vortrag am 26.02.1996, I.I.R. Kongreß Internet- und Online-Unternehmertage '96, München.

Fank, M. und Beerbaum, A.: Die Online-Services-Kostenanalyse als strategische Planungsgrundlage für den Einstieg in das Internet, DV-Management, Nr. 4, 1997, 177–182.

Lehmann, M. (Hrsg.): Internet und Multimediarecht, Stuttgart: Schäffer-Poeschel, 1997.

Widmer, U. und Bähler, K.: Rechtsfragen beim Electronic Commerce, Zürich: Orel Füssli, 1997.

7 Sicherheitsaspekte

Wie in Kap. 2 erläutert wurde ist das Internet ein dezentraler Verbund von Rechnern und Rechner-Netzwerken auf der ganzen Welt und es unterliegt keinem zentralen Gremium oder irgendeiner Aufsichtsbehörde. Aufnahme in dieses Netz finden nicht etwa nur wohl überprüfte und ausgewählte Teilnehmer, denen bedingungslos vertraut werden könnte, sondern es bewegen sich darin alle nur erdenklichen Charaktere vom „ehrenwerten Kaufmann" bis zum Kriminellen. Die Teilnehmer des Netzes stehen sich zunächst einmal anonym gegenüber, es erfolgt keine Registrierung oder formelle Aufnahme. Mit dem Wachstum und der Ausbreitung des Internet stieg auch der Anteil der mißbräuchlichen Nutzung des Netzes. So berichtet das Computer Emergency Response Team (CERT) der Carnegie-Mellon Universität in Pittsburgh, Pa, daß die Zahl der dort gemeldeten Vorfälle im Bereich „Sicherheitsverletzungen im Internet" von 250 im Jahr 1990 auf über 2500 im Jahr 1996 angestiegen ist. Die Dunkelziffer liegt wahrscheinlich um einiges höher, denn viele Opfer haben Angst vor negativer Publicity bzw. davor, daß das Bekanntwerden der Sicherheitslücken andere Eindringlinge zu erneuten Angriffen motivieren könnte.

Unternehmen, die sich entschließen, das Internet kommerziell zu nutzen, stehen vor zwei verschiedenen jedoch zusammenhängenden Problembereichen. Zum einen heißt Nutzung des Internet Kommunikation. Diese ist nach bestimmten Aspekten zu sichern. Zum anderen sind mit Aufnahme der Internetkommunikation u.U. auch die eigenen Unternehmensressourcen zu sichern, denn es werden oft von diesen Ressourcen Schnittstellen nach außen ins Internet geöffnet, wodurch diese von außen angreifbar gemacht werden.

7.1
EDV-Betrieb und mögliche Angriffspunkte

7.1.1
Laufender EDV-Betrieb und die betrieblichen Ressourcen

Die eigenen Unternehmensressourcen können auf vielfältige Weise in Gefahr geraten, wenn das Unternehmen Schnittstellen zum Internet eröffnet. Chesvick und Bellovin (1995) unterscheiden mehrere Arten von Attacken, die von außerhalb initiiert werden, jedoch die internen Ressourcen im Visier haben. Im nachfolgenden werden die für diese Darstellung wesentlichen Attacken daran anlehnend erläutert.

Paßwortdiebstahl

Mit Paßwortdiebstahl sind die verschiedenen Versuche gemeint, in den Besitz der die Paßwörter enthaltenden Datei zu gelangen. Dies ist in modernen Versionen von Betriebssystemen lokal kaum mehr möglich, jedoch eröffnen sich in diesem Zusamenhang mit dem Einsatz von Netzwertechniken neue Herausforderungen, z.B. bei der Nutzung von FTP und WWW.

Authentifizierungsversagen

Authentifizierungsversagen (Authentication Failures) beziehen sich auf ein evtl. Versagen von z.B. Filterungseinrichtungen in Firewalls (s.u.) oder Internet-Serversoftware, die auf Basis der Absenderadresse einer Verbindungsanfrage einen Zutritt zum System erlauben, die Absenderadresse jedoch fälschlicherweise als ein vertrauenswürdiger Rechner angesehen wird.

Durchsickern von Informationen

Durchsickern von Informationen (Information Leakage) bezeichnet das Problem, daß durch die Öffnung des Unternehmens zum Internet verschiedene vom Unternehmen angebotene Dienste unnötig viel Information über das eigene System preisgeben. Das klassische Beispiel für Information Leakage ist der Finger-Service, der verschiedene Informationen wie Loginzeit u.a. über einen User eines Systems ausgibt und der damit bei Hackerattacken immer wieder gerne als erstes Analysetool vor einem geplanten »Einstieg« in ein System genutzt wird. Weiterhin sind verschiedene Informationssysteme wie z.B. Mitarbeiterverzeichnisse im WWW problematisch, die zwar für die interne Nutzung wertvolle Dienste leisten, jedoch nach außen unnötig die Organisationsstruktur aufzeigen können.

```
Login: WWW                   Name: WWW Server User
Directory: /home/www         Shell: /bin/bash
Office: Office 1, x4-3242 Home Phone: 543543
Never logged in.
No mail.
No Plan
```

Abb. 7.1:
Output des Programmes Finger für den Benutzer www

Dienstverweigerung

Bei Dienstverweigerung (Denial of Service) ist es nicht das Ziel, Zugang zum angegriffenen System zu erhalten, sondern sie dient vielmehr dem Zweck, einen bestimmten Rechner oder einen bestimmten Service eines Rechners durch einfache Überlastung lahm zu legen. Hintergrund einer solchen Attacke kann zwar schlichter Vandalismus sein, jedoch könnte dies auch als Mittel dienen, den WWW-Service und damit z.B. das virtuelle Warenhaus eines unliebsamen Konkurrenten für eine bestimmte Zeit zu schließen. Bekannt geworden ist ein solcher Fall als der »Internet-Wurm« des amerikanischen Studenten Robert Morris, der 1988 ein Zehntel des gesamten Internet (damals 6000 Rechner) lahmlegte. Dieser kam zwar durch »unbeabsichtigte Falschprogrammierung« des Wurms zustande (Morris wollte lediglich mit der Fortpflanzung experimentieren, die Lücken des Unix-Programmes fingerd- und sendmail ausnutzte), zeigt jedoch genau den Effekt des „Denial of Service": die betroffenen Rechner waren nur noch mit dem Wurm beschäftigt.

Probleme mit Informationsressourcen und Anwendersoftware

Wird das Internet zur Softwarebeschaffung genutzt, wozu es ohne Zweifel hervorragend geignet ist, ist Vorsicht in der Hinsicht geboten, daß die auf diese Weise beschafften Programme nicht immer zweifelsfrei das sein müssen, was sie zu sein vorgeben. Es taucht hier das Problem der sogenannten trojanischen Pferde auf, d.h. Programme, die bei Ausführung entweder ausschliesslich oder neben dem tatsächlichen Programm einen u.U. sicherheitskritischen Code ausführen. Dies ist besonders bei Software evident, die nicht nur von einer zentralen Stelle aus im Internet vertrieben wird, sondern aus Gründen der Lastverteilung über mehrere Server für FTP verteilt und bereitgestellt wird.

Eine neue Art von Attacken im Internet ist es, gerade die Präsentation und die Transaktionsfähigkeit eines Unternehmens im Internet anzugreifen, gemeint ist das sog. Hacken von WWW-Sites. Dies ge-

schieht zum Teil aus Protest gegen das Unternehmen und aus der
Motivation, das Unternehmen an einer sehr empfindlichen Stelle,
nämlich dem Image, zu treffen. Daneben werden auch oft die Unternehmen attackiert, die am lautesten ihre Sicherheitsvorkehrungen
herausstellen. Dabei werden WWW-Seiten nach einem erfolgten
Einbruch verändert und mit für das Unternehmen nachteiligen Informationen gespickt. Meistens werden solche Veränderungen relativ schnell bemerkt, jedoch kann es dann bereits um ein gutes Image
geschehen sein. Zumindest wird die technische Kompetenz des Besitzers der WWW-Seiten stark in Frage gestellt, was bei Sites, in denen Verkaufs- und andere sensitive Transaktionen durchgeführt
werden, sofort zu berechenbaren Umsatzeinbußen führt. Abb. 7.2
zeigt die von Hackern modifizierte WWW-Homepage von BMW,
die so kurze Zeit zu sehen war.

Abb. 7.2:
Gehackte Version
einer WWW-Seite
von BMW

Eine Zusammenfassung der wesentlichen Werkzeuge und Methoden
zur freundlich oder feindlich gesinnten Analyse von Rechnern und

ganzen Netzwerken findet sich in SATAN (System Administrator Tool for Analyzing Networks). SATAN führt keine neuen Techniken für Spionage in Netzwerken oder Einbrüche in Rechner ein. Neu an dieser Art von Software ist lediglich die komfortable Benutzerschnittstelle, die mit einem WWW-Browser bzw. HTML-Seiten verwirklicht wurde, was in Abb. 7.3 zu sehen ist. SATAN hat hier festgestellt, daß ein Rechner fälschlicherweise einen ungeschützten Zugang zum X-Server bietet. Aus Sicherheitsgründen wurde der Namen des Rechners im Dokument und der Titelzeile unkenntlich gemacht. Dieser Benutzerkomfort hat SATAN eine gewisse Popularität und heftige Kritik eingebracht.

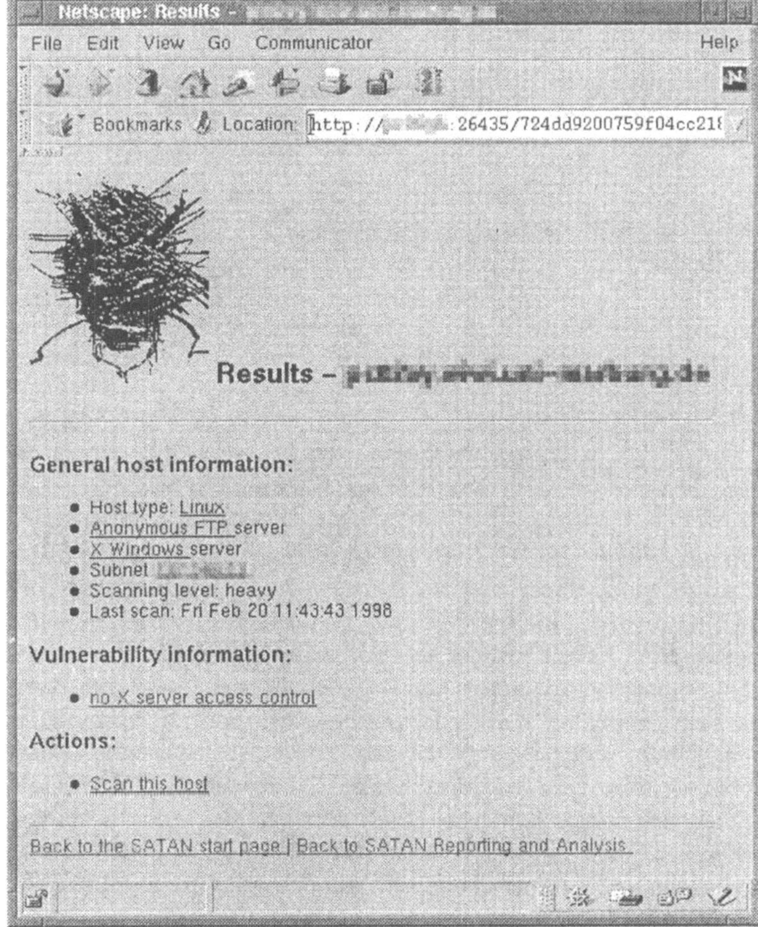

Abb. 7.3:
SATAN nach dem Scanning eines Internet-Hosts

7.1.2
Kommunikation und Transaktion

Das Internet basiert, wie oben bereits erläutert, auf der Protokoll-Familie TCP/IP. Charakteristisch hierfür ist die Fragmentierung der Daten und Versendung der einzelnen Fragmente über z.T. verschiedene Routen. Die IP-Header bestimmen, wohin jedes Paket geliefert werden muß, jedoch nicht auf welchem Weg. Über welche Route die Pakete ausgehend von einem Rechner der Universität Marburg bis zum Webserver des CERT an der Carnegie-Mellon Universität in Pittsburgh, USA transportiert werden, verdeutlicht folgende Abb. 7.4, die den Output des Programmes traceroute darstellt (Transport einer GET-Anfrage an einen WWW-Server).

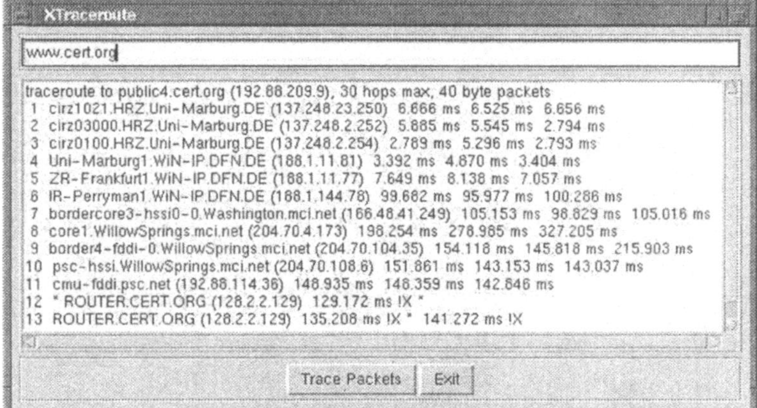

Abb. 7.4:
Verfolgung der
Paket-Routen mit
traceroute

Von den 2100 beim CERT in 1997 gemeldeten sicherheitskritischen Attacken galten drei Arten als die schwerwiegendsten Fälle: „IP-spoofing", wobei Eindringlinge die Absenderadressen der von ihnen abgesendeten Pakete veränderten und damit Authentifizierungsprogramme überlisten konnten, die lediglich IP-basiert arbeiten, dann das „eavesdropping", also das Belauschen einer IP-Verbindung durch Dritte, welches durch das sog. Sniffen (Mitschneiden) einer Netzwerkverbindung bewerkstelligt wird, und schließlich das Modifizieren der mitgeschnittenen Daten durch Dritte. Diese Probleme führen insgesamt zu den folgenden Anforderungen an Netzwerkverbindungen, insbesondere solche, die kommerziell genutzt werden.

Anforderung	Bedeutung
Vertraulichkeit	Die während einer Transaktion übertragenen Daten bzw. Datenpakete dürfen nur für autorisierte Personen zugänglich sein.
Authentizität	Die Identität des jeweiligen Geschäftspartner muß eindeutig bestimmbar sein.
Verbindlichkeit	Mündliche Absprachen und schriftliche Dokumente gelten unter bestimmten Rahmenbedingungen als rechtlich bindend. Dies muß auch für Transaktionen im Internet möglich sein. Insbesondere dürfen die Geschäftspartners nachträglich nicht abstreiten können, an einer Kommunikationsbeziehung teilgenommen zu haben.
Integrität	Die Integrität der bei einer Transaktion übertragenen Daten muß gewährleistet sein. Die Daten dürfen, außer von autorisierten Personen, in keiner Weise modifiziert werden können.
Anonymität	Wenn gewünscht, müssen die Geschäftspartner bei einer Transaktion anonym bleiben können. Dies ist insbesondere ein Wunsch von vielen Konsumenten, die nicht wollen, daß Unternehmen, Banken oder sogar die Regierung nachvollziehen können, wofür sie ihr Geld ausgeben.

Im Internet selbst gibt es einige Informations-Ressourcen, die das Thema Sicherheit in aller Ausführlichkeit und vor allem Aktualität behandeln: Erste Adressen sind hierbei das bereits erwähnte CERT unter http://www.cert.org, dessen deutsche Abteilung „Deutsches Forschungsnetzwerk-CERT" unter http://www.cert.dfn.de, die „International Computer Security Agency" (NCSA) unter http://www.ncsa.com sowie „Forum of Incident Response and Security Teams" (FIRST) unter http://www.first.org.

7.2
Absicherung von EDV-Ressourcen

7.2.1
Authentisierung

Der Sicherheitsschutz der eigenen Ressourcen sollte natürlich bei der grundlegendsten Software, dem Betriebssystem, beginnen. Die Benutzer des eigenen Systems müssen sich vor der Benutzung beim System ausweisen. In der Zukunft wird das ausweisen per Fingerabdruck oder mit Hilfe anderer biologischer Merkmale geschehen, heute wird es jedoch vorwiegend per Paßwort durchgeführt. Um nicht bereits die dafür verwendeten Paßwörter zu einem Sicherheitsrisiko werden zu lassen, sind hierfür verschiedene Anforderungen zu beachten. Die auf dem System verschlüsselt abgelegten Paßwörter dürfen normalen Benutzern nicht zugänglich sein. Ein weiteres Problem ist oftmals das unzureichende Sicherheitsbewußtsein der Benutzer, das sich u.a. in extrem schlecht gewählten Paßwörten ausdrückt, wenn z.B. der eigene Name darin enthalten ist. Das heißt, die Programme zur Paßwortverwaltung müssen die Benutzer zwingen, Paßwörter zu wählen, die eine bestimmte Länge nicht unterschreiten und z.B. in keinem Wörterbuch vorkommen. Wird ein solches Programm vom System nicht angeboten, muß es dem Administrator möglich sein, selbst die Paßwörter auf leichtes Erraten zu testen.

Abgefangene Nutzername/Paßwort-Paare sind für Angreifer nur interessant, wenn sie eine gewisse Gültigkeitsdauer besitzen. Mit Hilfe von Einmalpaßwörtern (one-time-passwords, OTPs) können Systemeinbrüche durch Wiedereinspielen von abgefangenen Paßwörtern verhindert werden. Bei dieser Methode muß der Benutzer eine Liste der (vom System durch Zufall erzeugten) Einmalpaßwörter mitführen und bei jeder Anmeldung im System das jeweils nächste benutzen. Erfolgt eine erneute Anmeldung mit demselben Paßwort, so wird der Zugang verweigert. Bequemer lassen sich Einmalpaßwörter benutzen, die der Nutzer auf seinem eigenen Rechner selbst erzeugt. Zur Berechnung von OTPs stehen Clientprogramme für fast alle Plattformen zur Verfügung. S/Key, ein Algorithmus zur Generierung von Einmalpaßwörtern, ist z.B. auf ftp.thumper. bellcore.com im Verzeichnis /pub/nmh/ verfügbar.

Eine sicherere Möglichkeit, legitime Benutzer eines Systems zu authentisieren, sind sog. Challenge-Response-Verfahren. Bei dieser Methode stellt das System eine zufällig erzeugte Frage (challenge), auf die der Anmelder die richtige Antwort (response) geben muß.

Meist bekommt der Nutzer eine zufällig erzeugte Zahlenfolge vorgegeben, aus der er entweder mit Hilfe einer Chipkarte oder seinem
PC über mathematische Transformationen eine Antwortfolge generiert.

7.2.2
Anwendungsprogramme

Für Anwendungsprogramme müssen natürlich vom Beginn des
Entwicklungsprozesses an bestimmte Richtlinien für die Implementierung von Sicherheitserfordernissen gelten. So gelten für den Akti-
onsradius eines Programmes bestimmte Abgrenzungen, inwieweit
das Programm Speicherbereiche benutzen kann oder auch auf sicherheitskritische Bereiche auf Festplatten Zugriff hat.

Daneben tritt im Zusammenhang mit Anwendungsprogrammen
und Software allgemein, wie oben bereits erwähnt, das Problem der
trojanischen Pferde auf. Wenn dies dadurch verursacht wird, daß die
Software nicht nur von Rechnern des Herstellers alleine bereitgestellt wird, sondern auch über andere Vertriebswege, können hier
vom Distributor der Software signierte Programmpakete (s. unten zu
Signaturen) abhelfen, wie es z.B. bei *RedHat Software Inc.* praktiziert wird, um Programme und andere Dateien eindeutig einem bestimmten Erzeuger oder Händler zuzuordnen.

7.2.3
Installation und Konfiguration von Internetdiensten

Bei der Nutzung von Internetdiensten ist es als erstes wichtig, daß
die Software für diese Dienste korrekt installiert und konfiguriert
wird. Bezugnehmend auf die oben genannten Arten von Attacken
auf das eigene System ist ein kritischer Punkte beispielsweise der
Paßwortdiebstahl. Wesentlich hierbei ist, mit welchen Rechten ein
Service ausgeführt wird. Ist dem Serverprozeß eine User-ID zugeordnet, die selbst kein Zugriff auf die Paßwörter hat, so ist dies dem
Service ebenfalls nicht möglich. Daneben läßt sich dem Problem der
Information Leakage durch eine restriktive Informationspolitik begegnen. Ein Dienst sollte so wenig wie möglich und nur so viel wie
nötig an Informationen nach außen vergeben. Auch Denial of Service ist in gewissem Maß einschränkbar, wenn Internet-Diensten
nicht unbegrenzt System-Ressourcen in Form von CPU-Zeit oder
Plattenplatz zugeteilt werden.

7.2.4
Verschlüsselung der lokal gehaltenen Daten

Verschlüsselung wird meistens für die über unsichere Netze versandten Daten verwendet (wie weiter unten gezeigt). Oft wird jedoch übersehen, daß diese Schutzmechanismen auch sehr gut für die Daten geeignet sind, die im Unternehmensnetzwerk auf den Festplatten/Bändern gehalten werden. Soll ein solches Vorgehen wirklich sicher sein, muß natürlich die Schlüsselverwaltung und/oder Verschlüsselung selbst auf einem anderen Rechner stattfinden, zu dem keine ständige Verbindung besteht. Dann stellt ein solches Verfahren einen zuverlässigen Schutz für den Datenbesitzer gegen unberechtigte Zugriffe aus dem eigenen Netz oder dem Internet nach einem eventuell erfolgten Einbruch dar.

7.2.5
Content Security

Aktuelle Statistiken, wie die des CERT, zeigen auch eine starke Zunahme von Angriffen über Inhalte beliebiger Informationssysteme und deren Dokumente, wie Makro-Viren in Word für Windows-Dateien, JavaScript-Code in WWW-Seiten oder Active X-Controls in den microsoft-spezifischen WWW-Seiten. Zum Teil ist dies auf die Neuartigkeit und damit auf Kinderkrankheiten dieser Systeme zurückzuführen, z.T. jedoch sind die Funktionalitäten so ausgelegt, daß Übergriffe stets auf irgendeine Art und Weise möglich sein werden. d.h., es besteht eine Zielantinomie zwischen der Sicherheit und der Funktionalität der Systeme.

Besonders wenn mit Systemen gearbeitet wird, die selbst keine eigenen Sicherheitsmechanismen gegenüber systemfeindlichen Übergriffen implementiert haben – die prominentesten Vertreter dürften MSDOS mit der Oberfläche Windows oder Windows 95 sein – ist bei der Benutzung des Internet auf die sogenannte Content-Security zu achten. Dazu gibt es einige Punkte, die zu beachten sind, um völlig unbehelligt durch das Internet surfen zu können:

JAVA (s. Abschn. 3.6.3) hat bereits sehr viele Lizenznehmer für die Nutzung und Weiterentwicklung der sog. JAVA Virtual Machine, also des Codes, der auf dem jeweiligen Rechner z.B. die Applets ausführt. Daraus ergibt sich die Notwendigkeit, die Umgebung, die für JAVA-Ausführung genutzt wird, sehr gut zu kennen, bzw. diese nur von etablierten Herstellern zu beziehen. Einschränken läßt sich diese Gefahr weiterhin durch eine gewisse Auswahl der zu besuchenden Seiten im Internet, was jedoch nur mit großem Aufwand zu bewerkstelligen ist. Am wichtigsten ist es jedoch, stets aktuelle Software mit den letzten Sicherheitspatches zu benutzen und selbst akuelle Sicherheitsmeldungen zu diesem Thema zu verfolgen. Wenn all dies als zu unsicher eingestuft wird, besteht immer noch die Möglichkeit, die Funktionen für JAVA, JavaScript oder ActiveX einfach zu deaktivieren oder einen Browser zu nutzen, der diese Systeme gar nicht kennt.

Um dem Problem der an Dokumente angehängten Viren zu begegnen, bieten mittlerweile die Firewalls und andere zentralisierte Sicherheitsmechanismen wirksamen Schutz. Eine Erläuterung erfolgt im nächsten Abschnitt.

7.2.6
Firewalls

Was ist eine Firewall?

Firewalls (Brandschutzmauern) sind eine relativ neue Technologie im Internet. Sie haben ihre Wurzeln in Kontroll- und Sicherheitsmechanismen, die schon lange bei Großrechnern angewendet werden. Grundsätzlich faßt man unter diesem Begriff alle Systeme zusammen, die aufgrund von zusätzlichen Filter- und Kontrollfunktionen den Datenzu- und -abfluß eines lokalen Netzes steuern bzw. überwachen. Eine Firewall wird als Barriere zwischen das private Netzwerk und das Internet plaziert; jeglicher Verkehr vom und zum Internet muß diese Stelle passieren.

Vorteile einer Firewall

Eine Firewall kann folgende Sicherheit schaffenden Eigenschaften gewährleisten:

■ Zentralisierung von Sicherheitsmaßnahmen:

Durch den Einsatz von Firewalls wird die Risikozone räumlich auf eine Stelle zentriert, so daß Angreifer diese schmale Lücke passieren müßten, um in das System einzudringen. Gerade bei großen LANs wird durch diese Zentralisierung der administrative Aufwand erheblich verringert. Aus diesem Grund muß bei der Installation eines Firewall-Systems mit großer Sorgfalt vorgegangen werden. Ist dieser Schutzwall erst einmal durchbrochen, so steht meist das ganze Netzwerk für Angriffe offen.

■ Differenzierte Nutzung von Internetdiensten:

Mit Hilfe von Firewalls kann eine sichere Nutzung von Internetdiensten erreicht werden. Sicherheitskritische Dienste können ganz un-

terdrückt bzw. in einer abgespeckten, sicheren Version angeboten
werden. So kann z.B. ein Internetdienst, dessen Sicherheitslücken
noch nicht hinlänglich bekannt sind, erst nach genauer Analyse frei-
geschaltet werden.

■ Steuerung und Kontrolle des Datenzu- und -abflusses:

Die Kanalisierung des „Internetverkehrs" über eine Firewall erlaubt
eine bessere Kontrolle des Datenzu- und -abflusses aus dem LAN,
als wenn zahlreiche Rechner, die womöglich unter verschiedenen
Betriebssystemen laufen, direkt mit dem Internet verbunden wären.
Zudem erhöhen sich die Chancen, einen Einbruchsversuch durch die
Analyse von ausführlichen Log-Dateien zu erkennen.

Philosophien

Bei der Konfiguration von Firewalls kann grundsätzlich nach zwei
Strategien verfahren werden, die in Übereinstimmung mit der Si-
cherheitspolitik eines Unternehmens stehen müssen: *„Es ist alles
verboten, was nicht explizit erlaubt ist"* oder *„es ist alles erlaubt,
was nicht explizit verboten ist"*.

Bei der ersten Strategie wird die Firewall so konfiguriert, daß sie
erst einmal alles blockiert und die Internetdienste von Fall zu Fall
nach einem eingehenden Abwägen von Nutzen und Risiken freige-
schaltet werden. Nachteil dieser Vorgehensweise ist, daß die Benutzerfreundlichkeit geschmälert wird, da neue Dienste erst umständ-
lich beantragt werden müssen. Sie schützt vor Sicherheitslücken im
Betriebssystem und in Anwendungsprogrammen, da sie den Zugriff
auf Ports unterbindet, von denen nicht bekannt ist, ob die dort angebotenen Netzdienste als sicher eingestuft werden können.

Im zweiten Fall bleibt dem Systemadministrator nur zu reagieren.
Er muß mögliche Aktionen der Nutzer vorhersehen, die die Sicherheit der Firewall beeinträchtigen könnten. Eine solche Vorgehensweise läßt sich aufgrund der großen Freiheiten der Benutzer und der
Vielfalt an Anwendungen im Internet nur sehr schwer beherrschen.

Bei Firewalls ist zu beachten, daß es möglich ist damit nicht nur
nach außen gerichtet das gesamte Unternehmens-Netzwerk zu schützen, sondern auch innerhalb des Unternehmens verschiedene Si-
cherheits-Bereiche zu definieren und voneinander abzuschirmen.

Arten

■ Paketfilter

Eine auf einem Paketfilter basierende Firewall kontrolliert den Zugriff auf ein lokales Netzwerk anhand der Header-Daten über Quell-
und Zieladresse, Quell- und Zielport bzw. Spezifikation des jeweili-

gen Internet-Dienstes im jeweiligen Paket. So lassen sich dienst- und absenderspezifische Zugangskontrollisten führen, auf deren Basis die Filterung gesteuert wird, womit z.B. Dienste nur in einer Richtung erlaubt oder ganz gesperrt werden können.

Als Hardwarebasis für ein solches System kommen sog. Screening Router zum Einsatz, also Router, welche sowieso bereits für den Zugang zum Internet benötigt werden und zusätzlich mit den Zugriffskontrollisten ausgestattet werden. Daher stellen Screening Router i.d.R. relativ preisgünstige Alternativen zu den unten genannten Möglichkeiten dar.

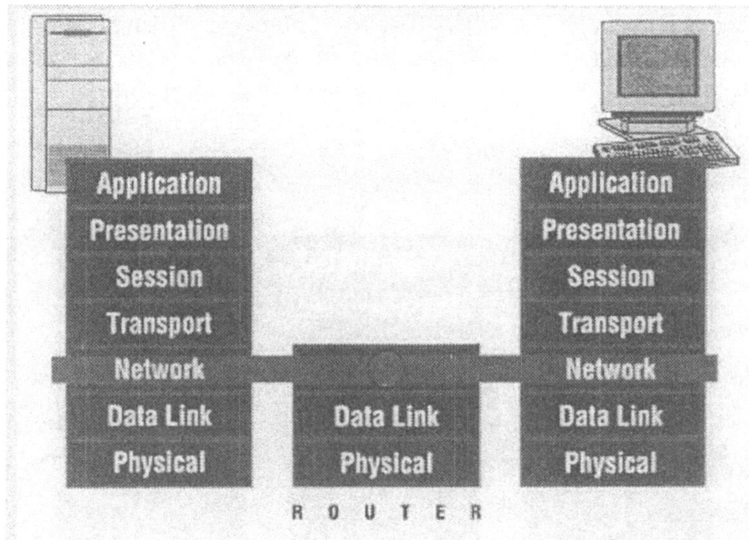

Abb. 7.5:
Paket Filter
(Checkpoint o.J.)

Die Verbindungen geschehen für einen internen Client und einen externen Server transparent, weshalb an der jeweiligen Software keine Modifikationen vorgenommen werden müssen.

Als Problem stellt sich jedoch die Konfiguration und Pflege der Kontrollisten dar, da für jeden Dienst und jede Verbindung/Absender eine eigene Regel geschrieben werden muß, was sich i.d.R. in einem unübersichtlichen und damit feheranfälligen Regelwerk niederschlägt.

Paketfilter gelten in Bezug auf Sicherheit als die schwächste Lösung unter den Firewalls. Es werden zwar Zugriffe auf Basis bestimmter Muster validiert, der Status einer Verbindung wird jedoch nicht kontrolliert. So werden Ftp-Verbindungen kontrolliert, indem alle Verbindungen auf Port 21 oder 1024 aufwärts auf unerlaubte Aktionen untersucht werden. Nutzt eine andere Anwendung ebenfalls diese Ports, kann diese u.U. Zugang zum System erlangen.

Grund hierfür ist, daß die Paket Filter zum Anwendungskontext keine Informationen ermitteln können.

- Application Layer Gateway

Bei Application Layer Gateways wird für jeden Internet-Dienst, der den externen und internen Nutzern der Firewall angeboten werden soll, eine speziell modifizierte und konfigurierte Ersatzversion der Software eingesetzt. Die derart modifizierte Version arbeitet als Stellvertreter (Proxy) für den jeweiligen externen Dienst und den Client. Daraus ergibt sich, daß z.B. ein http-Application-Gateway für den Benutzer im Unternehmen ein WWW-Server darstellt und gleichzeitig ein WWW-Client (Browser) für den externen Server.

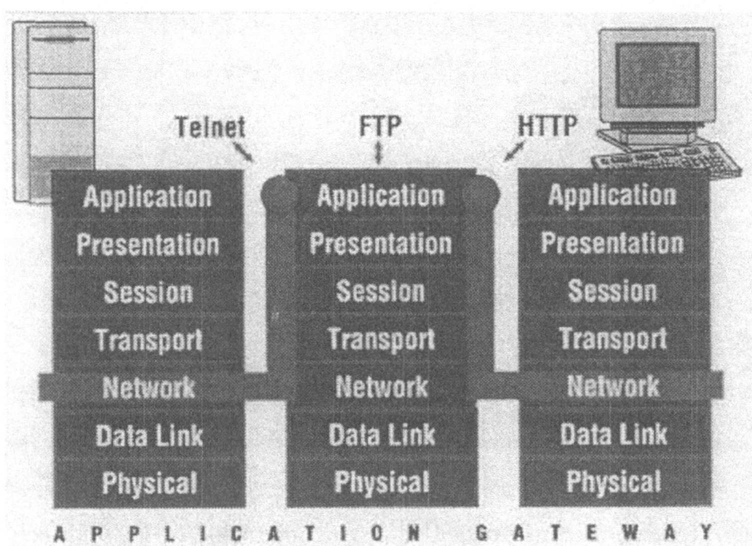

Abb. 7.6: Application Level Gateway (Checkpoint o.J.)

Ein solches Gateway arbeitet auf der Anwendungsebene, wodurch die Zugriffskontrolle auf Basis der Untersuchung applikationsbezogener Daten vollzogen wird. Dadurch wird es z.B. möglich, bestimmte Elemente wie WWW-Seiten oder allg. URLs, Ftp-Befehle u.a. auszufiltern oder einer sonstigen Kontrolle zu unterziehen. Bezugnehmend auf den obigen Absatz „Content Security" zeigt sich hier auch eine Möglichkeit, bestimmte oder alle JAVA-Applets oder Active X-Controls auszusperren. Durch die Nutzung der jeweiligen Applikationen lassen sich im Gegensatz zu Paketfiltern, welche, wenn überhaupt, nur IP-Daten in ihen Logfiles sammeln könnten, ausführliche Daten über die Nutzung der jeweiligen Dienste und damit den gesamten über das Gateway abgewickelten Verkehr aufzeichnen.

Als vorteilhaft wirkt sich aus, daß sich die Sicherheitsanstrengungen nur auf die jeweiligen Proxy-Programme zu konzentrieren brauchen. Zusammenfassend läßt sich sagen, daß Application-Gateways zwar als die teuerste Alternative, aber auch als die sicherste gelten.

■ Circuit Level Gateway

Auch Circuit Level Gateways arbeiten nach dem Prinzip der Proxy-Verbindung, jedoch im Gegensatz zu den Application Level Gateways nicht auf der Anwendungsebene, sondern auf der Session Layer (nach OSI 7-Schichten Modell: Kommunikationssteuerungsschicht). Das Gateway splittet jede Verbindung in einen internen und einen externen Teil auf und kopiert zwischen diesen beiden Verbindungsteilen die Datenpakete nach Art einer Vermittlungsstelle.

Es ergibt sich hier ein ähnliches Problem wie bei den oben genannten Paketfiltern, daß Anwendungen sich über die Session-Layer für den Zugang zum System authentifizieren können, danach jedoch auch andere Anwendungen über diese Verbindung Kontakt zum zu schützenden System aufnehmen und darüber abgewickelt werden können.

Weiterhin als aufwendig erweist sich die Notwendigkeit von modifizierten Clients im eigenen Netzwerk, um mit den Proxysystemen arbeiten zu können. Ein Standard für die Anpassung von Clients bietet SOCKS. SOCKS besteht aus einem Set von Umsetzungen der herkömmlichen kommunikationsbezogenen Systemaufrufe socket, bind und connect.

■ Stateful Packet Filtering

Charakteristisch für diese auch Stateful Inspection oder Dynamic Packet Filtering genannten und von *Check Point Software Technologies* erfundenen Systeme ist das Überwachen des Status der Verbindung in Bezug auf verwendete Ports, Protokolle und Quell- und Ziel-Adressen. Dadurch kann z.B. der Protokollzusammenhang einer Telnet-Sitzung mit integrierter Ftp-Aktivität erkannt und analysiert werden. Wurde die Telnet-Session als rechtmäßig angesehen und somit der Zugang zum System erlaubt, lassen sich nicht über diese Telnet-Verbindung auf anderen Protokollen basierende Anwendungen abwickeln, womit die Probleme der klassischen Paketfilter und der Circuit Level Gateways abgeschwächt wären. Die Technologie kann als erweiterter Paket Filter angesehen werden.

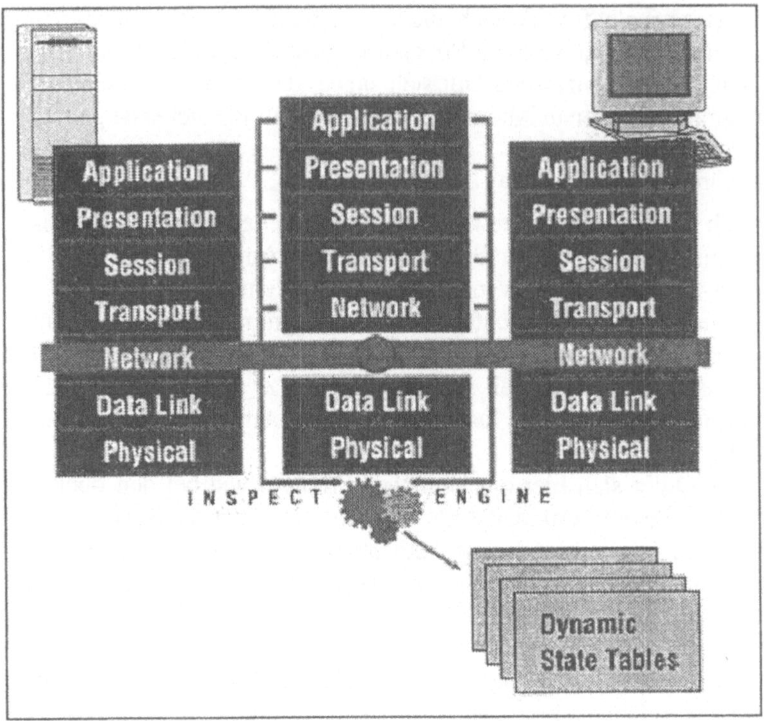

Stateful Packet Filter erreichen dies, indem ein solches Inspection-Modul auf unterster Softwareebene (unter der Netzwerkschicht) des Betriebssystems arbeitet und Kommunikationsdaten abfangen kann, bevor diese höhere Schichten des Betriebssystems erreichen. Der Status einer Verbindung wird permanent in dynamischen Verbindungstabellen festgehalten.

Theoretisch sind auch auf verbindungslosen Protokollen wie UDP oder RPC basierende Verbindungen durch die Stateful Inspection Technologie absicherbar. Durch permanent aktualisierte Statusmeldungen zu jedem Paket der aktuellen Session wird quasi eine virtuelle Verbindung zwischen externen Diensten und der Firewall etabliert.

Jedoch gilt auch für diese Art von Firewalls das Problem der extrem komplizierten Konfiguration und Administration, was durch die Fehleranfälligkeit leicht zu Sicherheitslöchern führen kann.

Erweiterungen

Vor allem Application Level Gateways können mehr Aufgaben als nur die Filterung und Analyse von Zugangsberechtigungen erledigen. Im Hinblick auf die Maßnahmen zur Content Security im obigen Kapitel lassen sich hier z.T. auf Browserebene vorgenommene Sicherheitsmaßnahmen auf eine zentrale Stelle fokusieren, nämlich die Firewall.

Beispielsweise verfügt ein Mail-Gateway über die entsprechenden applikationsbezogenen Informationen, um zu erkennen, daß eine Mail ein bestimmtes Dokumenten-Format enthält. Daraufhin lassen sich eingegangene Mails z.B. auf Viren untersuchen. Ein entspr. Modul könnte, falls die Mail komprimiert ist, diese entpacken oder sonstige Konvertierungen vornehmen.

Weiterhin ließen sich best. Formate in E-Mail oder anderen Anwendungen völlig abblocken, so daß z.B. HTML-formatierte Mails gar keinen Zugang zum System erhalten oder wie bereits oben erwähnt, JAVA-Applets auf WWW-Seiten nicht benutzt werden dürfen.

Zusammenfassend: Notwendigkeiten

- *Offenheit*

Für eine korrekte Einbindung der Firewall in die bereits bestehenden Systeme des Unternehmens ist zu allererst Offenheit notwendig. Das heißt, es müssen standardisierte Schnittstellen bestehen, wie im Falle der Circuit Level Gateways, deren Clients den SOCKS-Standard unterstützen müssen. Die Auswertung von Logfiles sollte ohne spezielle proprietäre Werkzeuge möglich sein, die ausführlichen Logfiles, die ein Application Level Gateway anlegt, sollten im ASCII-Format vorliegen. Die Administration muß von versch. Plattformen aus durchführbar sein. Entweder kann dies mit Client-Server Strukturen implementiert werden, also ein Admin-Client kann den Frirewall-Server kontaktieren, oder die Oberfläche/Display läßt sich netzwerktransparent bedienen, wie es unter Xwindow der Fall ist.

- *Transparenz*

Sicherheit und Solidität bedingen i.d.R. ein leicht zu überschauendes und zu pflegendes System, da Komplexität oft zu Fehleranfälligkeit führt. Es muß für einen Administrator einer Firewall möglich sein, alle Elemente ohne allzu großen Aufwand zu durchschauen.

Tabelle 7.2 gibt eine Übersicht über einige Hersteller von Firewalls und ihre Produkte.

Produkt	Firewall 97	FireWall-1	Sidewinder Security Server	Gauntlet 4.0	Raptor
Hersteller	AltaVista	Checkpoint	Sun Microsystems	Trusted Information System	Eagle
Plattform	UNIX, WinNT	UNIX, WinNT	nur Solaris	UNIX	UNIX, WinNT
Implementierung	Application Gateway	Stateful Packet Filter	Application Gateway	Application Gateway	Circuit Level Gateway, Application Gateway
Administration	Verschlüsselte Fernwartung	Verschlüsselte Fernwartung, Telnet	Verschlüsselte Fernwartung, Telnet	Verschlüsselte Fernwartung, Telnet	Verschlüsselte Fernwartung

7.3
Absicherung von Transaktionen

7.3.1
Grundlagen und Infrastruktur

Kryptographie

Es existieren viele verschiedene Sicherheitslösungen, die einen hohen Grad an Sicherheit bei Transaktionen im Internet gewährleisten können. Grundsätzlich basieren die meisten dieser Lösungen auf kryptographischen Verfahren, die Klartext in eine für Dritte unleserliche Form umwandeln (chiffrieren). Dabei unterscheidet man prinzipiell symmetrische und asymmetrische Verschlüsselungsverfahren.

■ Symmetrische Kryptosysteme

Bei symmetrischen Kryptosystemen (Privat-Key-Chiffrierung) kodiert der Absender seine Nachricht mit einem geheimen Schlüssel (S_{priv}) und macht sie somit für Dritte unlesbar. Der Empfänger kann die Nachricht nur entschlüsseln, wenn er ebenfalls den geheimen Schlüssel besitzt, mit dem die Botschaft verschlüsselt wurde. Der Nachteil dieses Verfahrens liegt darin, daß beide Kommunikationspartner im Besitz desselben Schlüssels sein müssen und dieser somit auf einem sicheren Weg übertragen werden muß. Das bekannteste symmetrische Verfahren ist DES (Data Encryption Standard).

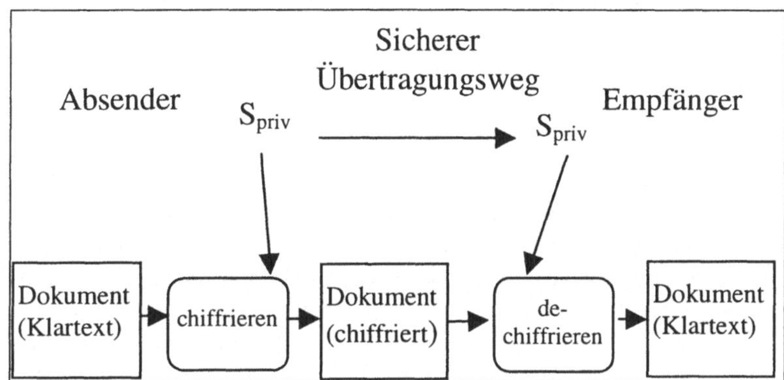

Abb. 7.8:
Funktionsweise von symmetrischen Kryptosystemen (In Anlehnung an Klute 1995)

■ Asymmetrische Kryptosysteme

Die asymmetrischen Verschlüsselungsverfahren (Public-Key-Chiffrierung) kompensieren den Nachteil von symmetrischen Kryptosystemen, indem sie statt eines Schlüssels zwei verwenden, und zwar einen privaten (S_{priv}) und einen öffentlichen (S_{pub}). Der öffentliche Schlüssel kann beliebig, auch über unsichere Kanäle, verschickt werden, da er ohne den komplementären privaten Schlüssel nutzlos ist. Möchte Absender A eine Nachricht zu Empfänger E versenden, so verschlüsselt er diese mit seinem privaten Schlüssel dem öffentlichen Schlüssel von E (S_{Epub}). Damit kann er sicher gehen, daß nur E die Nachricht entschlüsseln kann, da nur er im Besitz des komplementären privaten Schlüssels (S_{Epriv}) ist. Gleichzeitig kann A aber auch mit seinem privaten Schlüssel (S_{Apriv}) eine digitale Unterschrift generieren. E entschlüsselt die Nachricht seinem privaten Schlüssel (S_{Epriv}) und die Unterschrift mit dem öffentlichen Schlüssel von A (S_{Apub}) und erhält nur ein sinnvolles Ergebnis, wenn die Nachricht auch von A stammt und auf ihrem Weg nicht verändert wurde. Das bekannteste Public-Key-Verfahren ist RSA, benannt nach seinen Erfindern Ron Rivest, Adi Shamir und Leonard Adleman.

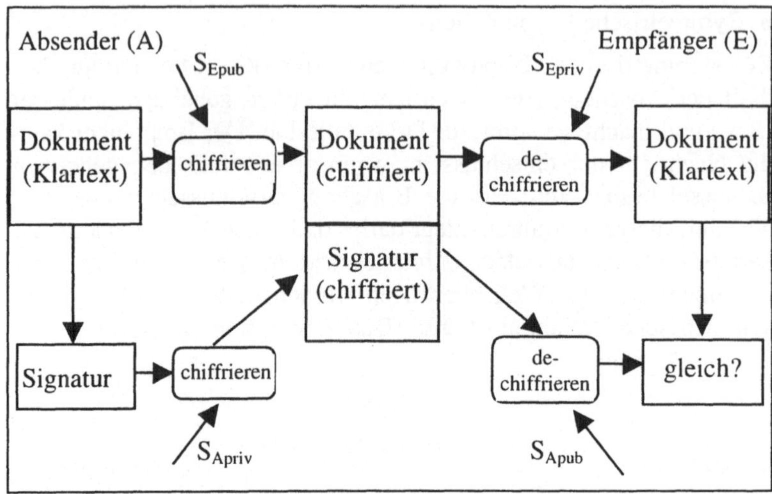

Aus Effizienzgründen wird für die Generierung der digitalen Unterschrift meist nicht das ganze Dokument verwendet, sondern mit Hilfe einer Hash-Funktion aus dem Dokument eine Kurzkennung erstellt. Dieser Message-Digest (Signatur) wird dann mit dem privaten Schlüssel des Absenders (S_{Apriv}) chiffriert und an die Nachricht angehängt. Der Empfänger entschlüsselt dann den Digest mit dem öffentlichen Schlüssel des Absenders (S_{Apub}). Er erstellt eine neue Signatur für das Dokument und vergleicht diese mit dem mitgeschickten Message-Digest. Sind beide identisch, so ist die Nachricht authentisch und wurde auf dem Weg vom Sender zum Empfänger nicht verändert. Bekannte Message-Digest-Verfahren sind z.B. MD4 und MD5 von Ron Rivest, die in RFC 1320 und 1321 spezifiziert sind.

Wie soll jedoch garantiert werden, daß ein über das Internet verteilter öffentlicher Schlüssel auch wirklich der Person zuzuordnen ist, die laut Schlüssel der Erzeuger desselben ist. Diese Garantie übernimmt eine vertrauenswürdige dritte Instanz, welche von allen Beteiligten als Zertifizierungsstelle anerkannt wird.

Diese Instanz, die sog. Certificate Authority (CA), vergibt die Schlüssel und versieht sie mit ihrer eigenen Signatur, welche durch den ebenfalls frei verteilten öffentlichen Schlüssel der CA verifiziert werden kann. Zum einen wird durch die CA eine Verifizierung der verteilten öffentlichen Schlüssel möglich, zum anderen erlaubt dieses Prinzip eine von einer zentralen Stelle betriebenen Pflege der Schlüssel und ihrer Gültigkeit. So lassen sich etwa durch Diebstahl eines Arbeitsplatzrechners oder das Ausscheiden eines Mitarbeiters in einer Firma ungültig gewordene Schlüssel zentral sperren, indem die Zertifikate bei einer Transaktion nicht mehr bestätigt werden.

Nun ließe sich vermuten, die dritte Instanz sei ihrerseits nicht unbedingt vertrauenswürdig und ein von ihr zertifizierter Schlüssel sei dadurch nicht unbedingt stärker verifiziert. Deshalb lassen sich auch Signaturen solcher Instanzen wiederum zertifizieren, so daß eine „Hierarchie des Vetrauens" mit beliebig vielen Ebenen entsteht. In der Praxis werden jedoch nicht endlos tief gegeliederte Hierarchien aufgebaut. Von Organisationen und Firmen wie VeriSign (s.u.) vergebene Zertifikate werden als Basis-Zertifikate angesehen und nicht mehr weiter beglaubigt. Denkbar wäre hier eine Zertifizierung durch den Staat oder ähnliches.

Ein Standard für die Verwaltung der Schlüssel und Zertifikate durch Authentifizierungsserver ist der ISO-Standard X.509, welcher z.B. auch Verfallsdaten für die Schlüssel festlegt.

Neben den reinen Directory-Anbietern wie VeriSign u.a. entstehen bereits Firmen, die Komplettsysteme anbieten, die sich von einem Unternehmen selbst in die eigene Infrastruktur integrieren lassen. Beispiele hierfür sind IBM's *World Registry*, GTE's *Cyber Trust*, welches u.a. bei MasterCard für das SET-System (s. u.) Anwendung findet, sowie Nortel's *Entrust*.

Netzinfrastruktur

Auf der Anwendungsebene wurden bereits zahlreiche Funktionalitäten für die Erhöhung der Sicherheit entwickelt. Jedoch bestehen immer noch zahlreiche sicherheitsrelevante Probleme, die sich über alle Protokoll-Ebenen erstrecken. Wird die Sicherheit bereits auf der IP-Ebene realisiert, so lassen sich auch problemlos Anwendungen betreiben, die zunächst gar keine Sicherheitsfunktionen implementiert haben. Möglich wird dies durch die nächste Generation des Internet-Protocol (IPv6 oder IPSec), welches in verschiedenen Internet Drafts der Internet Engineering Task Force spezifiziert ist. Dessen sicherheitsrelevante Elemente sind das Gewähren von Authentizität der Teilnehmer einer Kommunikation und die Vertraulichkeit der dabei übermittelten Daten. Vorgesehen und prinzipiell möglich ist dies bereits im aktuellen IPv4, jedoch erst im Ipv6 ist es fest eingebunden.

Implementiert werden diese Funktionen durch den Paketen zusätzlich vorangestellte Header: Authentication Header (AH) für Authentizität und Encapsulating Security Payload (ESP) für Vertraulichkeit der Daten. Je nach Anforderung der Anwender lassen sich zwei Verschlüsselungs-Modi unterscheiden. Zum einen der Transport-Mode ESP wobei lediglich das Transport-layer Segment eines Paketes (TCP, UDP, ICMP) verschlüsselt wird und zum anderen der Tunnel-Mode ESP, wobei das gesamte IP-Paket verschlüsselt wird. In beiden Fällen wird für das gesamte Paket Authentizität gewährleistet, lediglich das Ausmaß der Verschlüsselung ist verschieden. Während der Transport-Mode noch eine (feindliche) Analyse des Netzverkehrs durch Auswertung der Routing- und anderer Informationen von Paketen erlaubt, wird beim Tunnel-Mode das gesamte Paket eingekapselt und ihm ein neuer IP-Header vorangestellt, der gerade genug Informationen für die Weiterleitung des Paketes beinhaltet, jedoch keine Schlussfolgerungen auf den gesamten Verkehrsfluß mehr zuläßt. Dadurch wird es ohne weitere Aufwendungen möglich, das Internet bzw. Teile davon als Virtual Private Network (s.o.) zu benutzen.

WWW

■ Basic Authentication

„Basic Authentication" ist ein Authentifizierungsverfahren für Kommunikationspartner im WWW, das schon heute von allen HTTP 1.0 konformen Browsern und Servern unterstützt wird. „Basic Authentication" ist inzwischen in einem Internet-Draft spezifiziert, genauer, im Internet-Draft zu HTTP 1.0 vorgesehen. Schützt ein WWW-Server ein Dokument mit diesem Verfahren, so läuft eine HTTP-Sitzung in vier Schritten ab, die in Tabelle 7.3 dargestellt sind:

Schritt	Funktion
1. Schritt:	Normale HTTP-Anfrage des Browsers an den Server.
2. Schritt:	Server verweigert Auslieferung (HTTP-Status-Code 401), teilt dann dem Client über einen Header mit, wie dieser sich authentifizieren kann (hier „Basic Authentication", es werden aber auch andere Verfahren unterstützt).
3. Schritt:	Client erfragt Benutzerkennung und Paßwort und übermittelt diese in einem weiteren HTTP-Request.
4. Schritt:	Server überprüft, ob Angaben korrekt sind und liefert dann gegebenenfalls das gewünschte Dokument aus.

„Basic Authentication" ist kein kryptographisches Verfahren und bietet daher auch keinen hohen Sicherheitsstandard. Benutzerkennung und Paßwort werden nur nach dem Base64-Verfahren (vergleichbar mit pkzip oder arj) gepackt und somit fast ungeschützt über das Internet versendet. Dennoch hat dieses Verfahren in der Praxis durchaus seine Daseinsberechtigung, solange keine hochsensiblen Daten betroffen sind. So kann es z.B. von Verlagen genutzt werden, die kostenpflichtige Publikationen nur registrierten Benutzern zugänglich machen wollen, und deren Schaden nur sehr gering wäre, wenn es jemandem gelingen würde, nicht-autorisierten Zugriff auf das Dokument zu erlangen. Auf WWW-Server-Seite werden die Zugriffsregeln in einem „Access Control File (ACF)" spezifiziert. Als Loginnamen kommen hierbei eigene Benutzerdatenbanken oder die System-Accounts in Betracht. Die meisten Server unterstützen neben der Definition von Zugriffsregeln für einzelne Benutzer auch die Bildung von Nutzergruppen. Meistens ist auch eine Zugriffsbeschränkung aufgrund der IP-Adresse möglich, womit der Zugriff nur für eine bestimmte Domäne, wie z.B. das lokale Netzwerk, erlaubt werden kann.

■ Secure Socket Layer (SSL)

SSL wurde von der Netscape Communications Corp. entwickelt und liegt als Internet-Draft vor. SSL hat inzwischen eine recht große Verbreitung erlangt, da Netscape Server- und Browser-Software liefert, die SSL bereits unterstützen. Dies sind der Netscape Navigator und der Netscape Secure (bzw. Commerce) Server. SSL setzt am TCP an und erweitert das Protokoll um einen sicheren Kanal. Daher ist es nicht nur auf das WWW beschränkt, sondern kann bei allen höheren TCP-basierten Diensten wie z.B. Telnet und FTP eingesetzt werden. Voraussetzung ist nur, daß die jeweilige Server- und Client-Software SSL unterstützt. Auf die genaue Arbeitsweise von SSL wird an dieser Stelle nicht eingegangen. Grundsätzlich läuft eine SSL-Sitzung folgendermaßen ab: Beim Verbindungsaufbau authentifizieren sich Server und Client (optional) und handeln mittels eines asymmetrischen Verschlüsselungsverfahrens einen Sitzungsschlüssel für die folgende Datenübertragung aus. Diese erfolgt dann verschlüsselt mit einem symmetrischen Verfahren, wobei der vorher ausgehandelte Sitzungsschlüssel verwendet wird. Um auf HTTP-Server, die SSL benutzen, zuzugreifen, müssen WWW-Browser einen neuen URL-Access-Typ, „https", unterstützen. Bei „https" ist der Standardport 443 im Gegensatz zu 80 bei „http". Daher kann ein Serversystem auch simultan „sichere" und „unsichere" Informationen im WWW anbieten. Bei der Netscape Communications Corp. laufen zudem Bestrebungen, den Sicherheitsgrad von Dokumenten grafisch darzustellen. So informieren bei dem Netscape Navigator verschiedene Dialogboxen über den Sicherheitsstatus eines Dokuments. Außerdem lassen sich über die Farbe der „security colorbar" (grau für „unsicher" und „blau" für sicher) und über den Status eines kleinen Schlüssels in der linken unteren Ecke des Fensters (durchbrochen für „unsicher" und intakt für „sicher") Aussagen über den

Sicherheitsgrad eines Dokuments machen. Abb. 7.10 zeigt die Dokumenten-Auskunft eines SSL-geschützten Dokumentes der Firma VeriSign im Browser von Netscape (wesentlich ist hierbei die Information zum Zertifikat):

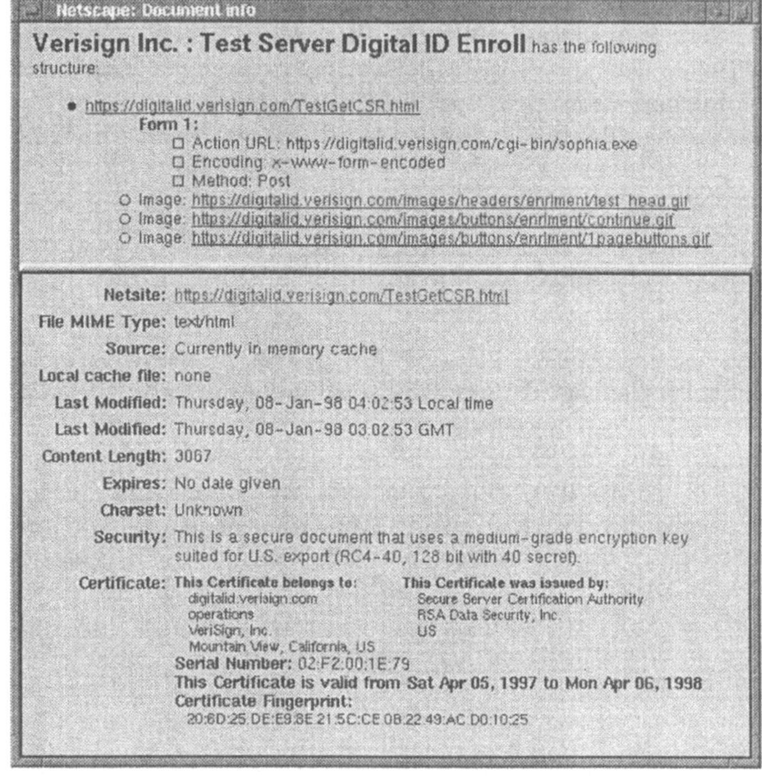

■ Secure HTTP

Secure HTTP (S-HTTP) wurde von Terisa Systems, einem Joint-Venture von RSA Data Security Inc. und Enterprise Integration Technologies (EIT), entwickelt. Inzwischen liegt auch für dieses Protokoll ein Internet-Draft vor. Implementiert wurde S-HTTP bisher nur als Beispiel bei Secure Mosaic und Secure NCSA httpd, die über CommerceNet (http://www.commerce.net) erhältlich sind. Daher hält sich die Verbreitung von S-HTTP zur Zeit noch stark in Grenzen. S-HTTP ist ein neues Protokoll, das ähnlich wie das HyperText Transfer Protokol aufgebaut ist. Eine S-HTTP Nachricht besteht aus einer gekapselten HTTP-Nachricht und mehreren vorangestellten Kopfzeilen. Bei der gekapselten Nachricht werden Vertraulichkeit, Authentizität und Integrität durch unterschiedliche symmetrische und asymmetrische Algorithmen gewährleistet. Welche kryptographischen Verfahren angewendet werden, wird in den vorangestellten Kopfzeilen dem Kommunikationspartner mitgeteilt. Der Einsatz von S-HTTP ist zwar auf das WWW beschränkt, doch hat es einen großen Vorteil gegenüber SSL. Bei S-HTTP sind die Sicherheitsfunktionen auf der Anwendungsebene implementiert. So werden bei Secure Mosaic die verschiedenen Sicherheitsstufen eines Dokuments durch Icons für den Benutzer sichtbar. Ein verschlüsselter Text, der zusätzlich eine digitale Unterschrift trägt, wird z.B. als verschlossener Umschlag mit einem Siegel dargestellt. Damit wird die Transparenz und die Anwendungsvielfalt für die Benutzer erhöht.

Aufgrund der großen Verbreitung des Netscape Navigator nimmt SSL zur Zeit bei den Implementierungen eine Führungsrolle ein. Die Netscape Communications Corp. sichert aber auch eindeutig zu, daß sie alle offenen Standards unterstützen wird, und daß eine Unterstützung von S-HTTP geplant ist. Dies dürfte ebenfalls ohne größere Probleme möglich sein, da S-HTTP auf einer höheren Protokollschicht als SSL angesiedelt ist und somit einfach über SSL implementiert werden könnte.

E-Mail

■ PGP

Pretty Good Privacy (PGP), entwickelt von Philip Zimmermann, ist ein Programm, das mit Hilfe verschiedener Kryptographieverfahren (RSA, MD5, IDEA) Vertraulichkeit und Authentizität bei E-Mails gewährleistet. Durch seine einfache Handhabung, das hohe Sicherheitsniveau und den kostenlosen Vertrieb hat PGP eine große Verbreitung erlangt.

Authentizität gewährleistet PGP durch die Verwendung des Public-Key-Kryptosystems RSA und die Hash-Funktion MD5 (siehe Abschn. 7.1.2), Vertraulichkeit durch das Private-Key-Verfahren IDEA (International Data Encryption Standard), das allgemein als sicherer als DES (siehe Abschn. 7.1.1) angesehen wird. In Tabelle 7.4 wird der Ablauf einer PGP-Sitzung zwischen Absender A und Empfänger E bezüglich der Kriterien Authentizität und Vertraulichkeit erläutert:

Authentizität	Vertraulichkeit
1.) Mit MD5 wird eine 128-Bit-Signatur der Nachricht erstellt.	1.) A generiert eine zufällige 128-Bit- Zahl, die als Sitzungsschlüssel für die Nachricht dienen soll.
2.) Die Signatur wird mit RSA und dem privaten Schlüssel von A ($S_{A\text{-}priv}$) verschlüsselt und an die Nachricht angehängt.	2.) Die Nachricht wird unter Verwendung von IDEA mit dem Sitzungsschlüssel verschlüsselt.
3.) E dechiffriert mit RSA und dem öffentlichen Schlüssel von A (S_{Apub}) den Message-Digest.	3.) Der Sitzungsschlüssel wird mit RSA und dem öffentlichen Schlüssel von E (S_{Epub}) verschlüsselt und an die Nachricht angehängt.
4.) E generiert eine neue Signatur der Nachricht und vergleicht diese mit dem vorher entschlüsselten Digest.	4.) E benutzt seinen privaten Schlüssel (S_{Epriv}), um an den Sitzungsschlüssel zu gelangen.
5.) Stimmen beide Signaturen überein, so ist die Nachricht authentisch.	5.) Mittels des Sitzungsschlüssels wird die Nachricht entschlüsselt.

Durch die Verwendung von IDEA und RSA vereint PGP die Vorteile von symmetrischen und asymmetrischen Kryptographieverfahren. IDEA als symmetrisches Verfahren arbeitet sehr schnell und reduziert so die Zeit zum Verschlüsseln. RSA als asymmetrisches Verfahren kommt ohne sicheren Kanal zum Schlüsselaustausch aus. Des weiteren kann der Benutzer verschiedene Schlüssellängen für das RSA-Verfahren wählen: Casual = 384 bits, Commercial = 512 bits, Military = 1024 bits. Wie sicher diese verschiedenen Schlüssellängen bei Public-Key-Kryptosystemen sind, verdeutlicht Tabelle 7.5. Sie zeigt, wie lange (gerechnet in MIPS-Jahren, MIPS=Million Instructions per Second) ein Rechner für das „Knacken" eines Schlüssels bestimmter Länge braucht, wenn er einfach alle Möglichkeiten ausprobiert.

Schlüssellänge	Erforderliche Computerressourcen
429 bit	4.6×10^3 MIPS-Jahre
512 bit	4.2×10^5 MIPS-Jahre
700 bit	4.2×10^9 MIPS-Jahre
1024 bit	2.8×10^{15} MIPS-Jahre

Der schwierigste Aspekt von PGP und von allen Public-Key-Kryptosystemen ist das Public-Key-Management: Wie kommt man an die öffentlichen Schlüssel der Kommunikationspartner und woher weiß man, daß sich hinter diesen Schlüsseln auch wirklich die richtigen Personen verbergen? Im Internet gibt es bereits mehrere Public-Key-Server, von denen man die öffentlichen Schlüssel anderer Internetnutzer abrufen kann (z.B. http://www.nic.surfnet.nl/pgp/pks-toplev.html). Meist bewahren diese Server die Schlüssel aber nur auf und gewährleisten nicht, daß diese auch authentisch sind. SLED (Stable Large E-Mail Database) hingegen signiert die Schlüssel auf seinem Server, nachdem die Identität des Besitzers verifiziert wurde. Informationen zu SLED findet man unter http://www.four11.com/. Tabelle 7.6 zeigt einen kurzen Text ohne und mit PGP-Verschlüsselung.

```
Sehr geehrte Damen und Herren,
wie besprochen uebersende ich Ihnen hiermit die neuen Ac-
counts fuer
das Zentralsystem.

Username         Passwort
--------         --------
Mueller          4324bhb3
Meier            nn33n4jn
Schmidt          424njn32

Mit freundlichen Gruessen

XXX
-----BEGIN PGP MESSAGE-----
Version: 2.6.3a

hIwDO4kTKbrncb0BA/9Wkz/MXQrg9T0HhitoETdLBCcgyP9j+wd+8yg4xaE9zQUY
xnpcTIWY20Zaft2jfWkBvjFacXmezrStJSR9IIT341Dr9/Qcq9SWlMbiErYWr0xY
1eNFTRwwkAEjbrKXqBaYt76Eymv2Hu3oWwJC7ErtYXLg/FfJF7zIW+VE+mOYTKYA
AADT9fs6UzTzFOye4c0Y6gCZIm5A8r63/1wbzX/UcV7rpEpYGEYo6TBIGr46VazX
LLQQOwpZ9SaGpxUgFDdWQp8FuJDTVX/7kkaYOkEZ1BLcv+Q16Jd1AZEiTeHevvPM
82tyDwrmW2217YXw+fwNyDUsHjtAeA02FgbQH1hf+cqiDxdlygZRIHww4PHWInII
B1Efa3EWjl1BIG7p3maRcfb7O3186opiccMJs8XHV/r1r5dMgCrH94J0y5eZHTpQ
EfmaDnJYog3hsMq+w7qPuVvP1/rnJQ==
=MJ31
-----END PGP MESSAGE-----
```


Auch PGP kennt das Prinzip der Zertifizierung eines öffentlichen Schlüssels. Im Gegensatz zur „Hierarchie des Vertrauens" werden bei PGP Schlüssel über ein „Netz des Vertrauens" beglaubigt. Ein Schlüssel kann von dem Erzeuger des Schlüssels nahestehenden Personen signiert werden. Ein aufgenommener Schlüssel ist dann am vertrauenswürdigsten, wenn sich der Schlüssel einer Person, die den Schlüssel signiert hat bereits im Schlüsselbund (Public Key Ring) befindet. Es ergibt sich ein transitives Vertrauensverhältnis.

- S/MIME

Neben dem frei verfügbaren PGP spielt vor allem im kommerziellen Bereich Secure MIME (S/MIME) von RSA die wesentliche Rolle. S/MIME beruht auf einem Industriestandard, dem Public Key Cryptography Standard (PKCS), welcher 1991 von einem aus Apple, Digital, Lotus, MIT, RSA und Sun bestehenden Konsortium entwickelt wurde. Wichtig ist hierbei der PKCS 7, welcher das Format für verschlüsselte Messages festlegt.

S/MIME nutzt zwei Prinzipien zur Umsetzung von Sicherheitsanforderungen: die digitale Signatur und den digitalen Umschlag (Verschlüsselung). Die öffentlichen Schlüssel werden hier jedoch im Gegensatz zu PGP nicht über das netzbasierte sondern das hierarchische Vertrauensmodell mit einer von allen Beteiligten als vertrauenswürdig angesehenen Certificate Authority zertifiziert.

Ein weiterer Vorteil ist die breite Anerkennung des Systems durch Hersteller von Internetsoftware, was sich in einer guten Integration in z.B. Mail-Software auswirkt.

7.3.2
Infrastruktur für Transaktionen

In diesem Abschnitt sollen einige Systeme und Spezifikationen vorgestellt werden, welche z.T. die bisher erläuterten Sicherheitstechniken für mehr oder weniger konkrete Anwendungen umsetzen.

Secure Electronic Transaction -SET

SET wurde entwickelt, um einige der bisherigen Probleme und Unsicherheiten bei der kreditkartenbasierten Bezahlung im Internet zu beseitigen. Besonders dem Belauschen von Verbindungen, bei denen sicherheitskritische Informationen wie Kreditkartennummern transportiert werden, sowie dem Vortäuschen falscher Identitäten soll mit SET begegnet werden.

Im Juni 1997 wurde die Version 1.0 der Spezifikation von ihren Entwicklern VISA und Mastercard freigegeben. Pilotinstallationen gibt es in Deutschland seit Juli 1997. Die Commerzbank.bietet ihren Kunden seit Februar 1998 eine auf SET basierende elektronische Geldbörse (SET-Wallet).

Durch SET soll kaufwilligen Kunden eine Infrastruktur zur Verfügung gestellt werden, durch welche

1. die Kommunikation zwischen allen Beteiligten, insbesondere Kunde und Händler vertraulich, d.h. verschlüsselt ablaufen soll.

2. die Beteiligten sich gegenüber ihren Partnern durch Zertifikate, welche ihre Signaturen beglaubigen, eindeutig authentifiziren können.

3. der zu zahlende Betrag online, d.h. ohne wesentliche Verzögerung von der Bank des Händlers durch Überprüfung der Bonität des Käufers, bzw. der Gültigkeit der Kreditkarte bestätigt werden kann.

4. dem Kunden die Aufgabe abgenommen wird, sich zu versichern, daß der Händler überhaupt zur Kreditkartenzahlung legitimiert ist. Dieser erhält die sicherheitskritischen Kreditkartendaten nur verschlüsselt und reicht sie so an seine Bank weiter.

5. die obigen Schritte schnell und für die Beteiligten transparent über das Internet abgewickelt werden können.

Eine auf SET basierende Transaktion läuft in folgenden Schritten ab:

■ Der Kunde stößt die Transaktion an, indem er ein Bestellformular und seine verschlüsselten, signierten und zertifizierten Kreditkartendaten an den Händler sendet.

■ Der Händler sendet diese Daten und seine eigenen Identifizierungsdaten an seine Bank.

■ Die Händlerbank überprüft die Kredtikartendaten beim Kreditkarteninstitut.

■ Bei Korrektheit der Daten und der Validität der Karte authorisiert das Kreditkarteninstitut die Transaktion.

■ Daraufhin authorisiert die Händlerbank die Transaktion und meldet dies dem Händler.

■ Der Kunde erhält die gekaufte Ware.

■ Der Händler erhält von der Bank sein Geld.

Homebanking Computer Interface

Das Homebanking Computer Interface (HBCI) ist ein vom Zentralen Kreditausschuß (ZKA) erarbeiteter Standard für die elektronische Kommunikation zwischen Banken und ihren Privatkunden. HBCI soll die Transaktionstechnik von der verwendeten Plattform unabhängig machen und setzt Richtlinien für Übertragungsformate von Überweisungen und Kontoauszügen, Verschlüsselung der Daten sowie für die Konfiguration von Homebanking-Software. HBCI soll den bisher geltenden CEPT-Standard des BTX ablösen und schafft die Möglichkeit, Kunden und Transaktionen statt wie bisher durch PIN und TAN durch Chipkarten zu identifizieren. Umgesetzt wurde

die Spezifikation bereits durch die Hamburger StarFinanz GmbH
mit dem Produkt StarMoney.

ME-Chip

Die Entwickler des ME-Chip, ein von der ESD GmbH produzierter
Hardware-Baustein, der an Parallelports, PCMCIA- oder ISA-
Schnittstellen angeschlossen werden kann, gehen davon aus, daß bereits der Transfer von über die Tastatur eingegebenen Daten durch
den eigenen PC des Bankkunden ein Unsicherheitsfaktor sein kann.
Sie versuchen, eine maximale Sicherheit für die über das Internet
abgewickelten Transaktionen dadurch zu erreichen, daß sie diese
Daten nicht in den PC des Kunden gelangen lassen, sondern sofort
nach der Eingabe abfangen, verschlüsseln und an die Bank übermitteln, wobei als Verschlüsselungsalgorithmen die anerkannten Verfahren DES und RSA zum Einsatz kommen.

Eine verifizierte Identität der Bankkunden wird durch die schalt-
kreistechnische Einmaligkeit eines jeden ME-Chips erreicht. Die
Hersteller sprechen von einer Übertragung der Vertrautheit des persönlichen Kontaktes in die Online-Umgebung. Jeder Kunde erhalte
eine digitale Identität, den „digital part of **me**" (ESD 98).

Zum Einsatz kommt diese Lösung bereits bei der Hamburger
Sparda-Bank, die damit das Homebankinggeschäft ihrer Kunden ab-
sichert.

Der hohen Sicherheit der hardwarebasierten Lösungen stehen
nachteilig bzw. hemmend für eine starke Verbreitung die Kosten
und die teilweise Nicht-Portabilität der Systeme entgegen.

Brokat

Brokat arbeitet nach den üblichen Prinzipien der Verschlüsselung
und der Authentifizierung mit anerkannten Standards.

Die zur Verschlüsselung der bei einer Transaktion übermittelten
Daten notwendige Software wird bei Brokat in Form von Java-
Applets direkt von einem Server der Bank auf den Rechner des
Bankkunden geladen. Dadurch ist beim Kunden neben einem Standard WWW-Browser keine zusätzliche Software mehr notwendig.
Brokat umgeht jedoch mit seinem System X-Presso, das die Verschlüsselung der Daten nicht dem jeweiligen Browser überläßt, die
für amerikanische Browser bestehenden restriktiven Exportbedin-
gungen, die eine maximale Schlüssellänge von 40 Bit vorschreiben.
Brokat erlaubt die Transaktionsverschlüsselung mit 128-Bit-Schlüs-
seln. Zum HBCI-Standard kann das Brokat-System leicht kompatibel gemacht werden, so bietet Brokat bereits ein Gateway für eine
online-Umsetzung der Daten in den HBCI-Standard an.

Literatur zu Kapitel 7

Avolio, F. M.: Application Gateways and Stateful Packet Filters, in tis Gauntlet
White Papers,
http://www.tis.com/prodserv/gauntlet/firewallcomp.html

Avolio, Frederick: Firewalls and Virtual Private Networks, Gauntlet White Papers, http://www.tis.com/prodserv/gauntlet/fwvpn.html

Baran, N.: The Greatest Show on Earth, in: BYTE Nr. 7, 1995, S. 69–86.

Bauer, F. L.: Kryptologie, Berlin, Heidelberg 1993.

Berners-Lee, T.; Fielding, R.; Frystyk, H.: Hypertext Transfer Protocol - HTTP
1.0,http://www.ics.uci.edu/pub/ietf/http/draft-ietf-http-v10-spec-04.txt,
14.10.1995.

Brokat: X-Presso Security Package 1.1, Produktinformation.

Bryan, J.: Build A Firewall, in: BYTE Nr. 4, 1995, S. 91–96.

Checkpoint: FireWall-1 White Paper 3.0,
http://www.checkpoint.com/products/downloads.html

Cheswick, W. R.; Bellovin, S. M.: Firewalls and Internet Security, Reading
(Massachusetts) 1994.

Dussé, Steve; Matthews, Tim: S/MIME: Anatomy of a Secure E-mail Standard,
in Messaging Magazine July/August 1996,
http://www.ema.org/html/pubs/mmv2n4/s-mime.htm

ESD GmbH: MeChip, http://www.esd.de/de/info/back/mechip.htm.

Hagemann, H.; Rieke, A.: Datenschlösser - Grundlagen der Kryptologie, in: c't
Heft 8, 1994, S. 230–238.

IESG, Internet Protocol Version 6 - Specification to Proposed Standard, abrufbar bei http://playground.sun.com/pub/ipng/html/ipng-PS.txt,
18.09.1995.

Internet-Drafts zu S/MIME der IETF, http://www.ietf.org/html.charters/smime-
charter.html

Kipp, E.B.; Hickman, T. E.: The SSL Protocol, Internet-Draft gopher://ds.internic.net/:70/00/internet-drafts/draft-hickman-netscape-ssl-
01.txt, Juni 1995.

Klute, R.: Verschlußsache - Sicherheit im WWW, in: iX Nr. 12, 1995, S. 132–145.

Krallmann, H.: EDV-Sicherheitsmanagement, Berlin 1989.

Kuschke, M.: Teuflisch gut – SATAN: PD-Tool zum Auffinden von Security-Lücken, in: iX Nr. 6, 1995, S. 54–61.

Liu, C., u.a.: Managing Internet Information Services, Sebastopol 1994.

McGraw, Gary; Felten, Edward: Avoiding Hostile Applets, in Byte, May 1997, 89–92.

NCSA: Firewall Buyers Guide, http://www.ncsa.com/fwcd/fbg3.htm.

Oppliger, R.: Computersicherheit: Eine Einführung, Vieweg, Braunschweig, Wiesbaden 1992.

Ranum, M. J.: Thinking About Firewalls, Proceedings of the Second International Conference on Systems and Network Security and Management, ftp.tis.com/pub /firewalls/firewall.ps.Z, Glenwood, Ml.

Reif, H.: Netz ohne Angst, c't Nr. 9, 1995, 174–183.

Rescorla, E.: Schiffman, A.: The Secure HyperText Transfer Protocol – Internet Draft gopher://ds.internic.net:70 /00/internet-drafts/draft-ietf-wts-shttp-oo.txt, Juli 1995.

RFC 1320: R. Rivest, The MD4 Message-Digest Algorithm, April 1992.

RFC 1321: R. Rivest, The MD4 Message-Digest Algorithm, April 1992.

Segev et al.: Internet-Based Financial EDI, Berkeley 1995.

S-HTTP Homepage: http://www.eit.com/projects/shttp /index.html.

Siyan, K.; Hare, C.: Internet Firewalls and Network Security, Indianapolis 1995.

Sparda Homebanking im Internet,http://www.sparda-hh.de/homebank.htm.

SSL Homepage: http://www.netscape.com/nesref/std /SSL.html.

Stallings, W.: Getting Cryptic, in: Internet World, Februar 1995.

Stallings, William: Internet Armor, in Byte December 1996, 127–134.

VISA, Mastercard: SET Secure Electronic Transaction, Book 1: Business Description, Version 1.0, 31.5.1997.

Wayner, Peter: Who goes there, in Byte, June 1997, 70–80.

Zentraler Kreditausschuß: HBCI-Spezifikation,
        http://www.siz.de/siz/hbci/hbcispec.htm

TEIL III:
UNTERSTÜTZUNG
DER
WERTSCHÖPFUNGS-
AKTIVITÄTEN

8 Ausgehende Aktivitäten

Die ausgehenden Aktivitäten dienen dazu, das Interesse der Kunden für die Produkte (oder Dienstleistungen) einer Firma zu wecken, die Produkte den Kunden zu verkaufen, zur Verfügung zu stellen und die Nutzung der verkauften Produkte zu erleichtern. Diese Aktivitäten werden vereinfacht als der *Verkaufsprozeß* bezeichnet. Dieser Prozeß läßt sich grob in drei Phasen einteilen: *Verkaufsvorbereitung*, *Verkaufsdurchführung* und *Verkaufsnachbereitung*. Verkaufsvorbereitung besteht hauptsächlich aus *Absatzförderung*. Absatzförderung oder Promotion ist eines der vier „Ps" (außer *Preis*, *Produkt* und *Distribution (place)*), die als Begriffsobergruppen der Klassifikation von Instrumenten des Marketing-Mix dienen. Zur Phase der Verkaufsdurchführung zählen Auftragserfassung, Zahlung und physische Distribution. Diese Phase entspricht in etwa Porters Phase der Ausgangslogistik (siehe Abschn. 5.2.1) oder Kotlers Auffassung eines Distributionssystems (Kotler und Bliemel 1995). Zur Phase der Verkaufsnachbereitung zählen Kontaktpflege und Kundendienst. Der Kundendienst wird als ein Teil der Verkaufsnachbereitung angesehen, sofern dieser im Zusammenhang mit einem verkauften eigenen Produkt steht. Andernfalls ist der Kundendienst wie ein Produkt für sich zu behandeln (z.B. ein Wartungsvertrag für Geräte eines anderen Herstellers). Die Analyse der ausgehenden Aktivitäten wird zunächst hauptsächlich aus dem Blickwinkel der Beziehungen im Bereich Business-to-Consumer vorgenommen. Im letzten Abschnitt dieses Kapitels wird dann speziell der Bereich des Business-to-Business betrachtet. Bei der Analyse der Beschaffungslogistik im Abschn. 9.2 und der Beschaffung im Abschn. 10.4 wird naturgemäß stärker die Sicht des Business-to-Business verfolgt.

8.1
Absatzförderung

Methoden der Absatzförderung sind: *Werbung, persönlicher Verkauf, Verkaufsförderung, Öffentlichkeitsarbeit* und *Direktmarketing*.

Die genannten Methoden der Absatzförderung unterscheiden sich stark von einander bezüglich ihrer Wirkungsweise, ihrer Effektivität während verschiedener Phasen der Kaufbereitschaft, ihrer Effektivität während verschiedener Phasen des Lebenszyklus eines Produktes und anderer Kriterien (Kotler und Bliemel 1995). Deswegen muß der potentielle Einsatz des Internet für jede der Methoden getrennt betrachtet werden.

8.1.1
Werbung

Werbung dient der Förderung von Ideen, Produkten oder Dienstleistungen durch Einsatz von Medien. Zu diesen Medien gehören Fernsehen und Rundfunk, Zeitungen und Zeitschriften, Außenwerbung (z.B. auf Plakatwänden, Litfaßsäulen und Verkehrsmitteln), Direktwerbung (durch Postsendungen) und Adreßverzeichnisse. Werbung hat große ökonomische Bedeutung, als Arbeitsplatzbeschaffer, Kostenfaktor für die Werbenden oder Einnahmequelle für die Medieneigentümer. Sie wird dennoch von Adressaten mit gemischten Gefühlen empfangen. Das liegt unter anderem daran, daß die meiste Werbung unaufgefordert, fast aufgezwungen, die Adressaten erreicht. In Englisch wird dies plastisch, wenn auch etwas grob, als „in your face", ins Gesicht (geworfen), oder „down your throat", in den Hals (gewürgt), bezeichnet. Ausnahmen stellen z.B. die Branchenfernsprechbücher, Gelbe Seiten, dar, wo der Adressat die Werbung willentlich sucht. Im Internet läßt sich ebenfalls unaufgefordert werben, aber dabei ist große Vorsicht geboten. Der wichtigste Unterschied zwischen Internet und den meisten klassischen Werbemedien ist: im Internet müssen die Adressaten oft dazu gebracht werden, die Werbung selbst abzurufen!

Wenn man einen Zielmarkt und potentielle Abnehmer eines Produkts gut kennt, dann stehen folgende Aufgaben bei dem Erarbeiten eines Werbeprogramms an: *Festlegung der Werbeziele, Bestimmung des Werbebudgets, Formulierung der Werbebotschaft, Wahl der Werbeträger* und *Auswahl des Verfahrens zur Erfolgskontrolle.* Während die Wahl des Internet als ein Werbemedium alle Aspekte des Werbeprogramms berührt, bzw. von diesen beeinflußt wird, wird hier hauptsächlich auf die Aufgabe der Wahl der Werbeträger eingegangen, da das Internet in Konkurrenz zu anderen Medien steht. Das heißt natürlich nicht, daß das Internet ausschließlich sondern in der Regel im Zusammenspiel mit anderen Medien eingesetzt werden soll.

Das Internet wird nur bei solchen Produkten oder Dienstleistungen in Frage kommen, die von Internetbenutzern üblicherweise bezogen werden. Denn während man die genauen Zahlen der Internauten nicht kennt, kennt man das Profil der regelmäßigen Benutzer recht gut (siehe Abschn. 2.4). So wird man zur Zeit das Internet wahrscheinlich nicht als Werbemedium für Produkte in Betracht ziehen, die vorwiegend von älteren Menschen gekauft werden. Aufgrund des relativ hohen Engagements, das beim Abruf von Werbung im Internet erforderlich ist, kann man annehmen, daß es sich für komplexe Produkte mit hohem Erklärungsbedarf eignet. Weiterhin kommen unabhängig von ihrer Komplexität Produkte in Frage, die starker Konkurrenz unterliegen und bei denen Verbraucher einfach nach dem günstigsten Preis suchen. Etwas unerwartet ist das Werben im Internet für einfache Produkte, bei denen der Preis keine große Rolle spielt und ein anschließender Verkauf über das Internet nicht erwartet wird. Hier geht es meist darum, durch Präsenz im Internet von seinem Image als ein „cooler" Ort, der „in" ist, zu profitieren. Abb. 8.1 zeigt ein solches Beispiel.

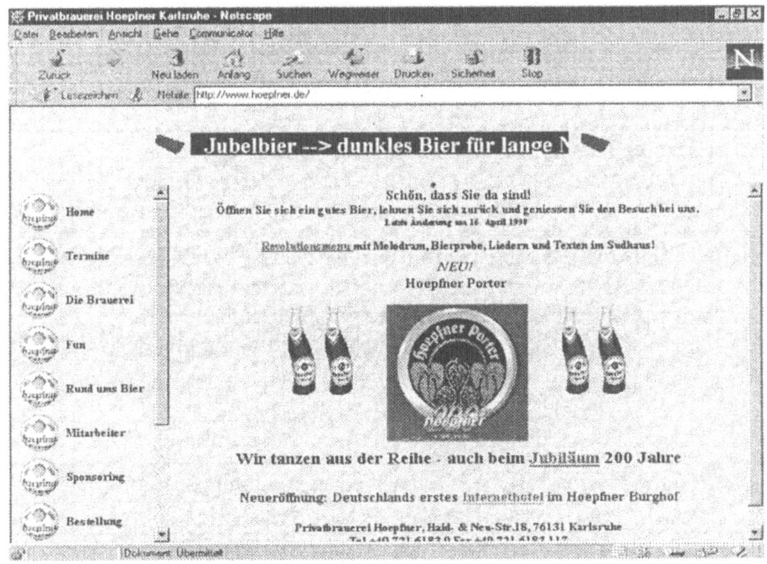

Abb. 8.1:
Ein Beispiel für die angestrebte Kopplung an das Image des Internet

Tabelle 8.1 zeigt eine Reihe von Kriterien, die man bei der Beurteilung heranziehen kann, ob sich ein Verbraucherprodukt für Werbung im Internet eignet. Sie ist an Hawthornes Matrix zur Analyse der Eignung von Produkten für Direktmarketing im Fernsehen angelehnt. Je mehr Punkte ein Produkt erreicht, desto wahrscheinlicher ist es, daß man das Internet als Medium in Betracht ziehen sollte. Die inhaltliche Basis für die Einträge stellen die Ergebnisse der im

Abschn. 2.4 besprochenen Umfragen. Die Tabelle muß ständig der Entwicklung des Internet angepaßt werden, da immer wieder ganze Bevölkerungsschichten neu ins Internet kommen oder neue Technologien neue Anwendungen ermöglichen.

Nr.	Sehr gut: 3 Punkte	Gut: 2 Punkte	Mäßig: 1 Punkt	Punkte
1	Das Produkt wird von Leuten im Alter von 19-40 Jahren gekauft	Das Produkt wird von Leuten im Alter von 14 - 18 oder von 40 - 50 Jahren gekauft	Das Produkt wird von Leuten im Alter jünger als 14 oder älter als 50 Jahren gekauft	
2	Das Produkt wird von Männern gekauft	Das Produkt wird von Männern und Frauen gekauft	Das Produkt wird von Frauen gekauft	
3	Das Produkt ist billig (< DM 100)	Das Produkt ist nicht billig (100-1.000 DM)	Das Produkt ist teuer (> DM 1.000)	
4	Das Produkt wird von Haushalten mit mittlerem bis hohem Einkommen gekauft	Das Produkt wird von Haushalten mit sehr hohem Einkommen	Das Produkt wird von Haushalten mit niedrigem Einkommen gekauft	
5	Es ist ein Massenprodukt (Commodity)	Das Produkt hat eine mittlere Verbreitung	Es ist kein verbreitetes Produkt	
6	Das Produkt läßt sich durch Text und Graphiken erklären	Das Produkt läßt sich durch Text, Graphiken und einige Bewegtbilder oder Tonwiedergabe erklären	Das Produkt läßt sich am besten durch bewegte Bilder oder gute Tonwiedergabe erklären	
7	Erklärungsbedarf ist hoch	Erklärungsbedarf ist mittel	Erklärungsbedarf ist niedrig	
8	Werbung appelliert an rationales Verhalten	Werbung appelliert an rationales und emotionales Verhalten	Werbung appelliert an emotionales Verhalten	
9	Der Wettbewerb im Produktmarkt ist groß	Der Wettbewerb im Produktmarkt ist mittel	Der Wettbewerb im Produktmarkt ist gering	

8 Ausgehende Aktivitäten

Wenn man zu der Ansicht gelangt ist, daß das Internet als Werbemedium für das betrachtete Produkt in Frage kommt, sollte es mit anderen Medien verglichen werden, um das Werbebudget effektiv aufteilen zu können. Die Wahl der Werbeträger beinhaltet zwei Entscheidungsschritte: die Auswahl der Mediengattung(en) und die Auswahl der Werbeträger innerhalb der ausgewählten Mediengattung(en). Diese Entscheidungen hängen u.a. von der gewünschten Reichweite, Kontaktfrequenz und Eindrucksqualität der Werbung ab. Diese Variablen werden auf verschiedene Weisen definiert und gemessen; es gibt z.B. die räumliche, qualitative, quantitative, kumulierte und kombinierte Reichweite sowie Brutto- und Nettoreichweiten (siehe z.B. Nieschlag u.a. 1994 für genaue Definitionen). Mit Hilfe der unterschiedlichen Meßwerte werden dann verschiedene Kennzahlen für Chancen des Kontakts zwischen Adressat und Werbung errechnet. Die Kosten für Werbung in unterschiedlichen Medien werden über eine Kennzahl verglichen, den sog. 1000-Kontakte-Preis. Hier fangen die Probleme an, wenn man das Internet in Betracht zieht. Man kennt die genauen Reichweiten des Internet noch nicht. Auch die Anzahl der unterschiedlichen Benutzer, die eine Werbung gesehen haben, und die Kontaktfrequenz lassen sich i. allg. nicht genau messen. Auf der anderen Seite werden im Internet echte Kontakte und nicht Kontaktchancen gemessen. Weiterhin kann teilweise genau beobachtet werden, wie der Benutzer nach dem Kontakt weiter vorgeht, wenn er weitere Informationen abruft. Schließlich gibt es eine Reihe von Bemühungen, die Kontakte im Internet noch besser zu messen, worauf weiter unten eingegangen wird.

Die Gegenüberstellung des Internet mit einigen wichtigen klassischen Medien in Tabelle 8.2 zeigt, daß das Internet viele gute Eigenschaften aufweist, die es zu einem interessanten Werbemedium machen. Man könnte hier von Kommunikationsnetzen als Mediengattung und vom Internet als einem Werbeträger innerhalb dieser Gattung sprechen. Dies wird nicht gemacht, weil das Internet hier im Mittelpunkt der Betrachtung steht und die Vergleiche mit anderen Kommunikationsnetzen, insbesondere kommerziellen Online-Diensten, im Teil IV dieses Buchs im Detail angestellt werden. Stattdessen betrachten wir das Internet als eine Mediengattung und die einzelnen Internetangebote, innerhalb welcher geworben werden kann, als Werbeträger. Die Angaben zu Reichweiten und Anzahl der Kontakte fehlen für das Internet aus den oben genannten Gründen. Für einen Vergleich müßten auch die Kriterien anders definiert werden, weil die Anzahl von Einschaltungen, als ein Beispiel, im Internet keine sinnvolle Betrachtungsgröße ist.

Bewertungskriterien	Tageszeitungen	Fernsehen	Internet
1. Wirkungskomponenten -des Mediums	Information Aktualität Unterhaltung Glaubwürdigkeit Leser-Blatt-Bindung	Realitätsnähe Glaubwürdigkeit Aktualität Information Unterhaltung	Information Aktualität Glaubwürdigkeit Unterhaltung Nutzerkontrolle
-des Werbemittels	Format Farbe Plazierung: Textteil – Anzeigenteil	Spotlänge, Farbe, Bewegung, Musik, Ton, Sprache, Geschwindigkeit, Kontrast zum Umfeld	Farbe, Sprache, Ton, Musik, Kontrast zum Umfeld, Geschwindigkeit
Nutzung des Werbemittels -Ort	beliebig, vorwiegend zu Hause und am Arbeitsplatz	beliebig, vorwiegend zu Hause	beliebig, vorwiegend zu Hause und am Arbeitsplatz
-Zeitpunkt	beliebig, vorwiegend morgens	innerhalb des Sendezeitraums	beliebig
-mögliche Nutzungsdauer	während eines Tages	eine Spotlänge	unbeschränkt
-Nutzungschance	von Produktbereich und Gestaltung abhängig	unabhängig von Produktbereich und Gestaltung	unabhängig von Produktbereich und Gestaltung
-Häufigkeit	wiederholbar	einmal	wiederholbar
2. Kommunikationsfähigkeit -Inhalte	rationale Übermittlung von Sachverhalten und Argumentationen	rationale und emotionale Handlungsabläufe, Demonstrationen, Argumentationen	Vorwiegend rationale Übermittlung von Sachverhalten und Argumentationen
-Lernerfolg	kurzfristig stimulierend und informierend	kurzfristig aktualisierend und informierend, Imageaufbau	langfristig und nachhaltig wirksam, Imageaufbau

■ **8 Ausgehende Aktivitäten**
■
■

Bewertungskriterien	Tageszeitungen	Fernsehen		Internet
3. Leistung und Kosten Nettoreichweiten	reg. Abozeitungen: 71 % 8 Kaufzeitungen: 22 %	ARD1: ZDF: RTL: SAT1: Pro7: n-tv: jew. pro ∅ ½ Std. Seher pro Tag: 87,0 %	8,8% 9,0% 8,3% 6,5% 4,6% 0,2%	–
Nettoreichweite ges. Bev. nach 12 Einschaltungen	reg. Abozeitungen: 83 % Kaufzeitungen: 31 %	87,7 % pro ∅ ½ Std. ARD1 u. private MA-Sender		–
Kontakte pro Nutzer nach 12 Einschaltungen	reg. Abozeitungen: 11,0 Kaufzeitungen: 6,9	5,1 pro ∅ ½ Std. ARD1 u. private MA-Sender		–
durchschnittliche 1000-Kontakte-Preise für Gesamtbevölkerung	¼ Seite s/w Abozeitungen: DM 19,10 Kaufzeitungen: DM 10,05	30 sec pro ∅ ½ Std. ARD: DM 6,53 ZDF: DM 4,42 RTL: DM 7,73 SAT1: DM 7,74 Pro7: DM 10,22 n-tv: DM 9,64		Siehe Tabelle 8.3
Produktionskosten	niedrig	hoch		niedrig
4. Selektionsmöglichkeit	regional (Orte, Regionen)	ARD, SAT1, RTL regional bzw. Fenster und nach Zielgruppen		nach Zielgruppen
5. Verfügbarkeit Menge	nicht beschränkt	20 % der Sendestunde		nicht beschränkt
Disposition	2-3 Tage vor Erscheinen	Empfehlung bis Ende September für das Folgejahr		sofort

Tabelle 8.2: Vergleich ausgewählter Werbemedien mit dem Internet (Teil 2)

Wenn entschieden wird, daß das Internet eines der Werbemedien sein soll, stellt sich die Frage, welchen Internetdienst und welches Internetangebot man wählen soll. Zunächst sei auf die Möglichkeit eingegangen, unaufgeforderte Werbung über das Internet zu betreiben. Dies läßt sich machen, indem man z.B. Adressaten über ihre E-Mail-Adresse kontaktiert.

E-Mail-Adressen kann man erfragen, wenn jemand etwas über das Internet bestellt und damit ohnehin seine Identität preisgibt oder man kann einen Service anbieten, der frei ist, wenn man sich unter Angabe seiner E-Mail-Adresse und weiterer Daten registriert. Beispiele für solche Dienste sind die kostenlose elektronische Zeitschrift HotWired (http://www.hotwired.com) oder die Möglichkeit, eine Messe elektronisch zu besuchen (z.B. die Networld+Interop, http://www.interop.net). Die so erfaßten Daten kann man eventuell kaufen, obwohl die Datensammler meist versprechen, die Daten nicht weiterzugeben. Eine weitere Alternative besteht darin, privaten Haushalten freien Zugang zum Internet anzubieten, der von Firmen finanziert wird. Dafür erklären sich die Haushalte bereit, sich mit Werbung und anderen Marketingaktionen der Sponsoren oder anderer Firmen über das Internet beglücken zu lassen. Schließlich könnte man mit intelligenten Programmen die Adressen aus (archivierten) Diskussionsbeiträgen oder WWW-Homepages privater Benutzer herausfischen. Den Effekt der direkten, wenn auch nicht persönlichen, Ansprache erreicht man auch, wenn man eine Nachricht an einen Listserver (siehe Abschn. 3.2) sendet. Von direkter Werbung ist außer bei Gegengeschäften (z.B. freier Internetzugang) und eventuell bei früheren Kunden jedoch abzuraten. Manche Internetzugangsprovider (z.B. MCI) verbieten in ihren Benutzungsregeln (acceptable use policy, AUP) die Versendung unaufgeforderter Werbung und drohen bei Verstoß mit der Aufkündigung des Zugangs.

Eine sehr lohnende, aber mit Vorsicht zu gebrauchende Alternative des unaufgeforderten Werbens ist das Werben über Usenet-Diskussionsgruppen. Die meisten dieser Gruppen sind thematisch relativ gut fokussiert und werden von sehr interessierten Benutzern frequentiert. Die Anzahl der Leute, die Diskussionsbeiträge liefern, ist relativ gering, aber die Beiträge werden oft von Tausenden gelesen. Bei kommerziell ausgerichteten Gruppen entstehen keine Probleme (das sind z.B. solche, deren Name mit „biz." beginnt). Bei nicht-kommerziellen Gruppen sollte man sich der Werbung enthalten. Wenn die thematische Ausrichtung der Gruppe nicht ganz klar ist, sollte man die Werbung eindeutig als solche schon im Subjektfeld deklarieren. So können die Gruppenteilnehmer die Nachricht als Werbung erkennen, bevor sie sie lesen, und selbst entscheiden, ob sie die Nachricht sehen wollen. Um sich mehr Gewißheit zu verschaffen, ob die Versendung einer Werbenachricht an eine Diskussionsgruppe der Netiquette der Gruppe entspricht, sollte man die entsprechenden FAQ (siehe Abschn. 3.2.3) der Gruppe lesen. Netiquette sind die Regeln des guten Benehmens im Internet (siehe RFC 1855). Es gibt sowohl allgemeine als auch dienstspezifische Benehmensregeln, von denen einige schon im Kap. 3 genannt wurden. Sie dienen generell dazu, die Ressourcen anderer (Zeit, Speicherplatz u.a.) nicht unangemessen zu beanspruchen und die Privatsphäre und die Rechte der Beteiligten zu schützen. Auch bei Newsgroups könnte der Internetzugangsprovider Verstöße ahnden. Aber selbst wenn er es nicht tut, könnte es zu Konsequenzen kommen. Man könnte zum Beispiel auf „schwarze Listen" gesetzt werden (eine solche Liste findet man unter http://math-www.uni-paderborn.de/~axel/BL). Mit vielen Newsreadern kann man Nachrichten bestimmter Versender, z.B. solcher auf schwarzen Listen, automatisch herausfiltern.

Berühmt ist das Beispiel der Rechtsanwälte Canter und Siegel aus Arizona, USA, die Diskussionsgruppen mit Beratungswerbung überflutet haben (im Internetjargon nennt man das spamming). Viele Internauten waren so wütend, daß sie über die bei milderen Verstößen gegen die Netiquette üblichen bösen Briefe (flames) hinaus die beiden vom Internet verbannen wollten. Das taten sie durch Bitten an den Zugangsbetreiber der Anwälte, diesen den Zugang zum Internet zu versperren, und durch Druck. Der Druck wurde durch Überfluten der Anwälte und damit des Zugangsbetreibers mit E-Mail erzeugt, so daß die Speicherkapazitäten des Betreibers nicht mehr ausreichten und anderer Datenverkehr gestört wurde. Die Anwälte behaupten, daß sich die Aktion für sie dennoch finanziell gelohnt habe. Ihre mangelnde Seriosität haben sie zusätzlich unter Beweis mit der Herausgabe eines aufreißerischen Buchs gestellt, das hauptsächlich ihre Aktion glorifiziert und zur Nachahmung empfiehlt. Das Buch ist auf allen Literaturlisten zu Internet als „nicht empfehlenswert" charakterisiert worden. Spamming wird teilweise durch Programme wie Cancelmoose verhindert, die solche Nachrichten automatisch erkennen (wenn z.B. die gleiche Nachricht an mehr als 20 verschiedene Gruppen verschickt wird) und löschen. Über Angriffs- und Verteidigungstaktiken in diesem Zusammenhang kann man viel in den entsprechenden Diskussionsgruppen lernen (z.B. news.admin.net-abuse).

Der primäre Dienst für Werbung im Internet ist WWW, weil es multimediale Fähigkeiten besitzt und einfach zu nutzen ist (siehe Abschn. 3.6). Die erste Frage, die sich hier stellt, ist, wie finden die Benutzer heraus, daß es die Werbung gibt. Die Adressaten werden in der Regel nicht nach der Werbung selbst suchen, sondern nach der

Firma, für dessen Produkte sie sich interessieren, oder nach den Produkten selbst. Dazu verwenden sie die beschriebenen Suchprogramme (Abschn. 3.6). Deswegen ist das Bekanntmachen des eigenen Informationsangebots unerläßlich (siehe Abschn. 6.8).

Eine weitere Möglichkeit, Internetbenutzer auf das eigene Angebot unaufgefordert aufmerksam zu machen, besteht darin, über spezielle Dienstleister oder elektronische Publikationen (manchmal E-Zine für Electronic Magazine, genannt) zu werben. Netscape, zu deren Site Millionen von Benutzern über ihren Browser gelenkt werden, bietet auf ihren Seiten die Unterbrigung einer Werbung an, die manchmal nur aus dem Firmenlogo besteht. Diese Werbung wird Banner genannt. Wenn man auf den Banner klickt, wird man zu den Webseiten des Inserenten gelenkt. Die Kosten für Banner bei Netscape betrugen im April 1998 US $ 5 bis 50 pro 1000 „Seiteneindrücke" je nach „Programm". Ein Programm umfaßt verschiedene Seiten oder Dienste, in die Werbung eingeflochten werden kann. Die Werbung wird je nach Programm wöchentlich schätzungsweise 125.000 bis 2.000.000 Mal gesehen. Daraus ergeben sich für die Werbenden Kosten von US $ 4.375 bis 50.000 pro Woche. Auf diese Preise gewährt Netscape verschiedene Rabatte. Besondere Vertragsgestaltungen gibt es für Such- und andere Internetdienste, die in die Netscapeseiten eingebaut werden wollen.

Ein anderes Beispiel sind die zwei führenden amerikanischen Internetsportdienste, SportsLine USA (http://www.sportsline.com) und ESPNET SportsZone (http://www.espn.sportszone.com). Die Dienste stellen ihren Abonnenten Sportergebnisse, Kommentare und Analysen zu Sportereignissen, Sportübertragungen und Spielerprofile zur Verfügung. Auch sportbezogene Wettbewerbe werden, oft gegen zusätzliche Gebühren, online angeboten. Die Dienste haben Sponsoren, deren Werbung während der Sportprogramme erscheint oder die einfach als Sponsor eines Beitrags genannt werden. ESPNET SportsZone soll innerhalb relativ kurzer Zeit über $1.000.000 an Werbeverträgen mit Sponsoren abgeschlossen haben; darunter befinden sich heute Firmen wie Microsoft, Ford, Pizza Hut, Levi's und Quaker Oats (für das Produkt Gatorade).

Wenn eine Firma über einen Banner wirbt, kann sie einen spezifischen Einstieg in ihr Informationsangebot für diesen Banner vorsehen. Auf diese Weise kann man genau ermitteln, welche Besucher über die Bannerwerbung gekommen sind und sie spezifisch begrüßen. Eine andere Möglichkeit, die Herkunft der Besucher festzustellen, besteht über die Auswertung der Variable „Referer" in den Logfiles (siehe Abschn. 3.6.4). Abb. 8.2 zeigt, wie Suchdienste Banner unterbringen.

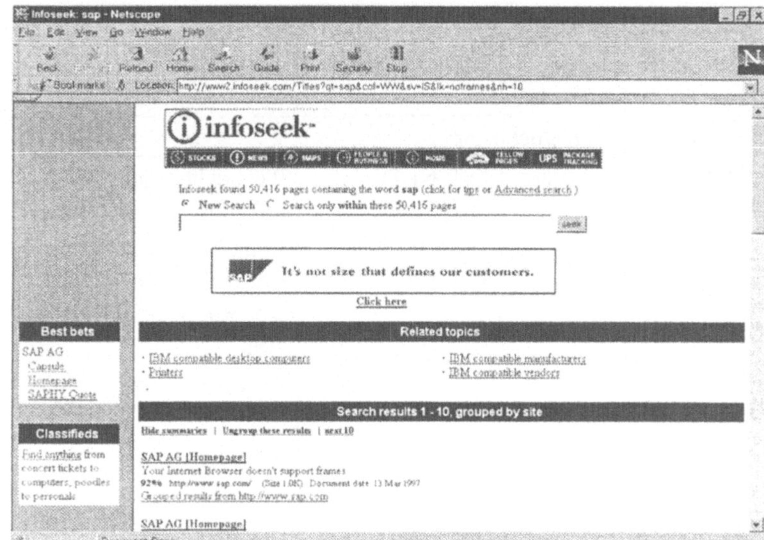

Abb. 8.2:
In Suchergebnissen untergebrachte Werbung

Nach Angaben des Internet Advertising Bureau haben die Ausgaben für Werbung im Internet und Online-Diensten in USA in 1997 907 Millionen US $ erreicht, mehr als dreimal so viel wie in 1996. Tabelle 8.3 zeigt einige deutsche Anbieter von „Werbeflächen" und deren Gebührenmodelle. Eine Liste von Anbietern aus der ganzen Welt findet man unter der URL http://www.netcreations.com/ nc-cgi/ipa/dbsearch.pl.

Wenn Unternehmen Geld für eine solche Werbung im Internet ausgeben, möchten sie unter anderem wissen, wie viele und welche Leute diese Werbung gesehen haben. Die im Abschn. 3.6 erklärten Aufzeichnungsmöglichkeiten von WWW-Servern reichen zunächst für solche Auswertungen nicht aus. Es gibt verschiedene Gründe dafür. Zunächst kann die Anzahl der Zugriffe auf eine Webseite nicht genau gemessen werden, weil Proxy-Server (siehe Abschn. 3.6 und 6.2) populäre Seiten selbst speichern, so daß diese „lokalen Zugriffe" nicht beim Informationsanbieter gezählt werden können. Gleiches gilt für die im Cache des Benutzers in seiner Maschine gespeicherten Seiten. Dieses Zwischenspeichern kann von Autoren einer Webseite verhindert werden, aber das ist kein freundlicher Akt gegenüber der gesamten Internetgemeinde, weil er den Datenverkehr erhöht. Weiterhin können die WWW-Server i.d.R. nur die IP-Adresse des Benutzers loggen, aber nicht die Benutzeridentifikation. In vielen Organisationen ist der Zugang zum Internet so geregelt, daß viele Benutzer über die gleiche IP-Nummer ins Internet gelangen.

Anbieter und Zielgruppe			
Fläche in Pixel	Buchungs- möglichkeiten	Preise in DM p. M.	Kommentar
Stern Online – Privatbenutzer			
130 X 80 156 X 60 234 X 60 468 X 60	Oben rechts unten unten unten	TKP 60–80,- TKP 60–80,- TKP 80–100,- TKP 110–130,-	Preis richtet sich nach Lokation: Homepage, funktionale Übersichtsseite, thematische Rubrik, Online Service. Mindestbelegung 20000 Page Views (Preisliste vom 1.10.97)
VDI Nachrichten – technisch orientierte Fach- und Führungskräfte			
123 X 77 oder 200 X 44		2000–3000,- (20 % Rabatt bei gleichzeitiger Belegung des Print-Pendants)	Preis richtet sich nach Lokation: Homepage, Rubrikseiten, redaktionelle Module. (Preisliste 5.9.97)
Fireball (Suchmaschine) – Alle			
468 X 60	oben	TKP 40,- TKP 70,- TKP 100,-	Rotiert über alle Seiten Exklusiv in einer Rubrik Per Schlüsselwort ausgelöst; Mindestbelegung 20000 Page Views (Preisliste vom 1.10.97)

Werbetreibende möchten oft auch eine unabhängige Verifizierung der Kontaktzahlen haben, wie man es vom Fernsehen und den Druckmedien gewohnt ist. Deswegen bieten Nielsen Media Research und I/Pro, als Beispiel, verschiedene Dienste und Programme zur besseren Erfassung und Nachprüfung der WWW-Seitenabrufe an. Sie analysieren und verifizieren als unabhängige Partei die Zugriffslogs ihrer Kunden mit I/Audit. Sie nehmen die Registrierung von Besuchern der Websites ihrer Kunden mit I/CODE vor. Registrierung ist der beste Weg, um möglichst genau verfolgen zu können, wer eine Site besucht. Die Registrierung durch eine dritte Partei bietet den Internetbenutzern die Möglichkeit, an die registrierungspflichtigen Inhalte zu kommen, ohne ihre Identität preisgeben zu müssen. Der Content-Provider erhält wiederum demographische und andere Daten über die Besucher seiner Site und deren Verhalten bezüglich Nutzung angebotener Inhalte. Die so gewonnenen Daten kann man potentiellen „Inserenten" präsentieren, um ihre Werbemittel zu gewinnen. Das Beispiel zeigt, wie man durch Verständnis der Internettechnologie und der Bedürfnisse der Internetbenutzer völlig neuartige Geschäftschancen wahrnehmen kann.

In Deutschland ist das vom Verband Deutscher Zeitschriftenverleger e.V. (VDZ) in Zusammenarbeit mit einigen anderen Gremien entwickelte Verfahren zur Messung der Besuchsintensität von Websites am weitesten akzeptiert. Anbieter von Werbeflächen installieren die Software des VDZ auf ihren Webservern und liefern dem VDZ Meßergebnisse, die monatlich als die Gesamtzahl der PageImpressions und Visits pro Website veröffentlicht werden.

Eine *PageImpression* ist ein Sichtkontakt eines beliebigen Benutzers mit einer potentiell werbeführenden HTML-Seite. Ein *Visit* bezeichnet einen zusammenhängenden Nutzungsvorgang (Besuch) eines WWW-Angebots. Ein CGI-Programm (siehe Abschnitt 3.6.3) erzwingt bei jedem Browserzugriff auf eine Webseite die Übertragung einer ein Pixel großen Grafik vom Webserver des Anbieters, auch wenn diese Seite bereits im lokalen Cache des Browsers oder dem des Proxy-Servers vorliegt. Aus einer Folge von Seitenabrufen eines bestimmten Web-Browsers über einen bestimmten Zeitraum entsteht ein Clickstream. Das Verfahren ermittelt innerhalb eines Clickstreams jene Startpunkte, an denen Visits beginnen. Dabei handelt es sich um Seitenabrufe des Angebots, welche von außerhalb des Angebots erfolgt sind. Das Verlassen des Angebots zum Verfolgen eines Links mit direkter Rückkehr in das Angebot zählt nicht als ein neuer Visit. Ein Visit innerhalb eines Clickstreams gilt als beendet, wenn ein erneuter Zugriff von außen erfolgt. Zwischen dem letzten internen Zugriff und einem erneuten externen müssen aber wenigstens 60 Sekunden liegen. Tabelle 8.4 stellt einen Ausschnitt aus der VDZ-Liste für März 1998.

Aus der letzten Spalte, die von uns errechnet wurde, sieht man, daß Internetsurfer beim Besuch einer Website sich dort nicht viele Seiten anschauen bzw. nicht in die „Tiefe" des Angebots einsteigen. Eine hohe Zahl durchschnittlicher PageImpressions pro Visit deutet eine aus der Sicht der Surfer hohe Informationsfülle.

Viele Websites in Deutschland und nahezu alle Sites außerhalb Deutschlands nehmen am VDZ-Verfahren nicht teil. Sie sollten trotzdem nicht außer Acht gelassen werden. Eine Hilfe bei der Beurteilung ihrer „Popularität" können die „Hitlisten" darstellen, die die am meisten besuchten Websites verzeichnen. Dabei ist natürlich aufgrund der oben beschriebenen Schwierigkeiten bei der Messung der Zugriffshäufigkeiten Vorsicht geboten. Außerdem werden die Ersteller solcher Listen nur schwer an genaue Statistiken herankommen können. Die Listen bieten dennoch eine gewisse Hilfe an, sofern man deren Erstellung nachvollziehen kann. Unter http://www.web21.com.world/europe/de/ findet man eine Liste der populärsten Sites *in* Deutschland, doch die genaue Entstehung dieser Liste wird aus „Wettbewerbsgründen" geheim gehalten. Offensichtlich fehlen darin populäre Sites im Ausland, die *aus* Deutschland aufgerufenen werden. Bei solchen Sites kann man die Werbung so implementieren, daß sie nur dann erscheint, wenn der Seitenabruf aus der Domäne .de kommt.

Titel	Ange-botsgat-tung	Visits (V)	PageImpressions (PI)	PI/V
Fireball	K/S	3.619.071	16.525.053	4,57
FOCUS Online	GI	1.820.015	8.657.894	4,76
SAT.1 und RAN Online sowie Harald-Schmidt-Show	GI	1.669.421	5.451.680	3,27
AOL Homepage	GI	1.563.235	3.236.201	2,07
BILD	GI	1.497.716	4.452.794	2,97
DINO-Online	K/S	1.398.213	4.603.549	3,29
TV TODAY NETWORK	GI	1.325.752	6.163.085	4,65
TV Spielfilm Online	GI	1.182.572	2.912.591	2,46
HEISE Online	SI	1.059.406	5.453.251	5,15
RTL Online	GI	1.013.500	1.468.081	1,45
STERN Online	GI	1.010.748	2.723.106	2,69
SPIEGEL Online	GI	891.986	3.338.936	3,74
GO ON	GI	881.432	3.689.356	4,19
ProSieben Online	GI	807.966	2.894.759	3,58
DM-Online	SI	803.826	2.833.696	3,53
RZ-Online	GI	776.879	1.959.105	2,52
Columbus City-Guide	GI	744.665	1.740.037	2,34
BUSINESS CHANNEL	SI	667.496	3.023.625	4,53
vwd Internet Services	SI	628.230	1.470.563	2,34

GI = General Interest, SI = Special Interest, K/S = Katalog / Suchmaschine

In Tabelle 8.5 ist die von der Firma RelevantKonwledge aus Atlanta, USA zusammengestellte Liste der Top 20 Sites in der Domäne .com wiedergegeben. Die Beschreibung der Websites wurde von uns vorgenommen. Man sieht, daß sich außer Suchdiensten, Browseranbie-

8 Ausgehende Aktivitäten

tern und Online-Diensten auch manche „virtuelle Gemeinden" großer Beliebtheit erfreuen. Als einziger Anbieter von nicht-digitalen Produkten hat sich der Internet-Buchladen Amazon für die Liste qualifiziert.

Rang	Website (ohne www)	Besucher (12 J. u. älter)	Beschreibung der Website
1	yahoo.com	31.758.000	Suchkatalog
2	netscape.com	23.403.000	Internet-Software
3	microsoft.com	17.860.000	Internet-u.a. Software
4	aol.com	17.702.000	Online-Diest
5	excite.com	16.413.000	Suchmaschine
6	geocities.com	14.739.000	Virtuelle Gemeinde
7	infoseek.com	13.540.000	Suchmaschine
8	lycos.com	11.483.000	Suchmaschine
9	msn.com	8.658.000	Online-Dienst
10	altavista. digital.com	7.481.000	Suchmaschine
11	hotmail.com	6.564.000	kostenloser E-Mail-Dienst im WWW
12	zdnet.com	6.406.000	Informationen zu Hard- und Software
13	webcrawler.com	6.339.000	Suchmaschine
14	tripod.com	6.064.000	Virtuelle Gemeinde
15	real.com	5.176.000	Echtzeitaudio- und Video-player
16	amazon.com	4.859.000	Buchhandlung
17	four11.com	4.796.000	Suchdienst für E-Mail-Adressen und persönliche Homepages
18	hotbot.com	4.590.000	Suchmaschine
19	angelfire.com	4.467.000	kostenlose WWW-Homepages
20	cnn.com	4.189.000	Nachrichtendienst

Wenn man Besucher zur eigenen Website einmal angelockt hat, besteht die nächste Frage darin, wie man Leute dazu bringt, die Website wiederholt zu besuchen. In anderen Worten, wie kann man die Kontaktfrequenz erhöhen? Das läßt sich machen, indem man ständig aktuelle Informationen ins WWW hineinstellt, wobei diese nicht produktbezogen sein müssen, sondern vielleicht eher unterhaltend sein sollten. So hat z.B. Sun Microsystems während der Olympischen Winterspiele 1994 in Norwegen ständig die aktuellsten Sportergebnisse im WWW zur Verfügung gestellt. Dieser Service war so erfolgreich, daß der offizielle Sponsor für die Informationsverarbeitung dieser Spiele, eine konkurrierende Computerfirma, dagegen protestierte. Sun mußte ihr Logo aus der Homepage eines der Server entfernen, aber das konnte den Erfolg der Aktion kaum noch schmälern. Die Dresdner Bank bietet wiederum aktuelle Informationen über verschiedene Unterhaltungsangebote an (Abb. 8.3).

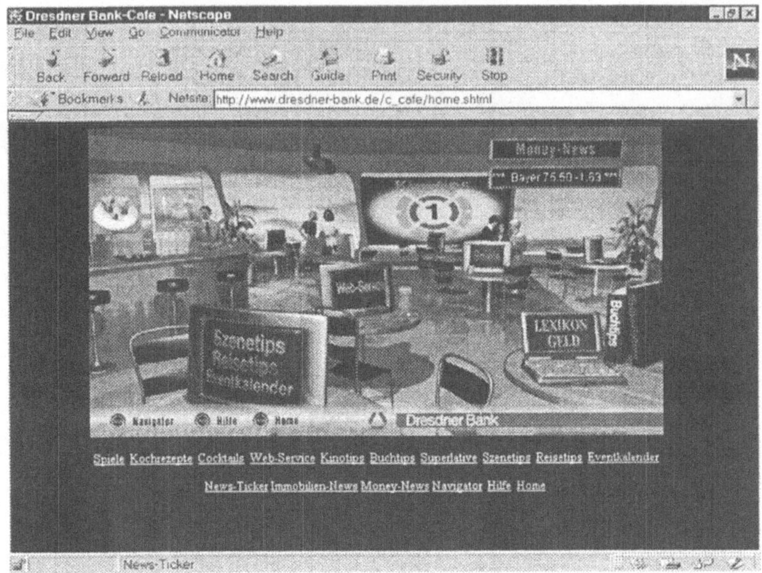

Die Ausführungen dieses Abschnitts dürften die Beziehungen zwischen der Aufgabe der Wahl des Werbeträgers und anderen Aufgaben während des Ausarbeitens eines Werbeprogramms deutlich gemacht haben. Die Festlegungen der Werbeziele und der Werbebotschaft bestimmen, ob das Internet überhaupt als Medium in Frage kommt. Das Werbebudget bestimmt, welche Form der Internetwerbung veranstaltet werden kann. Die Wahl des Internet und bestimmter Internetdienste determiniert wiederum, welche Verfahren der Erfolgskontrolle angewendet werden können. Wenn man z.B. über einen registrierungspflichtigen Service wirbt, kann man die Anzahl der erreichten Adressaten und deren Profile ermitteln, soweit sie bei der Registrierung erfaßt wurden. Man kann eventuell die erreichten Personen stichprobenweise befragen, um die kommunikative Wirkung der Werbung zu überprüfen. Einige der etablierten Marktforschungsfirmen haben angefangen, Fragen zum Internet in ihre Konsumentenpanels einzubauen. Einige der oben erwähnten Anbieter von Internetzusatzdiensten arbeiten in den USA mit Marktforschungsfirmen an Instrumenten zur besseren Messung der Werbewirksamkeit.

8.1.2
Persönlicher Verkauf

Bei fortschrittlichen Firmen wird persönlicher Verkauf schon seit Jahren mit Hilfe von Computern unterstützt. Die Verkäufer wurden meistens mit tragbaren PCs ausgestattet. Die gelieferte Software erlaubt ihnen i. d. R., sowohl offline als auch online, an Firmencomputer angeschlossen, zu arbeiten. Bezogen auf die eigene Firma hat der Außendienstler nun einen alternativen Netzzugang, wenn die Firma im Internet präsent ist. Dieser Zugang kann eventuell Kommunikationskosten sparen. Das kann dann der Fall sein, wenn Fernrufe für das Einwählen in den Firmenrechner durch Nahrufe für das Einwählen ins Internet ersetzt werden können. Sofern es um schutzwürdige Kommunikationsinhalte geht, sollte die Kommunikation unbedingt verschlüsselt werden.

Was neu hinzukommt, ist die Möglichkeit, mit Kunden, die einen Internetanschluß haben, intensiver kommunizieren zu können. Hinzu kommt, daß der an das Internet angeschlossene Außendienstmitarbeiter sich selbst besser informieren kann. Er kann z.B. aktuelle und ausführliche Informationen über Konkurrenzprodukte abrufen oder Diskussionsgruppen beobachten, an denen seine Kunden oder deren Kollegen teilnehmen. Wenn sich z.B. Ärzte über Schwierigkeiten mit einem Arzneimittel unterhalten, könnte ein Pharmavertreter, der dieses oder ein Konkurrenzprodukt vertritt, sich in Kenntnis dieser Diskussion viel besser für den nächsten Kundenbesuch vorbereiten. Dieser Punkt gilt für alle Firmen, deren Produkte eine gewisse Verbreitung haben. Solche Firmen sollten die Initiierung produktbezogener Diskussionsgruppen in Betracht ziehen, wie im Abschn. 8.5.2 noch besprochen wird.

8.1.3
Verkaufsförderung

Bei der Verkaufsförderung geht es darum, neue Kunden zum Ausprobieren eines Produkts oder bestehende Kunden zu einem Wiederholungskauf zu bewegen und zwar mit anderen Mitteln als Kommunikation. Die Instrumente der Verkaufsförderung werden in drei Gruppen eingeteilt. Mit der *verbrauchergerichteten Verkaufsförderung* (z.B. Muster und Kostproben, Gutscheine und Rabatte) sollen Endverbraucher zur Produktnachfrage motiviert werden (Pull-Strategie). Mit der *handelsgerichteten Verkaufsförderung* (z.B. Verkaufsunterstützung für den Einzelhandel und Rabatte an den Zwischenhandel) sollen Einzel- und Großhändler zum Produktangebot animiert werden (Push-Strategie). Die dritte Gruppe bilden Instrumente zur *allgemeinen Verkaufsbelebung*; dazu zählen Teilnahmen an Messen, Geschenkartikel oder Verkaufswettbewerbe für den eigenen Außendienst. Diese sonst sinnvolle Einteilung der Instrumente ist zur Erkennung des Potentials für Unterstützung durch das Internet nicht besonders hilfreich. Deswegen wird hier eine andere, zufällig auch aus drei Gruppen bestehende, Klassifikation vorgenommen: *finanzielle Anreize*, *Produktproben* und *Service und produktunabhängige Anreize*. Für jede der Gruppen folgen Beispiele und Ideen zur Nutzung des Internet.

Produktbezogene finanzielle Anreize können geschaffen werden, wenn man für Aufträge Nachlaß gewährt, die über das Internet vergeben werden. Diese Maßnahme ist sehr überzeugend, da sie im Gegensatz zu vielen unregelmäßigen und schlecht begründeten Nachlässen eine plausible ökonomische Erklärung hat: geringere Auftragsbearbeitungskosten. Bei schlecht begründeten Preisnachlässen kann der Kunde denken, daß das Produkt inferior ist oder er kann, wenn das Produkt ohne Rabatt angeboten wird, in Erwartung neuer Nachlässe seinen Kauf aufschieben. Die Commerzbank vergütet z.B. elektronisch vorgenommene Überweisungen mit 1 DM pro Buchung. Der verkaufsfördernde Effekt bezieht sich in diesem Fall nicht nur auf ein Produkt sondern auf die gesamte Kundenbeziehung, denn manche Kunden ziehen die Möglichkeiten des elektronischen Bankings als ein Kriterium für die Auswahl ihrer Bank heran. Ein anderes Beispiel für finanzielle Anreize sind produktbezogene Preisausschreiben, an denen man nur über das Internet teilnehmen kann.

Indirekte Maßnahmen zur Schaffung finanzieller Anreize sind auch denkbar. Man kann z.B. Besuchern der eigenen Website Gutscheine bzw. Kupons zum Ausdrucken anbieten, die sie dann beim Einkauf im Handel einreichen. Da Kupons mit Codes versehen werden, um deren Herkunft zu identifizieren, hat das den Vorteil, daß man den Beitrag des Internet zu Umsätzen in diesem Fall gut messen kann. Abb. 8.4 zeigt ein Beispiel eines Angebots von Gutscheinen im Internet.

Produktproben können über das Internet nur für Produkte angeboten werden, die in digitaler Form geliefert werden oder online ausprobiert werden können. Ein Beispiel hierfür ist die Möglichkeit, Software zum Ausprobieren über FTP zu erhalten. Ein anderes interessantes Beispiel ist das Ausprobieren von Software oder Hardware, die in der Sphäre des Anbieters verbleibt, über das Internet. Hardwarehersteller stellen guten Kunden oft Computer für eine begrenzte Zeit zwecks Tests zur Verfügung. Die Kunden nehmen dann sog. Benchmarks vor, mit denen sie den Durchsatz der Hardware mit ihren eigenen Anwendungen messen und mit anderen Geräten vergleichen können.

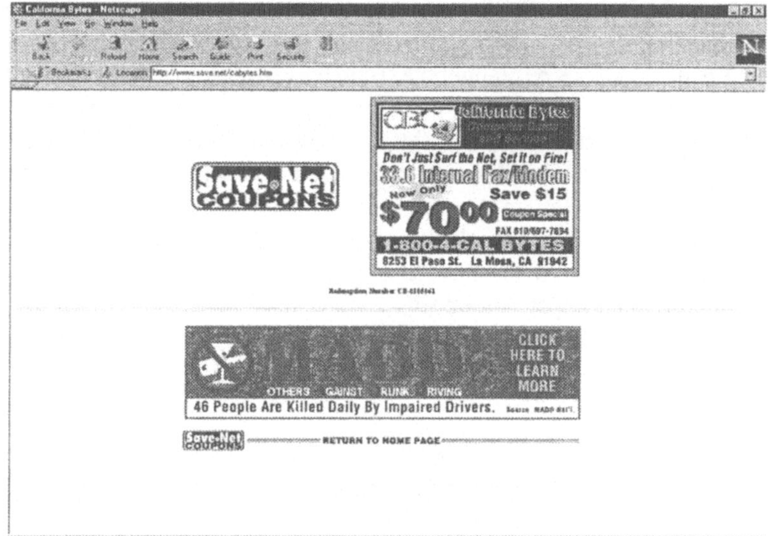

Abb. 8.4:
Gutscheine im Internet

Digital Equipment Corporation (DEC) hat im September 1993 zwei leistungsstarke Server vom Typ Alpha AXP ans Internet angeschlossen und deren Rechenkapazität den Internetnutzern über Telnet zur Verfügung gestellt (Thorell 1994). Die Benutzer konnten ihre eigenen Programme oder die auf dem Server angebotene Software verarbeiten lassen. DEC wollte den potentiellen Kunden eine „Probefahrt" ermöglichen und unabhängige Softwareanbieter zum Portieren bestehender und Schreiben neuer Programme für die Alpha AXP und deren relativ neues Betriebssystem OSF/1 animieren. Gleichzeitig konnten mit der Aktion mehr Interessierten zu geringeren Kosten „Probefahrzeuge" zur Verfügung gestellt werden, als das bei physischer Überlassung der Fall gewesen wäre. Für die Kunden ist der geringere logistische Aufwand ebenfalls vorteilhaft. Sie brauchen die Maschinen nicht zu installieren und sparen so Platz und menschliche Ressourcen. Der Nutzen der Aktion wurde durch eine Umfrage von DEC bestätigt; 26% der „Testfahrer" hatten schließlich eine Alpha AXP gekauft. Das Programm soll sich finanziell innerhalb von Tagen ausgezahlt haben! Abgesehen von üblichen Kapazitätsproblemen bei freien Ressourcen traten zwei spezifische Probleme während der Aktion auf. Erstens, aufgrund der Leistungsfähigkeit der Computer wurde deren freie Nutzung von US-amerikanischen Behörden als die nationale Sicherheit gefährdend eingestuft. Zweitens, Wettbewerber versuchten, die Maschinen mit administrativen Arbeiten zu belasten, die den Durchsatz für andere Nutzer verschlechtern. Beide Probleme wurden durch genaue Identifikation der Benutzer gelöst.

Als ein Beispiel für Service über Internet als verkaufsfördernde Maßnahme kann man die von manchen Banken gegebene Möglichkeit nennen, sich Kreditangebote, Bausparverträge o.ä. durchrechnen zu lassen. Bei der Bank 24 kann man sich z.B. das Ergebnis einer Geldanlage errechnen lassen (http://www.bank24.de/), wie in Abb. 8.5 gezeigt wird. Der Service kann auch unabhängig von eigenen Produkten sein. Das im Abschn. 8.1.1 gegebene Beispiel der Veröffentlichung von Sportergebnissen im Internet durch Sun Microsystems kann auch in diesem Zusammenhang genannt werden. Ein produktunabhängiger Anreiz sind auch Preisausschreiben für die Beantwortung von Fragebögen über die eigene Person und Gewohnheiten.

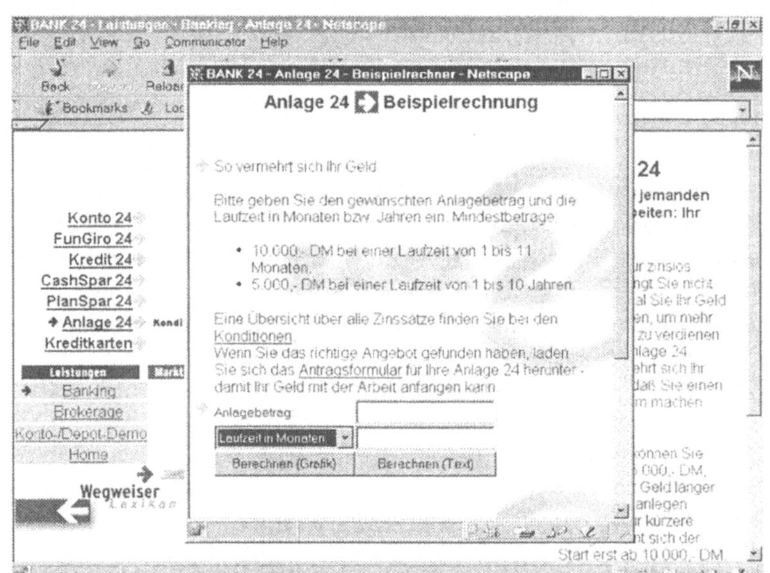

Abb. 8.5:
Ein Beispiel für verkaufsfördernden Service

8.1.4
Öffentlichkeitsarbeit

Die Öffentlichkeitsarbeit unterstützt den Verkaufsprozeß für ein Produkt einerseits indirekt, indem Goodwill für das Unternehmen und seine Produkte erzeugt wird. Andererseits wird der Verkaufsprozeß direkt unterstützt, wenn auf bestimmte Produkte aufmerksam gemacht wird, etwa bei ihrer Markteinführung. Während beim *Spon-*

soring oft nur die Nennung des Firmennamens und das Zeigen des Firmenlogos genügen (z.B. bei Sportveranstaltungen), geht es bei anderen Instrumenten der Öffentlichkeitsarbeit (*Veröffentlichungen, Veranstaltungen, Unternehmensnachrichten* und *Vorträgen)* um Kommunikation von Inhalten. Deswegen ist Internet ein ausgezeichnetes Medium für Öffentlichkeitsarbeit.

Veröffentlichungen, Unternehmensnachrichten und Vorträge können einfach auf WWW-Servern abgelegt werden. Der Chemiekonzern Höchst AG stellt seine Umweltberichte über das WWW zur Verfügung (http://www.höchst.com/fortschr/umwelt.htm). Die Deutsche Bank veranstaltet seit einigen Jahren Symposien zum Einfluß neuer Medien auf die gesellschaftliche Entwicklung. Die Vorträge des Symposions im Jahr 1995 sind zum ersten Mal auch über den WWW-Server der Deutschen Bank erhältlich gewesen (http://www. deutsche-bank.de). Dort findet man auch aktuelle Presseberichte, die sich auf die Deutsche Bank beziehen.

E-Mail kann im Prinzip auch in der Öffentlichkeitsarbeit genutzt werden, die persönliche Beantwortung von Nachrichten dürfte jedoch zu zeitintensiv und damit kostspielig sein. Die Kosten kann man jedoch begrenzen, wenn man Programme für die automatische Beantwortung von Nachrichten einsetzt (autoresponder). Manche dieser Programme versuchen, den Inhalt der Nachrichten so weit zu verstehen, daß sie mit der richtigen, vorprogrammierten Antwort reagieren können. Die Antwort könnte etwa ein passendes Dokument enthalten. Ein prominenter Anwender eines solchen Programms ist das Weiße Haus in Washington, D.C., das E-Mail an den Präsidenten der USA (president@whitehouse.gov) in dieser Weise beantworten läßt, wenn auch deren Autoresponder nicht sehr intelligent arbeitet. Eine Sonderbehandlung erhalten angeblich Nachrichten mit drohendem Inhalt; sie werden an die amerikanische Bundespolizei, FBI, zwecks angemessener Behandlung weitergeleitet.

Veranstaltungen kann man im Internet „live" organisieren. Ein Firmensprecher, ein Experte, ein Politiker oder ein Medienstar kann mit Hilfe von Programmen für zeitgleiche Kommunikation (siehe Abschn. 3.5) oder Telnet zu einer angesetzten Zeit zu „Zuhörern sprechen" und ihre Fragen beantworten. Wenn es gewünscht wird, kann man den Zutritt zur Veranstaltung kontrollieren oder Eintrittskarten verkaufen. Virtuelle Räume, in denen solche Veranstaltungen stattfinden, braucht man nicht selbst zu bauen, man kann sie auch mieten. ClubWired, in dem regelmäßig interessante Leute auftreten, kann auch gemietet werden (http://www.hotwired.com/club/). Man kann auch Live-Veranstaltungen aufnehmen und sie dann ins Internet stellen, so daß sie auch später gelesen, gehört oder gesehen werden können. So wurde z.B. die pompöse Einführung von Win-

dows95 auch über das Internet übertragen (http://maintent.windows.
microsoft.com/launch95). Die Internetgäste konnten sich über Windows 95 und kompatible Produkte informieren, an Spielen teilnehmen, die Bilder der Hauptvortragenden (Bill Gates und des Talk-
show-Gastgebers und Komödianten Jay Leno) sehen, ihren Dialog
lesen und hören. Abb. 8.6 zeigt die Startseite der Eröffnungsreden
mit anklickbaren Audioversionen.

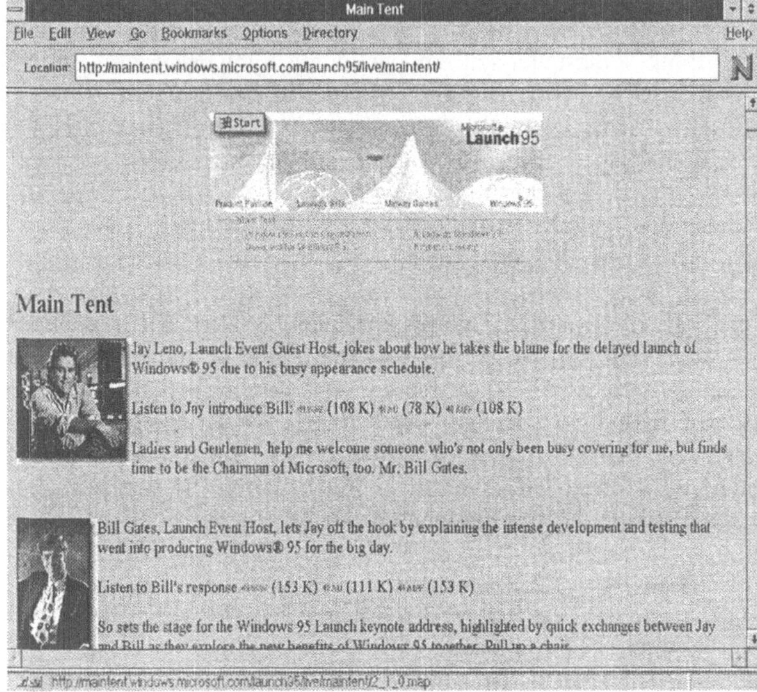

Schließlich können Mitarbeiter eines Unternehmens an Diskussionen in Diskussionsgruppen teilnehmen, die sich mit den Produkten
des Unternehmens beschäftigen. Es sollte allerdings genau geregelt
werden, wer darf was und wie sagen. Denn selbst privat geäußerte
Meinungen von Mitarbeitern eines Unternehmens über die Produkte
des Unternehmens haben hohes Gewicht. Die Diskussionsbeiträge
dürfen auch keine einfach verkleidete Werbung darstellen, sondern
wirklich die Diskussionsteilnehmer und -beobachter informieren
wollen.

Auch Sponsoring kann im und um das Internet veranstaltet werden. Der Hersteller von Workstations Sun Microsystems stellt Internet Multicasting Service, einem gemeinnützigen Anbieter verschie-

dener Internetdienste und Informationen Hardware und Software zur
Verfügung. Sun betreibt auch mit der University of North Carolina
SunSITE, auf der unter anderem einer der größten WAIS-Server
aufgebaut wurde. SAP AG unterstützt ein WWW-Kompetenzzentrum an der Universität Karlsruhe.

8.1.5
Direktmarketing

Der Begriff Direktmarketing deutet zunächst nur an, daß Anbieter
ihre Produkte oder Dienstleistungen potentiellen Kunden ohne Vermittler anbieten und verkaufen wollen. Damit würde der Verkauf an
Endkunden durch eigenen Außendienst oder Läden ebenso dazuzählen. Das entspricht aber nicht dem heutigen Verständnis dieses
Wortes. Heute versteht man unter Direktmarketing das Angebot und
die Auftragsvergabe durch Druckmedien- und audiovisuelle Medien.
Die Aufforderung und Möglichkeit zur sofortigen Auftragsvergabe
unterscheidet Direktmarketing von Werbung. Die erhoffte Reaktion
von Adressaten des Direktmarketings ist ein sofortiger Kauf, aber
auch andere Reaktionen werden in bestimmten Fällen als positiv angesehen (z.B. Anforderung weiterer Informationen zu einem Produkt). Die wichtigsten Instrumente des Direktmarketings sind: *Kataloge* (heute auch Disketten, Videobänder oder CD-ROM), *Anschreiben, Telefonmarketing, Fernsehen und Radio, Zeitungen und
Zeitschriften* und *Kommunikationsnetze*.

Der Ablauf einer Aktion ist so, daß die potentiellen Kunden angesprochen werden und sofort bestellen können. Mehrmaliges Ansprechen und abgestimmte Nutzung verschiedener Medien oder das Zusammenspiel mit anderen Maßnahmen zur Absatzförderung sind
häufig zu beobachten. Am besten ist es für Firmen, weil am einfachsten für Kunden, wenn Ansprache und Bestellung durch das gleiche
Medium in kurzer Abfolge vonstatten gehen können. Das ist aber
bei Katalogversand, Anschreiben und Direktmarketing durch Fernsehen und Radio sowie durch Zeitungen und Zeitschriften nicht
möglich (beim Fernsehen wird sich die Situation ändern, wenn interaktives Fernsehen eingeführt wird). In diesen Fällen erfolgt die
Reaktion durch Schriftverkehr, Telefonanruf und zunehmend über
Kommunikationsnetze. Beim Telefonmarketing und Kommunikationsnetzen ist Ansprechen und Bestellen im gleichen Medium in kürzester Abfolge möglich.

Um den Erfolg einer Aktion zu erhöhen, versucht man, die
Adressaten sorgfältig und gezielt auszuwählen. Das geschieht häufig
mit Hilfe von Datenbanken, die Informationen über eigene oder

fremde Kunden enthalten, so daß man hier oft auch vom datenbank-orientierten Marketing spricht. Beim Kriterium der zielgenauen Ansprache schneiden das Anschreiben und der Telefonanruf am besten ab, sofern man über gut ausgewählte Adressen verfügt. Bei Zeitungen, Zeitschriften und konventionellen Fernsehen und Radio ist eine selektive Ansprache nicht möglich. Statt dessen versucht man, die Angebote so zu plazieren, daß möglichst viele der potentiellen Käufer (oder Entscheider) gerade zu dieser Zeit fernsehen oder Radio hören oder gerade das gewählte Druckmedium lesen. Eine solche Medienauswahl kann zu guten Erfolgen, etwa beim Angebot eines Sportgerätes in einer dieser Sportart gewidmeten Fachzeitschrift, aber auch zu großen Streueffekten führen. Bei Kommunikationsnetzen ist die Situation komplexer. Bei kommerziellen Netzen ist die selektive Ansprache inhaltlich und technisch möglich, da jede Transaktion der Benutzer eindeutig identifizierbar ist. Beim Internet ist die gezielte Selektion nur bedingt möglich. In beiden Fällen besteht die Frage, ob die selektive Ansprache wünschenswert ist. Die Adressaten könnten sich über die unaufgeforderten Angebote ärgern, worunter das Ansehen sowohl des Anbieters als auch des Adressenbeschaffers leiden könnten, wenn der letztere erkennbar ist. Tabelle 8.6 zeigt einen Vergleich des Internet mit anderen Medien als Instrumente für das Direktmarketing. Die Tabelle enthält teilweise die gleichen Kriterien wie die Tabelle 8.2, denn Direktmarketing beinhaltet auch Werbung. Sie enthält zwei neue Medien, die in der Regel nicht für Werbung allein genutzt werden: Kataloge und Telefon.

Für Direktmarketing im Internet kommen sowohl selektive Ansprache, indem man die Adressaten über ihre E-Mail-Adresse kontaktiert, als auch passive Ansprache, indem man Angebote auf einem WWW-Server ablegt, in Frage. E-Mail-Adressen für selektive Ansprache könnte man von einem Netzzugangsbetreiber, einem Administrator eines Listservers oder jemand anderem erhalten, bei dem sich der Benutzer freiwillig registrieren ließ. Man könnte sie auch selbst durch Stöbern von Beiträgen in Diskussionsgruppen herausfischen. Wie oben angedeutet, ist von einem direkten Ansprechen jedoch abzuraten, außer vielleicht bei früheren Kunden oder Internauten, die sich dies als Gegenleistung für etwas anderes gefallen lassen müssen. Eine Zwischenform stellt das Ablegen von Angeboten in Usenet-Gruppen dar. Das Ablegen von Angeboten in Usenet-Gruppen ist bei kommerziell ausgerichteten Diskussionsgruppen vollkommen in Ordnung, bei nicht-kommerziellen Gruppen sollte man darauf verzichten. Auf jeden Fall ist dieser Weg der Direktvermarktung kostengünstig und effektiv, wenn die Gruppe gut fokussiert ist und einen starken Bezug zum angebotenen Produkt hat.

Bewertungs- kriterien	Katalog	Anschrei- ben	Tele- fon	Fernsehen, Radio	Zeitung, Zeitschrift	Inter- net
Sofortige Be- stellung durch gleiches Medium	nein	nein	ja	nein	nein	ja
Empfänger wählt Zeitpunkt der konkreten An- sprache	ja, wenn Katalog in seinem Besitz	ja, wenn An- schrei- ben in seinem Besitz	in der Regel nein	nein	ja, wenn Publikati- on in sei- nem Be- sitz	ja
Selektive An- sprache möglich	ja	ja	ja	be- schränkt	be- schränkt	ja
Multimediale Fä- higkeit	ja bei Diskette, CD- ROM, Video	nein	nein	ja	nein	ja
Einsetzbarkeit zeitlich be- schränkt	nein	nein	ja, ca. 9–21 Uhr	ja	nein	nein
Erreichbare Kun- denschichten	alle	alle	fast alle	fast alle	fast alle	nur be- stim- mte

Für das Ablegen von Angeboten auf einem Server gelten weitgehend die gleichen Möglichkeiten, Probleme und Lösungsansätze wie bei der Werbung (siehe Abschn. 8.1.1). Es entstehen aber zusätzlich rechtliche und technische Fragen. Ein Verkaufsangebot ist der erste Schritt zu einem Vertrag. Ein Angebot im WWW ist allerdings nicht bindend. Der Vertrag kommt erst zustande, wenn der Anbieter eine Bestellung bestätigt oder eine Leistung geliefert hat (Schneider 1995). Der Anbieter sollte immer auf die allgemeinen Geschäftsbedingungen (AGB) verweisen, die ebenfalls als ein WWW-Dokument abrufbar sein sollten. Die technischen Probleme ergeben sich, wenn der Kunde, wie erhofft, das angebotene Produkt oder die Leistung kaufen will. Dann ist Interaktion und damit ein größerer technischer Aufwand erforderlich. Das führt uns zum Prozeß der Verkaufsdurchführung und dem ersten Schritt innerhalb dieses Prozesses, der Auftragserfassung.

8.2
Auftragserfassung

Wie oben definiert, ist die Auftragserfassung die erste Phase der Verkaufsdurchführung bzw. ein Bestandteil eines Distributionssystems. Ein Distributionssystem wird auch als Distributionskanal bezeichnet, durch den Waren oder Dienstleistungen vom Hersteller zum Endabnehmer gelangen. Abb. 8.7 zeigt die klassischen Distributionskanäle.

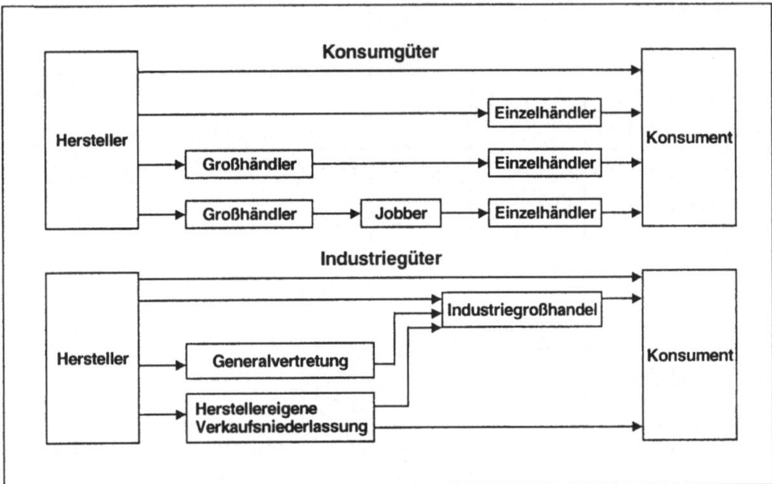

Abb.8.7:
Distributionskanäle
(Kotler und Bliemel
1995)

Die Nutzung von Kommunikationsnetzen kann die klassischen Kanäle „nur" technisch unterstützen oder mit ihnen als ein alternativer Distributionskanal konkurrieren. Eine Unterstützung liegt vor, wenn durch die Einführung des Bestellens durch das Internet sich die Anzahl der Stationen im Distributionskanal nicht verändert, sondern nur eine weitere Möglichkeit des Bestellens hinzukommt. Das ist z.B. der Fall, wenn Kunden Bücher beim Buchhändler (Einzelhändler) per Internet bestellen können (siehe z.B. die Fachbuchhandlung Harri Deutsch in Abb. 8.8, http://www.Germany.EU.net/shop/HD/).

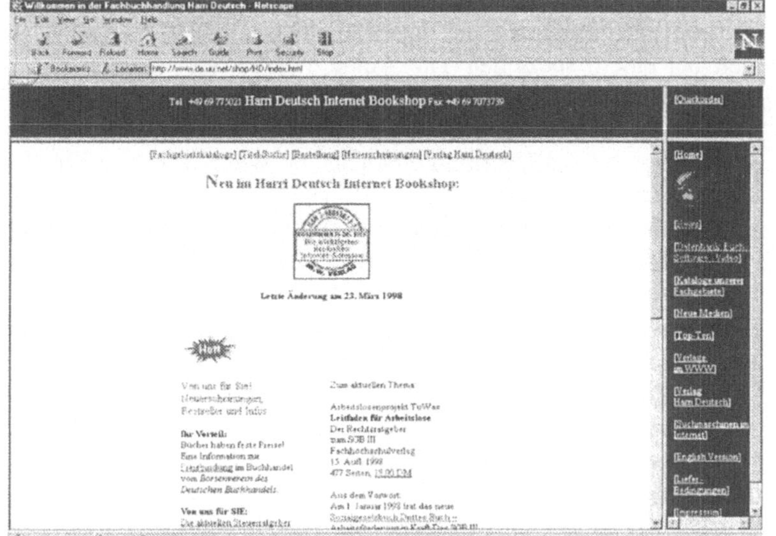

Abb. 8.8:
Vertrieb durch Einzelhandel

Der Einzelhändler dehnt nun seine Öffnungszeit (auf 24 Stunden pro
Tag und 7 Tage pro Woche) und seine geographische Reichweite
aus. Er erzielt Wettbewerbsvorteile gegenüber anderen Einzelhänd-
lern. Wenn Kunden Bücher direkt beim Verlag (Hersteller) per Internet bestellen können (siehe z.B. den Verlag Macmillan Publishing
in Abb. 8.9, http://www.mcp.com), stellt sich die Situation anders
dar.

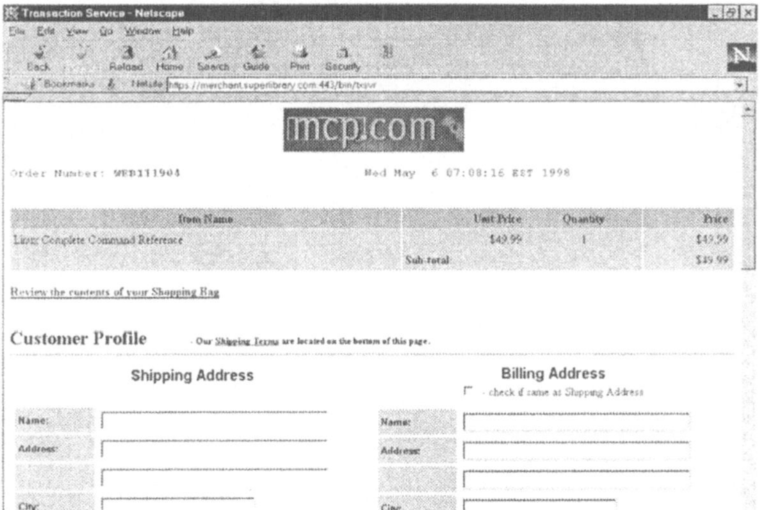

Abb. 8.9:
Direktvertrieb

Die Wettbewerbswirkungen der Maßnahme können für Hersteller und Einzelhändler nun ganz unterschiedlich sein. Der Hersteller erzielt bei einem speziellen Titel keine Wettbewerbsvorteile gegenüber anderen Herstellern (ein bestimmtes Buch kann man i. d. R. nicht von einem anderen Verlag erhalten), aber er eignet sich die Wertschöpfung des Distributionskanals an. Wenn er mit seinem Internetangebot erfolgreicher als der Einzelhändler ist, erzielt er diesem gegenüber Wettbewerbsvorteile. Wenn ein Kunde nicht nach einem bestimmten Titel sucht, sondern nur nach einem Buch zu einem bestimmten Thema, dann kann ein Verlag mit einem guten Internetangebot evtl. Wettbewerbsvorteile auch gegenüber anderen Verlagen erzielen.

Die Gestaltung der Beziehungen in einem Distributionskanal ist eine strategische Entscheidung, der auch das Internetangebot einer Firma unterworfen sein muß. Ein Hersteller, der im Internet Waren oder Dienste anbietet, aber nicht mit seinen Partnern in der Distributionskette konkurrieren will, kann Aufträge annehmen und an seine Partner weiterreichen. Das verbessert die Beziehung zu den Partnern und erleichtert die Koordination bei der Auftragsausführung, da der Hersteller noch vor dem Einzelhändler vom Kundenauftrag erfährt. Ein Beispiel für ein solches Vorgehen gibt der Verlag Addison-Wesley (Abb. 8.10). In diesem Fall beeinflussen die deutschen Gesetze zum Buchhandel ein solches Vorgehen, sie wären jedoch leicht zu umgehen, wenn man den Verkauf z.B. in USA abwickeln würde (wie im Beispiel der Abb. 8.9).

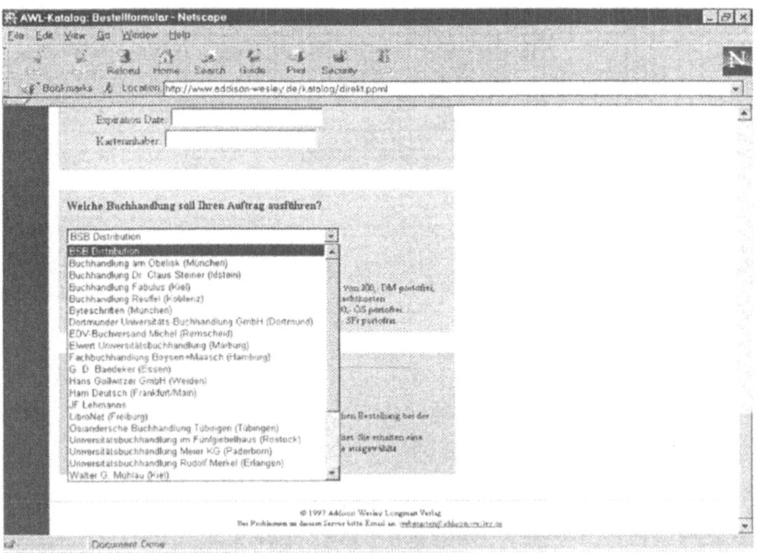

*Abb. 8.10:
Bestellannahme durch den Hersteller, Verkauf durch den Einzelhändler*

In anderen Branchen, in denen sowohl direkt als auch durch Mittler verkauft wird, geraten die Mittler dank der Kommunikationsnetze unter verstärkten Druck. Das ist offensichtlich in der Reisebranche der Fall. Die Auswirkungen der Auftragsabwicklung im Internet können noch dramatischer sein, wenn dadurch ein ganz neuer Distributionskanal eröffnet wird, z.B. wenn ein Hersteller, der bis dahin nur über Zwischenhändler tätig war, mit Hilfe des Internet nun direkt an seine Kunden verkauft.

Viele Unternehmen, die bereits im Internet präsent sind und dort Absatzförderung treiben, scheuen sich noch, ihre Produkte oder Dienstleistungen ebenfalls über das Internet zu verkaufen. Dabei verzichten sie auf den großen Vorteil des Internet gegenüber anderen Medien (z.B. Zeitung oder Fernsehen), nämlich daß es Unterstützung beim Übergang von der Wertaktivität Verkaufsvorbereitung zur Wertaktivität Verkaufsdurchführung bietet. Manche Unternehmen enthalten sich von Verkaufsdurchführung im Internet, um ihre Partner in bestehenden Distributionskanälen nicht zu verärgern. Die Mehrzahl enthält sich jedoch aus Bedenken über die Sicherheit des Internet. Die Sicherheitsprobleme, auf die im Kap. 7 ausführlich eingegangen wurde, sind berechtigt, aber lösbar, wie ebenfalls im Kap. 7 erläutert wurde. Firmen, die Ressourcen haben, die Sicherheitsprobleme anzupacken, sollten dies tun und sich bei der Verkaufsdurchführung nicht enthalten, wenn das für ihre Produkte sinnvoll ist. Auch kleinere Firmen können den Distributionskanal Internet verwenden, wenn sie die Risiken nüchtern abwägen bzw. die Verkaufsdurchführung etwas einschränken. Man kann etwa nur Zahlung per Nachnahme oder Vorauszahlung als Zahlungsvarianten erlauben (siehe nächsten Abschnitt zu Zahlungsmöglichkeiten im Internet).

Die Internetdienste, die für Bestellung in Frage kommen, sind E-Mail, FTP, Telnet und WWW. Mit E-Mail kann man unstrukturierte oder strukturierte und exakt formatierte Aufträge versenden. Die strukturierten Aufträge werden von Firmenkunden vergeben unter Ausnutzung von Formaten für elektronischen Datenaustausch (EDI) wie z.B. EDIFACT. Auf diese Möglichkeit wird noch näher im Abschnitt über die Beschaffung eingegangen. FTP erweist sich als sinnvoll, wenn mehrere Produktpositionen in einem Auftrag zu finden sind. Dann sollten die Positionen genau formatiert sein, idealer Weise mit EDIFACT oder einem ähnlichen Standard, damit die Bearbeitung des Auftrags automatisch, und damit schnell und kostengünstig erfolgen kann. Mit Telnet kann man Kunden die Möglichkeit geben, sich in das Auftragserfassungssystem der Firma einzuloggen. Die bequemste Form und damit die geeignetste für Konsumenten ist die Bestellung durch WWW. Damit kann man auch die beste Verknüpfung zur Absatzförderung im Internet erreichen. In der Regel wird der Auftrag durch das Ausfüllen eines Formulars eingegeben. Bei guter Verknüpfung dieser Anwendung mit anderen Informationssystemen, kann man manche Daten vom System ausfüllen lassen, wenn der Kunde als ein bereits bekannter Kunde erkannt wurde, man kann dem Kunden das Lieferdatum mitteilen, den Preis inklusive Porto (bei Versendung per Post) berechnen usw.

8.3
Zahlung

Die Zahlungsweise ist ein Bestandteil der Marketingmixvariable Preis. Da mit jeder Zahlungsweise Transaktionskosten verbunden sind, bestimmt sie den gesamten Preis mit. Die Transaktionskosten können entweder für den Käufer direkt berechenbar sein (z.B. Kontobuchungsgebühr) oder Opportunitätskosten darstellen (z.B. Zeitaufwand für das Ausfüllen eines Überweisungsformulars). Für den Anbieter stellt die Zahlung Kosten dar, die den Kauferlös schmälern (z.B. die bei Zahlung mit einer Kreditkarte anfallende Gebühr). Man kann den Zahlungsvorgang grob in eine Phase der Zahlungsvorbereitung (z.B. Ausfüllen eines Euroschecks) und eine Phase der Zahlungsrealisierung (z.B. Einreichen der erhaltenen Euroschecks durch den Verkäufer bei seiner Bank, die Abbuchung bei Scheckausstellern, usw.). Bei der Zahlung mit Bargeld fallen diese Schritte zusammen. Beide Parteien sind an einer schnellen Abwicklung der Zahlungsvorbereitung interessiert. Bei der Zahlungsrealisierung gehen die Interessen allerdings auseinander. Der Verkäufer wünscht sich eine möglichst schnelle Zahlungsrealisierung, während sich der Käufer i.d.R. gerade das Gegenteil erhofft. Auch bei anderen Kriterien einer Zahlungsweise können unterschiedliche Wünsche bei den Geschäftsparteien bestehen. Das Bedürfnis nach der Sicherheit der Zahlungsweise ist unterschiedlich; die Kostenbelastung durch die Zahlung ist meist ungleich verteilt. Deswegen sind verschiedene Zahlungsweisen entwickelt worden. Die Geschäftspartner können meistens unter mehreren Zahlungsweisen die für sie günstigste auswählen.

Das gilt auch für das Internet. Beim Internet entfällt allerdings eine wichtige Zahlungsmöglichkeit: sofortige Zahlung mit Bargeld. Dafür sind eine Reihe von anderen Zahlungsalternativen entwickelt worden, von denen sich allerdings noch keine entscheidend durchgesetzt hat. Es ist möglich, daß verschiedene neue und alte Zahlungsmöglichkeiten koexistieren werden, wie es auch bei konventionellen Zahlungsmöglichkeiten der Fall ist. Doch bevor auf die neuen

Zahlungsmittel eingegangen wird, sollen die konventionellen Möglichkeiten der Zahlung bei Geschäften im Internet kurz erörtert werden. Wenn man Prognosen der Marktforscher (z.B. Dataquest) glaubt, daß zur Jahrtausendwende Geldströme von 200 Milliarden Dollar jährlich auf der „Infobahn" fließen werden, dann sollte das Zahlungsvermittlungsgeschäft nicht vernachlässigt werden.

8.3.1
Offlinezahlung

Bei der oft hitzigen Diskussion um die Sicherheit des Internet bei Kauftransaktionen wird manchmal vergessen, daß mehrere Möglichkeiten der Bezahlung auf konventionellen Wegen bestehen. Die Transaktionspartner können zwar dann die Zahlung nicht mit anderen Wertaktivitäten optimal integrieren, aber das ist der Preis, den man für den Wunsch nach höherer Sicherheit zahlen muß.

Zahlung per Nachnahme ist eine bewährte Zahlungsweise bei der die Deutsche Post als Inkassoagent auftritt. Der generelle Nachteil aus Sicht des Käufers ist, daß er bei der Anlieferung der Ware präsent sein oder die Ware bei der Post selbst abholen muß. Der eventuelle Bedarf an viel Bargeld oder mehreren Euroschecks kann auch als Nachteil angesehen werden. Der zusätzliche Nachteil beim Internet als einem globalen Marktplatz ist, daß diese Zahlungsweise nicht über alle internationale Grenzen funktioniert bzw. bei internationalen Verkäufen meist nicht angeboten wird, selbst wenn sie möglich wäre.

Vorauszahlung ist für den Verkäufer eine sichere und relativ einfache Zahlungsweise. Für den Käufer ist sie meist billiger als Zahlung per Nachname, aber unter Umständen etwas mühseliger. Auf jeden Fall verzögert sie den Erhalt der Ware und ist für ihn weniger sicher. Damit kommt diese Zahlungsweise im Zusammenhang mit dem Internet nur für „glaubwürdige" Anbieter in Frage, wobei die Glaubwürdigkeit natürlich eine subjektive Eigenschaft ist. Sie korreliert stark mit früheren Erfahrungen, aber auch mit der Firmengröße. Sie nimmt meistens mit der geopolitischen Distanz ab. Das heißt, daß ein Kunde bei einem Anbieter im Ausland zögerlicher per Vorauszahlung zahlen würde als bei einem Anbieter im Inland, wenn alle anderen Anbieterkriterien sonst gleich sind. Das liegt an der i. d. R. schwierigen bzw. kostspieligen Einklagbarkeit der Ansprüche im Ausland bei eventuell aufgetretenen Problemen.

Zahlung über eine offline erteilte Abbuchungsermächtigung ist für beide Transaktionspartner sicher und einfach. Sie setzt ein hohes Vertrauen des Käufers gegenüber dem Verkäufer voraus. Diese Zahlungsweise wird meistens in Fällen wiederkehrender Kauftransaktionen angewandt (z.B. bei einer Klubmitgliedschaft). Beim Internet ist darauf zu achten, daß die Lieferanschrift nicht über das Internet verändert werden darf, es sei denn man benutzt zusätzliche Sicherheitsmechanismen. Dann kann sich ein Hacker keine Ware zustellen lassen, deren Kosten jemand anderem in Rechnung gestellt werden. Im schlimmsten Fall kann jemand eine Ware erhalten, die er nicht bestellt hat. Er wird sie wahrscheinlich zurückgeben können, so daß außer Zeitaufwand (und evtl. Versandkosten) kein zu großer Schaden entstehen kann. Der Zeitaufwand für einen Hacker, einer bestimmten Person einen solchen Schaden zuzufügen, dürfte viel größer sein.

Schließlich ist auch Verkauf auf Kredit möglich, bei dem der Käufer den Zahlungszeitpunkt und die Zahlungsweise im Rahmen der im Kaufvertrag geregelten Bedingungen auswählen kann. Diese Zahlungsweise kommt für Verkäufer nur bei „guten" Kunden in Frage. Auch hier sollte darauf geachtet werden, daß die Lieferanschrift nicht über das Internet verändert werden darf, wenn keine zusätzlichen Sicherheitsmechanismen verwendet werden.

Wenn man den Zahlungsvorgang automatisieren und Medienbrüche vermeiden möchte, sollte man auch die Zahlung online vornehmen.

8.3.2
Onlinezahlung

Für die Zahlung im Internet sind schon viele Ansätze entwickelt worden (siehe z.B. die Liste in http://www.w3.org/ECommerce/roadmap.html). Einige dieser Ansätze befinden sich noch im Experimentierstadium, während andere bereits intensiv genutzt werden. Hinter manchen Ansätzen stehen Firmen wie Kreditkartenorganisationen, deren Geschäftsfeld Abwicklung von Zahlungstransaktionen ist. Die Mehrheit der Ansätze stammt jedoch von (meistens jungen) Firmen, die Zahlungsvermittlung im Internet als ein neues Geschäftsfeld betreiben. Es ist kaum möglich, eine eindeutige Klassifizierung der Ansätze vorzunehmen, weil viele Ansätze eine Mischung von Konzepten beinhalten. Wir teilen sie zunächst in Ansätze ein, die das Zahlen mit konventionellen Zahlungsmitteln erlauben, und solche, die neue Zahlungsmittel einführen.

Konventionelle Zahlungsmittel
Das trotz aller Bedenken häufig benutzte Zahlungsmittel im Internet ist die Kreditkarte. Die Bedenken basieren darauf, daß ohne weitere

Schutzmaßnahmen ein Hacker auf einem Internetknoten per Programm der Kommunikation lauschen und so die Kreditkarteninformationen erfahren könnte. Deswegen gibt es Ansätze, bei denen die Sicherheit des Vorgangs durch zusätzliche Vermittler so organisiert wird, daß zwar letztlich mit Kreditkarte gezahlt wird, aber keine Kreditkarteninformationen über das Internet geschickt werden. Als Beispiel kann man die Firma First Virtual Holdings Inc. (FV, http://www.fv.com/) aus USA nennen, die seit Oktober 1994 Einkaufen im Internet unterstützt und mehrere Hundert Tausend Kunden hat.

Das System von FV ist nicht ideal, aber es funktioniert und zwar ohne Verschlüsselung und besondere Software oder Hardware. Wie es Abb. 8.11 zeigt, verwendet der Ansatz eine Mischung von Internetdiensten.

Arbeitsweise

- 1. Anmelden bei FV per WWW, E-Mail oder Telnet
- 2. Kreditkarteninformationen an FV per Telefon
- 3. Kunde erhält Kundennummer (Virtual PIN) per E-Mail
- 4. Kunde kauft ein per WWW, E-Mail, FTP unter Angabe seiner Kundennummer
- 5. Verkäufer informiert FV über den Kauf
- 6. FV informiert den Kunden über die Transaktion per E-Mail
- 7. Wenn Kunde Transaktion akzeptiert, erhält Verkäufer Geld von FV, und FV belastet die Kreditkarte des Kunden.

Abb. 8.11:
Zahlen mit First Virtual

Wie Punkt 7 der Abbildung andeutet, hat der Kunde das Recht, die Zahlung zu verweigern, so daß ihm keine Sicherheitsrisiken entstehen. Der Verkäufer trägt das Risiko der unbefugten Benutzung von Kundennummern sowie unzufriedener oder unehrlicher Kunden. FV versucht das letztere Risiko zu vermindern, indem sie Kunden, die die Zahlung mehrmals verweigern vom System ausschließt. FV bietet den Verkäufern auch die Option an, das Produkt erst nach Konfirmation der Transaktion durch den Kunden zu liefern, rät jedoch davon nachdrücklich ab. Der Käufer zahlt jährlich US $ 10 für seine Virtual PIN. Der Verkäufer zahlt einmalig US $ 645 oder 390 (je nach Programm) für die Kontoeröffnung. Nach einem Jahr fallen jährliche verlängerungsgebühren von US $ 450 bzw. 200 an. Vom Umsatz werden abgezogen: US $ 0,29 plus 2% des Umsatzes pro Transaktion und US $ 1 pro Kontogutschrift unabhängig vom Umsatz und Anzahl der berechneten Transaktionen. Verkäufer können ihre Produkte auch im virtuellen Kaufhaus von FV anbieten und verkaufen. In diesem Fall fallen zusätzliche Gebühren an.

Bemerkenswert am Ansatz ist, daß es hier einem bis dahin unbekannten Vermittler gelungen ist, sich zwischen Käufer, Verkäufer und Kreditkartenorganisationen dazwischenzuschieben. Um wieviel leichter müßte es dann bekannten Firmen fallen, sich als Transaktionsvermittler zu etablieren, auch wenn man primär kein Finanzdienstleister ist?

Weil die obigen Ansätze Sicherheitslücken aufweisen, nur eingeschränkt nutzbar sind oder Vermittler einführen, die ebenfalls bezahlt werden müssen, sind eine Reihe von Ansätzen entwickelt worden, die Daten so verschlüsseln, daß ein unbefugtes Entschlüsseln auf ihrem Weg durch das Internet praktisch unmöglich ist. Diese Ansätze wurden bereits im Kap. 7 beschrieben, weil sie vom Inhalt der Daten eigentlich unabhängig sind. Sie können natürlich für das Zahlen und insbesondere die Zahlung mit Kreditkarten sehr gut eingesetzt werden. Wenn der Datenverkehr zwischen Käufer und Verkäufer derart gesichert ist, sollte es nur geringe Bedenken gegen den Einsatz von Kreditkarten geben, da beide Seiten hinreichend abgesichert sind. Wenn der Verkäufer die Kundendaten entschlüsselt hat, kann er sie auf konventionellen Wegen überprüfen und die Transaktion autorisieren lassen.

Restbedenken können niemals ganz ausgeschlossen werden (z.B.: Speichert der Verkäufer die entschlüsselten Kundendaten in einem am Internet angeschlossenen Rechner und schützt er sie ausreichend durch Firewalls?). Beim sachgemäßen Einsatz der vorhandenen Sicherheitssoftware dürfte das Risiko jedoch kleiner sein als bei konventioneller Benutzung von Kreditkarten, weil Papierbelege entfallen. Dieser Ansatz ist für Benutzer sehr attraktiv und einfach: die Verschlüsselungssoftware ist in den Internetwerkzeugen integriert, die Kreditkarte ist ein universelles Zahlungsmittel, und die Kreditkartenorganisationen sind vertrauensvolle Zahlungsvermittler. Zusätzliche Vermittler und damit verbundene Kosten entstehen für die Käufer nicht; nur dem Verkäufer entstehen evtl. Kosten für die Anschaffung der geeigneten Serversoftware. Dieses Vorgehen dürfte deswegen zum populärsten Ansatz für Zahlungen im Internet werden.

Auch Schecks können im Internet verwendet werden, allerdings nicht in ihrer Papierform. Ein Beispiel dafür ist das an der University of Southern California entwickelte System NetCheque (http://www.netcheque.com/). Hier können bei NetCheque registrierte Parteien mit in E-Mail eingebetteten elektronischen Schecks bezahlen. Das Authentisieren der Schecks basiert auf dem Sicherungsverfahren Kerberos, wobei die Abbuchung bzw. Gutschrift der Beträge bei den Banken durch NetCheque erfolgt. Andere Zahlungsvermittler bieten die Weiterleitung der elektronischen Schecks in elektronischer oder Papierform an, wenn der Zahlungsempfänger kein elektronisch „ansprechbares" Konto besitzt.

Auch Debitkarten können in gleicher Weise wie die Kreditkarten im Internet verwendet werden. In diesem Zusammenhang ist es unerheblich, ob eine Karte dem Inhaber eine Kredit- oder Debitfunktion gewährleistet. Es gibt jedoch zwei Nachteile von Kredit- oder Debitkarten, die nicht internetspezifisch sind. Der Kunde kann nicht anonym wie bei Zahlung mit Bargeld bleiben. Die Bezahlung von Kleinstbeträgen, etwa von Pfennigbeträgen, ist nicht erwünscht, weil in solchen Fällen die Transaktionskosten höher als der Zahlungsbetrag sind. Aus diesen Gründen gibt es Ansätze mit neuen Zahlungsmitteln.

Neue Zahlungsmittel

Ein Nachteil aller zuvor angesprochenen Zahlungsmittel ist, daß der Verkäufer und die Zahlungsvermittler die Identität des Käufers kennen. Der Käufer möchte jedoch oft, egal aus welchen Gründen, seine Identität nicht preisgeben. Mit Hilfe von elektronischem Bargeld wird versucht, die Anonymität des gewöhnlichen Bargelds nachzubilden. Mit manchen dieser Ansätze hofft man, auch die Transaktionskosten so weit herunterdrücken zu können, daß die Zahlung von Kleinstbeträgen ökonomisch sinnvoll werden könnte.

Das wohl bekannteste System für elektronisches Geld ist das von DigiCash (http://www.digicash.com/). Der Kunde fordert elektronisch digitale „Scheine" von einem Server seiner Bank an (in Form von Datensätzen), die sie im Austausch für Guthaben auf seinem Konto ausstellt. Die Nummern der angeforderten Scheine werden mathematisch verdeckt (blinded). Die Bank unterschreibt die digitalen Scheine mit ihrem privaten Schlüssel, so daß jeder Interessierte mit dem öffentlichen Schlüssel der Bank die Echtheit prüfen kann, und schickt die Scheine zurück an den Kunden. Der Kunde, genauer seine Software, nimmt den Verdeckungsfaktor wieder heraus und kann die Scheine fortan völlig anonym benutzen, weil sie zwar eindeutig identifizierbar aber nicht zuordenbar sind. Das Geld kann in einem Geschäft, das dieses digitale Geld akzeptiert, durch Datentransfer ausgegeben werden. Der Verkäufer wird die Geldscheine mit Hilfe der ausgebenden Bank überprüfen, bevor er seine Ware „aushändigt". Die Überprüfung bezieht sich nicht nur auf die Echtheit der Scheine (die wie oben beschrieben offline geschehen kann), sondern auch darauf, daß die Scheine nicht mehrfach verwendet werden (double spending). Abb. 8.12 zeigt noch einmal den beschriebenen Ablauf.

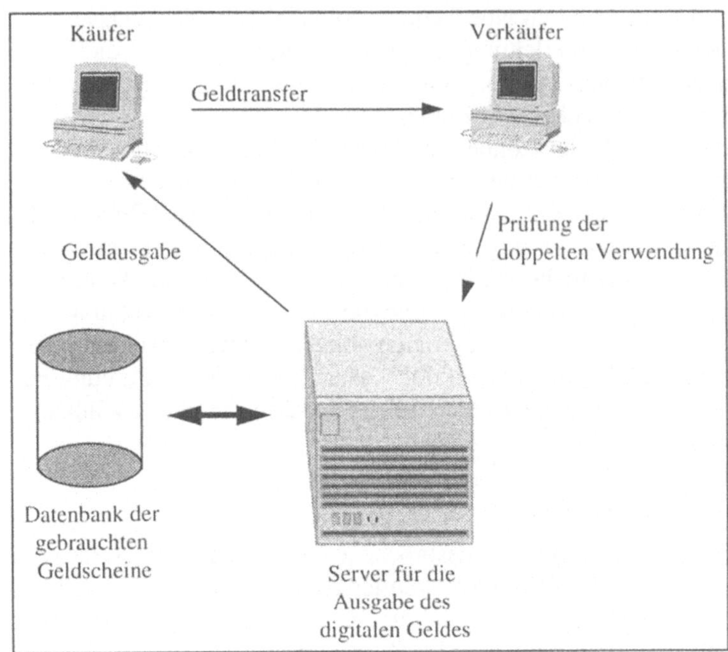

Abb. 8.12:
Zahlen mit DigiCash
(Kalakota u. Whin-
ston 1996)

In USA arbeitet die Mark Twain Bank of St. Louis, Missouri schon seit einigen Jahren mit DigiCash. Als Zahlungsmittel akzeptieren es nur einige Geschäfte, verstreut in der ganzen Welt. Die wohl prominentesten Organisationen, bei denen man mit DigiCash bezahlen kann, sind Encyclopedia Britannica und das Massachusetts Institute of Technology (MIT). Einen gewissen Durchbruch für das System in Europa stellen die 1996 angelaufenen Pilotprojekte mit der größten finnischen Bank, Merita, sowie mit der Deutschen Bank dar. Die Dresdner Bank, die bayerischen Großbanken sowie einige Landesbanken experimentieren mit Produkten von Cyber Cash (Kossel und Wronski 1997). Dazu gehören Bezahlung mit Kreditkarte unter Verwendung des SET-Verfahrens (siehe Abschn. 7.3.2), Bezahlung mit elektronischem Kleingeld (CyberCoins) sowie das Verfahren Electronic Direct Debiting, mit dem abgesicherte Einzugsermächtigungen erteilt werden können.

Ein anderer Ansatz, mit elektronischem Geld zu zahlen, ist die Verwendung von Smartcards (intelligenten Karten) oder elektronischen Börsen. Diese Karten weisen eine viel größere Funktionalität als einfache Telefonkarten auf, bei denen nur der Wertbetrag ohne weitere Sicherheitsvorkehrungen abgebucht werden kann. Smartcards kann man oft erneut aufladen, sie beinhalten manchmal ausgereifte Sicherheitsalgorithmen oder haben zusätzliche Funktionen, die über das Zahlen hinausgehen. Das bisher bekannteste Beispiel für einen solchen Ansatz ist das System von Mondex (http://www. mondex.com/). Es basiert auf einer Smartcard, die auch offline mit Geld aufgeladen werden kann. Das kann mit Hilfe von Geldautomaten oder anderen entsprechend ausgerüsteten Geräten geschehen. Das Bezahlen kann ebenfalls offline mit entsprechenden Lesern realisiert werden. Wenn man die Karte online auf- bzw. entladen will, benötigt man geeignete Leser am Terminal bzw. PC. Die Sicherheitssoftware befindet sich sowohl auf den Chipkarten als auch in der speziellen Hardware. Banken in Kanada und Großbritannien unterstützen dieses Projekt. Ein groß angelegter Versuch läuft schon seit 1995 in der englischen Stadt Swindon, weitere Versuche laufen in USA, Canada, Hongkong und Australien. Abb. 8.13 zeigt einige Geräte, die im Mondexsystem Verwendung finden.

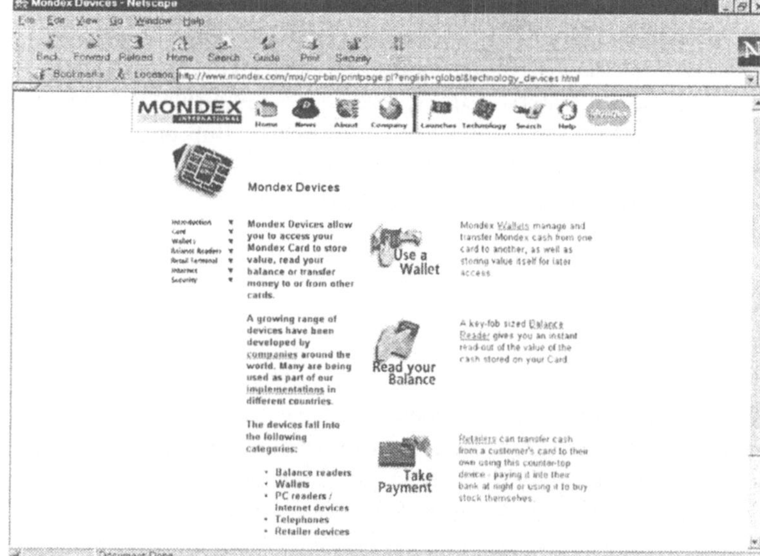

Abb. 8.13:
Zahlen mit Mondex

8.4
Physische Distribution

Physische Distribution ist einerseits eine Phase der Verkaufsdurchführung. Andererseits ist sie ein Bestandteil der Logistikkette, die sich von der Beschaffungslogistik über die Produktionslogistik bis hin zur Distributionslogistik erstreckt. Zu diesem vorwärtsgerichteten Güterfluß gibt es einen rückwärtsgerichteten Gegenfluß, der aus von Kunden zurückgeschickten Waren oder Abfällen besteht. Abb. 8.14 stellt die Zusammenhänge graphisch dar.

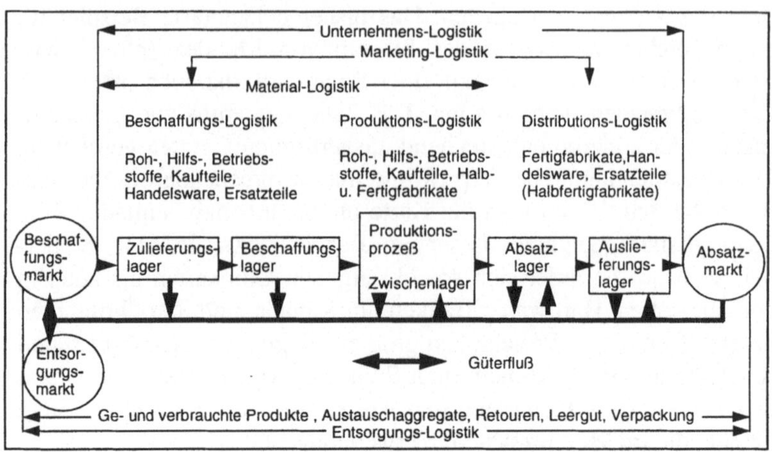

Logistik umfaßt Prozesse, die eine raum-zeitliche Gütertransforma-
tion vornehmen (Pfohl 1996). Dabei werden Transport-, Umschlag-
und Lagerprozesse als Kernprozesse und Verpackungs- und Signie-
rungsprozesse als Unterstützungsprozesse des Güterflusses bezeichnet. Der Güterfluß wird von einem Informationsfluß begleitet. Bei
Überlegungen, das Internet unterstützend zu nutzen, sollte man Güter und Dienstleistungen danach unterscheiden, ob sie in digitaler
Form oder nicht vorliegen.

8.4.1
Digitale Produkte

Bei „digitalen" Produkten können sämtliche logistischen Prozesse
über das Internet ablaufen. So sind fast unzählig viele Computerpro-
gramme im Internet abrufbar. Manche Zeitungen und Zeitschriften
kann man sich per Internet zustellen lassen. Auch Dienstleistungen
können an Kunden über das Internet überbracht werden. Das können
Kundendienst, auf den genauer im Abschn. 8.5. eingegangen wird,
angeforderte entgeltliche Leistungen (wie Artikelrecherche, psych-
iatrische Beratung oder Übersetzungsdienste (z.B. http://www.
alphatranslation.com/)) oder kostenlose Leistungen sein.

8.4.2
Nicht-digitale Produkte

Bei Produkten, die nicht in digitaler Form vorliegen, kann mit dem
Internet der die Güterflüsse begleitende Informationsfluß unterstützt

  ■ *8 Ausgehende Aktivitäten*

werden. Eine Andeutung über die Fülle der begleitenden Informationen gibt Tabelle 8.7, die sich nur auf den Transport bezieht.

Formulare / Dokumente / Belege	Straße		Spediteur			Bahn	
	Inland	europ. Ausland	Inland	europ. Ausland	Übersee	Inland	europ. Ausland
Frachtbrief	•	•	•	•	•	•	•
Abliefernachweis	•	•	•	•	•	•	•
Ausfuhrnachweis		•		•	•		•
Ausfuhrpapiere		•		•			•
Akkreditiv-unterlagen		•		•	•		
Behälter-kontrollschein	•	•	•	•		•	•
Palettenbehandlungs-Schein	•	•	•	•		•	•
Einlagerungs-anzeigen			•	•	•		
Kabeltrommel-papiere	•	•	•	•	•	•	•
Ladelisten	•	•	•	•	•	•	•
Lieferscheine	•	•	•	•	•	•	•
Packstück-Adressen-Aufkleber	•	•	•	•	•	•	•
Übergabe-bescheinigungen	•	•	•	•	•	•	•
Übernahme-bescheinigungen				•	•		
Ursprungs-zeugnisse		•		•			•
Versandaufträge				•	•		
Warenverkehrs-bescheinigungen		•		•	•		•
Zoll- und Handels-rechnungen		•		•	•		•
Zollpapiere		•		•	•		•
Abrechnung	•	•	•	•	•	•	•

Tabelle 8.7:
Transportbegleitende Informationen
(Binnenbruck 1982)

8.5
Kundendienst und Kontaktpflege

Der Kundendienst kann aus Leistungssicht als eine Sekundärleistung bezeichnet werden, weil er immer im Zusammenhang mit einer anderen übergeordneten Primärleistung steht; dabei ist es unerheblich, ob die beiden Leistungen von dem gleichen Anbieter erbracht werden. Aus Instrumentalsicht beinhaltet der Kundendienst alle Aspekte des Marketing-Mix. Da die Instrumente des Marketing-Mix, soweit sie im Zusammenhang mit dem Internet interessant sind, in vorangehenden Abschnitten bereits besprochen worden sind, wollen wir uns hier nur noch mit dem Erbringen von Kundendienstleistungen über das Internet beschäftigen. Zu diesem Zweck unterteilen wir den Kundendienst in Maßnahmen, die sich prinzipiell an Einzelne, an spezifische Gruppen oder an die Allgemeinheit richten. Diese Unterteilung erscheint uns sinnvoll, weil sie die Wirtschaftlichkeit der Leistung aus der Sicht des Anbieters stark beeinflußt. Dabei ist es nicht wichtig, ob der Empfänger in einem gegebenen Fall ein Einzelner oder eine Gruppe ist. Wenn ein Benutzer auf seine E-Mail eine E-Mail von einem Autoresponder zurückbekommt, so ist das aus der Sicht des Unternehmens dennoch ein Kundendienst für die Allgemeinheit. Ein weiteres Differenzierungskriterium bietet die Frage nach der Initiative zur Bereitstellung der Kundendienstleistung. Diese Frage ist für den Anbieter relevant, weil sie seine Planungsmöglichkeiten betrifft, z.B. bezüglich des Personals. Die nach diesen Kriterien erstellte Tabelle 8.8 gibt einige Beispiele für den Einsatz von Internetdiensten im Kundendienst.

	Initiative	
Adressaten	Kunde	Anbieter
Einzelne	E-Mail, problembedingte Wartung via Telnet	regelmäßige Wartung via Telnet
Gruppe	Antwort in einer Diskussionsgruppe auf Kundenfrage	Ankündigung eines Softwarepatch in einer Diskussionsgruppe
Alle	Ankündigungen und „kumulative" Antworten im WWW	FAQ über Autoresponder, Softwarepatch über anonymes FTP, Programmtesten über Telnet

In den folgenden Abschnitten werden die Möglichkeiten des Kundendienstes über das Internet nach dem Kriterium der Adressaten näher erläutert.

8.5.1
Kundendienst für Einzelne

Die meisten Firmen, die im Internet vertreten sind, geben den Nutzern ihrer Dienste die Möglichkeit, der Firma etwas über E-Mail mitzuteilen. Diese Möglichkeit sollte jedoch nicht pauschal sondern möglichst strukturiert sein, so daß der Benutzer den Grund seiner Kommunikation schon selbst kanalisieren kann (z.B. Produktanfragen an produktinfo@firma.de, Preisanfragen an preise@firma.de und Kundendienstfragen an kundendienst@firma.de). Die persönliche Beantwortung solcher Kommunikation ist jedoch sehr personalintensiv und damit kostspielig. Ein solcher Ansatz wird meistens nur im Bereich Business-to-Business verfolgt. Manche Firmen, die Kundendienst als eine kritische Werttätigkeit ansehen, machen jedoch auch von persönlicher Beantwortung von E-Mail regen Gebrauch. Zwölf der 60 Mitarbeiter der kalifornischen Firma The Internet Shopping Network, die ca. 35.000 Computerprodukte über das Internet verkauft, sind ständig damit beschäftigt auf Anrufe und E-Mail von Kunden zu antworten. Sonst wird im Massengeschäft versucht, die Beantwortung Autorespondern zu überlassen, auf die schon im Abschn. 8.1.4. eingegangen wurde.

Manche Probleme mit Hard- und Software lassen sich auch von fern über Kommunikationsnetze analysieren, wenn nicht gar beheben. Bei Großrechnern ist es schon seit langer Zeit üblich, daß der Hersteller sich über Telefon, Datex-P oder proprietäre Netze in den Kundenrechner einwählen kann, um notwendige Analysen oder Wartungsarbeiten durchzuführen. So wird z.B. über Ferndiagnose festgestellt, welche Komponente fehlerhaft ist, und der Techniker kann sofort mit den richtigen Ersatzteilen zum Kunden fahren. Das Internet bietet sich hier als eine günstige alternative Infrastruktur an. Auch für den unternehmensinternen Kundendienst kann das Internet verwendet werden. Viele Unternehmen sind so organisiert, daß kleinere Filialen von größeren Filialen oder der Unternehmenszentrale bezüglich ihrer Datenverarbeitung betreut werden. Viele Aspekte dieser Betreuung können über Telnet, E-Mail und FTP erledigt werden.

8.5.2
Kundendienst für spezifische Gruppen

Unter spezifischer Gruppe sind hier Leute gemeint, die sich einer
Listserver-Gruppe angeschlossen haben oder die eine genau fokus-
sierte Newsgroup frequentieren. Die meisten dieser Leute benutzen
die Produkte, die in der Gruppe diskutiert werden, erwägen deren
Kauf oder benutzen Konkurrenzprodukte. Sie verfügen auf jeden
Fall über Wissen über die Produktkategorie oder gar die Produkte
selbst. Die Kommunikation mit diesen Leuten darf und muß sich
deswegen auf einem spezifischeren Niveau bewegen, als das bei der
Kommunikation an alle Internetbenutzer der Fall ist. Beim Inhalt der
Kommunikation muß darauf geachtet werden, daß sie nicht als Werbung empfunden wird. Produktankündigungen sind statthaft, wenn
mit neuen Produkten oder neuen Produktversionen Probleme im Zusammenhang mit der Nutzung des diskutierten Produkts gelöst werden (z.B. ein neues Druckertreiberprogramm). Eine andere Alternative für Ankündigungen bieten Newsgroups, die zu diesem Zweck
eingerichtet wurden (z.B. biz.digital.announce). Dabei handelt es
sich jedoch nicht wirklich um eine Diskussionsgruppe; der Charakter des Kundendienstes tritt hier eindeutig hinter den Charakter der
Öffentlichkeitsarbeit.

8.5.3
Kundendienst für die Allgemeinheit

Beim Kundendienst an „alle" werden Leistungen allen Internetbenutzern zur Verfügung gestellt. Die Abgrenzung zu vorher genannten Kategorien ist manchmal nicht einfach. Die gleiche Information
kann sowohl über Diskussionsgruppen als auch über WWW zur
Verfügung gestellt werden. Der Unterschied besteht dann nur in der
Technik der Bereitstellung. Die über WWW erhältlichen Informationen können sehr spezifisch sein. Im Unterschied zum Kundendienst über eng fokussierte Diskussionsgruppen, sollte hier auch ein
Angebot für „Anfängerkunden" vorhanden sein. Außerdem ist es
möglich, Kundendienstinformationen im WWW über Paßworte oder
Identifizierungen nur bestimmten Benutzern zur Verfügung zu stellen (z.B. Sendungsverfolgung über WWW). Abb. 8.15 zeigt ein Beispiel für Kundendienst über WWW.

In diese Kategorie fallen auch freie Kundendienstleistungen. Ein
Beispiel dafür sind Fernsehprogramme und Informationen zu bestimmten Sendungen, die von manchen Fernsehsendern und Rund-

funkanstalten angeboten werden (z.B. von Sat1, http://www.sat1.de
und dem Westdeutschen Rundfunk, http://www.wdr.de).

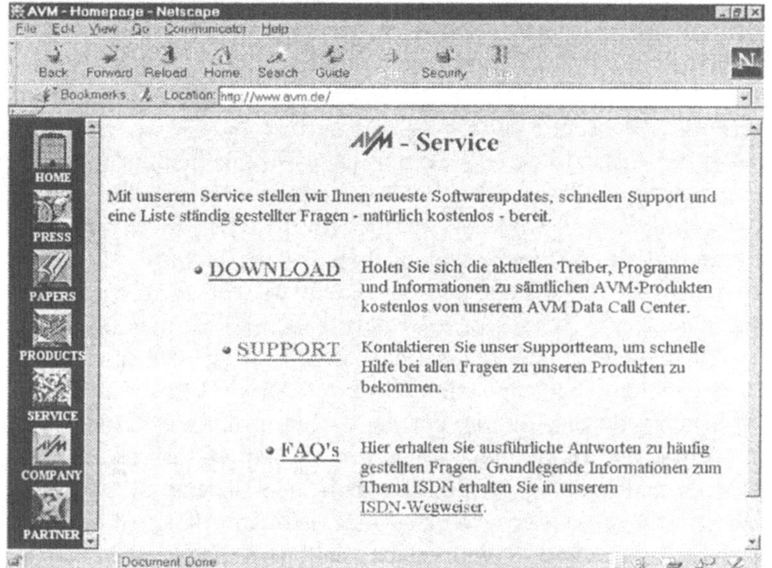

Abb. 8.15:
Beispiel für Kudendienst im WWW

8.5.4
Kontaktpflege

Unter Kontaktpflege fällt der Kontakt zum Kunden nach einem Verkauf, etwa zur Abwendung eventueller nachträglicher kognitiver
Dissonanzen, sowie alle Kontakte zwecks Aufbau und Festigung der
Beziehung zum Kunden. Hierzu zählen einfache Aktionen wie die
Versendung von Feiertagsgrüßen per E-Mail. Man kann auch Kunden, deren E-Mail-Adresse und Geburtsdatum bekannt sind, an ihrem Geburtstag (automatisch) per E-Mail gratulieren. Auch umfangreichere Informationsangebote können als Kontaktpflege angesehen
werden. Das galt zunächst für das Angebot des Magazins Der Spiegel im Internet, das inzwischen als eine Einnahmequelle dient. Der
Spiegel bietet seit Oktober 1994 ausgesuchte Artikel im Internet an
(http://www.spiegel.de/). Dieser Service wird zu einem großen Teil
von Internauten aus dem Ausland genutzt (Seidel 1995). Das Angebot wird als eine Dienstleistung am Kunden zwecks Pflege der Kundenbeziehung angesehen, denn im Gegensatz zu Volltextversionen
der Zeitschrift in CompuServe und T-Online ist der Dienst im Internet frei. Die Artikel sind für WWW aufbereitet, so daß man auch die
Hypertextmöglichkeiten nutzen kann.

8.6
Business-to-Business

Da sich das Geschäft zwischen Firmen wesentlich von Geschäften zwischen Firmen und Konsumenten unterscheidet, wird hier spezifisch der potentielle Einsatz des Internet im Bereich Business-to-Business untersucht.

Bei der Absatzförderung konzentrieren wir uns hier auf Investitionsgüter. Sie stellt sich bei Investitionsgütern komplexer als bei Konsumgütern dar, weil u.a. sich der Kaufprozeß oft auf Jahre erstreckt und die Kaufentscheidung von vielen Personen mit unterschiedlichen Spezialisierungen und Interessen getroffen wird. Man unterscheidet drei verschiedene Kaufsituationen, die man als Kaufklassen bezeichnet (Backhaus 1995): den Neukauf, den modifizierten Wiederkauf und den unmodifizierten Wiederkauf. Wir folgen der Sicht mancher Autoren, die die beiden ersten Kaufklassen zusammenfassen. Beim unmodifizierten Wiederkauf ist der Bedarf nach Absatzförderung gering. Da spielt die effiziente Abwicklung eine größere Rolle. Beim Neukauf bzw. dem modifizierten Wiederkauf spielt die Absatzförderung eine wichtige Rolle, doch die Wichtigkeit der Instrumente ist anders als bei Konsumgütern. Aus Marketingsicht kann man drei Geschäftstypen bei Investitionsgütern unterscheiden (Backhaus 1995): das Produktgeschäft, das Systemgeschäft und das Anlagengeschäft. Im Produktgeschäft werden vorgefertigte Leistungen zum isolierten Einsatz angeboten (Einzelaggregate und Komponenten). Im Systemgeschäft werden sukzessiv aufeinander bezogene Leistungen verkauft, die alle auf einem System basieren. Im Anlagengeschäft werden komplexe Systeme verkauft, denen keine systematischen Erweiterungskäufe folgen.

In der Werbung kommen Rundfunk und Fernsehen weniger zum Einsatz. Bei den Zeitschriften wird, außer bei Imagekampagnen, den Fachzeitschriften der Vorzug gegeben. Allen diesen Verhaltensweisen liegt die Tatsache zugrunde, daß Streuverluste in Massenmedien bei Investitionsgütern viel höher als bei Konsumgütern sind. Tabelle 8.9 vergleicht das Internet mit anderen Medien im Fall der Werbung für Investitionsgüter.

Man kann insgesamt beurteilen, daß das Internet ein sehr gutes Werbemedium für Investitionsgüter ist, sofern die Kunden für die zu bewerbenden Produkte am Internet angeschlossen sind. Das läßt sich in diesem Fall noch leichter als bei Konsumgütern herausfinden.

Bewertungs-kriterien	Katalog, Prospekte	CD-ROM, Video	Tageszeitungen mit Wirtschaftsteil	Fachzeitschrift	Internet
Streuverluste	gering	gering	sehr hoch	gering	gering
Darstellungsmöglichkeiten	mittel	sehr gut	gering	gering	gut
Angebot durch Adressat abrufbar	ja, wenn Medium in seinem Besitz	ja, wenn Medium in seinem Besitz	nein	nein	ja
Kosten	hoch	sehr hoch	hoch	mittel bis hoch	relativ gering
Erreichbare Kunden	alle	alle	viele	viele	wenige bis viele

Der persönliche Verkauf spielt bei Investitionsgütern eine große Rolle. Während im Konsumgüterbereich der Ansprechpartner der Außendienstmitarbeiter und nicht der Verbraucher selbst ist, spricht hier der Außendienst auch mit Kunden, die seine Produkte selbst verwenden. Außerdem sind die Beziehungen zwischen den Geschäftspartnern oft längerfristig, weil die Kunden seltener Marken wechseln, insbesondere im System- und Anlagengeschäft. Da hier die Beziehungen zu Kunden intensiver sind, kann das Internet verstärkt zur Kommunikationsverbesserung beitragen. So kann z.B. ein Verkäufer auf Reisen für alle Kunden, die Internetanschluß haben, ständig leicht und kostengünstig erreichbar sein.

Verkaufsförderung und Öffentlichkeitsarbeit können in ähnlicher Weise wie bei Konsumgütern unterstützt werden. Direktmarketing spielt nur im Produktgeschäft eine Rolle. Ein Instrument der Absatzförderung, das bei manchen Konsumgütern keine große Rolle spielt, wird bei nahezu allen Investitionsgütern eingesetzt: Messen und Ausstellungen. Wie schon oben erwähnt, werden heute viele Messen bereits im Internet präsentiert. Das reicht von einfachen Ankündigungen bis zu genauen Ausstellerverzeichnissen und Lageplänen der einzelnen Stände. Mit der Internetversion der Messe erhält man unter Umständen eine ausgezeichnete zusätzliche Gelegenheit zur Absatzförderung. Man kann auf diese Weise auch Kunden erreichen, die die eigentliche Veranstaltung gar nicht besuchen. Außerdem gibt es Messen und Ausstellungen, die nur im Internet stattfinden (z.B. die Elektronikmesse http://www.netfair.de und die „Weltausstellung" http://park.org/). Alle bisher genannten Kommunikationsformen sind herstellerabhängig, und sie lassen sich hauptsächlich über

WWW und FTP und zu einem geringen Teil über Dienste zur gleichzeitigen Kommunikation realisieren. Die Literatur suggeriert, daß im Systemgeschäft herstellerunabhängigen Informationsquellen mehr Glauben als Firmeninformationen geschenkt wird. Benutzergruppen seien dabei eine besonders effektive Quelle. Hierfür eignet sich das Internet mit seinen Diskussionsgruppen natürlich ausgezeichnet.

Im Bereich Business-to-Business existieren oft etablierte Beziehungen zwischen Geschäftspartnern. Deswegen ist hier die Möglichkeit, über das Internet ad hoc Aufträge zu vergeben und Zahlungen zu leisten, weniger wichtig. Statt dessen kann das Internet als das Kommunikationsnetz für elektronischen Datenaustausch dienen, der in diesen Phasen anfällt. Auf EDI über das Internet wird im Abschn. 10.1 im Detail eingegangen. Bei der physischen Distribution, dem Kundendienst und der Kontaktpflege ist die generelle Nutzung des Internet mit der im Fall der Business-to-Consumer-Beziehungen gleich. Allerdings ist das Potential des Internet hier noch größer, weil die Menge der den Güterfluß begleitenden Informationen viel umfangreicher ist und die Beziehungen zu Kunden stärker individualisiert sind.

8.7
Prozeßintegration

In vorangegangen Abschnitten wurde vereinzelt auf Vorteile der Nutzung des Internet für zusammenhängende Wertaktivitäten hingewiesen, doch die Untersuchung konzentrierte sich aus Vereinfachungsgründen auf einzelne Wertschöpfungsfunktionen. Deswegen sollen in diesem Abschnitt einige Ansätze zur Integration von Aktivitäten im Internet untereinander und mit Aktivitäten „im Hintergrund" besprochen werden.

Für Unternehmen, die bereits integrierte Standardsoftware zur Abdeckung wesentlicher betriebswirtschaftlicher Funktionen nutzen, bietet es sich an, die Internetaktivitäten mit dieser Software zu verknüpfen. Während diese Verknüpfung zunächst mit individuellen Lösungen erfolgen mußte, gibt es inzwischen Erweiterungen, die Bestandteil der betriebswirtschaftlichen Standardsoftware geworden sind. So werden z.B. von SAP für das System R/3 ab der Version 3.1G Internet Application Components (Anwendungskomponenten) angeboten, mit denen R/3-Funktionen über das WWW genutzt werden können. Die Anwendungskomponenten sind nach Bereichen gruppiert: Interne Dienste (z.B. Workflow Statusberichte, interne Preislisten, Projektdokumente), Selbstauskunft für Mitarbeiter (z.B.

Beschäftigungsmöglichkeiten, Veranstaltungskalender, An- und Abmeldung zu Veranstaltungen), Einkauf (z.B. Bestellanforderungen, gemeinsame Freigabe von Einkaufsaufträgen), Kundendienst (z.B. Qualitätszertifikate, Kanban, An- und Abmeldung zu Veranstaltungen) und Electronic Commerce (z.B. Produktkatalog und Online-Geschäft, Generierung von Kaufaufträgen, Status von Kaufaufträgen). Durch eine solche Anbindung werden die im Internet erfaßten Geschäftsdaten sofort allen anderen Anwendungen verfügbar gemacht, was wiederum ein schnelles und abgestimmtes Feedback an die Geschäftspartner ermöglicht. Die Nutzung der Anwendungskomponenten wird technisch durch eine Anpassung der Dreischichten-Architektur von R/3 ermöglicht. Zwischen die Anwendungs- und Präsentationsebene wurde die Internetebene, in Form eines Webservers, eingefügt. Auf der Präsentationsebene kann jeder javafähiger Client eingesetzt werden.

Ein anderer, weniger tiefgreifender Ansatz ist der Einsatz von spezieller Software für Electronic Commerce, den sog. Electronic Commerce Servern. Es gibt keine allgemein akzeptierte Definition von Electronic Commerce. Darunter wird relativ einschränkend nur die elektronische Geschäftsabwicklung oder aber ganz weit jede Geschäftstätigkeit über ein Datenkommunikationsnetz (Alpar und Pikkerodt 1998) verstanden. Wir ziehen die weit fassende Definition vor, weil Geschäftsanbahnung und Kundendienst genau so wichtig sind wie die Geschäftsabwicklung. Die Electronic Commerce Server unterstützen hauptsächlich die ausgehenden Aktivitäten. Manche von ihnen eignen sich vornehmlich für Einzelhandel, während andere auch für den Geschäftsverkehr Business-to-Business geeignet sind (sie beinhalten z.B. die Fähigkeit, EDI-Nachrichten zu verschicken). Preisunterschiede ergeben sich auch aus ihren unterschiedlichen technischen Möglichkeiten, einige von ihnen können z.B. verteilt auf mehreren Servern arbeiten, um so Spitzenlasten ohne Probleme bewältigen zu können. Tabelle 8.10 gibt einen Überblick über einige Electronic Commerce Server und über einige ihrer Eigenschaften.

Als ein praktisches Beispiel der erfolgreichen Integration von Internetaktivitäten mit betriebswirtschaftlichen und technischen Prozessen wird das System von Cisco Systems dargestellt. Das ist gleichzeitig ein Beispiel für die Integration von Internet, Intranet und Extranet und ihren Benutzern! Der damit erzielte ökonomische Erfolg wurde bereits im Abschnitt 5.3 erwähnt. Allerdings ist Cisco Commerce Online (CCO), wie das System heute genannt wird, nicht aufgrund einer visionären Planung entstanden, sondern aufgrund der Notwendigkeit, die wachsende Kundenanzahl schnell und gut zu bedienen, ohne das Personal teuer und unkontrolliert auszuweiten (Clark 1997).

Produkt	INTER-SHOP	Merchant System	MS Site Server	OM Transact
Hersteller	INTERSHOP	Netscape	Microsoft	Open Market
Preis	NT $4.995, UNIX $7.995	$63.000	$4.999	$125.000
Plattform				
NT	x	x	x	
Solaris	x	x		x
IBM AIX	x	x		
Webserver unterstützte Webserver API	CGI, ISAPI, NSAPI	CGI, NSAPI	ISAPI	NSAPI, ISAPI, CGI
DB-Unterstützung				
ODBC	x	x	x	x
Oracle		x	x	x
Besondere Eigenschaften				
Mall-Fähigkeit	x	x	x	
Skalierbarkeit	x	x	x	x
Multiuserfähig	x		x	x
Remote-Admin.	x		x	x
EDI-Interface		x		x
Shop-Funktionen				
Katalog-Suche	x	x	x	x
Warenkorb	x	x	x	x
Demo-Shops	x	x	x	x
HTML-Editor	x	x	x	x
Script-Sprache	x	x	x	
Back-Office-Funktionen				
Verkaufsreports	x	x	x	x
Seiten-Statistik	x	x	x	x
Integrierte E-Mail	x		x	x
Intergriertes Fax	x			x
Weiterleitung v. Bestellungen			x	x
Zahlung				
Cyber Cash	x		x	
ICVerify	x			x
SSL	x	x	x	x
S-HTTP	x		x	x
Marketing				
Cross-Selling	x	x	x	x
Rabattvarianten	x	x		x

Zunächst wurde das Herunterladen von Softwareupdates und technischen Informationen angeboten. Die erste Anwendung im Web war

die automatische Beantwortung von Anfragen über den Auftrags-
status. Diese relativ einfache Anwendung benutzen die Kunden ca.
40.000 mal pro Woche. Danach wurde den Kunden ermöglicht, Cis-
co-Geräte über das Web konfigurieren und Preise dafür berechnen
zu lassen. Bis Ende 1997 wuchs die Anzahl der Anwendungen auf
zehn „Commerce Agents". Mit ihrer Hilfe wurden in 1997 250.000
Geschäftstransaktionen pro Monat oder 60% aller Kundentransak-
tionen durchgeführt. Abb. 8.16 zeigt die Architektur von CCO.

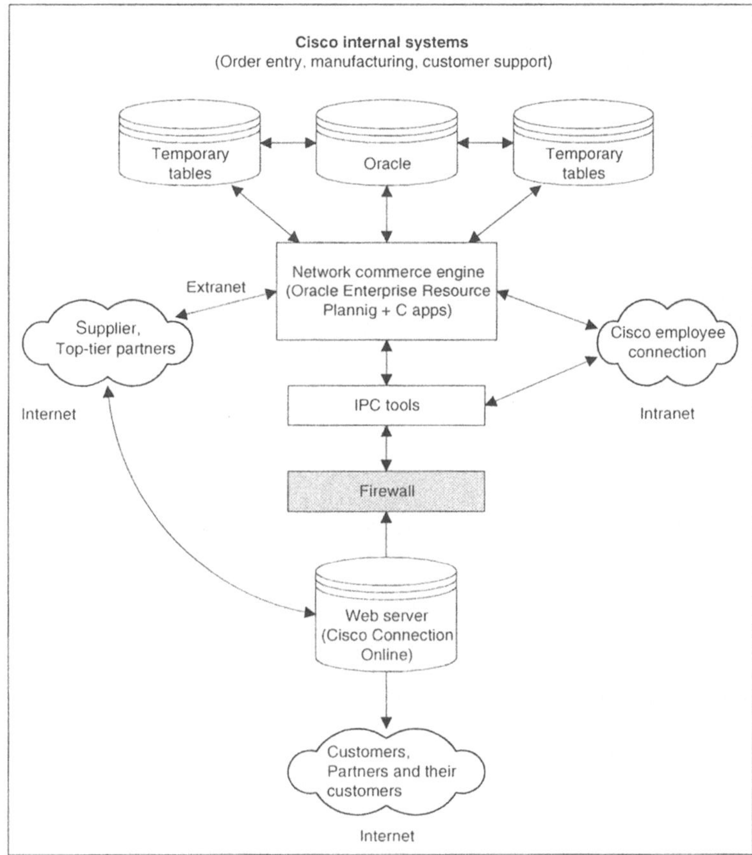

Abb. 8.16:
Cisco Commerce
Online (in Anlehnung
an Clark 1997)

Die Commerce Agents, in Abb. 8.16 als „IPC tools" zusammengefaßt, sind der von Cisco verwendeten betriebswirtschaftlichen Standardsoftware von Oracle vorgeschaltet. Die Mitarbeiter von Cisco
greifen auf diese Software über das Intranet zu. Die Lieferanten und
die wichtigsten Verkaufspartner von Cisco greifen auf die relevanten
Daten über das Extranet. Kleinere Partner und ihre Kunden sowie
die Direktkunden greifen auf die Anwendungen und relevante Daten

über das Internet. Der Zugriff ist kostenlos, aber eine Registrierung ist notwendig. Die Commerce Agents arbeiten aus Performancegründen teilweise mit replizierten Daten, die in Abb. 8.16 als temporäre Tabellen bezeichnet sind. Verkaufspartner können ihren Kunden Kundendienst mit Hilfe von CCO anbieten und die Zugangsberechtigungen ihrer Kunden auf die Commerce Agents bestimmen. Außerdem werden sie über E-Mail automatisch über die Aktivitäten ihrer Kunden in CCO benachrichtigt, sofern sich diese mit ihrer Kundennummer einwählen.

Literatur zu Kapitel 8

Alpar, P. und Pickerodt, S.: Electronic Commerce im Internet – ein Überblick, Industrie Management 14 (1998) 1, 34–38.

Backhaus, K. Investitionsgütermarketing, 4. Aufl., Verlag Franz Vahlen, München 1995.

Binnenbruck, H.H.: Informationssystem und dispositiver Faktor im Straßengüter- und Huckepackverkehr. In Informationsfluß in Transportketten. Hrsg.: SGKV, Transportkette 37, Frankfurt/Main 1982, 43–62.

Clark, D.: Cisco Connect Online: It´s Good for Business, IEEE Internet Computing, Nov.-Dec. 1997, 55–58.

GWA (Gesellschaft Werbeagenturen-Service mbH): Zahlen und Daten für die Werbung, Frankfurt 1998.

Kalakota, R. und Whinston A.B.: Frontiers of Electronic Commerce, Addison-Wesley, Reading, Mass. u.a., 1996.

Kossel, A. und Wronski, H.-J.: Bare Bytes, c't, Heft 16, 1997, 66–69.

Kotler, Ph. und Bliemel, F.W.: Marketing-Management: Analyse, Planung, Umsetzung und Steuerung, 8. Auflage, Poeschel Verlag, Stuttgart 1995.

Krumenaker, L.: When Your Library Card Must Be a Credit Card - Telnetting to Fee-Based Databanks, Mecklermedia Corp., http://www.mecklerweb.com 1994.

Nieschlag, R., Dichtl, E. und Hörschgen, H. Marketing, 17. Aufl. Duncker und Humblot, Berlin 1994.

Pfohl, H.-Ch. Logistiksysteme, 5. Auflage, Springer-Verlag, Berlin u.a. 1996.

Porter, M.: Wettbewerbsvorteile, Campus Verlag, Frankfurt/Main 1986.

■
■
■
8 Ausgehende Aktivitäten

RFC 1855, Hambridge, S.: Netiquette Guidelines, Oct. 1995.

Schneider, M.: Elektronischer Handel im Internet aus juristischer Sicht, Computerwoche 8, 24.02.1995, 69–70.

Seidel, S.: Anwendungsbeispiel des elektronischen Publizierens, DV-Management 2, 1995, 69–71.

Thorell, L.: Doing Business on the Internet - Case Studies: DEC, Silicon Graphics, and Sun, Mecklermedia Corp., http://www.mecklerweb.com 1994.

9 Interne und eingehende Aktivitäten

Wenn man von internen Aktivitäten spricht, könnte man auch die interne Kommunikation und Zusammenarbeit meinen. Diese zählen jedoch zu sekundären Aktivitäten der Unternehmensinfrastruktur, weil sie ebenfalls bei ein- und ausgehenden Aktivitäten anfallen. Dementsprechend werden sie im Abschn. 10.4 erörtert. Hier sollen im Abschn. 9.1 Situationen angesprochen werden, in denen Kommunikation und Kooperation mit Außenstehenden auch bei der „internen" Aktivität Produktion sinnvoll sind. Danach wird im Abschn. 9.2 die mögliche Rolle des Internet bei der Zusammenarbeit mit Zulieferern und Logistikunternehmen im Rahmen der eingehenden Aktivität Beschaffungslogistik untersucht.

9.1
Produktion

Der Produktionsprozeß beinhaltet zwei miteinander eng verknüpfte Prozesse: den betriebswirtschaftlichen und den technischen Prozeß. Diese Prozesse können beide in zwei Hauptstufen unterteilt werden: die Planungs- und die Realisierungsstufe. Jede dieser Stufen beinhaltet verschiedene Unterphasen. Aus der Sicht der Informationssysteme wird die betriebswirtschaftliche Planungsphase durch Produktionsplanungssysteme (PPS) abgedeckt. Auf der technischen Seite werden verschiedene Systeme eingesetzt, die man computerunterstütztes „Etwas" nennt, z.B. computerunterstützter Entwurf (computer aided design, CAD). Abb. 9.1 stellt die Phasen des Produktionsprozesses dar.

Traditionell, und etwas überspitzt beschrieben, läuft die Kommunikation zwischen Kunde und Hersteller so, daß der Kunde seinen Auftrag vergibt und bis zur Auslieferung der Waren (oder deren Ankündigung) nichts mehr hört. Jede Anfrage oder gar Änderungswunsch des Kunden wird als Störung empfunden.

Abb. 9.1:
Funktionen in der
Produktion (Scheer
1990)

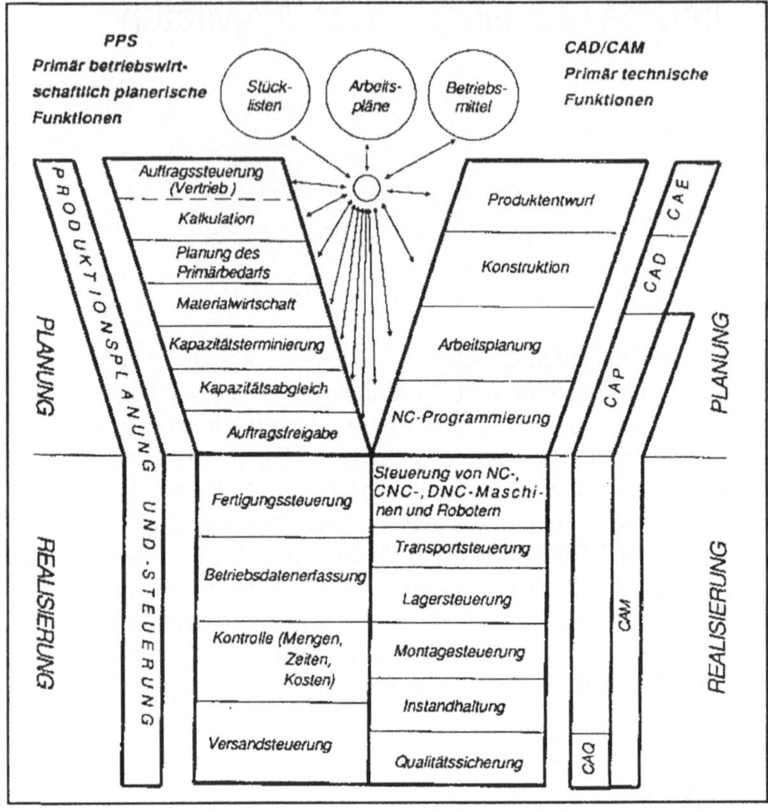

Die Kontakte des Kunden werden so kanalisiert, daß er vom Produktionsprozeß isoliert bleibt. Der Kunde weiß nicht wirklich, in welchem Stadium sich sein Auftrag befindet. Der Wettbewerbsdruck der letzten Jahre und die neuen Informationstechnologien verändern diese Situation. Einerseits kann dem Kunden besserer Einblick in den Bearbeitungsprozeß seiner Bestellung gegeben werden. Andererseits können Firmen ihre Zusammenarbeit verbessern, indem sie über Kommunikationsnetze viel enger miteinander kommunizieren und kooperieren können, fast so als wären sie ein Unternehmen. Deswegen bezeichnen manche Autoren eine derart enge Zusammenarbeit auch als ein virtuelles Unternehmen. Nachfolgend werden drei Beispiele zur (potentiellen) Nutzung des Internet im Prozeß der Erstellung von Waren oder Dienstleistungen gegeben.

Ein Beispiel für die Kommunikation auf der betriebswirtschaftlichen Seite betrifft das „Öffnen" der Betriebsdatenerfassung. Diese Funktion dient zunächst dazu, den Stand der Produktion zu erfassen und mit der Planung zu vergleichen. Bei Abweichungen werden Informationen erzeugt, um Entscheidungsträgern geeignete Reaktionen zu ermöglichen. Die erfaßten Daten können aber auch Kunden über das Internet zur Verfügung gestellt werden. Das gibt Kunden mehr Planungssicherheit und senkt intern die Kosten für die Beantwortung solcher Anfragen. Man kann in diesem Zusammenhang von einer „gläsernen" Produktion sprechen. Das berühmteste Beispiel hierzu stammt aus dem Dienstleistungsbereich. Der Expressgutversender Federal Express hat als eines der ersten Unternehmen seinen Kunden ermöglicht, sich über den Stand ihres Auftrags zu informieren (siehe Abb. 9.2).

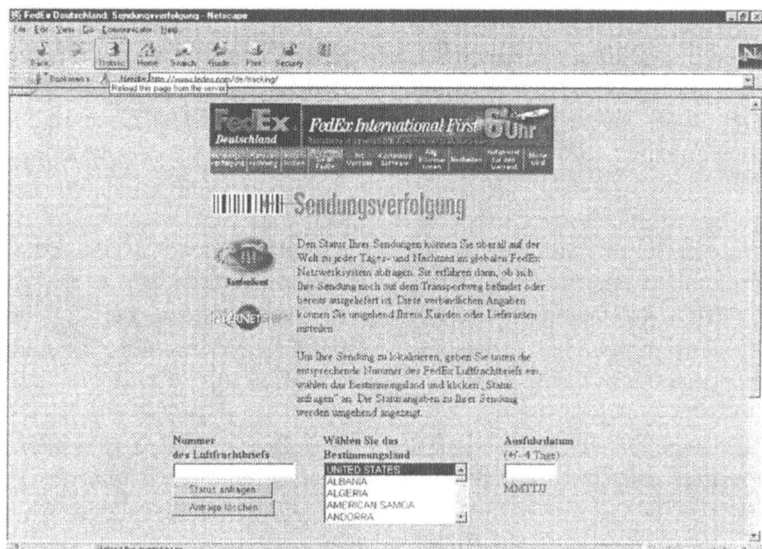

Abb. 9.2:
Gläserne Dienstleistung von Federal Express

Ein Beispiel von der technischen Seite der Produktion betrifft den Produktentwurf (Erkes et al. 1996). Ein Kunde spezifiziert über Webseiten seine Produktbedürfnisse bezüglich bestimmter Eigenschaften und des einzusetzenden Materials. Der WWW-Server eines Anbieters von Designdienstleistungen oder eines potentiellen Herstellers des benötigten Produkts leitet die Daten an geeignete Programme und Datenressourcen weiter. Materialeigenschaften werden z.B. aus einer Datenbank herausgelesen und mit anderen Benutzerspezifikationen als Parameter an die Software zum automatischen Produktdesign weitergegeben. Das Ergebnis des Entwurfsprozesses wird an den Benutzer wieder in Form von Webseiten zurückgegeben, die nicht nur technische Daten des Entwurfs enthalten sondern auch technische Zeichnungen des Produkts.

Im betriebswirtschaftlichen Bereich funktioniert der Datenaustausch zwischen Firmen schon relativ gut. Wo er nicht funktioniert, liegt es meist nicht an technischen Schwierigkeiten oder mangelnden Standards. Im technischen Bereich, in dem die Datenstrukturen komplexer und die Datenmengen viel größer sind, sind noch technische Schwierigkeiten vorhanden. Auch die Standardentwicklung und -akzeptanz sind noch nicht so weit fortgeschritten wie im betriebswirtschaftlichen Bereich. Auf der anderen Seite ist der Bedarf nach dem Austausch von Produktionsdaten viel größer geworden. Das liegt daran, daß Unternehmen heute auch in der Produktion viel mehr als früher kooperieren müssen, um schnell und kostengünstig Kundenwünsche befriedigen zu können. Ein virtuelles Produktionsunternehmen besteht aus mehreren oder vielen unabhängigen Firmen, die oft über ganz unterschiedliche Organisationsstrukturen, Informationssysteme und Produktions- und Logistiksysteme verfügen. Damit sie Aufträge, die sie als ein virtuelles Produktionsunternehmen erhalten, effizient und effektiv ausführen können, bedarf es trotz dieser Unterschiede einer reibungslosen Kommunikation und Kooperation. Zu diesen Zwecken sind bereits Standards entwickelt worden: STEP (Standard for the Exchange of Product Model Data) ermöglicht den Austausch von produktionstechnischen Daten und CORBA (Common Object Request Broker Architecture) ermöglicht die Zusammenarbeit verteilter Anwendungssysteme. Das Internet, mit seinen grundlegenden Protokollen, TCP/IP, fügt die Möglichkeit hinzu, den Austausch der Produktionsdaten und die Verteilung der Anwendungen über unternehmensübergreifende Weitverkehrsnetze zu betreiben. Das Internet steuert außerdem mit WWW eine leicht zu bedienende und standardisierte Benutzerschnittstelle bei. Abb. 9.3 zeigt das Zusammenspiel dieser Komponenten.

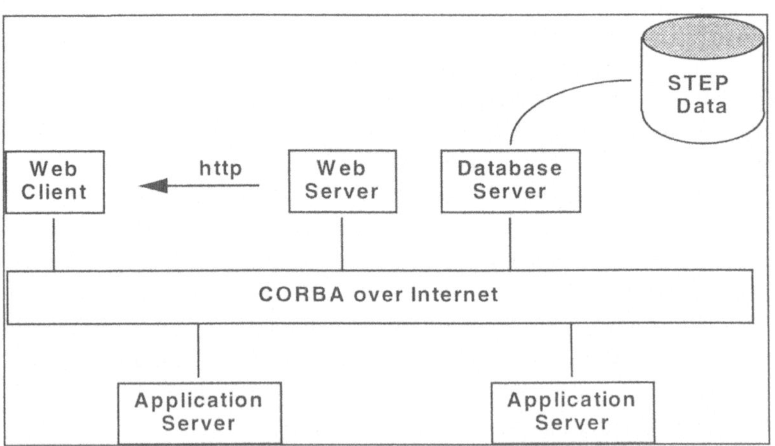

Abb. 9.3: Architektur der Informationsinfrastruktur für ein virtuelles Produktionsunternehmen (Hardwick et al. 1996)

Hardwick et al. (1996) geben das folgende Beispiel: Ein Türenzulieferer eines Autoherstellers ruft bei diesem über WWW die geometrischen Daten einer Tür ab. Die in der Datenbank des Herstellers gespeicherten Daten werden an ein Anwendungsprogramm beim Zulieferer „ausgeliehen", das die Tür dem Benutzer in der Zulieferfirma grafisch anzeigt.

Das Internet ist auch die Kommunikationsnetzplattform für ein offenes Kooperationsnetz (Advanced Collaborative Open Resource Network, ACORN), über das verteilte Entwurfs- und Fertigungsteams zusammenarbeiten können. Obwohl das Netz Forschungscharakter hat, bieten darin Firmen und Forschungsinstitute schon Dienste wie automatisierten Konfigurationsentwurf, schnelles Prototyping und Datenbanken von Materialeigenschaften an (http://galaxy.tradewave.com/galaxy/Engineering-and-Technology/). Abb. 9.4 zeigt die ACORN unterstützende Informationsarchitektur. Dabei bilden das Internet und seine Dienste die Kommunikationsinfrastruktur, ohne daß dies in der Abbildung explizit angemerkt ist.

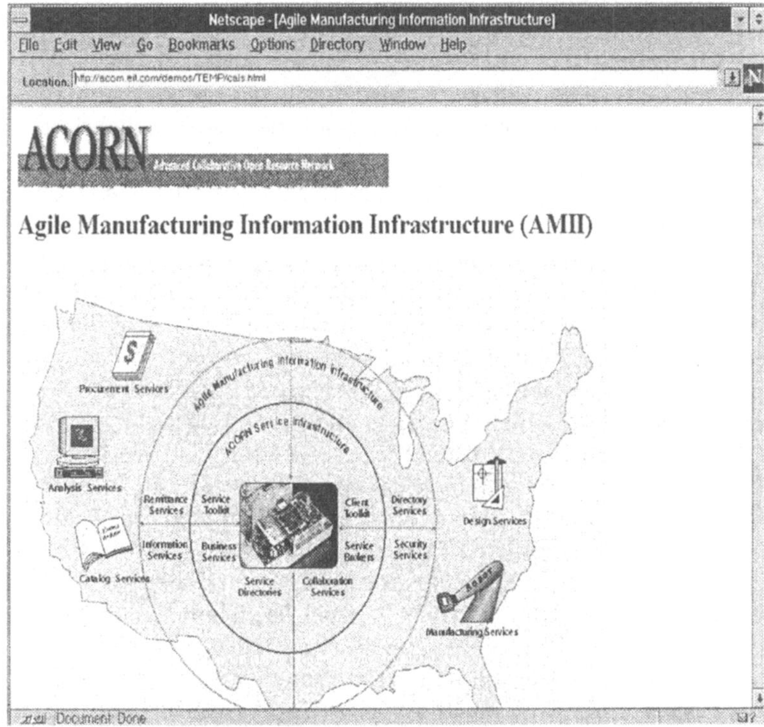

Abb. 9.4:
Kooperationsnetz
für die Produktfertigung

9.2
Beschaffungslogistik

Beschaffungslogistik dient der physischen Versorgung eines Unternehmens mit Roh-, Hilfs- und Betriebsstoffen sowie Handelswaren (siehe Abschn. 8.4). Wie bei physischer Distribution ist im Zusammenhang mit dem Internet die Unterscheidung der Produkte in digitalisierte Produkte und nicht-digitalisierte Produkte sinnvoll. Die digitalisierbaren Produkte oder Dienstleistungen können über das Internet transportiert werden (z.B. mittels FTP), während bei den nicht-digitalen Produkten nur der begleitende Informationsfluß über das Internet kommuniziert werden kann (z.B. mittels E-Mail oder FTP). Die physische Beschaffung von Gütern ist gewissermaßen das Spiegelbild der physischen Distribution von Gütern. So gelten die Ausführungen und Beispiele aus dem Abschn. 8.4 auch hier. So wie sich etwa die Distribution von Software über das Internet für deren Hersteller lohnt, ist die physische Beschaffung von Software für die Kunden ebenfalls sinnvoll. Deswegen werden hier weitere Gesichtspunkte angesprochen, die aber ebenso für die physische Distribution gelten: die Unterstützung des Transports der nicht-digitalisierten Produkte.

Bei der Lieferung von Gütern vom Hersteller zum Kunden können eine Reihe von weiteren Firmen beteiligt sein. Dazu gehören Speditionen, Frachtvermittler, Transportunternehmen, Lager-, Umschlags- und Verpackungsunternehmen. Sie übernehmen für den Hersteller oder den Kunden diejenigen Logistikfunktionen, die dieser nicht selbst ausführen kann oder möchte, obwohl er sich dazu vertraglich verpflichtet hat. In der Praxis ist es sowohl üblich, daß der Hersteller für die Lieferung zuständig ist („frei Haus"), als auch, daß diese Aufgabe dem Kunden obliegt (Lieferung „ab Werk"). Unabhängig davon, ob nun eine der Vertragsparteien die Lieferung selbst vornimmt oder andere Firmen die Lieferung im Auftrag durchführen, alle beteiligten Parteien sind i.d.R. an einer möglichst schnellen, kostengünstigen und sicheren Lieferung interessiert, wobei diese Ziele geeignet gewichtet werden. Das Internet kann bei der Erreichung dieser Ziele auf folgende Weisen helfen:

Wenn ein Unternehmen eine zu transportierende Ladung an einem Ort hat, kann es im Internet nachschauen, ob ein anderes Unternehmen über Transportkapazität am gleichen Ort verfügt (http://www.internet-trucking.com/). Solche „Transportbörsen" sind in einem frühen Stadium, aber sie entwickeln sich zu elektronischen Märkten, in denen sich Nachfrager und Anbieter von Transportleistungen schneller und kostengünstiger zusammenfinden können, als

das heute der Fall ist. Dies sollte gleichzeitig zu einer besseren Auslastung der Transportkapazitäten und zu einer Abnahme des Ver-
kehrs(wachstums) führen.

Lastwagen kann man mit Laptops oder eingebauten PCs und mobilen Telefonanschlüssen ausstatten, so daß sich die Fahrer ins Internet einwählen können. Darin können sie dann die momentanen Ver-
kehrsflüsse auf ihrer Wegstrecke abrufen oder sich über einen geeigneten Pushdienst (siehe Abschn. 3.7) melden lassen. Diese Daten
können natürlich auch von stationären Dispatchern abgerufen werden und dann an die Lastwagenfahrer über Funk weitergegeben
werden. In den USA bieten schon in vielen Staaten die Verkehrsbe-
hörden Verkehrsdaten für wichtige Straßen und Verkehrsknoten-
punkte im Internet an. Dabei werden jede Minute oder etwas seltener
Daten über den Verkehrsfluß in allen Richtungen und Spuren aktualisiert. Der Benutzer braucht nur die ihn interessierende Region und
Autobahn in einer Karte anzuklicken oder aus einem Menü auszuwählen. Abb. 9.5 gibt ein Beispiel für Los Angeles, Kalifornien an.

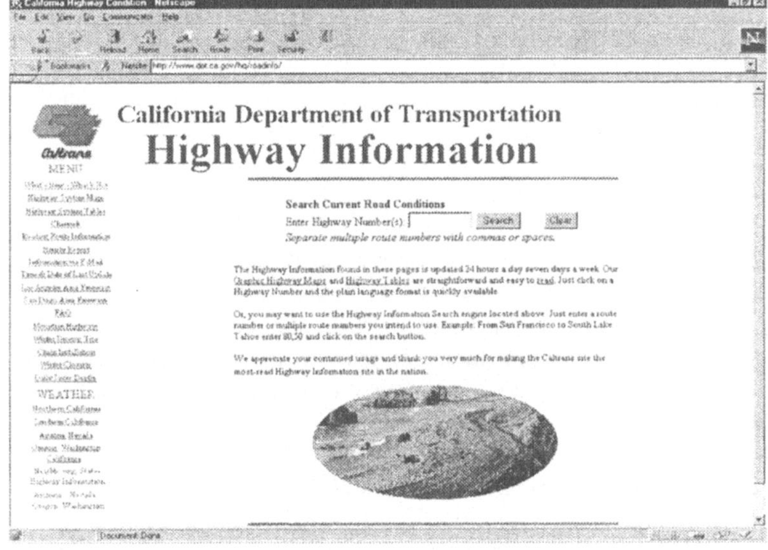

Abb. 9.5:
Aktuelle Verkehrs-
flußinformationen im
Internet

Oft müssen gefährliche Güter transportiert werden. Wenn man einen
solchen Transport plant, kann man die dazu gültigen Vorschriften im
Internet abrufen. Der Safety-Expert (http://www.safety-expert.com)
ist ein System rund um das Thema Gefahrengut. Darin ist die Ge-
fahrgutverordnung Straße (GGVS/ADR 97) enthalten, durch deren
Randnummern man „surfen" kann und in deren Inhalt man mittels
einer Suchmaschine nach beliebigen Stichworten suchen kann.

Weitere Angebote sind das Gefahrgut-Forum, eine Art schwarzes Brett, über das Hilfesuchende und Gefahrgutexperten miteinander kommunizieren können, GUNDI, die Gefahrgutunfalldatenbank im Internet, die Angaben zu ca. 1200 Unfällen enthält sowie ClassGo, eine Gefahrgutdatenbank zur Klassifizierung von Gefahrguttransporten.

Das System MultiPack (http://www.multiscience.com) zur Palettenoptimierung unterstützt Benutzer bei der sortenreinen Beladung von Paletten. Hierbei errechnet MultiPack bezogen auf die Verpakkungsvorgaben optimale Lage- und Stapelpläne von Paletten, die zu einer maximalen Stauraumnutzung führen. Durch die benutzerfreundliche Oberfläche in Verbindung mit einer realistischen 3D-Darstellung können im Dialog mit MultiPack alternative Beladungsmuster untersucht werden. Eine Packanweisung mit allen notwenigen Informationen ist sofort verfügbar, ausdruckbar und archivierbar.

GeoTALK ist ein als JavaApplet (siehe Abschn. 3.6.3) realisiertes Internet-GIS (Geographisches Informationssystem) zur Darstellung und Interaktion von und mit digitalem Kartenmaterial. Es arbeitet im Gegensatz zu den meisten anderen Kartensystemen im Internet auf der Basis von Vektorkarten, was wiederum bedeutet, daß die Karte selbst „intelligent" ist. Auf diese Weise läßt sich für jedes in der Karte enthaltene Objekt eine Beschreibung sowie ein Verhalten definieren. Neben den statischen Objekten wie Straßen, Points of Interest (siehe Abb. 9.6) usw. lassen sich weiterhin bewegte Objekte, bspw. Fahrzeuge, mittels ihrer GPS (Global Positioning System)-Koordinaten auf der Karte abbilden. Auf diese Weise läßt sich die Sendungsverfolgung in einer völlig neuen Qualität darstellen. Ein anderes Einsatzgebiet ist die Unterstützung der Disponenten von Kooperationen; die einzelnen Teilnehmer können auf diese Weise ihren Fahrzeugpool gemeinsam über das Internet disponieren. Im Internet ist eine Demonstration mit der Karte der Stadt Frankfurt am Main abrufbar (http://www.map-online.com).

Die angeführten Beispiele stellen nur die ersten Versuche dar, das Internet zur Unterstützung der Transportaktivitäten zu nutzen. Weitere und signifikantere Nutzungsmöglichkeiten werden sich ergeben, wenn mehr Firmen aus der Transportbranche sowie mehr Behörden an das Internet angeschlossen und zu stärkerer Kooperation bereit sind. Denn die notwendige stärkere Integration der Wertketten der am Gütertransport beteiligten Organisationen läßt sich nur durch einen verstärkten Informationsaustausch erreichen. Das Internet als ein offenes Kommunikationsnetz mit standardisierten Diensten ist der

beste Kandidat, der als Kommunikationsinfrastruktur für diesen
Austausch dienen kann.

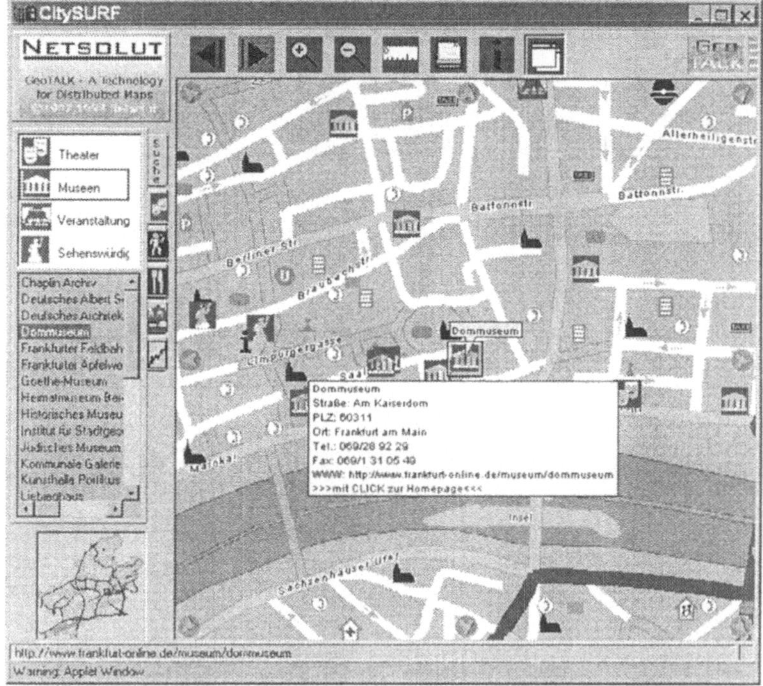

Abb. 9.6:
Stadtinformation in
GeoTALK

Literatur zu Kapitel 9

Erkes, J.W., Kenny, K.B., Lewis, J.W., Sarachan, B.D., Sobolewski, M.W. und
    Sum, Jr, R.N. Implementing Shared Manufacturing Services on the
    World Wide Web, Vol. 39, Nr. 2, 1996, 34–45.

Hardwick, M, Spooner, D.L., Rando, T. und Morris, K.C. Sharing Manufactu-
    ring Information in Virtual Enterprises, Communications of ACM,
    Vol. 39, Nr. 2, 1996, 46–54.

Scheer, A.-W.: Wirtschaftsinformatik – Informationssysteme im Industriebe-
    trieb, 3. Aufl., Springer-Verlag, Berlin u.a. 1990.

10 Sekundäre Wertaktivitäten

10.1
Beschaffung

Beschaffung ist die Funktion des Einkaufs von Roh-, Hilfs- und Betriebsstoffen, Maschinen, Büroeinrichtung, Gebäuden und Grundstücken. Die aktuelle Entwicklung dieser Funktion wird durch zwei Trends geprägt. Einerseits versuchen Unternehmen, die Kosten des Einkaufs durch die Verringerung der Zahl der Lieferanten, im Extremfall auf einen (single sourcing), zu senken. Dadurch werden die Transaktionskosten gesenkt, weil die künftige Suche nach geeigneten Lieferanten reduziert wird, wiederholte Vertragsabschlüsse entfallen und Bestellvorgänge durch einfachere Kundenabrufe ersetzt werden. Gleichzeitig wird auch versucht, die Kosten der eingekauften Waren zu senken, weil die Konzentration auf wenige Lieferanten zu größeren Abnahmemengen bei diesen Lieferanten und damit eventuell zu größeren Mengenrabatten führt. Die Auswirkung dieses Trends kann als eine Vereinfachung der Beschaffung und damit ein Verlust an Bedeutung dieser Funktion angesehen werden. Andererseits führt die Konzentration der Unternehmen auf ihre Kernfähigkeiten durch das Outsourcing vieler internen Dienstleistungsfunktionen und der Fertigung von Teilen und Komponenten (do what you do best, outsource the rest) zu einer Zunahme des Beschaffungsvolumens. Das kann wiederum als eine wachsende Bedeutung der Einkaufsfunktion angesehen werden. Der scheinbare Widerspruch der beiden Trends läßt sich leicht auflösen, wenn man die Beschaffung nach Entscheidungsebenen aufgliedert. Die Bedeutung der operationalen Entscheidungen im Einkaufsbereich nimmt tatsächlich ab, teilweise so weit, daß sie komplett automatisiert werden. Die Auswahl der Lieferanten erhält jedoch eine herausragende strategische Bedeutung, da die gute Zusammenarbeit mit den ausgewählten Lieferanten zu einem der wichtigen Gesamterfolgsfaktoren wird.

Man kann die eigenen Kunden nicht schnell, flexibel und qualitativ gut bedienen, wenn man nicht in gleicher Weise von seinen Lieferanten bedient wird. Man muß sich auf seine Lieferanten vollkommen verlassen können, ohne mit ihnen vertikal zu integrieren.

Das Internet kann die strategischen Aufgaben der Beschaffung nur bedingt unterstützen, etwa durch leichtere Informationsbeschaffung über Firmen und Märkte, weil hier persönliche Vertrauensbildungsprozesse eine große Rolle spielen. Bei operationalen Aufgaben und der Ausführung der Funktion hat das Internet allerdings ein großes Potential. Erstens kann das Internet hilfreich sein, bessere oder billigere Lieferanten auszumachen. Zweitens kann der Einkaufsvorgang unterstützt werden, indem das Internet insbesondere als Plattform für den elektronischen Datenaustausch (electronic data interchange, EDI) dient. Dieser Punkt, der hauptsächlich für den Kommerz im Bereich Business-to-Businss wichtig ist, wird nachfolgend genauer untersucht. EDI wird von manchen Beobachtern als die derzeit verbreitetste Form des elektronischen Kommerz (electronic commerce) angesehen.

EDI dient dazu, die Medienbrüche im Datenaustausch zwischen Geschäftspartnern zu vermeiden, um den Austausch schneller, billiger und weniger anfällig für Fehler zu machen. Wenn die Daten dank EDI schon in elektronischer Form ankommen, wäre es schön, wenn sie auch gleich von Anwendungen verarbeitet werden könnten. Das geht jedoch zunächst nicht, denn die Auftragsdaten unterschiedlicher Unternehmen sind oft unterschiedlich bezeichnet und angeordnet und haben unterschiedliche Feldlängen. Es wäre mühsam, gesonderte Konvertierungsprogramme für jeden Geschäftspartner zu entwickeln und zu warten. Deswegen wurden verschiedene Standards entwickelt, die branchenspezifisch oder -übergreifend sind. Wenn unterschiedliche Kunden nun ihre Auftragsdaten nach einem Standard strukturiert verschicken, braucht der Auftragsnehmer nur ein Konvertierungsprogramm, das die ankommenden Daten für die eigenen Anwendungssysteme aufbereitet. UN-EDIFACT (electronic data interchange for administration, commerce, and transport) ist der wichtigste branchenübergreifende Standard in Europa, während in Nordamerika ANSI X12 am meisten verwendet wird. Der Ablauf eines Austauschs zwischen zwei Unternehmen erfolgt in der Regel so: Daten, die von einer Anwendung erzeugt werden (z.B. Auftragserstellung), werden von einem Konverter in die genutzte Standardstruktur gebracht. Diese Daten werden über ein Kommunikationsnetz an den elektronischen Briefkasten eines Geschäftspartners übermittelt. Der Partner holt sich die Daten dort ab, konvertiert sie von der Standardstruktur in die von seiner Anwendung benötigte Struktur und kann sie dann weiter verarbeiten. Die Abb. 10.1 verdeutlicht diesen Ablauf grafisch.

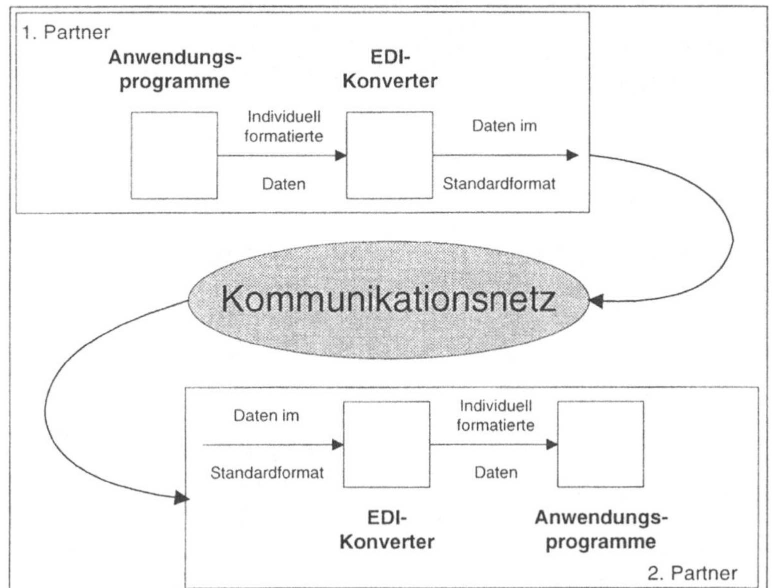

Abb. 10.1:
EDI-Ablauf zwischen zwei Geschäftspartnern

Als Kommunikationsnetz für den Transport von EDI-Nachrichten kommen private Netze, Netze von Anbietern mit speziellen Netzdiensten und das Internet in Frage. Die Anbieter spezieller Netzdienste stellen zusätzlich zur reinen Transportkapazität weitere Dienste zur Verfügung, weswegen man sie Mehrwertnetz(anbieter) nennt (value added network, VAN). Wichtige Anbieter in Deutschland sind General Electric Information Systems (GEIS), IBM und die Deutsche Telekom mit der Telebox 400, auf die im Abschn. 11.2. eingegangen wird. Private Netze, die z.B. über gemietete Standleitungen aufgebaut werden können, eignen sich nur für Unternehmen, die dauernd einen sehr intensiven Datenaustausch miteinander betreiben. Deswegen werden bisher hauptsächlich die VANs für EDI verwendet, wobei es zwischen verschiedenen VANs Übergänge (Gateways) gibt, so daß es zumindest konzeptionell unerheblich ist, an welchen VAN man angeschlossen ist. Natürlich unterscheiden sich die VANs bezüglich ihrer Leistungen und Kosten. Warum soll nun das Internet für EDI benutzt werden, bzw. warum tun es immer mehr Institutionen? Es sind hauptsächlich die Kosten, die das Internet favorisieren, aber auch die größte Benutzerbasis unter allen Netzen kann ausschlaggebend sein. Die Tabelle 10.1 zeigt eine Gegenüberstellung der drei Alternativen.

Maß	Privates Netzwerk	VANs	Internet
Anfangskosten	Sehr hoch	Niedrig	Niedrig
Fixkosten	Hoch	Niedrig	Sehr niedrig
Benutzungskosten	Mittel	Hoch	Niedrig
Grad der Kontrolle	Sehr hoch	Niedrig	Sehr niedrig
Benutzerbasis	Klein	Mittel	Sehr groß
Zusätzliche Leistungen	Niedrig	Hoch	Niedrig

Manche Beiträge in der Diskussionsgruppe bit.listserv.edi-l zum Vergleich zwischen VANs und Internet hören sich wie Streitgespräche bei Glaubensfragen an. Tatsache ist jedoch, daß so namhafte kalifornische Firmen wie Bank of America, Cisco Systems und Wells Fargo das Internet für EDI bereits nutzen. Einige Schulen in den USA benutzen schon seit einigen Jahren das Internet, um Schulzeugnisse in Form strukturierter Daten auszutauschen. Die renommierte Forschungseinrichtung Lawrence Livermore Lab. in Kalifornien hat schon Millionen EDI-Transaktionen über das Internet mit US-Behörden ausgetauscht. Für den Austausch von EDI-Nachrichten im Internet eignen sich hauptsächlich die Dienste E-Mail und FTP und in geringerem Maß WWW. Bisher findet E-Mail die größte Beachtung. Abb. 10.2 zeigt den prinzipiellen Ablauf des Austauschs von EDI-Nachrichten über das Internet mit Hilfe von E-Mail.

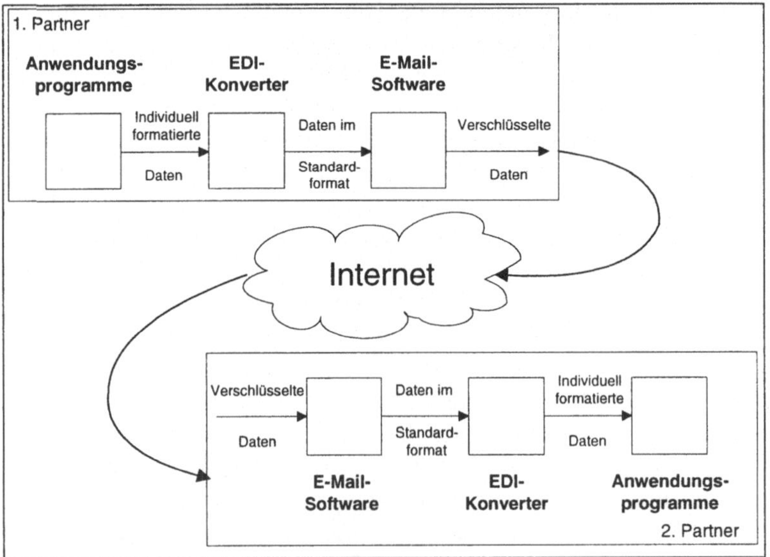

10 Sekundäre Wertaktivitäten

Bei der Nutzung von Internet-E-Mail für EDI werden bisher zwei
Lösungswege verfolgt. Der eine Weg ist die Nutzung propriäterer
Gesamtlösungen. Das erste Beispiel für diese Alternative stellt das
Produkt Templar der Firma Premenos aus Kalifornien dar. Templar
besteht aus Client/Serverprogrammen, die EDI-Nachrichten von Kon-
vertern übernehmen und als E-Mail an die Partner weitersenden. Dabei werden Vorkehrungen getroffen, die Sicherheit, Zuverlässigkeit
und Transaktionsverfolgung des Datenaustauschs ermöglichen. Zur
Absicherung des Transfers wird das RSA-Verfahren der Verschlüsselung mit Public-Keys verwendet (siehe Abschn. 7.3.1). Man kann
sagen, daß Premenos mit Templar und ihrer Kundenbetreuung Mehrwertdienste im Internet anbietet. Abb. 10.3 gibt einige Informationen
zu Templar.

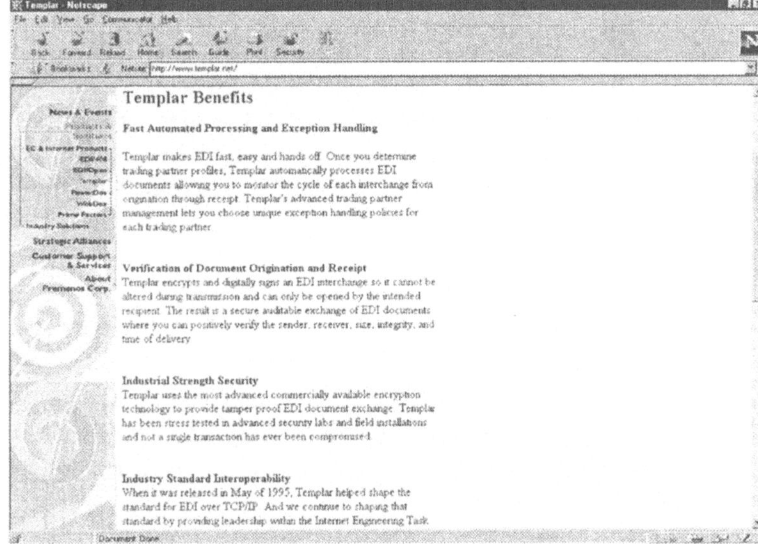

Abb. 10.3:
EDI über
das Internet

Harbinger, ein auf Elecronic Commerce und EDI spezialisiertes
Unternehmen (http://www.harbinger.com) bietet ebenfalls eine Reihe von Produkten und Dienstleistungen für EDI über Internet. Zu
den Produkten gehören TrustedLink Commerce und Guardian, mit
denen man EDI-Nachrichten über ISPs auch von Harbinger unabhängig verschicken kann, und Harbinger Express, für Nutzer, die nur
wenige EDI-Nachrichten über das Web und Harbinger als Mittler
verschicken wollen. Zu den Dienstleistungen gehört das System
IVAS, das für Kunden Zeitstempeln, Archivieren, Schutz der Mailbox und Zertifizierungsdienste übernimmt.

Die andere Alternative der Nutzung von E-Mail für EDI-Nachrichten ist die eigenständige Verwendung der notwendigen Kompo-

nenten. Dazu braucht man zumindest eine E-Mail-Software, die MIME-fähig ist (siehe Abschn. 3.1.5) und eine Verschlüsselungssoftware enthält (z.B. PGP oder PEM, siehe Abschn. 7.3.1) oder mit solcher Software einfach zusammenarbeiten kann. Weiterhin sollte die Mail-Software die Funktion der Empfangsbestätigung unterstützen. Schließlich muß eine Schnittstelle zwischen der Konvertierungssoftware und dem Mail-Programm geschaffen werden, um den gesamten Prozeß automatisieren zu können. Sicherheitsbedenken sind der wohl wichtigste Grund, warum das Internet nicht mehr für EDI eingesetzt wird. Ein weiteres potentielles Problem besteht darin, daß ISP bisher i.d.R. keine Servicegarantien für den gesamten Datentransport geben (konnten). Damit wäre insbesondere die Versendung zeitkritischer EDI-Nachrichten problematisch. Doch die Situation beginnt, sich zu ändern, manche ISP bieten bereits Verträge mit Servicegarantien an, wie im Abschn. 4.1 angemerkt wurde. Damit wird das Internet zu einer ernst zu nehmenden Option für alle Arten von EDI. Allerdings gibt es Stimmen, die die Bedeutung von auf Standards basiertem Nachrichtenaustausch schwinden sehen. Das liegt daran, daß bei zunehmender und verbesserter Integration von zwischenbetrieblichen Prozessen der Bedarf nach Datenkonvertierungen kleiner wird.

10.2
Forschung und Entwicklung

Wir wollen diese Aktivität in zwei Teile gliedern: Marktforschung und Forschung und Entwicklung von Produkten und Verfahren. Die Marktforschung wird zuerst betrachtet, weil sie bei allen Unternehmen anfällt.

10.2.1
Marktforschung

Der Marktforschungsprozeß kann in folgende Phasen unterteilt werden: Definition des Problems und Festlegung der Forschungsziele, Konzipierung des Forschungsplans, Datenerhebung, Analyse der Erhebungsergebnisse, Darstellung der Befunde (Kotler und Bliemel 1995). Das größte Potential für den Einsatz des Internet ergibt sich in der Phase der Datenerhebung. Die Art des Einsatzes wird wesentlich von in der Konzipierungsphase getroffenen Entscheidungen bezüglich Art der Datenquellen, Erhebungsmethoden und –instrumente, Stichprobenplan und Befragungsform beeinflußt.

Bei Datenquellen unterscheidet man zwischen Primär- und Sekundärdaten bzw. -quellen. Primärdaten sind diejenigen, die man speziell für den Untersuchungszweck erhebt. Wenn man sich für Sekundärquellen entscheidet, sind die meisten anderen Dimensionen der Datenerhebung vorgegeben, weil die Daten ja bereits erhoben sind. Man muß die vorhandenen Daten oder Dokumente „nur" finden und auswerten. Eventuell kann auch nur eine Stichprobe der Dokumente in der gewählten Datenquelle ausgewertet werden. In Frage kommen zunächst von Internet unabhängige Quellen. Das sind erstens kommerziell betriebene Datenbanken, auf die man auch auf andere Weise zugreifen kann (z.B. über Direktanruf, Datex-P oder propriätere Kommunikationsnetze). Die meisten renommierten Anbieter solcher Datenbanken haben inzwischen einen Zugang über das Internet für ihre Kunden geschaffen (z.B. Lexis/Nexis, DataStar, Dialog). Zweitens gibt es immer mehr nicht-kommerziell betriebene Datenbanken, auf die nun auch über das Internet zugegriffen werden kann. Ein Beispiel sind Bibliotheksbestände von Universitäten, die vorher eventuell nur lokal nutzbar waren. An nicht-kommerzielle Datenbanken kommt man über Telnet, Gopher und WWW heran. Manchmal wird FTP für den Datei- und Dokumententransfer zur Verfügung gestellt, und in manchen Fällen kann man sich die Suchergebnisse per E-Mail zuschicken lassen.

Kommerzielle Datenbanken können über Telnet (z.B. Lexis/ Nexis über die Adresse lexis.meaddata.com, DataStar über rserve.rs.ch und STN über stnk.fiz-karlsruhe.de) oder über WWW (z.B. http://www.lexis-nexis.co.uk) angesprochen werden. Die Hypertextfunktionalität von WWW kann innerhalb dieser Dokumente allerdings nicht genutzt werden, weil die Dokumente i.d.R. keine HTML-Dokumente sind (siehe Abschn. 3.6). Internet-Suchdienste können meistens nicht verwendet werden, weil die Dokumente nicht mit den entsprechenden Programmen indexiert sind. Die Suchdienste sind auch nicht notwendig, weil die Datenbanken ihre eigenen Abfragesprachen haben. Leider sind diese Abfragesprachen untereinander nur ähnlich aber nicht identisch, was die Nutzung der Datenbanken, insbesondere für gelegentliche Benutzer, erschwert. Der Hauptvorteil des Zugangs über das Internet sind die in den meisten Fällen geringeren Kosten gegenüber anderen Zugriffsmöglichkeiten. Ein Fernruf wird eventuell durch einen Lokalruf ersetzt. Man kann unter Umständen eine schnellere Leitung nutzen, was Zeit und Kosten spart (wenn z.B. der Internetzugang von Benutzer und Datenbankanbieter über ISDN erfolgt, während der Dial-in-Zugang zum Datenbankanbieter nur 9.600 Bit/s schnell ist). Die teuere Nutzungszeit (connect time), die während eines Dokumententransfers anfällt, kann erheblich gesenkt werden, wenn man den Transfer per E-Mail ausführen lassen kann. Für Beschäftigte von Firmen, die einen Internetzugang über lokale Netzwerke haben, gestaltet sich das Einloggen noch einfacher, weil sie nur den Telnetdienst aufrufen müssen. Außerdem braucht man kein Modem an jedem Arbeitsplatz, so daß der Dienst im Prinzip von allen Rechnern im Netz genutzt werden kann.

Interessanter, weil neuer, sind die internetspezifischen Sekundärquellen. Da ist zunächst das Meer an Daten und Dokumenten, das über WWW, Gopher, WAIS und andere Suchdienste erschlossen werden kann. Man findet darin Forschungsartikel, Börsenkurse, Umweltdaten, technische Spezifikationen, Gesetzesvorlagen, Befragungsergebnisse, kurz, fast alle möglichen Informationen. Der Unterschied zu nicht internetspezifischen Sekundärquellen ist, daß viele der Dokumente für Internetdienste aufbereitet sind und so bequemer durchsucht werden können. Was noch schöner ist, die meisten Informationen sind kostenlos. Zusätzlich zu WWW, Suchdiensten und Telnet, kommt FTP für die Übertragung der Dokumente zur Anwendung. Außerdem kann auch E-Mail zum Dokumentenabruf genutzt werden, wenn der Mail-Server des Informationsanbieters entsprechend vorbereitet ist. Dann wird in der E-Mail-Nachricht per vorgegebenem Kommando das entsprechende Dokument angefordert, und das Mail-Programm schickt es per E-Mail zurück (siehe Abschn. 3.1). Eine weitere interessante sekundäre Informationsquelle sind die „alten" Beiträge zu Diskussionsgruppen. Mit alt sind die archivierten Diskussionsbeiträge gemeint, die nicht mehr beim Aufruf der Diskussionsgruppe erscheinen. Man kann sich die archivierten Beiträge von Diskussionsgruppen, die für eine gegebene Marktuntersuchung relevant sind, mit FTP (oder über E-Mail) holen und dann per Programm oder manuell weiter auswerten.

Wenn man Primärdaten erheben will, muß man auch die Erhebungsmethode und -instrumente auswählen, einen Stichprobenplan aufstellen und die Befragungsform wählen (siehe z.B. Kotler, Bliemel 1995). Im Prinzip können im Internet alle gängigen Erhebungsmethoden und -instrumente zur Anwendung kommen. Allerdings können manche Methoden im Internet nur bei bestimmten Fragestellungen eingesetzt werden. So kann man z.B. die Methode der Beobachtung anwenden, wenn man Benutzer bei ihrem Informationsnachfrageverhalten beobachten möchte, aber nicht, wenn man Konsumenten beim Verbrauch von Konsumartikeln beobachten will, es sei denn, sie lassen sich ständig von einer ans Internet angeschlossenen Kamera filmen.

Für explorative Forschung kann man Diskussionsgruppen und Dienste für gleichzeitige Kommunikation (z.B. IRC) verwenden. Dabei wird eine Diskussion gezielt in Gang gesetzt. Das sollte den Teilnehmern deutlich gemacht werden, aber es werden manchmal auch verdeckt Diskussionen initiiert. Ein Hersteller von Speiseeis hat in Gruppen, die sich über Essen unterhalten, nach Vorschlägen für neue Geschmacksrichtungen gefragt. Die besten Vorschläge wurden prämiert. Ein Hersteller von Turnschuhen hat in einer Diskussionsgruppe von Joggern verdeckt nach Ansichten zu einer speziellen Joggingschuhform gefragt. Ganz gegen die Netiquette verstößt das Fischen nach E-Mail-Adressen in archivierten Diskussionsbeiträgen, um dann deren Besitzer direkt für Marktforschungszwecke zu befragen.

Fragebogen eignen sich für explorative und konfirmative Marktforschung. Bei der letzteren wird versucht, angenommene Zusammenhänge zwischen Variablen empirisch und quantitativ zu untersuchen. Die Fragebogen können über E-Mail gezielt versandt werden, wenn man über geeignetes Adressenmaterial verfügt. Sie werden manchmal auch in Diskussionsgruppen abgelegt. Oft werden Fragebogen jedoch im WWW zur Verfügung gestellt, was technisch am reizvollsten ist. Dann kann man die Möglichkeiten der Computerunterstützung voll ausnutzen, indem man z.B. den Benutzer effizient durch den Fragebogen navigiert. Das Problem besteht hier darin, wie man Internauten dazu bringt, die Webseiten mit Fragebogen aufzusuchen und die Fragen zu beantworten. Das wird manchmal dadurch erreicht, daß man am Eingang zu einem interessanten Informationsangebot, das Ausfüllen des Fragebogens als Eintrittspreis verlangt. Wie auch außerhalb des Internet vergibt man manchmal auch Preise für die Beantwortung von Fragebogen. Bei konfirmativen Zielen der Erhebung ist große Vorsicht geboten, wenn man Fragebogen in Diskussionsgruppen oder WWW publiziert, da die Repräsentativität der Antworten schwer zu beurteilen ist.

Marktforschung ist eine Marktbeobachtung, die auf einen bestimmten Zeitpunkt oder Zeitraum beschränkt ist. Kontinuierliche Marktbeobachtung kann man ebenfalls über das Internet unterstützen. Man teilt z.B. einem Programm mit, woran man interessiert ist, und das Programm „hört" Diskussionsgruppen zu und meldet Diskussionsbeiträge, die dem Interessenprofil entsprechen. Solche Programme nennt man autonome oder intelligente Agenten oder auch Softbots (von Softwareroboter) und Knowbots, mit Wissen (Knowledge) ausgestattete Roboter. Ein Beispiel ist das experimentelle und frei nutzbare Programm SIFT, das an der Stanford University, Kalifornien entwickelt wurde (http://www.reference.com).

10.2.2
Produkt- und Verfahrensforschung

Diese Aktivität ist von Unternehmen zu Unternehmen so verschieden, daß eine allgemeine Betrachtung kaum sinnvoll ist. Außerdem würde eine tiefere Analyse dieser Aktivität den betriebswirtschaftlichen Rahmen verlassen müssen, in den die Betrachtung aller anderen Aktivitäten eingefaßt ist. Generell kann man sagen, daß sich das Internet als ein ursprünglich rein wissenschaftliches Kommunikationsnetz hervorragend für die Unterstützung dieser Aktivität eignet. Alle Internetdienste können zum Austausch von Informationen, Dokumenten und Meinungen beitragen. Nur als ein Beispiel wird hier auf die Möglichkeit hingewiesen, über das Internet weltweit Patentinformationen zu suchen.

Viele nationale und internationale Patentgesellschaften sind bereits im Internet vertreten und bieten darin unterschiedliche Dienste an. Dazu gehören z.B. das Europäische Patentamt mit Sitz in Österreich (http://www.european-patent-office.org/index.htm) sowie das US-amerikanische Amt für Patente und Warenzeichen (USPTO, http://www.uspto.gov/). Beim USPTO kann man bereits Kopien von Patenten oder Eintragungen von Warenzeichen über E-Mail bestellen (ptcs@uspto.gov). Die Möglichkeit der Auslieferung dieser Informationen über das Internet wird bald angeboten werden. Auch Mittlerfirmen, die für Auftraggeber die Suche nach Patenten und das Kopieren und das Versenden der gefundenen Patente vornehmen, haben sich bereits im Internet etabliert (z.B. http://netpromo.com/patents/patents.html). Auch kostenlose Patentinformationen sind im Internet erhältlich. Abb. 10.4 zeigt das Beispiel der Suche nach Patenten im Zusammenhang mit der Krankheit AIDS. Diese Datenbank wird von dem gemeinnützigen Zentrum für netzwerkorientierte Informationsentdeckung und -wiedergewinnung (CNIDR), das hauptsächlich von NSF finanziert wird, im Internet zur Verfügung gestellt.

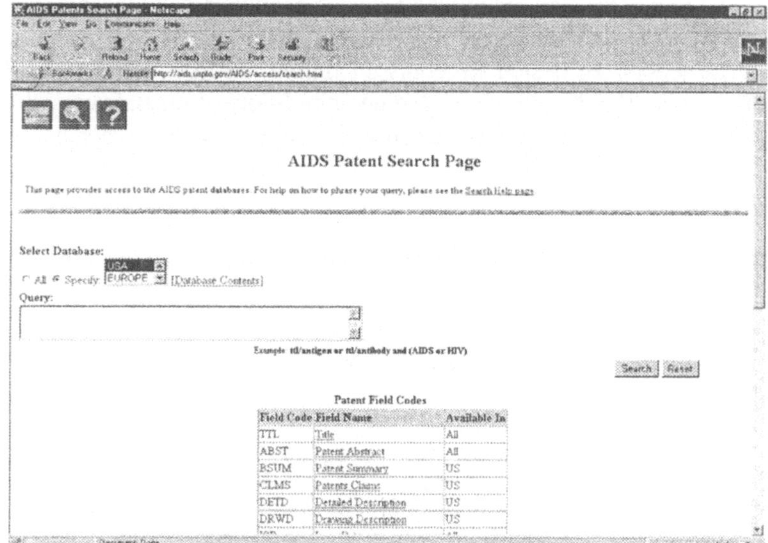

Field Code	Field Name	Available In
TTL	Title	All
ABST	Patent Abstract	All
BSUM	Patent Summary	US
CLMS	Patents Claims	US
DETD	Detailed Description	US
DRWD	Drawing Description	US

Abb. 10.4:
Kostenlose Suche
nach Patenten mit
Bezug zu AIDS

10.3
Personalmanagement

Die gestalterischen Aufgaben der Funktion Personalmanagement
kann man in vier Gebiete unterteilen: *Personalbedarfsplanung, -be-*
schaffung, -entwicklung und -einsatzplanung. Die Personalbedarfsplanung beinhaltet die Bestimmung der qualitativen und quantitati-
ven Personalbedürfnisse einer Organisation. Hier sehen wir keine
spezifischen Unterstützungsmöglichkeiten durch das Internet.

Bei der Personalbeschaffung kann das Internet sowohl die Effektivität der Personalsuche erhöhen als auch die Kosten senken. Die
Effektivität kann im Vergleich zu Stellenangebotsanzeigen in Zeitungen erhöht werden, weil man im Internet mehr und bessere Informationen anbieten kann. Wenn man im WWW ein Stellenange-
bot veröffentlicht, kann man darin Verknüpfungen zu Firmen- oder
spezifischen Projektinformationen einbauen, Photos des Firmenge-
ländes oder von Mitarbeitern präsentieren oder kurze Ansprachen
anbieten. Auf diese Weise können sich potentielle Bewerber umfangreicher über eine Stelle informieren und schneller mit der Firma
in Verbindung setzen, wenn das gewünscht und möglich gemacht
worden ist (über E-Mail oder interaktive Formulare). Dabei können
sich Firmen aussuchen, ob sie die Stellenangebote auf ihren eigenen
Webseiten veröffentlichen oder dies über Anzeigendienste (z.B.
http//www.job.de) oder Personalberater tun wollen. Insbesondere im

ersten Fall kann man erhebliche Kosten gegenüber Zeitungsanzeigen sparen. Eine Kombination aus Zeitungsanzeige und WWW-Anzeige dürfte jedoch zu besten Ergebnissen führen, da man damit sowohl eine große Reichweite als auch eine hohe Informationstiefe erreicht. Deswegen sieht man in Stellenanzeigen in Zeitungen immer häufiger auch eine URL. Abb. 10.5 zeigt einen Stellenanzeigendienst im Internet.

Eine andere Alternative der Bewerbersuche ist die zielgruppenspezifische Positionierung der Angebote. Hier kommen insbesondere die Diskussionsgruppen in Frage, indem man die Stellenangebote als Beiträge an die geeignete Gruppe verschickt. So wimmelt die Usenet-Newsgroup de.altcomp.sap-r3 von Stellenangeboten für Systementwickler, die sich mit Produkten R/2 und R/3 der SAP AG auskennen. Auch die Positionierung in Online-Fachzeitschriften oder speziellen Diensten ist denkbar, jedoch noch nicht so oft praktiziert. Bisher handelt es sich hier meist um Stellenanzeigen in eigener Sache. Die Firma Wired, Herausgeber des gleichnamigen Kultmagazins, bietet z.B. in ihrem an ca. 230.000 Internauten (im April 1998) frei verteilten HotFlash Stellen im eigenen Unternehmen an.

Natürlich findet man auch Stellengesuche in Diskussionsgruppen und im WWW. Die Stellensuchenden können oft eigene WWW-Seiten bei ihren Internetzugangsprovidern speichern. Die Wahrscheinlichkeit, daß diese Seiten von Firmen aufgesucht werden, ist jedoch nicht sehr groß. Erfolgversprechender ist hier die Positionierung bei einem Anzeigendienst.

Auch bei der Personalentwicklung, die zu einem großen Teil Weiterbildung bedeutet, hat das Internet ein großes Potential. Das gilt sowohl für interne Schulung als auch Ausbildung durch externe Institutionen. Es gibt schon Universitäten die ganze Veranstaltungen und Studiengänge über das Internet abwickeln (z.B. http://vus. fernuni-hagen.de/). Die Vor- und Nachteile solchen Lernens gegenüber klassischem Unterricht sind zunächst die gleichen wie bei jedem Fernstudium (z.B. Zeitersparnis, flexible Zeiteinteilung, geringer Kontakt zu Mitschülern und Lehrenden). Manche Nachteile werden jedoch verringert, und es gibt zusätzliche Vorteile. Zunächst kann die Isolation von Mitschülern und Lehrenden durch E-Mail, Diskussionsgruppen und gleichzeitige Kommunikation verkleinert werden. Mit der Verbesserung der Bandbreiten und der Nutzung neuerer Internetprotokolle (siehe MBONE, Abschn. 2.2.6) wird es auch möglich, zu erschwinglichen Preisen Unterricht an verschiedenen Orten aber zur gleichen Zeit so zu veranstalten, daß sich alle Teilnehmer gleichzeitig hören und sehen können.

Bei der Personaleinsatzplanung sehen wir wiederum wenig spezifisches Potential für das Internet.

10.4
Infrastruktur

Die Zuordnung von Funktionen zur Infrastruktur ist noch weniger eindeutig, als das bei anderen sekundären Wertaktivitäten der Fall ist. Wir werden hier drei Arten von Aktivitäten erörtern: Finanzfunktionen, Aktivitäten der internen Kommunikation und Zusammenarbeit und Telecommuting.

10.4.1
Finanzen

Das Internet kann zunächst zur Beschaffung von finanzbezogenen Informatioonen genutzt werden. Dort kann man z.B. wichtige Unternehmensnachrichten finden, die der amerikanischen Börsenaufsichtsbehörde (SEC) vorschriftsmäßig über das System EDGAR (electronic data gathering and retrieval) gemeldet werden (http:// www.sec.gov/edgar/edgar.html). So kann jeder an einem in USA börsennotierten Unternehmen Interessierte Firmennachrichten einen Tag nach ihrer Meldung an die SEC erfahren. Zu den Nachrichten gehören z.B. Geschäftsberichte, Übernahmeofferten und signifikante Verschiebungen der Eigentumsanteile.

Wenn ein Unternehmen das Risiko seines Engagements in Termingeschäften berechnen möchte, kann es im Internet auf die Methode RiskMetrics der renommierten Investmentbank J. P. Morgan zurückgreifen. Dort findet man nicht nur die Methode sondern auch aktuelle Daten und Schätzungen der Volatilitäten verschiedener Terminkontrakte (http://www.jpmorgan.com/MarketDataInd/RiskMetrics/RiskMetrics.html).

Eine Getränkefirma in USA, Spring Street Brewing, war das erste Unternehmen, das von der SEC die Erlaubnis erhalten hatte, seine Aktien im Internet zu verkaufen. Die Käufer konnten auf diese Weise Kaufgebühren sparen, die sonst an Vermittler und Börsen zu entrichten sind. Auch die Einrichtung von Aktienbörsen im Internet ist bereits geplant. Manche Aktiengesellschaften übertragen bereits Aktionärshauptversammlungen ins Internet.

Aber nicht nur Börsengeschäfte und Finanztransaktionen von taktischer oder strategischer Bedeutung können über das Internet unterstützt werden. Auch einfache operative Transaktionen wie Finanzbuchhaltung können in bestimmten Fällen sinnvoll über das Internet abgewickelt werden. Das ist dann der Fall, wenn anfallende Geschäftsdaten sofort, aber nicht am Ort ihres Anfalls buchhalterisch erfaßt werden sollen. Dafür kann man gemietete Leitungen oder VANs nutzen, aber über das Internet geht es billiger. Die Echtzeit-Buchhaltungssoftware FACT von Fact Software International, Singapur bietet diese Möglichkeit an.

Schließlich ist auch die weit verbreitete Standardsoftware R/3 der SAP AG internetfäig gemacht gemacht worden, so daß auf R/3-Daten mit WWW zugegriffen werden kann, entweder mit den in Abschn. 8.7 beschriebenen Anwendungskomponenten von SAP oder mit von anderen Softwarehäusern erstellten Schnittstellen (z.B. von iXOS Software GmbH, München).

10.4.2
Interne Kommunikation und Zusammenarbeit

Unter interner Kommunikation verstehen wir den Austausch von Daten, Informationen und Dokumenten zwischen Mitarbeitern eines Unternehmens sowie die Informationsversorgung der Mitarbeiter durch ihren Arbeitgeber. Zusammenarbeit geht über die Kommunikation derart hinaus, daß die ausgetauschten Informationen oder Dokumente von am Austausch beteiligten Partnern wechselseitig verändert werden können. Die infrastrukturellen Bedingungen für die interne Kommunikation und Zusammenarbeit auf der Basis von TCP/IP-Netzen sind bereits in Kapiteln 3 und 4 erörtert worden, so daß hier nur auf einige Anwendungsbeispiele eingegangen wird.

Eine Reihe bekannter Unternehmen setzt bereits Intranets ein, und eine noch viel größere Anzahl plant deren Implementierung, so daß das Marktpotential für Intranets in den kommenden Jahren von manchen Beobachtern höher eingeschätzt wird als das Potential für das Internet (Cortese 1996). Eines der bekanntesten Intranets, genannt Silicon Junction, wurde von der Computerfirma Silicon Graphics, Kalifornien aufgebaut. Anfang 1996 hatten 7.200 Angestellte weltweit Zugriff auf 800 interne Websites mit 144.000 Webseiten. Angestellte können darin selbst Informationen abrufen, die früher andere für sie mit einem Timelag von mehreren Tagen beschaffen mußten. Arbeiter, die keinen Computer am Arbeitsplatz haben, können an einem Kiosk im Intranet surfen. Während Computerfirmen natürlicherweise zu den Vorreitern bei Intranets gehören, haben längst auch Firmen aus anderen Branchen diese Idee aufgegriffen.

Der multinationale Pharmagroßkonzern Eli Lilly, mit Hauptsitz in Indianapolis, USA fing bereits 1994 mit dem Aufbau ihres Intranets, genannt Eli Lilly Virtual Information Service (ELVIS), an (Abb. 10.6).

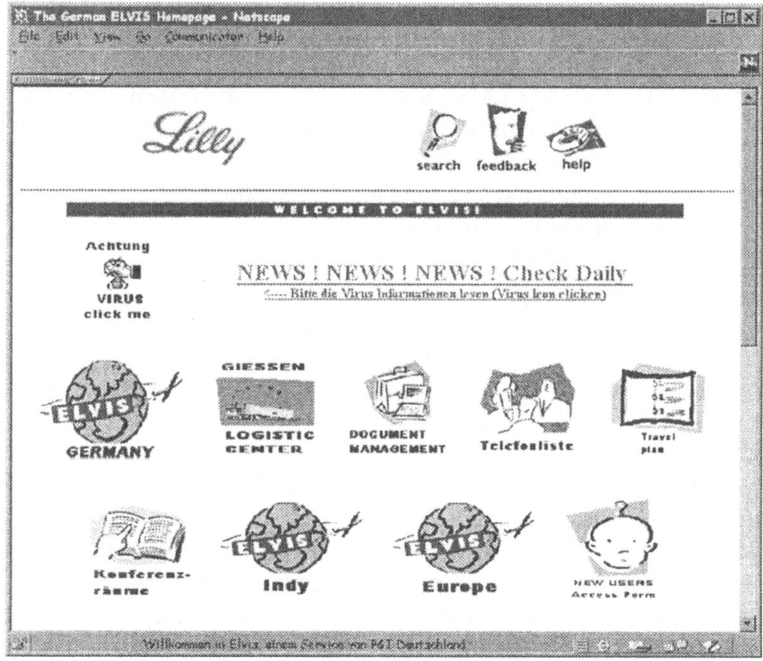

Abb. 10.6:
Die deutsche Homepage im Intranet der Firma Eli Lilly

Die weltweite Freigabe erfolgte 1995, im März 1998 wurde der Dienst in ca. 40 Ländern von ca. 22.000 Mitarbeitern genutzt. Neben den üblichen Intranetanwendungen in den Bereichen Personal, Dokumentation, Informationstechnologie usw. unterstützt ELVIS auch eine für pharmazeutische Firmen sehr wichtige Aktivität: die Vorbereitung der Zulassung von Arzneimitteln. Aufgrund seiner starken Auslastung werden bestimmte Anwendungen bisher nicht angeboten (z.B. IRC und VRML). Rollout und kontinuierliche Unterstützung in solchen Dimensionen erfordern einen großen Ressourcenaufwand, insbesondere hinsichtlich Manpower, so daß man dies durch Teams auf drei Ebenen bewerkstelligt: globale Ebene, regionale Ebene und Ebene der einzelnen Niederlassungen. Die größeren Niederlassungen verwalten ihre eigenen Server, die Bestandteil von ELVIS sind (siehe Abb. 10.6). Für die Nutzung des Intranet sind Regeln aufgestellt worden, sowohl für die Informationsnachfrage als auch für das Informationsangebot.

10.4.3
Telecommuting

Telecommuting oder Telearbeit bezieht sich auf Arbeiten, die nicht an einem Arbeitsplatz im Unternehmen des Beschäftigten, aber mit Anschluß an die Rechner des Unternehmens erledigt werden. Man erhofft sich davon Vorteile für das Unternehmen, die Beschäftigten und die Allgemeinheit. Alle gewinnen durch die Einsparung der Fahrtzeit zum Arbeitsplatz und die geringere Umweltbelastung durch die entfallenden Fahrten. Beschäftigte können besser Beruf und Familie miteinander verbinden, Unternehmen sparen teuere Bürofläche. Telecommuting kommt in drei Formen vor, wenn man die Lokation des Arbeitenden als Unterscheidungskriterium heranzieht: Arbeiten zu Hause, Arbeiten in einem Zentrum für Telearbeit (Satellitenbüro) und mobiles Arbeiten. Nach einer im Auftrag des Bundesministeriums für Arbeit und Sozialordnung durchgeführten Erhebung bei deutschen Unternehmen und Behörden gab es 1997 in Deutschland ca. 500.000 mobile Telebeschäftigte, 350.000 Beschäftigte, die alternierend zu Hause und im Büro arbeiten, 22.000 Telebeschäftigte, die nur zu Hause arbeiten und 3.500 Telebeschäftigte in Satellitenbüros (Freudenreich u.a. 1997).

Es gibt viele Technologien, mit denen man Telearbeit unterstützen kann. Tabelle 10.2 zeigt, wie das Internet unter diesen Technologien nach Einschätzung eines Autors abschneidet (Artz 1996).

Technologie	Primärer Nutzen	Primäre Risiken	Reife	Relative Kosten
Internet	E-Mail, Forschung, Marketing, Ausbildung	Sicherheit	reif	niedrig
ISDN	Hohe Geschwindigkeit, Multimedia	Kosten	reif	niedrig – mittel
Breitband-Gemeinschafts-netzwerk	sehr hohe Geschwindigkeit, niedrige Kosten	Verfügbarkeit	in Entwicklung	niedrig
Video-konferenzen	Reiseersparnisse, interaktive Multimedia	Kosten	reif	mittel – hoch
Remote Login	Büro-/Internetverbindung	Sicherheit, Kosten	reif	mittel
Telefon- und Computerintegration (PBX/CTI)	Erweiterte Features, Flexibilität, Multimedia	proprietäre Lösungen	gemischt	niedrig – hoch
Fortgeschrittene Computer und Peripheriegeräte	Netzwerk, Büroautomation, Ausbildung	Kosten	reif	mittel
Kabellose Netze	entfernter Zugang	proprietäre Lösungen	gemischt	mittel
Netzwerk- und Systemmanagement	DV-Produktion und -Wartung	Kosten	reif	mittel – hoch

Aus der Tabelle kann man entnehmen, daß im Moment das Internet hauptsächlich Vorteile bei den Kosten besitzt, während seine Risiken bei der Sicherheit liegen. Wie im Kap. 7 dargestellt, lassen sich die Sicherheitsrisiken entscheidend begrenzen, so daß das Internet als eine der Technologien für das Telecommuting immer in Betracht gezogen werden sollte. Die Akzeptanz der Telearbeit hängt natürlich nicht nur von den einzusetzenden Technologien ab. Ob das erneute Interesse an der Telearbeit wirklich zu einer signifikanten Zunahme dieser Arbeitsform als ausschließlicher Arbeitsform führen wird, läßt sich schwer voraussagen, denn die früheren Erwartungen daran sind bisher stets enttäuscht worden. Fest steht jedoch, daß ein zunehmender Teil der Beschäftigten diese Arbeitsform zusätzlich oder abwechselnd zur Arbeit am Arbeitsplatz nutzt.

Literatur zu Kapitel 10

Artz, T.: Technologies For Enabling Telecommuting, In Proceedings der Konferenz „Telecommuting 1996", auch erhältlich unter http://www.cba.uga.edu/tc96/proceedings.html.

Cortese, A.: Here Comes the Intranet, Business Week, February 26, 1996, 46–54.

Freudenreich, Klein, Wedde: Entwicklung der Telearbeit – Arbeitsrechtliche Rahmenbedingungen, Abschlußbericht, Bundesministerium für Arbeit und Sozialordnung (Hrsg.), Bonn 1997.

Kotler, Ph. und Bliemel, F. W.: Marketing-Management: Analyse, Planung, Umsetzung und Steuerung, 8. Auflage, Poeschel Verlag, Stuttgart 1995.

Ludwig, F.: Intranet Aktivitäten der Eli Lilly und Company, Vortrag bei der EUROFORUM-Konferenz Unternehmenskommunikation der Zukunft im Intranet, 5.-6.12.1996, Bonn.

Segev, A, Wan, D., Beam, C., Toma, B. und Weinrot D.: Internet-Based Financial EDI – A Case Study, Univ. of Cal., Berkeley, CITM WP-1006, 1995.

10 Sekundäre Wertaktivitäten

TEIL IV:
VERGLEICH VON
INTERNET MIT
KOMMERZIELLEN
ONLINE-DIENSTEN

11 Dienste der Deutschen Telekom

Die Deutsche Telekom AG (nachfolgend als Telekom bezeichnet) ist auch nach der Liberalisierung der Märkte für Telekommunikationsdienste noch immer der marktführende Anbieter auf allen Teilmärkten der Telekommunikation in Deutschland. Das wird voraussichtlich noch einige Jahre so bleiben. Deswegen müssen bei jeder Planung des Einsatzes von Kommunikationsnetzen das momentane Angebot und die zukünftigen Pläne der Telekom berücksichtigt werden, so weit sie bekannt sind. Im Zusammenhang mit dem Internet tritt die Telekom in zwei Rollen auf. Auf der einen Seite ist sie der wichtigste Anbieter von Kommunikationsleitungen, über die der Internetverkehr abläuft. Viele Internetzugangsanbieter und viele Firmen mieten Leitungen von der Telekom für ihre Backbones bzw. Anschlüsse an das Internet, während sich die Privatnutzer ins Internet analog oder digital über Leitungen der Telekom einwählen. Damit bestimmt die Telekom wesentlich die Nutzungspreise für das Internet mit. Das gilt auch für die Nutzung der im nächsten Kapitel besprochenen kommerziellen Online-Dienste. Auf der anderen Seite bietet die Telekom Dienste an, die mit Internetdiensten teilweise konkurrieren. Zwei dieser Dienste werden hier näher betrachtet: T-Online und Telebox 400.

11.1
T-Online

T-Online ist der kommerzielle Online-Dienst der Telekom, der von der 100-prozentigen Tochterfirma Deutsche Telekom Online Service GmbH betreut wird. Aus technischer und organisatorischer Sicht unterscheidet sich der Dienst erheblich von den anderen Diensten. Deswegen werden zuerst seine Organisation und Technik und deren Entwicklung seit der Entstehung des Dienstes beschrieben. Danach werden die Kosten für Informationsanbieter und Benutzer angegeben. Eine Beurteilung des Dienstes schließt die Analyse an dieser

Stelle ab. Die Betrachtung wird nochmals im Zusammenhang mit anderen Online-Diensten im Kap. 12 aufgenommen.

11.1.1
Technik und Organisation

Das organisatorische Charakteristikum ist, daß der Dienst im Gegensatz zu allen anderen in Deutschland oder in USA entstandenen Online-Diensten von einem damals staatlichen Monopolisten aufgebaut wurde. Damit wurde er von allen Post- und Telefonkunden finanziert, ohne daß sie explizit dazu gefragt wurden. Den Bürgern Deutschlands, als indirekten Eignern der ehemaligen Bundespost, wurde auch nie eine Gewinn- und Verlustrechnung für den Dienst präsentiert. Letzteres steht im Gegensatz zum entsprechenden, ebenfalls staatlichen Dienst der France Telekom, die wenigstens teilweise die Investitionskosten publik gemacht hat (Cats-Baril und Jelassi 1994).

Das technische Charakteristikum von T-Online ist, daß es von seinem Ursprung her eine Anwendung von Videotex, deutsch Bildschirmtext, darstellt. Deswegen nannte man den Dienst zuerst Bildschirmtext oder Btx. Die ursprüngliche Idee war, daß eine Technik genutzt werden sollte, die mit bereits weit verbreiteten Endgeräten, Telefon und Fernsehen, auskommt. Das Telefonnetz sollte als das Kommunikationsnetz und der Fernseher oder spezielle Geräte für diesen Dienst als Ein- und Ausgabegeräte dienen. Außer in Frankreich, wo die Spezialgeräte (Minitel) kostenlos verteilt wurden, hat sich diese Idee jedoch nicht durchgesetzt. Das Hauptendgerät für T-Online ist heute der PC mit einem Modem oder einer ISDN-Karte; über 90% der Teilnehmer benutzen den Dienst auf diese Weise. Die Informationen der Anbieter im Bildschirmtext-Format werden im zentralen Rechner der Telekom in Ulm, in ihren regionalen Rechnern oder in den Rechnern der Anbieter gespeichert. Die Rechner der Anbieter bezeichnet man in diesem Zusammenhang als externe Rechner. Die Benutzer wählen sich in die Rechner der Telekom über analoge oder digitale Telefonleitungen ein, während die Anbieter an die Rechner der Telekom über Datex-P angeschlossen sind. T-Online benutzt für seine Infrastruktur auch das Produkt Online Connect der Produktgruppe Traffic aus der Produktlinie T-InterConnect der Muttergesellschaft. Damit stehen 220 Einwahlpunkte zum Citytarif zur Verfügung. Abb. 11.1 zeigt den Aufbau von T-Online und seine Akteure. Sehr interessant ist die Möglichkeit, sog. geschlossene Benutzergruppen zu bilden. Auf diese Weise kann man T-Online als eine Art firmeninternes WAN nutzen, einem lokationsübergreifenden Intranet ähnlich, oder man kann nur bestimmten firmenexternen Personen den Zugriff auf den Firmenrechner erlauben, was der Nutzung eines Extranet entspricht. Manche Unternehmen schließen so ihren Außendienst an die eigenen Systeme an, andere Firmen bieten so nur registrierten Kunden die Möglichkeit des Online-Shopping an, während andere Firmen nur speziellen Gruppen Zugriff auf bestimmte Informationen erlauben (z.B. Pharmaunternehmen, die nur Ärzten über T-Online Informationen über die eigenen Produkte zur Verfügung stellen).

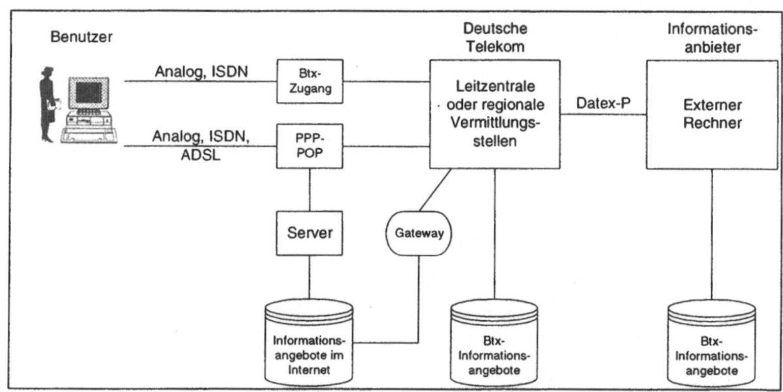

Abb. 11.1: Aufbau von T-Online

Die erste deutsche Btx-Vermittlungsstelle wurde 1977 in Berlin eingerichtet. Die bundesweite Einführung erfolgte aber erst 1983. Damals wurde gleichzeitig der CEPT-Standard zur Darstellung von Daten und Grafiken auf Bildschirmen angenommen. Die maximale Übertragungsgeschwindigkeit zu Anwendern betrug 1200 Bit/s. Die Prognosen für die Entwicklung der Teilnehmerzahl waren rosig, aber die tatsächliche Akzeptanz enttäuschend. Bereits für das Jahr 1986 waren 1.000.000 Anschlüsse geplant, jedoch nur 5,8% davon erreicht. Im Jahr 1993 wurde ein neues Marketingkonzept entwickelt und der Dienst in Datex-J(edermann) umbenannt. Der Name ähnelte den Bezeichnungen der Vermittlungsnetze Datex-P und Datex-L, konnte aber zu Mißverständnissen führen, weil dahinter kein eigenständiges Leitungsnetz stand. Viele Banken hatten angefangen, die Kontoführung über Datex-J zu ermöglichen. Auf der technischen Seite kam es zu Verbesserungen, die sich für die Teilnehmer insbesondere durch höhere Übertragungsraten bemerkbar machten.

Das Jahr 1995 kann als ein weiterer markanter Entwicklungszeitpunkt angesehen werden. Ein neuer, alternativer Standard zur Darstellung von Daten und Grafiken auf dem Bildschirm, KIT (Kernsoftware für intelligente Terminals), wurde eingeführt. Dieser Standard ermöglicht u.a. die Nutzung des Dienstes in der für viele Benutzer gewohnten Windows-Umgebung. Noch höhere Übertragungsraten sind möglich geworden, insbesondere durch die Einwahlmöglichkeit über das digitale ISDN. Ein vollwertiger Zugang zum Internet mit möglicher Nutzung aller Internetdienste ist geschaffen worden. Das ganze wurde durch einen neuen Namen gekrönt, T(elekom)-Online, der die Positionierung im Markt der kommerziellen Online-Dienste deutlich machen sollte. Eine Umstrukturierung des Angebots, die teilweise der Struktur mancher anderen Online-Dienste ähnelte, wurde vorgenommen. Das Angebot setzte sich nun aus vier Teilen zusammen:

1. Btx: sogenannte Basisdienste,
2. Btx-plus: „hochwertige" Anbieter,
3. Internet: der Internetzugang und
4. J-Mail: elektronische Post.

Abb. 11.2 zeigt die Benutzeroberfläche von T-Online im CEPT-Standard, die noch stark an das alte Btx erinnert.

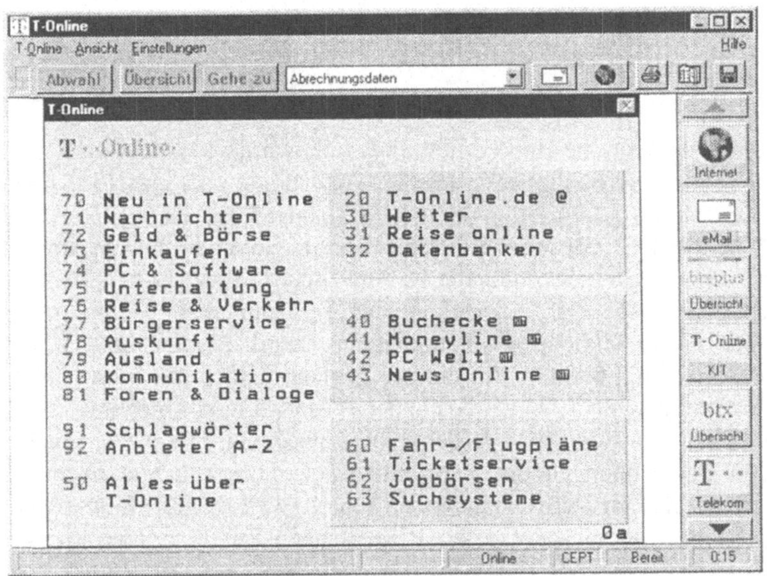

Zu diesem Zeitpunkt hat man aber bei T-Online auch die Wichtigkeit des Internet erkannt. Deswegen wurde entschieden, Teile des Informationsangebots nach HTML, dem Internet-Standard, zu konvertieren und die meisten neuen Inhalte und Dienste nur im Internetbereich anzubieten. Die Einwahlpunkte wurden so ausgebaut, daß auch ein Zugang über das Internet-Protokoll PPP (siehe Abschn.

2.2.7) erfolgen kann. Benutzer mit der T-Online-Zugangssoftware ab Version 2.0 können deswegen seit Juli 1997 direkt ins Internet einsteigen, ohne einen Umweg über die Btx-Rechner und Gateways machen zu müssen. Das Btx-Angebot wird seit diesem Zeitpunkt als T-Online Classic bezeichnet, während das Angebot im Internet keinen besonderen Namen erhalten hat.

Abb. 11.3 zeigt den Einstieg in das Angebot von T-Online über den Decoder ab Version 2.0.

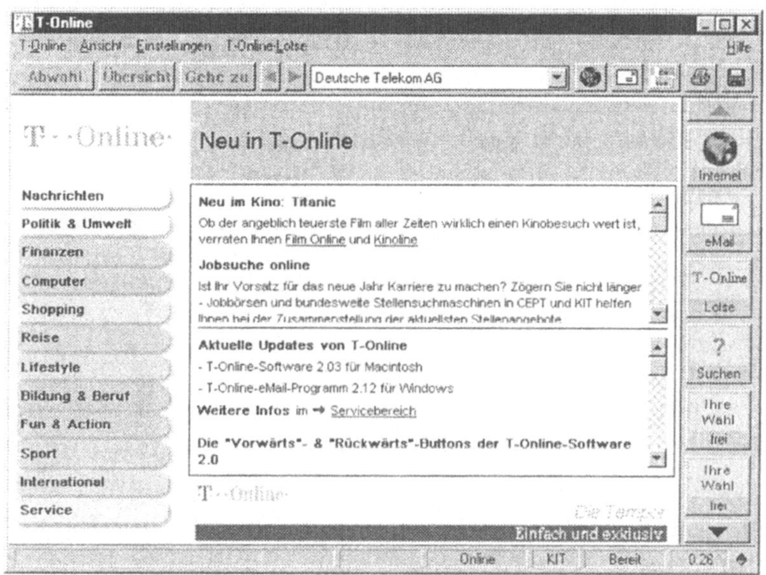

Abb. 11.3:
Startseite von T-Online über PPP

Folgende neue Dienstleistungen sollen noch in 1998 freigegeben werden:

- Webhosting
  Anbieter können ihre Inhalte auf WWW-Servern von T-Online ablegen.

- T-Online Billing
  Anbieter im Internet, deren Angebot nicht im T-Online-Bereich gespeichert ist, können ihre Leistungen an die Kunden von T-Online ebenfalls über T-Online abrechnen.

- Music on Demand
  Titel können im Musikshop von T-Online gesucht und bestellt werden. Die Auslieferung erfolgt dann über ISDN unabhängig von T-Online.

- Videostreaming
  Filmbeiträge können in Echtzeit abgespielt werden.

Im März 1998 gab es etwa 2.100.000 Teilnehmer (Anschlüsse) des Dienstes. Die Zahl der Benutzer ist höher als die Zahl der Anschlüsse, da manche Anschlüsse von mehr als einem Benutzer in Anspruch genommen werden. Die Zahl der Informationsanbieter im Btx-Bereich lag bei etwa 3.000. Die wichtigste Anwendung in diesem Bereich ist das Online-Banking, das von ca. 1500 Banken angeboten wird. Über die Anwendung können ca. 3,5 Millionen Konten verwaltet werden. Es wurden zu diesem Zeitpunkt etwa 600 geschlossene Benutzergruppen betrieben.

11.1.2
Kosten

Tabelle 11.1 listet die Kosten für die Informationsnachfrager auf.

Tabelle 11.1: Kosten für Informationsnachfrager im April 1998

monatliche Gebühren	T-Online Decoder Ver. 1.0	T-Online Decoder Ver. 2.0
8,- DM	Telefongebühren (Ortstarif) + 0,06 DM pro Minute (08.00-18.00 Uhr) oder + 0,02 DM pro Minute (18.00-08.00 Uhr) + 0,05 DM pro Minute (für Internetnutzung)	Telefongebühren (Ortstarif) + 0,05 DM pro Minute

Abb. 11.3 gibt die Kosten der Nutzung des Internet über T-Online mit dem Decoder 2.0 in Abhängigkeit der Nutzungsdauer. Die Kosten enthalten nicht die Telefongebühren.

Abb. 11.4: Kosten der Internetnutzung über T-Online

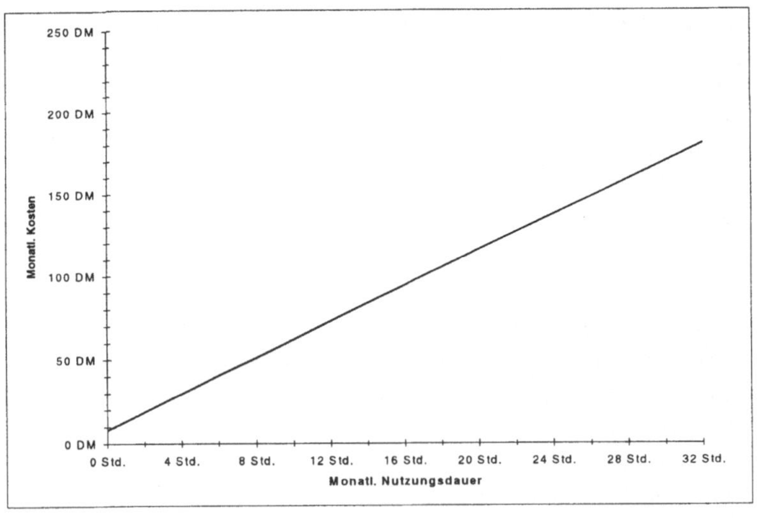

Die Grafik kann man z.B. zum Vergleich mit den Kosten eines ISP benutzen, der lokal erreichbar ist. Wenn der ISP z.B. einen Pauschaltarif anbietet, kann man den Preis des ISP als eine Gerade parallel zur X-Achse eintragen und dann ablesen, ab welcher Nutzungsdauer der ISP günstiger ist. Bei einem Preis von monatlich DM 38,-, als ein Beispiel, wäre ein ISP bei einer Nutzung von mehr als zehn Stunden pro Monat günstiger. Das ist natürlich nur ein einfacher Kostenvergleich, mögliche Qualitätsunterschiede oder Kostenunterschiede aufgrund unterschiedlicher Geschwindigkeiten des Internetanschlusses der Anbieter können darin nicht berücksichtigt werden.

Tabelle 11.2 gibt die Kosten für die Informationsanbieter an.

Leistung	Preis incl. USt.
Bereitstellung von Leitseiten, je Leitseite	DM 50,44
Nutzung von Speicherkapazitäten für Leitseiten, je Leitseite	
- bundesweit, insges. monatlich	DM 408,79
- regional, je Bereich insges. monatlich	DM 60,02
- regional, einer bundesweiten oder regionalen Leitseite zugeordnet, insges. monatlich	DM 18,09
Speichern von Folgeseiten, je Seite täglich	
- bundesweit	DM 0,093
- regional	DM 0,023
Zusätzlicher Eintrag in das T-Online-Anbieterverzeichnis	DM 50,44
Geschlossene Benutzergruppen, Berechtigungen	
Berechtigung für das Einrichten einer Geschlossenen Benutzergruppe (GBG), je Berechtigung	DM 50,44
Geschlossene Benutzergruppe, je Berechtigung monatl.	DM 58,00
Speichern von Teilnehmer- und Mitbenutzerkennungen für eine GBG, je Kennung täglich	DM 0,023
Bereitstellung von Einrichtungen für Verbindungen zu Externen Rechnern und Zuteilung einer Kennung	
- je Anbieter	DM 50,44
- je Rufnummer bzw. Subadresse des Datex-P-Anschlusses	DM 50,44
Übermitteln von Daten zwischen T-Online-Netzknoten und Externen Rechnern	
-monatl. Volumenanteil bis 100 MB, je Kb	DM 0,014
-monatl. Volumenanteil von 100 MB bis 300 MB, je Kb	DM 0,009
-monatl. Volumenanteil von mehr als 300 MB, je Kb	DM 0,007

Tabelle 11.2: Anbieterkosten bei T-Online (Preisliste vom 1.05.1998)

Anbieter, die von Informationsnachfragern Gebühren verlangen,
können pro abgerufener Seite DM 0,01 bis DM 9,99 oder zeitabhän-
gig DM 0,01 bis DM 1,30 pro Minute verlangen. Die Preise für
Werbung im Internetbereich von T-Online betrugen laut Preisliste
vom 1.10.1997 je nach Größe DM 20.000 bis 40.000 auf der Homepage und DM 3.500 bis 8.500 auf Anfangsseiten von Ressorts.

11.1.3
Beurteilung

Die Telekom kann mit T-Online als ein VAISP (siehe Kap. 1) angesehen werden. Sie hat allerdings keine eigenen Inhalte. Die Darstellung im CEPT-Standard ist nicht mehr zeitgemäß. Die Darstellung
im KIT wird nur von wenigen Anbietern genutzt. Die Anbieter haben zurecht gezögert, in eine Darstellungsform zu investieren, die
bereits von den Internettechnologien überholt war. Das hat wohl
auch die Telekom erkannt, weswegen sie die Konvertierung des Informationsangebots nach HTML angefangen hat. Die Stärken des
Dienstes sind seine Zuverlässigkeit, die bundesweite Nutzung zum
Ortstarif, das Online-Banking und geringe Sicherheitsbedenken der
Benutzer beim Einkauf, da die Telekom den Abrechnungsdienst
übernimmt und das Netz kontrolliert. Die mangelnde Kostenauf-
schlüsselung für die Benutzer des Dienstes ist jedoch ärgerlich.
Weiterhin ist für global operierende Unternehmen ein Nachteil, daß
das Angebot in T-Online nur national genutzt werden kann. Mit der
Expansion anderer Online-Dienste und der Verfügbarkeit der wich-
tigsten Anwendung in T-Online, des Online-Banking, in anderen
Diensten und im Internet war zu erwarten, daß die Attraktivität von
T-Online sinkt. Das ist bisher jedoch nicht eingetreten, denn die
Teilnehmerzahl und die Nutzung des Dienstes sind in den letzten
Jahren weiter gewachsen. Das liegt sicherlich an den kontinuierli-
chen Verbesserungen des Dienstes (z.B. verbesserte Zugangssoft-
ware, höhere Bandbreiten im Backbone und erweitertes Informationsangebot) aber auch daran, daß der Gesamtmarkt der Online- und
Internetnutzer weiter rasant wächst. Weitere Gründe sind die relativ
langsame Einführung des Electronic Banking im Internet und Mißer-
folge mancher konkurrierenden Online-Dienste, auf die im nächsten
Kapitel eingegangen wird. T-Online kann sich auf der Marktführer-
schaft bezüglich der Mitgliederzahl bei kommerziellen Online-
Diensten und beim Internetzugang in Deutschland auf keinen Fall
ausruhen. Der Vorteil der guten und für T-Online relativ günstigen
Netzinfrastruktur wird mit der Entwicklung der zur Telekom kon-

kurrierenden Carrier kleiner werden. Auf jeden Fall ist die Telekom
aufgrund ihrer Größe und der Allianzen mit anderen Telekommunikationsgesellschaften ein „Global Player" in der Telekommunikation, der seine Aktivitäten mit viel Macht unterstützen kann.

11.2
Telebox 400

Die Telekom bietet ihren Kunden mit der Telebox 400 einen Dienst
zur elektronischen Übermittlung von Informationen und Daten an.
Die Telebox 400 folgt dem 1984 durch die ISO eingeführten Standard X.400 Message Handling System (MHS), der auf einem Vorschlag der CCITT (Comité Consultatif International de Télégraphi-
que et Téléphonique) basiert, einer Vereinigung nationaler Postor-
ganisationen und Telekommunikationsfirmen. Nachfolgend wird
zunächst das MHS beschrieben. Anschließend daran erfolgt eine
kurze Darstellung der wichtigsten Unterscheidungsmerkmale zwischen X.400 und SMTP-Mail. Dann werden die Anwendungsmöglichkeiten der Telebox 400 dargestellt, die als Alternative zur Internetnutzung angesehen werden können.

11.2.1
Das Message Handling System

X.400 basiert auf dem 1984 durch die ISO und ITU-TS (International Telecommunication Union - Telecommunication Standard Sec-
tor, vormals CCITT) als X.400/84 „Red Book" verabschiedeten
Standard zum Nachrichtenaustausch. Dieser wurde 1988 in Form
des X.400/88 „Blue Book" erweitert. Das MHS soll nachfolgend
hinsichtlich seiner Funktionen und Architektur beschrieben werden.
Des weiteren wird ein Beispiel zur Adreßkonvertierung vom Internet
E-Mail-Adreßformat in das X.400 Adreßformat gegeben.

MHS repräsentiert einen Dienst, mittels dessen sich Nachrichten
speichern und versenden lassen. Ein MHS-Benutzer kann dabei ein
Mensch oder eine Applikation sein, die Nutzung kann direkt oder
indirekt über einen anderen Kommunikationsdienst, z.B. Telex, erfolgen. Das MHS beinhaltet als Herzstück das Message Transfer System (MTS) mit der Aufgabe, applikationsunabhängig Nachrichten
zu speichern und zu versenden. Das MTS bedient sich dazu der
Message Transfer Agents (MTA), die kooperieren, um Mitteilungen
vom Absender zum Empfänger zu transportieren. Das MTS operiert
dabei unabhängig von der Art des durch die Applikation benötigten

Informationsaustauschs und der Art der zu übertragenden Nachricht (Text und/oder digitale Daten wie Video, Audio, Fax oder Bilder). Erfolgt ein Versandauftrag direkt durch einen Benutzer, so kommuniziert dieser mit Hilfe eines User Agents (UA) mit dem MTS. Ein UA kann dabei in Abhängigkeit von seinem Funktionsumfang eine oder mehrere Nachrichten- und/oder Applikationstypen unterstützen wie z.B. Interpersonal Messaging (IPM), Electronic Data Interchange Messaging (EDIMG) oder Voice Messaging (VM). Über einen UA erfaßte Nachrichten können entweder direkt durch das MTS an den UA des Empfängers weiter versandt oder in einem Message Store (MS) zur zeitversetzten Übermittlung zwischengespeichert werden. Wird das MTS indirekt über ein anderes Netz in Anspruch genommen, so geschieht dies über eine speziell für einen bestimmten Dienstübergang zuständige Access Unit (AU). Die Abb. 11.4 gibt einen grafischen Überblick über die dargestellten Sachverhalte.

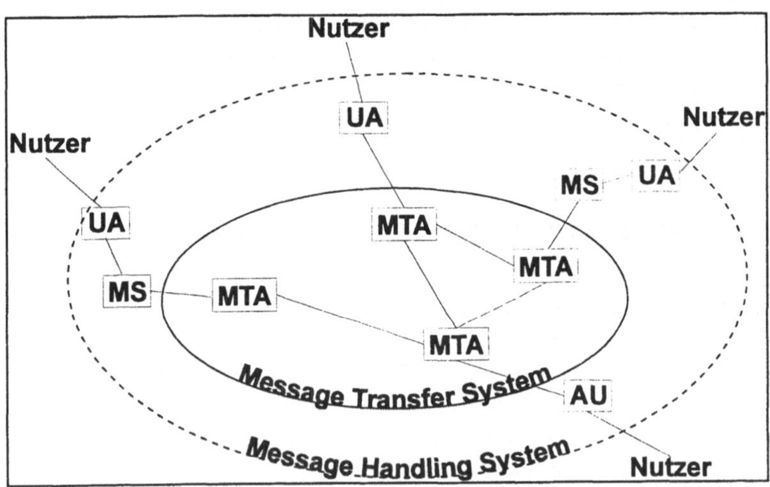

Die einzelnen funktionalen Komponenten MTA, MS, UA und AU entsprechen den Anforderungen des 7-Schichten ISO/OSI-Referenzmodells. Dadurch eröffnet sich ein breites Einsatzfeld für die MHS-Kommunikation, da viele Netzwerksysteme gemäß diesem Standard aufgebaut bzw. sehr stark an diesen angelehnt sind. Eine einheitliche Regelung existiert dabei für den MTA, der sich über die unteren drei Schichten (Netzwerkschicht, Sicherungsschicht, physische Schicht) erstreckt. User Agent, Message Store und Access Unit können je nach Implementation unabhängig voneinander oder in einem Block zusammengefaßt auftreten.

Die Struktur einer X.400-Benutzeradresse besteht im Gegensatz
zu Internet-Adressen nach RfC-822 aus Attributen, die den „Aufenthaltsort" des Postfachs eines Postfachbesitzers enthalten. Die Tabelle 11.3 gibt einen Überblick über diese Attribute und die sie in
einer Adresse vertretenden Schlüsselworte (in Klammern sind die
am häufigsten auftretenden Alternativen aufgeführt).

Schlüsselwort (Alternativen)	Attribut
S (SN)	Surname (Nachname)
G (GI, GN)	Given Name (Vorname)
I	Initials (Initialien)
OU (OU1, OU2, ...)	Organizational Unit (bis zu 4 Organisationseinheiten)
O (ON)	Organization (Organisation)
P (PRMD)	Privat Domain (privater Versorgungsbereich)
A (ADMD)	Administration Domain (öffentl. Versorgungsbereich)
C (CO)	Country (Länderkennung)

Aus technischen und historischen Gründen existieren unterschiedliche Möglichkeiten bezüglich der Notation von X.400-Adressen. Einerseits werden die in der Tabelle 11.4 aufgeführten alternativen
Schlüsselworte verwendet, andererseits als Trennzeichen ein Semi-
kolon oder Schrägstrich verwendet oder anstelle der hierarchischen
Sortierung der Schlüsselworte (Land, öffentlicher Versorgungsbereich, ..., Vorname, Initialen) eine Anordnung in alphabetischer Reihenfolge verwendet. Zwei mögliche Notationen für die X.400-
Adresse von Herrn Quest sind:

C=de; A=d400; P=uni-frankfurt; OU=wiwi; S=quest oder
/C=de /ADMD=d400 /PRMD=uni-frankfurt /OU=wiwi /S=quest

Bezüglich der Umsetzung des RfC-822-Formats in das X.400-
Format ist es möglich, auf den Konvertierungsdienst des DFN-
Vereins zurückzugreifen. Das System läßt sich entweder mittels tel-
net://sirius.dfn.de und den Login Adressen oder über Datex-P mittels
Anwahl der Nummer (262)45050335006 erreichen. Weiterhin kann
eine E-Mail an adrserv@DFN.d400.de mit den zu konvertierenden
Internet-Adressen (eine je Zeile) übermittelt werden. Der DFN-

Rechner antwortet daraufhin mit einer E-Mail, wie sie in Abb. 11.5 zur Illustration gezeigt wird.

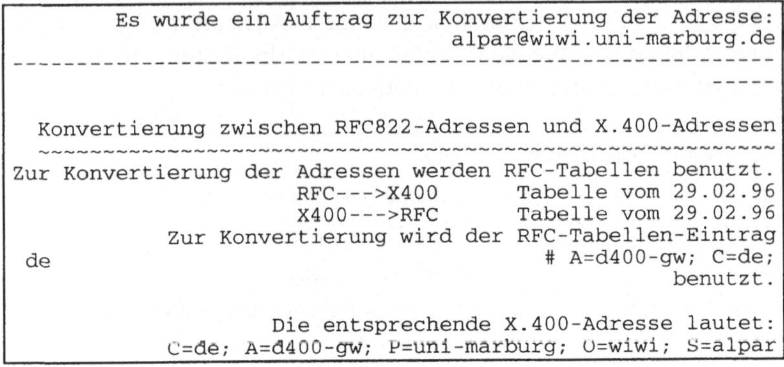

```
        Es wurde ein Auftrag zur Konvertierung der Adresse:
                            alpar@wiwi.uni-marburg.de
- - - - - - - - - - - - - - - - - - - - - - - - - - - - - - - - - - - - - - -
                                                              - - - - -

    Konvertierung zwischen RFC822-Adressen und X.400-Adressen
~~~~~~~~~~~~~~~~~~~~~~~~~~~~~~~~~~~~~~~~~~~~~~~~~~~~~~~~~~~~~~~~~~~~
Zur Konvertierung der Adressen werden RFC-Tabellen benutzt.
                    RFC--->X400          Tabelle vom 29.02.96
                    X400--->RFC          Tabelle vom 29.02.96
                Zur Konvertierung wird der RFC-Tabellen-Eintrag
    de                                    # A=d400-gw; C=de;
                                                        benutzt.

                Die entsprechende X.400-Adresse lautet:
            C=de; A=d400-gw; P=uni-marburg; O=wiwi; S=alpar
```

In der X.400-Adresse ist nach der Konvertierung zusätzlich eine Information über den öffentlichen Versorgungsbereich enthalten.

11.2.2
Unterschiede zwischen X.400 und SMTP

Die Debatte um die Eignung von SMTP versus X.400 als Transportmedium zum Austausch von Informationen und Daten ist vielgestaltig. Nachfolgend sollen auszugsweise die Punkte herausgegriffen werden, die vor allem den Betrieb des einen oder anderen Nachrichtensystems im Unternehmen betreffen. Der interessierte Leser findet unter http://domen.uninett.no/~hta/x400/debate/ eine ausführliche Diskussion zum Thema. Hier sind einige wichtige Punkte genannt:

Eigenschaften von SMTP:

- einfach

- weite Verbreitung im Internet

- kostenlose und -günstige Software für die Nutzung von E-Mail (Clients und Server) vorhanden (als Bestandteil eines Betriebssystems, Public Domain oder Shareware)

- stetige Weiterentwicklung der Fähigkeiten

Eigenschaften von X.400:

- hohe Akzeptanz in der Standardisierungsgemeinde

- kommerzielle Servicebereitstellung

- definierte Übertragung von ASCII und binären Daten

- standardisierte Empfangs- und Lesebestätigung

11.2.3
Anwendungen der Telebox 400

Der Nutzer der Telebox 400 erhält von der Telekom eine Box (vergleichbar mit einem Postfach), über die er die Kommunikation mit anderen Organisationen und Geschäftspartnern abwickeln kann. Der Benutzer kann seine Mitteilungen über eine durch die Telekom gegen Entgelt zur Verfügung gestellte Software an seine Box übermitteln oder aus ihr lesen. Weiterhin besteht die Möglichkeit, Großrechner bspw. via Datex-P mit der Box zu verbinden. Neben der Verbindung über Datex-P läßt sich die Telebox ebenfalls über das normale Fernsprechnetz, ISDN und Mobilfunknetze erreichen. Aufgegebene Mitteilungen können dabei konventionelle Textnachrichten oder binäre Informationen sein (Daten und Programme). Die in der paßwortgeschützten Box aufbewahrten Mitteilungen werden durch die Telekom regelmäßig in Form von Backups gesichert. Die ausgehenden Nachrichten werden entsprechend dem Benutzerauftrag zeitversetzt oder sofort mit normaler oder hoher Priorität versandt. Ein Übertragungsprotokoll, das im Fehlerfall die Übermittlung wiederholt, stellt dabei sicher, daß jede Mitteilung ihren Empfänger vollständig erreicht. Neben der Kommunikation mit anderen Nutzern der Telebox 400 bietet die Telekom Netzübergänge zu anderen Netzen an (z.B. T-Online, Telex, Internet und CompuServe) und ermöglicht es dem Benutzer, seine Mitteilungen in Form von Telefax- oder Cityruf-Nachrichten auszuliefern, falls der Empfänger nicht über einen Anschluß an ein Datennetz verfügt. Eine Besonderheit der Telebox 400 ist, daß der Benutzer sich keine Gedanken darüber machen muß, welche Informationen er auf welche Art versenden muß, da die Telebox 400 die entsprechenden Anpassungen und Übertragungsprozeduren übernimmt. Weiterhin ermöglicht die Telebox 400 die Datenübernahme in firmeneigene Softwarelösungen, so daß sich unternehmensübergreifend unterschiedlichste Informationssysteme „gegenseitig anstoßen" und automatisch Daten austauschen können. Ein Beispiel hierfür ist die elektronische Fernmelderechnung (ELFE) der Telekom, mittels derer Großkunden Telekom-Rechnungen direkt aus der Telebox in ihr Kostenrechnungssystem übernehmen können.

Die Telekom bietet derzeit drei Mehrwertdienste an: *Telebox 400-MT* (Message Transfer) für anwendungsunabhängigen Mittei-

lungsaustausch zwischen unterschiedlichen Mitteilungssystemen wie
z.B. Verbindung zu Banken oder anderen öffentlichen Versorgungsbereichen (Deutsche Telekom, AT&T, British Telecom), *Telebox
400-IPM* (Interpersonal Messaging) für die Verbindung von Benutzern und/oder Anwendungsprozessen sowie *Telebox 400 EDI* für
elektronischen Datenaustausch. Einen Überblick über die bei Einrichtung und Nutzung anfallenden Kosten gibt die Tabelle 11.4.

Bereitstellung und Überlassung	
einmalige Bereitstellungsgebühr	DM 65,-
1. Box	DM 40,- monatlich
weitere Boxen	auf Anfrage
EDI-Funktionalität je Box	DM 25,- monatlich
Benutzung	
je Anschaltung und angefangene Minute	DM 0,20
je Mitteilung und Zieladresse innerhalb des IPM-Systems bis zu 2 KB:	
1. Einheit	DM 0,20
2.-5. Einheit	DM 0,025
je weitere Zieladresse	DM 0,30
je Mitteilung an Internet bis zu 2 KB	
1. Einheit	DM 0,70
jede weitere Einheit	DM 0,50
je Mitteilung an andere Versorgungsbe- reiche bis zu 2 KB, 1. Einheit	
Europa	DM 0,40
Nordamerika und Japan	DM 0,70
Zusatzleistungen	
Änderung einer Boxadresse	DM 65,-
Änderung eines Paßwortes	DM 65,-

Die Telebox wird von vielen namhaften Firmen aktiv genutzt. Die
Deutsche Bank AG integrierte den Mehrwertdienst Telebox 400 in
ihr Kommunikationssystem, um die individuellen Kommunikations-
bedürfnisse ihrer Kundschaft befriedigen zu können. Die Bank stellt
Informationsdienstleistungen, wie Kontenbewegungen, Tendenzen
auf Wertpapier- und Devisenmärkten usw. in elektronischer Form
über die Telebox schnell und kostengünstig zur Verfügung. Die
Firma Boehringer, Mannheim setzt die Telebox 400 ein, um die für

die Bereiche Diagnostika und Therapeutika zuständigen Außendienstmitarbeiter mit der Zentrale als auch untereinander zu verbinden. Die Mitarbeiter können so Marketingdaten, Werbebriefe, Bestellungen, Preislisten, Kundeninformationen usw. mit anderen Vertriebsmitarbeitern, Zentrale und Kunden austauschen. Die Einkaufsgenossenschaft Nürnberger Bund verwendet die Telebox 400, um den Geschäftsverkehr mit den über 2.200 Mitgliedern sowie den über 3.800 Vertragslieferanten besser zu koordinieren. Im Rahmen der Auftragsabwicklung bestellt ein Großteil der Mitglieder Waren elektronisch via Telebox. Des weiteren werden Zahlungsavis und Rechnungen als EDIFACT-Nachrichten transferiert.

In einem Vergleich der Nutzungskosten von Telebox 400, Cable & Wireless und IBM Global Network für die Übertragung von EDIFACT-Nachrichten schneidet die Telebox am günstigsten ab (Rohde 1995). Dabei wird von einem Anwendungsszenario ausgegangen, das auf ein kleines mittelständisches Unternehmen zugeschnitten ist: an 20 Tagen je eine Bestellung bei fünf verschiedenen Zulieferern mit einem Datenvolumen von 2 KBytes. Wenn man das gleiche Szenario mit E-Mail im Internet durchspielt (z.B. mit den im Abschn. 6.2. angegebenen Gebühren für UUNET Personal Connect), dann lassen sich die Nutzungskosten der Telebox leicht unterbieten! Die Telebox 400 kann insgesamt als ein technisch guter Dienst beurteilt werden, der besser vermarktet werden sollte. Wenn die Kundenberatung verstärkt würden, könnte die Telekom den VANs Marktanteile abnehmen. Die Preise für den Nachrichtenaustausch mit anderen Versorgungsbereichen insbesondere Internet müssen den Preis-Leistungsverhältnissen im Internet besser angepaßt werden. Für wenig Dienst über den Nachrichtenaustausch hinaus, darf nicht so viel gefordert werden wie bisher.

Literatur zu Kapitel 11

Alvestrand, H. T.: MHS News - Frequently Asked Questions, http://domen.uninett.no/~hta/x400/faq-mhsnews.html, Februar 1996.

Alvestrand, H.T.: MHS Gateways - Frequently Asked Questions, ftp://aun.uninett.no/pub/mail/x400faq/FAQ-gateways .text, März 1996.

Cats-Baril, W. und Jelassi, T.: The French Videotex System Minitel: A Successful Implementation of a National Information Technology Infrastructure, MIS Quarterly, March 1994, 1-20.

Deutsche Telekom AG [Hrsg.]: Telebox 400 Informationsbroschüren und Preisliste, Stand März 1996.

Deutsche Telekom AG [Hrsg.]: Datex-J für Einsteiger, 1995.

DFN-Verein [Hrsg.]: Electronic Mail-Adressierung Anleitung für Benutzer von X.400-Systemen, ftp://nic.switch.ch/e-mail/COSINE-MHS/user-guides/addressing-german-dfn-0993.txt, September 1993.

EWOS Expert Group [Hrsg.]: The Canonical Internet vs. X.400 Debate, http://domen.uninett.no/~hta/x400/debate/, Oktober 1995.

EWOS Expert Group [Hrsg.]: Guide to the MHS Profiles, http://www.ewos.be/mhs/gtax.htm, März 1996.

EWOS Expert Group [Hrsg.]: X.400 Message Handling Systems, http://www.ewos.be/mhs/gmhs.htm, März 1996.

EWOS Expert Group [Hrsg.]: Messaging / E-mail, http://www.ewos.be/mhs/gtop.htm, März 1996.

Rohde, H.: EDI-Daten wirtschaftlich auf die Reise schicken, LANline, 11/1995, 144-149.

12 Kommerzielle Online-Dienste

In diesem Kapitel werden ausgewählte in Deutschland vertretene kommerzielle Online-Dienste (KOD) analysiert. Das sind zunächst die weltweit größten Dienste America Online (AOL), der in Deutschland in Partnerschaft mit dem Bertelsmann-Verlag agiert, und CompuServe (CS), der inzwischen zu AOL gehört. Etwas kürzer gehen wir auf Microsoft Networks (MSN) ein, der aufgrund der Trägerschaft von Microsoft Beachtung verdient, wenn auch die bisherigen Leistungen des Dienstes eher enttäuschend sind, sowie Metronet und Germany.net, die bisher nur in Deutschland operieren. Schließlich werden beispielhaft ein regionaler und ein fachspezifischer KOD vorgestellt. Während CS schon seit Jahren in Deutschland aktiv gewesen ist, fingen AOL und MSN mit ihren Diensten erst 1995 an. Dabei könnte man die offiziellen Anfangstermine eher als Marketingsignale werten, denn das Leistungsspektrum, das zu Beginn angeboten wurde, war teilweise ziemlich unvollständig. Das Vorgehen der Analyse ist so, daß zuerst die Dienste einzeln beschrieben und dann die großen KOD untereinander, mit T-Online und Internet verglichen werden.

Generell ist für alle KOD wichtig, wie sich der Markt für Online-Kommunikationen und -Transaktionen entwickeln wird. Wenn sich nur ganz wenige der KOD als überaus erfolgreiche Anziehungspunkte für potentielle Kunden herauskristallisieren, werden die Anbieter von Inhalten darum bemüht sein, ihre Angebotsinhalte bei diesen KOD unterzubringen. Die KOD werden imstande sein, sich einen signifikanten Anteil der Wertschöpfung im elektronischen Distributionskanal anzueignen. Sie können sich auf die „Ladenlage und -einrichtung" sowie Zusatzdienste konzentrieren. Sie brauchen nicht unbedingt selbst gesuchte Inhalte zu besitzen. Wenn aber das Internet und mehrere KOD in etwa gleich erfolgreich und leicht zugänglich sind, wird es darauf ankommen, wer die besten Inhalte anbieten kann. In diesem Szenario wird kein KOD einen Kundenstamm exklusiv „besitzen", so daß die Content-Provider mehr Macht ausüben

können. Die Gewinnmargen für die Bereitstellung des Distributionskanals werden dann weiter sinken, und die KOD sollten sich bemü-
hen, selbst Inhalte zu besitzen.

12.1
CompuServe

12.1.1
Beschreibung

CompuServe wurde 1969 in den USA als ein Anbieter von Compu-
terkapazität nach dem Prinzip des Time-Sharing gegründet. Im Jahr
1980 wurde er von der US-amerikanischen Gruppe H&R Block
übernommen, die vorwiegend als Steuerberatungsunternehmen bekannt ist. Die Informationen werden im zentralen Großrechner in
Columbus, Ohio gespeichert, von wo auch das Netz gesteuert wird.

Das Angebot von CS ist hauptsächlich auf private Nutzer ausgerichtet. Zum Angebot gehören u.a. Datenbanken (eigene und frem-
der Anbieter), Foren (Diskussionsgruppen), Online-Shopping, E-
Mail und der Internetzugang. Die Informationsangebote sind in Basisdienste, deren Kosten in der Abonnementgebühr enthalten sind,
und Prämiumdienste, deren Nutzung zusätzliche Kosten verursacht,
unterteilt. Eine der Stärken sind die Foren, über welche viele Hard-
ware- und Softwareanbieter Kundendienst betreiben. Zahlreiche Foren mit Hobbythemen sind zu beliebten „Stammlokalen" ihrer Nutzer geworden. Die Erreichbarkeit vieler Datenbanken stellt ebenfalls
eine Stärke dar, auch wenn der Benutzer bei fremden Datenbanken
die jeweilige Abfragesprache kennen muß. Er wird also einfach zu
dem jeweiligen Datenbankanbieter durchgeschaltet. In Deutsch sind
z.B. Firmendaten aus Hoppenstedt Deutschland und das Bertels-
mann-Lexikon erhältlich. Nachrichten (z.B. Deutsche Presseagentur)
oder Zeitschriften und Zeitungen (z.B. Der Spiegel oder Neue Zür-
cher Zeitung) sind ebenfalls über CS erhältlich, i.d.R. gegen zusätzliche Gebühren. Das Online-Shopping ist in Deutschland weniger
interessant, da das derzeitige Angebot bisher hauptsächlich auf den
nordamerikanischen Markt zugeschnitten ist. Hiervon ist die Möglichkeit der Registrierung von Shareware, als eine spezielle Form
des Kaufens, ausgenommen. Während E-Mail innerhalb von CS
schon seit langer Zeit existiert, kam die Öffnung zum E-Mail im Internet erst in 1989. Dabei sind die E-Mail-Adressen mit der CS-

Accountnummer, die aus zwei durch Komma abgetrennten Zifferngruppen besteht, bis auf das Komma gleich. Damit sind sie nicht
sehr benutzerfreundlich und kaum zu erraten, wie das im Internet
manchmal möglich ist, wenn man den Namen und die Organisation
des gewünschten Kommunikationspartners kennt. Der volle Internetzugang wurde erst 1995 realisiert. Um mehr Benutzer für seine
Inhalte zu interessieren, öffnet sich CS zunehmend zum Internet.
Das heißt, daß auf die meisten Angebote von CS aus dem Internet
zugegriffen werden kann, ohne daß man ein CS-Mitglied sein muß.

Der Zugang zu CS erfolgt in Deutschland über einen der zur Zeit
28 Zugangsknoten in Großstädten oder über die Netze der Deutschen Telekom. Im letzteren Fall hat man den Vorteil der Einwahl
zum Ortstarif, der allerdings durch dafür entstehende extra Gebühren
in vielen Fällen ausgelöscht wird. Die CS-Knoten sind mit maximal
33.600 Bit/s (bei einzelnen Knoten auch mit 55.600 Bit/s) bzw. per
ISDN anwählbar. Die Zugangssoftware ist der CompuServe-Information Manager (CIM), der von CS kostenlos geliefert wird. Abb.
12.1 zeigt die Benutzeroberfläche von CS.

Abb. 12.1:
Die Benutzeroberfläche von Compu
Serve

12.1.2
Kosten

Aufgrund des Konkurrenzdrucks des Internet und anderer Online-Dienste, insbesondere AOL, mußte CS in den letzten Jahren seine Gebührenstruktur aus der Sicht der Kunden stark verbessern. Die Berechnung der Grundgebühren sowie die Preise für gebühren-pflichtige Informationen und zusätzliche Leistungen werden in US Dollar ausgezeichnet und in der monatlichen Rechnung zum aktuellen Kurs umgerechnet. Die monatliche Gebühr beträgt US $ 9,95 inklusive fünf Stunden Nutzungszeit. Jede weitere Stunde kostet US $ 2,95. Die meisten Dienste (ca. 90%) werden seit 1995 als Basis-dienste gerechnet. Für die Nutzung des Internet und das Versenden von E-Mail ins Internet fallen keine zusätzlichen Gebühren an, le-diglich die normalen Zeitgebühren. Für die Vielnutzer wurde ein „Supersparplan" eingeführt, dessen monatliche Gebühren US $ 24,95 betragen, der dafür aber 20 freie Stunden Nutzungszeit bein-haltet. Die zusätzlichen Stunden kosten ebenfalls weniger, nämlich nur noch US $ 1,95 pro Stunde. Die Kosten der Premiumdienste hängen vom Anbieter ab, so daß keine Standardgebühren genannt werden können. So können z. B. die Suche nach einem Dokument in einer Datenbank US $ 9 kosten und die Anzeige jedes angezeig-ten qualifizierten Dokumentes weitere US $ 9.

In Deutschland gibt es keine allgemein verfügbaren Preis- bzw. Vergütungslisten für Informationsanbieter, sondern die Konditionen werden individuell vereinbart. Üblich ist, daß der Informationsan-bieter einen Prozentsatz (oft ca. 10%) vom berechneten Umsatz sei-nes Angebots (z.B. ein herstellerbezogenes Forum) erhält. Dabei muß der Umsatz oft über einem Minimalbetrag liegen (z.B. mehr als US$ 3.000 pro Monat, was einer Nutzung von mehr als 1.000 Stun-den pro Monat entspricht). Die Einrichtung eines virtuellen Ge-schäfts im Electronic Mall von CS ist auch möglich, wobei dann sowohl feste als auch umsatzabhängige Gebühren anfallen. Auch Kleinanzeigen können bei CS aufgegeben werden.

12.1.3
Beurteilung

Die Anpassungen von CS an die durch Internet und neue Wettbe-werber entstandene Situation waren zu langsam. Auch die Anfang 1996 vorgenommene teilweise Entlassung in die Unabhängigkeit von H&R Block hatte CS nicht viel geholfen. CS verlor seine Unabhängigkeit wieder ganz, als der Dienst 1997 an WorldCom und dann sofort weiter an AOL verkauft wurde. Bertelsmann beteiligte sich zu 50% am Europageschäft von CS. AOL kündigte an, CS als einen eigenständigen KOD aufrechterhalten zu wollen, doch wie weit die Kunden CS in einem solchen Umfeld die Treue halten werden, ist fraglich.

12.2
America Online

12.2.1
Beschreibung

America Online ist der Senkrechtstarter unter den KOD. Das Unternehmen wurde 1985 in Vienna, Virginia gegründet, aber mit dem Online-Dienst fing man erst 1989 ernsthaft an. 1992 wurde AOL als erster KOD an der Börse eingeführt. In wenigen Jahren ist er der mitgliederstärkste Dienst geworden. Abb. 12.2 zeigt die Benutzeroberfläche von AOL.

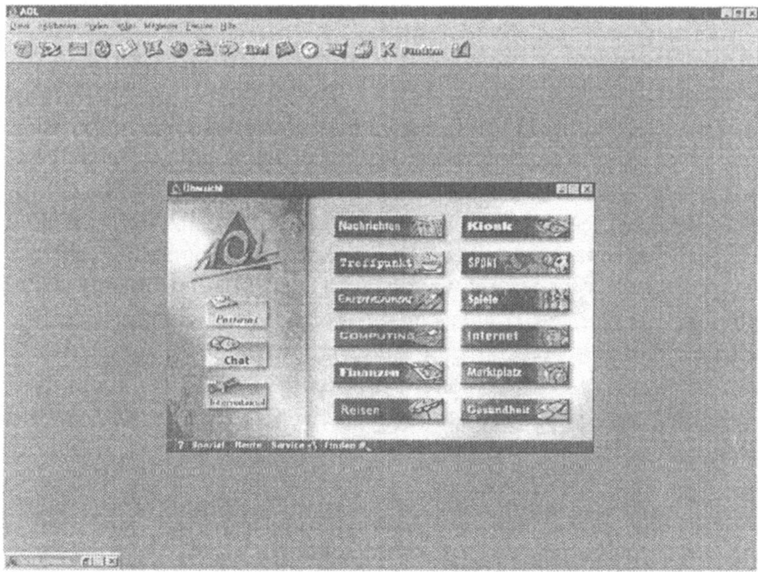

Abb. 12.2:
Die Benutzeroberfläche von AOL

In Europa, wo der Dienst 1995 gestartet wurde, macht ihn insbesondere die Allianz mit Bertelsmann interessant. Das Angebot von AOL beinhaltet ebenfalls Nachrichten (z. B. von CNN), Magazine (z. B.

Der Spiegel und TV-Today), Datenbanken, Foren und Software. Es gibt allerdings keine Unterscheidung zwischen Basis- und Premiumdiensten wie bei T-Online und CS. AOL hat im Mai 1996 als erster KOD in Deutschland nach T-Online Online-Banking eingeführt (in Zusammenarbeit mit der Direkt Anlage Bank). Wie CS engagiert sich auch AOL bei Firmen, die Software für und Dienste im Internet anbieten (AOL hat z. B. den Suchdienst WebCrawler gekauft).

Der Zugang zu AOL erfolgt bundesweit über eine einheitliche Nummer zum Ortstarif.

12.2.2
Kosten

Die monatlichen Mitgliedskosten betragen bei AOL DM 9,90. Sie beinhalten zwei freie Online-Stunden, längere Nutzungszeiten werden mit DM 6,- pro Stunde berechnet.

Auch bei AOL gibt es keine Preisliste für Informationsanbieter in Deutschland, die Preise bzw. Vergütungen für die Bereitstellung eines Informationsangebots werden auftragsspezifisch ermittelt. Die Vergütungsmodelle ähneln im Prinzip denen von CS.

12.2.3
Beurteilung

America Online ist ein VAISP mit einem großen Archiv an Inhalten, auch dank Bertelsmann, dem zweitgrößten Medienkonzern der Welt. In Europa hilft das Know-how von Bertelsmann bei der Betreuung von Klubmitgliedern. Ein weiteres Mitgliederwachstum bei AOL scheint vorprogrammiert zu sein, insbesondere solange die Zahl der Online-Benutzer insgesamt wächst. AOL wird sich in Zukunft wahrscheinlich behaupten können, unabhängig davon, welches der zwei oben beschriebenen Szenarien eintreffen wird. AOL ist für beide Möglichkeiten gut positioniert. Wie wichtig eine solche flexible Positionierung ist, zeigt auch die hohe Wertschätzung von AOL an der Börse.

12.3
Andere überregionale Online-Dienste

12.3.1
Microsoft Networks

Microsoft Network (MSN) ist die späte Antwort Bill Gates auf das
Internet und andere KOD. Den Kampf gegen das Internet hatte er
aufgegeben. Aus dem Internet wollte er die anderen KOD weiterhin
attackieren. Doch mit einem dürftigen Angebot konnte auch das
nicht gelingen.

Als Reaktion auf die langsame Verbreitung von MSN in Deutschland tritt MSN seit Mai 1998 unter der Adresse http://msn.de nur
noch als „webbasierter Online-Service" auf, dessen Inhalte kostenlos
zugänglich sind. Auf die Erstellung eigener Inhalte wird vollständig
verzichtet. Stattdessen werden die Inhalte einiger wichtiger deutscher Internet-Sites zusammengetragen, welche dann vom Kunden
in personalisierter Form abgerufen werden können.

Zusätzlich dazu bleiben auch die in Kooperation mit T-Online
und UUNET umgesetzten eigenen Zugänge erhalten. Die monatlichen Kosten für die Nutzung von MSN betragen DM 12,- inklusive
zwei kostenloser Online-Stunden. Zusätzliches Surfen kostet DM 6,-
pro Stunde.

12.3.2
Metronet

Metronet (http://www.metronet.de) ist der KOD der Metro. Der
Dienst wird seit März 1998 von der Firma Primus-Online GmbH &
Co. KG, Köln, an der auch Debis beteiligt ist, betrieben. Wie auch
MSN bietet Metronet keine eigenen Inhalte an, sondern stellt auf
seiner Homepage nur Links zu verschiedenen Anbietern, insbeson-
dere zu Online-Shops, zur Verfügung.

Bundesweit gibt es 69 Zugänge zu Metronet, die mit einer Leistung von bis zu 55.600 Bit/s analog bzw. per ISDN erreicht werden
können. Die Grundgebühr beträgt 7,50 DM pro Monat und zusätzlich 4,5 Pf. pro Minute. Damit ist man vom ursprünglichen Modell
mit einem geringen Pauschalpreis abgegangen. Die Qualität der Zugänge von Metronet wird in Fachzeitschriften oft kritisiert. Die Um-

strukturierung vom Frühjahr 1998 deutet darauf hin, daß sich bis dahin keine großen Erfolge eingestellt haben. Ehrgeizige Pläne bestehen dennoch.

12.3.3
Germany.net

Germany.net (GN) ist ein für Benutzer kostenloser Online-Dienst im Internet. Die Benutzer müssen sich jedoch für die Nutzung registrieren lassen, unabhängig davon, ob sie den Dienst über einen Internetzugang von GN oder einen anderen Provider aufsuchen (http://www. germany.net/). Der Dienst wurde offiziell Ende 1995 gestartet. Die Anzahl der Mitglieder betrug im April 1998 ca. 340.000. Damit wäre GN einer der größten KOD in Deutschland. Doch diese Zahl ist mit hohen Einschränkungen verbunden. Wer einmal Mitglied des Dienstes geworden ist, wird „ewig" als Mitglied gezählt, selbst wenn er jahrelang den Dienst nicht nutzt. Die Anzahl der aktiven Mitglieder, wie auch immer definiert, wird verschwiegen.

An Inhalten bietet GN einige Informationen, eingeteilt in die Bereiche Aktuell, Privat, Freizeit und Regional, Spiele und Einkaufen, neuerdings mit Hilfe eines eigenen Zahlungssystems. E-mail wurde zunächst nur über WWW mit stark eingeschränkten Funktionen angeboten. Erst ab März 1998 ist auch E-mail mit gängigen POP3-Clients möglich (einmalige Kosten DM 10). Zu dieser Zeit gab es 33 Einwahlpunkte mit ISDN- oder analogem Zugang bis zu 56 Kbit/s. Damit hat man allerdings keinen vollwertigen Internetzugang, so ist z.B. die Nutzung von Telnet nicht möglich.

GN blickt trotz seines jungen Alters auf eine wechselvolle Geschichte. Gestartet wurde der Dienst von einem Investor (Venture Capitalist) und einer geschäftsführenden Gesellschafterin. Dann verkaufte der Investor seine Anteile an die Deutsche Bank und RWE Telliance. Deutsche Bank stieg nach einer relativ kurzen Zeit wieder aus und RWE übernahm deren Anteile, die nun Bestandteil von o.tel.o sind, dem Gemeinschaftsunternehmen von RWE und Veba. Auch inhaltlich gab es verschiedene Änderungen der Strategie: zuerst wollte man nur Privatkunden bedienen und Geld mit Werbung verdienen, dann wollte man sich auf regionale Dienste und Webhosting für kleinere Firmen stürzen, nun werden auch ISP-Dienste für Geschäftskunden angeboten. Bisher hat o.tel.o GN offensichtlich nicht viel Bedeutung und Aufmerksamkeit geschenkt. Der Ausbau der Zugangsknoten gestaltet sich langsamer als gehofft, o.tel.o ist in anderen Internet-Projekten mit anderen Teilen der Firma oder anderen Partnern engagiert. Mit dem „Versprechen" der Mitarbeiter von

GN aus 1996, der führende Online-Dienst in Deutschland zu werden, wird kaum noch geworben.

12.4
Regionale Online-Dienste

Obwohl im Internet Informationen aus der ganzen Welt gefunden werden können, bleibt für die meisten Menschen das Geschehen in ihrer physischen Nähe von hoher, wenn nicht höchster Bedeutung. Sie wollen die Sportergebnisse des lokalen Handballvereins oder einer Jugendmannschaft erfahren, sie suchen ein gebrauchtes Auto oder wollen wissen, welche Filme am Abend in den Kinos in ihrer Nähe spielen. Alle diese Informationen finden sie i.d.R. in lokalen Zeitungen oder den Lokalteilen der überregionalen Zeitungen. In fast allen Regionen Deutschlands haben sich regionale Blätter oder Redaktionen entschieden, diese Informationen auch in das Internet einzustellen, um ihren Kunden dorthin zu folgen und um neue Konkurrenten, wie etwa die Kleinanzeigendienste im Internet, abzuwehren. Während manche Zeitungen nur eine Präsenz im Internet aufmachen, haben einige Verlage um ihre Verlagsinhalte herum regionale Online-Dienste inklusive Internetzugang aufgebaut. Als ein Beispiel wird an dieser Stelle Rhein-Main Net (http://www.rhein-main.net/) vorgstellt (Abb. 12.3).

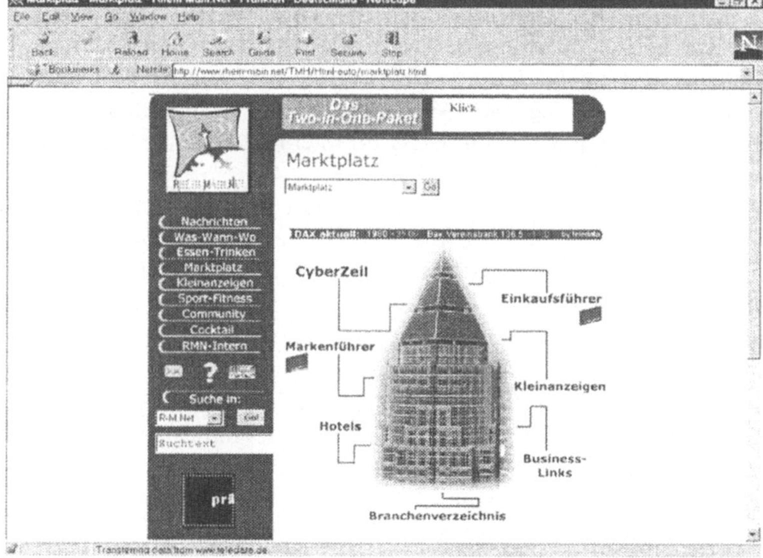

Abb. 12.3:
Der regionale Online-Dienst Rhein-Main Net

Rhein-Main Net (RMN) ist der KOD der Frankfurter Neuen Presse,
des Journal Frankfurt und von o.tel.o. Der Dienst bietet regionale
Informationen, Veranstaltungskalender, Kleinanzeigen, Gewinn-
spiele, Einkauf, Diskussionsrunden, E-mail, private Homepages und
Banking mit 1822direkt, der Direktbank der Frankfurter Sparkasse
von 1822, an.

Die monatliche Mitgliedsgebühr beträgt pauschal DM 25 (DM 15
für Abonnenten der Frankfurter Neuen Presse). Im Paket mit einem
Konto bei der 1822direkt beträgt die Gebühr DM 18,22 pro Monat.
Über den Zugang von RMN können unbeschränkt alle Dienste im
Internet genutzt werden.

Der Zugang zu RMN erfolgt über einen Rechner in Frankfurt
oder in Limburg mit 33600 Bit/s bzw. über ISDN.

Weitere regionale Online-Dienste betreiben z.B. die Westdeut-
sche Allgemeine Zeitung gemeinsam mit dem Axel Springer Verlag
(www.cityweb.de) oder die Mittelbayerische Zeitung (www.
donau.de)

12.5
Fachdienste

Als ein Beispiel für KOD, die sich überregional einem Fachpubli-
kum zuwenden, wird der Dienst HOS multimedica (http://www.
multimedica.de/) vorgestellt, der sich an Ärzte und Apotheker richtet. Der Dienst entstand im Herbst 1997 aus dem Zusammenschluß
von Burdas Health Online Service (HOS) mit dem Dienst multimedica, einem Joint Venture von Bertelsmann und dem wissenschaftlichen Springer Verlag. Nur Mitglieder der Zielgruppe können den
Dienst abonnieren. Es ist ein KOD im Internet, der keine Internetzu-
gangsdienste anbietet.

Aufgrund der Zusammenarbeit mit einer Reihe weiterer Verlage
wird eine Vielfalt an Fachinformationen angeboten. Zum Ange-
botsinhalt gehören Zeitschriften (z.B. Ärzte Zeitung, Der Onkologe,
Magazin für Heilkunde), Checklisten und Manuals (z.B. Arbeits-
und Betriebsmedizin, Praxisleitfaden Allgemeinmedizin), Kompen-
dien (z.B. Allgemeinchirurgie, Traumatologie), Nachschlagewerke
(z.B. Pschyrembel, Rote Liste), Praxishilfen (z.B. GOÄ Kommen-
tar), Datenbanken (z.B. Medline) und Kongreßinformationen. Weiterhin gibt es Diskussionsgruppen und die Möglichkeit für nieder-
gelassene Ärzte eine kostenlose Internet-Homepage im Rahmen der
Empfehlungen des Ärztetages einzustellen. Dieses „virtuelle Praxis-
schild" ist zunächst aber nur innerhalb des Dienstes sichtbar.

Die Preise betragen für Ärzte und Apotheker DM 14,90 monatlich oder DM 149,00 jährlich und für Studenten DM 9,90 bzw. DM 99,00. Gesundheitsorganisationen bezahlen jährlich DM 499 bzw. DM 599 für 10 bzw. 25 Zugangsberechtigungen. Ende 1997 hatte der Dienst ca. 10.000 Abonnenten. Der Dienst finanziert sich außerdem über Werbung und Sponsoring von Pharmaunternehmen und Finanzinstituten. Die Qualität des Dienstes ist sehr gut, seine Akzeptanz in der Zielgruppe muß jedoch erheblich gesteigert werden, damit er finanziell zu einem Erfolg wird.

12.6
Vergleiche

Verschiedene oben genannte Charakteristika der einzelnen Dienste werden in der Tabelle 12.1 noch einmal gegenübergestellt.

Kriterien	T-Online (Version 2.0)	America Online	CompuServe
Grundgebühr	8 DM p.M., 50 DM Anschlußgebühr	9,90 DM p.M.	9,95 US-$ p.M.
Verbindungskosten	Ortstarif. Dazu 5 Pf. je Min.	Ortstarif. Je 2 Online-Stunden p.M. frei, danach 6 DM für jede weitere.	Telefongebühr je nach Nähe zum Einwählknoten. Je 5 Online-Stunden p.M. frei, danach US-$ 2,95 für jede weitere.
Zugänge	Modem bis zu 33600 Bit/s oder ISDN.	Modem bis zu 33600 Bit/s. oder ISDN.	Modem bis zu 33600 Bit/s. ISDN; 14 Einwählknoten, an 5 Einwählknoten bis zu 55600 Bit/s
Mitglieder: D Welt	2.100.000 2.100.000	550.000 11.000.000	250.000 2.500.000

Die Angaben über Mitgliederzahlen sind mit einer gewissen Vorsicht zu betrachten. Einerseits beruhen sie auf Angaben der Betreiber selbst, die bisher nicht unabhängig verifiziert werden. Andererseits enthalten insbesondere die Zahlen für AOL und CS oft viele Probe-abonnenten.

Die Preisangaben sind aufgrund unterschiedlicher Preisstrukturen und Einwahlmöglichkeiten schwer zu vergleichen. Um die Vergleichbarkeit zu verbessern, haben wir Nutzungsszenarien entwickelt und die dafür anfallenden Kosten inklusive der Telefongebühren berechnet. Diese Berechnungen können für Firmen auf zweifache Art nützlich sein. Einerseits können kleinere Firmen, die einen Zugang zum Internet haben wollen, oder größere Unternehmen, die ihren mobilen Mitarbeitern einen Zugang zum Internet von unterwegs verschaffen wollen, mit diesen und anderen Daten aus diesem Kapitel die für sie günstigste Lösung auswählen. Andererseits ist es für Firmen, die Informationen in einem der KOD anbieten wollen, wichtig zu wissen, mit welchen Kosten die potentiellen Informationsnachfrager konfrontiert werden. Wir betrachten die Nutzung der KOD und des Internet durch diese KOD zu zwei Tageszeiten („tagsüber" von 9 bis 18 Uhr und „abends" von 21 bis 2 Uhr) in der geographischen Zone eines City-Calls. Für T-Online nehmen wir an, daß der Benutzer einen Decoder ab Version 2.0 verwendet. Abb. 12.4 zeigt den Kostenvergleich zwischen den Diensten bei ausschließlicher Nutzung am Abend.

Abb. 12.4:
City-Call, 21.00-
2.00 Uhr

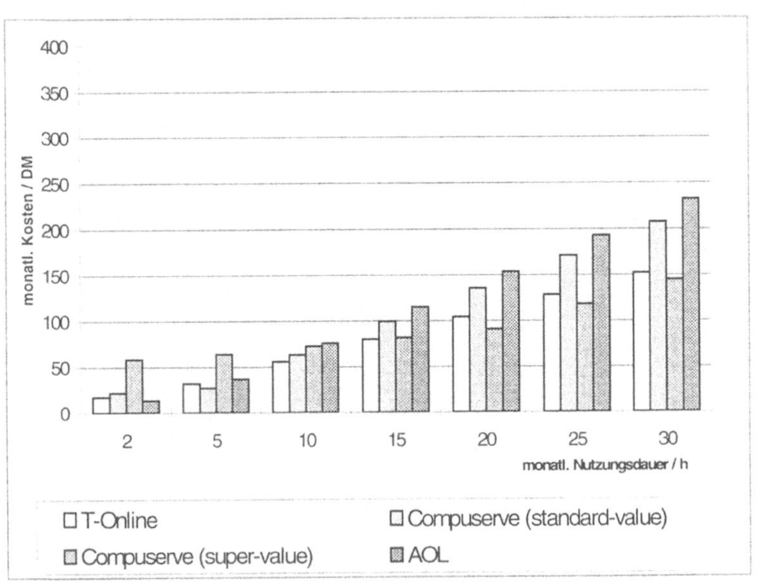

Abb. 12.5 zeigt den Kostenvergleich für die Nutzung am Tag.

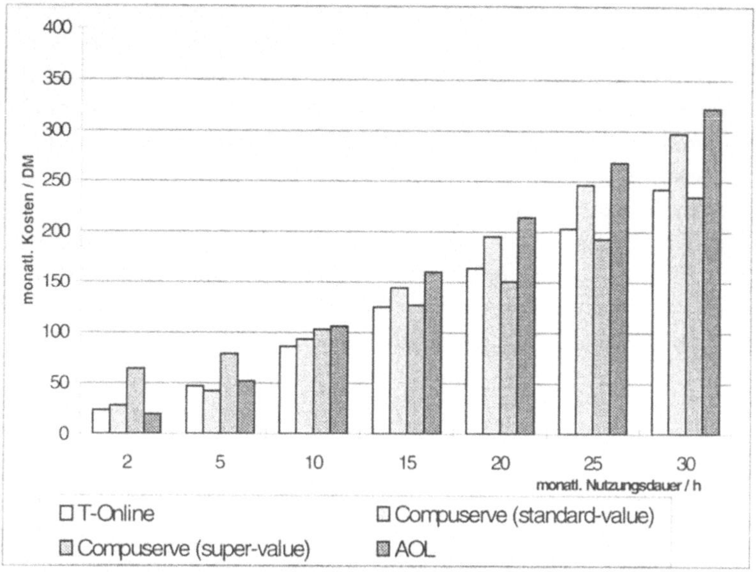

Abb. 12.5:
City-Call, 9.00-18.00 Uhr

Wenn man die obigen Vergleiche betrachtet, sieht man, daß T-Online in fast allen Fällen der günstigste und AOL der teuerste Anbieter sind; bei einer Nutzung von ca.. 20 Stunden und mehr wird allerdings CS dank seines „Supersparplans" zum günstigsten Dienst. Dennoch Kosten von ca. DM 100,- bei nur zehn Stunden Online-Zeit sind zu hoch. Außerdem, wenn man nach 21 Uhr surfen möchte, sind die Netze so verstopft, daß man zu längeren Verweilzeiten im Netz gezwungen wird. Damit wird ein großes Hindernis für ein rasanteres Wachstum der Nutzerzahlen deutlich: die Telefonkosten. In den USA bieten manche Online-Dienste gebührenfreie Einwahlnummern an, und die meisten lokalen Telefongesellschaften haben sehr günstige Pauschaltarife für alle lokalen Verbindungen. Hier kann man nur auf mehr Wettbewerb in der Telekommunikation in Deutschland hoffen. Weiterhin kann man feststellen, daß für gelegentliche Internetsurfer KOD als VAISP sehr geeignet sind. Ganz passionierte Internetsurfer fahren jedoch besser mit direktem Internetzugang, sofern sie nicht auf eine der Anwendungen angewiesen sind, die es zur Zeit nur bei KOD gibt (z.B. wenn ihre Bank Homebanking nur über T-Online anbietet). Die angegebenen Kostenvergleiche werden unter http://alpar.uni-marburg.de aktualisiert, sobald ein KOD neue Preise ankündigt.

Ein weiterer Aspekt, der sich auf die Kosten auswirkt, aber nur schwer objektiv und allgemeingültig in die Kostenvergleiche aufgenommen werden kann, ist die tatsächliche Geschwindigkeit des Internetzugangs. Sie hängt u. a. vom Modem des Benutzers, der Bandbreite des Übergangs vom KOD zum Internet und der Anzahl der gleichzeitigen Benutzer ab. Die Zeitschrift c´t führt gelegentlich Geschwindigkeitsvergleiche zwischen den ISP (inkl. KOD) in einzelnen Städten durch. Die Daten für Abb. 12.6 wurden den Tests der Internet-Anbieter in Nürnberg und Köln entnommen. Für jeden Provider wurden bei diesen Tests Mittelwerte der Meßdaten einer Woche gebildet, die ausschnittsweise in Abb. 12.6 dargestellt sind. Höhere Werte deuten höhere Geschwindigkeiten an. D und USA stehen für Standorte der im Test abgerufenen Inhalte.

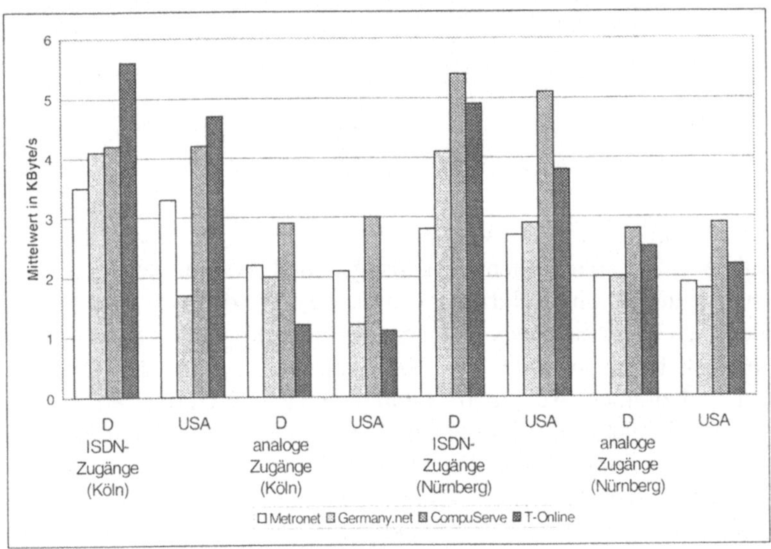

Diese Stichproben deuten an, daß T-Online und CS meist besseren Durchsatz erlauben, außer bei analogen Zugängen, wo T-Online wohl aufgrund vieler Kunden in der Leistung stark abfällt.

Außer bei begrenztem Anwendungsbedarf kann kein KOD als eine Alternative zum Internet angesehen werden. Das Internet erreicht mehr Konsumenten und Firmen, erlaubt mehr Flexibilität im Einsatz und ist oft billiger für Informationsanbieter als KOD. KOD müssen außer dem Internetzugang auch einzigartige Inhalte oder interessante Zusatzdienste anbieten, um langfristig erfolgreich zu sein. Manche Firmen werden erfolgreiche KOD immer als Kundenzubringer benutzen. Die Mehrzahl der Firmen kann aber das Potential der Kommunikationsnetze im Internet allein ausschöpfen.

Literatur zu Kapitel 12

Siering, P. und Brenken, D.: Warnstreik im Netz: Internet-Provider in Köln, c´t,
    Heft 16, 1997, 120-123.

Siering, P. und Brenken, D.: Franken Online: Providervergleich in Nürnberg,
    c´t, Heft 4, 1998, 166-168.

Index

Springer und Umwelt

Als internationaler wissenschaftlicher Verlag sind wir uns unserer besonderen Verpflichtung der Umwelt gegenüber bewußt und beziehen umweltorientierte Grundsätze in Unternehmensentscheidungen mit ein. Von unseren Geschäftspartnern (Druckereien, Papierfabriken, Verpackungsherstellern usw.) verlangen wir, daß sie sowohl beim Herstellungsprozess selbst als auch beim Einsatz der zur Verwendung kommenden Materialien ökologische Gesichtspunkte berücksichtigen.
Das für dieses Buch verwendete Papier ist aus chlorfrei bzw. chlorarm hergestelltem Zellstoff gefertigt und im pH-Wert neutral.